A ARTE DA GUERRA NOS NEGÓCIOS

A ARTE DA GUERRA NOS NEGÓCIOS

HISTÓRIAS E LIÇÕES DOS MAIORES
CONFRONTOS DO MUNDO CORPORATIVO

DAVID BROWN

Título original: *The Art of Business Wars*

Copyright © 2021 por Wondery, Inc.
Copyright da tradução © 2022 por GMT Editores Ltda.

Todos os direitos reservados. Nenhuma parte deste livro pode ser utilizada ou reproduzida sob quaisquer meios existentes sem autorização por escrito dos editores.

tradução: Paulo Afonso
preparo de originais: Andréia Amaral
revisão: Luíza Côrtes e Tereza da Rocha
diagramação: Valéria Teixeira
capa: Andrea Guinn
imagem de capa: © aklionka/Shutterstock
adaptação de capa: Ana Paula Daudt Brandão
impressão e acabamento: Bartira Gráfica

CIP-BRASIL. CATALOGAÇÃO NA PUBLICAÇÃO
SINDICATO NACIONAL DOS EDITORES DE LIVROS, RJ

B897a

Brown, David
  A arte da guerra nos negócios / David Brown ; [tradução Paulo Afonso]. - 1. ed. Rio de Janeiro : Sextante, 2022.
  320 p. ; 23 cm.

  Tradução de : The art of business wars
  ISBN 978-65-5564-303-9

  1. Administração de empresas. 2. Sucesso nos negócios. 3. Liderança. I. Afonso, Paulo. II. Título.

22-75370
CDD: 658
CDU: 658

Camila Donis Hartmann - Bibliotecária - CRB-7/6472

Todos os direitos reservados, no Brasil, por
GMT Editores Ltda.
Rua Voluntários da Pátria, 45 – Gr. 1.404 – Botafogo
22270-000 – Rio de Janeiro – RJ
Tel.: (21) 2538-4100 – Fax: (21) 2286-9244
E-mail: atendimento@sextante.com.br
www.sextante.com.br

PARA OS EMPREENDEDORES, EXECUTIVOS E
FUNCIONÁRIOS MENCIONADOS NAS HISTÓRIAS.
ELES SÃO OS VERDADEIROS HERÓIS.

SUMÁRIO

INTRODUÇÃO — 9

1 ENTRANDO NO CAMPO DE BATALHA — 13

2 CONDUZINDO A GUERRA — 40

3 A ESTRATÉGIA DA VITÓRIA — 70

4 POSICIONAMENTO — 96

5 ACOLHENDO NOVIDADES — 125

6 EXPLORANDO VULNERABILIDADES — 158

7 TRUQUES SUJOS — 191

8 CONQUISTANDO CORAÇÕES E MENTES — 212

9 RESILIÊNCIA — 250

CONCLUSÃO — 285

AGRADECIMENTOS — 290

BIBLIOGRAFIA — 292

INTRODUÇÃO

Não se mexa até perceber uma vantagem.
Não use suas tropas a menos que haja algum benefício.
Não lute se a posição não for perigosa.

– SUN TZU, *A arte da guerra*

Negócios são uma guerra. Seja lá como você obtém seus lucros, sempre haverá alguém disposto a fazer a mesma coisa de modo mais rápido, mais barato e melhor. Seus rivais são ambiciosos, determinados e bastante agressivos. Como vencê-los?

As apostas são altas. É claro que uma rivalidade comercial, ao contrário de uma guerra, é civilizada – pelo menos em teoria. Mas também há vidas em jogo. Você, seus funcionários e suas famílias precisam comer. E se o negócio fracassar, como irão pagar o aluguel? Depois de você perder uma guerra comercial, sua nação continuará de pé. Mas se você permanecer na fila da sopa, ainda será uma baixa dessa guerra. A sobrevivência do mais apto se aplica tanto a uma sala de reuniões – ou um espaço de *coworking* – quanto a uma frente de batalha. Quando a fonte de seu sustento está em jogo, a guerra é real para *você*. Você quer ganhar ou não?

Por mais de 2 mil anos, guerreiros em busca de alguma vantagem recorreram a um pequeno tratado de filosofia militar escrito pelo general chinês Sun Tzu, que viveu durante o Período dos Estados Combatentes, uma era de incessantes conflitos brutais. Que paralelo melhor poderá existir para o cenário empresarial americano desde o século passado até hoje? Embora seu livro se chame *A arte da guerra*, Sun Tzu estava mais preocupado em evitar o combate. Veterano de batalhas ferozes, sabia em primeira mão que guerras são caras e muito arriscadas. Por esta última razão, principalmente, ele sempre viu a guerra como último recurso. "Sairá vitorioso", escreveu Sun Tzu, "aquele que souber quando lutar e quando não lutar." Assim, concentrou-se em alternativas, como prevenção, alianças, intimidação e astúcia. Brandir espadas só faria sentido se – e somente se – todas as demais estratégias falhassem. E, mesmo assim, quando as probabilidades fossem favoráveis e a vitória decisiva pudesse ser alcançada. Para Sun Tzu, não havia desperdício maior de recursos preciosos do que um impasse.

Embora o livro esteja um pouco desatualizado, com dicas de luta contra bigas, por exemplo, a maior parte de *A arte da guerra* ainda é tão oportuna e relevante quanto deve ter sido há dois milênios e meio. Muitas de suas orientações se aplicam a qualquer conflito de alto risco. Ao escrever sobre como cultivar a paciência, como planejar e como explorar vulnerabilidades dos oponentes, Sun Tzu oferece ferramentas valiosas tanto para um funcionário médio da empresa de consultoria McKinsey quanto para um professor da Escola de Negócios de Harvard. Foi por isso que, quando decidimos escrever um livro baseado em *Business wars* (Guerras comerciais), um dos podcasts mais populares do mundo, recorremos a esse clássico imortal como fonte de inspiração.

O conceito de nosso podcast é simples. Cada série relata uma guerra campal entre duas empresas icônicas: Uber x Lyft, FedEx x UPS, Starbucks x Dunkin' Donuts. Observando de perto batalhas empresariais passadas, esperamos entrar na mente dos líderes que combateram nelas e entender o que é necessário para vencer. Sun Tzu sabia que a experiência é a melhor professora. Quando não podemos recorrer à nossa própria experiência, é possível invocar a história para obter ensinamentos. Como disse Winston Churchill: "Quanto mais longe você conseguir olhar para trás, mais longe estará apto a enxergar à frente." Nosso objetivo com este livro não é apenas contar histórias extraordinárias, mas ir além do que o formato do podcast permite, de modo a chegar ao cerne de cada conflito e desenterrar lições valiosas.

▸▸▸

Os sucessos e fracassos nos negócios atingem tanto as empresas quanto seus clientes. As marcas comerciais analisadas neste livro são referências em nossas vidas. No meu caso, posso fazer uma pausa no trabalho, dedilhar minha guitarra Les Paul e sentir uma imediata sensação de conforto por ser um cara da Gibson (embora, é claro, as Fenders tenham seu lugar). Durante o jantar, posso debater com membros da família os méritos de ser um indivíduo "Mac", não um "PC". Os pilotos da Harley, ao ultrapassarem minha Triumph, até se recusam a fazer o aceno dos motociclistas para mim.

Tudo bem: todos temos nossas lealdades.

Criado em uma pequena cidade do sul, onde a Coca-Cola reinava e abrir uma Pepsi era quase um ato de deslealdade, lembro-me de ver minha primeira Pizza Hut e achar que era um tanto exótica. (O mundo era menor na época.) Como jornalista, já encomendei uma pizza na Domino's na noite em que esperávamos os resultados das eleições no Capitólio do estado da Geórgia. Era tudo o que nós, repórteres, podíamos pedir à meia-noite, sob a rotunda do prédio. Hoje, não consigo passar por uma placa da Domino's sem pensar em como as coisas mudaram em tão pouco tempo. Quem não se lembra de ter feito aquela primeira viagem no Uber e pensado que percorrer uma cidade desconhecida jamais seria a mesma coisa?

O mundo dos negócios está tão entranhado na estrutura da sociedade que é quase invisível. Por isso desperta minha curiosidade: um mundo oculto, mas com extraordinário impacto sobre todos os aspectos de nossas vidas. Como – sendo jornalista – vivo e morro de curiosidade, queria entender esse mundo oculto. Assim, fui âncora do programa de rádio *Marketplace*, que versa sobre negócios, antes de virar apresentador do *Business wars*.

Mesmo antes de me tornar jornalista econômico, eu me interessava pelo comércio. Tenho memórias vivas de tirar a enciclopédia Childcraft da prateleira e abri-la na seção que desafiava jovens leitores, como eu, a associar logotipos às empresas que representavam. Meu irmão achava que eu era louco por me gabar de distinguir Allstate de Westinghouse, mas para mim esses ícones eram apenas trampolins para histórias. Ainda menino, eu passava horas lendo sobre qualquer coisa, desde redes de televisão a empreendimentos imobiliários e o catálogo da Sears. Essas histórias por trás das histórias compunham um mapa que explicava a paisagem americana da minha infância, repleta de marcas e anúncios.

As guerras empresariais, no fim das contas, não são casos frios e sem vida. São histórias sobre pessoas com ideias que às vezes têm potencial para mudar o mundo. Cada guerra narrada neste livro oferece lições sobre como enfrentar a resistência a novidades, rechaçar oportunistas, assumir o comando, recuar, promover grandes mudanças e, com frequência, não dar um passo maior do que a perna. São lições sobre vitórias e derrotas que tragédias em escala shakespeariana tornam extremamente fascinantes. Em *A arte da guerra nos negócios*, líderes de todos os matizes planejam estratégias, arregimentam recursos e medem forças em campos opostos. A vitória depende de ínfimos detalhes. Um mero erro tático pode derrubar um império. Vencedores e perdedores aprendem lições valiosas. Aqui, os leitores poderão fazer o mesmo, mas sem correr o risco de falência ou de humilhação pública.

Livros não são maravilhosos?

▲▲▲

Considerando o extraordinário grau de competição pela atenção do público hoje em dia, sinto-me até acanhado em informar que nosso podcast é acessado mensalmente por 4 milhões de pessoas. Dessas, 95% acompanham os episódios até o final. Por que todos esses indivíduos – que incluem uma legião de líderes, gestores, professores de negócios e empresários no mundo inteiro – ouvem *Guerras comerciais?* Pelo mesmo motivo que gerações de líderes recorreram a Sun Tzu: certas lições são atemporais.

Adoro contar histórias sobre guerras de negócios em nosso podcast, mas neste livro pude ir ainda mais fundo. Embora algumas das empresas abordadas aqui já tenham sido mencionadas no podcast, muitas são citadas pela primeira vez – e todo o material apresenta novas perspectivas. Pela primeira vez destacamos paralelos e conexões entre histórias distintas, em diferentes épocas e setores.

Cada parte deste livro buscou inspiração temática em um capítulo de *A arte da guerra*. Por exemplo, enquanto Sun Tzu oferece conselhos sobre o uso de espiões e inteligência militar, este livro discute truques sujos nos negócios: desorientação, mentiras e até sabotagem. A correspondência entre as duas obras não é perfeita – há nove capítulos aqui e 13 no livro de Sun Tzu –, mas somos gratos pela inspiração fornecida pelo clássico eterno.

Uma boa guerra empresarial parece menos um estudo de caso do que uma aventura, uma narrativa épica em que um herói corajoso triunfa sobre as adversidades – ou sucumbe a alguma falha trágica, como raiva ou arrogância. Para mim, compartilhar estas histórias, primeiro em um podcast e agora em um livro, foi uma aventura inesquecível.

1

ENTRANDO NO CAMPO DE BATALHA

> O general que vence uma batalha faz muitos cálculos mentais antes de travar o combate.
>
> – SUN TZU, *A arte da guerra*

Todo grande negócio vem do mesmo lugar: do nada. Geralmente, não há nada além do esboço de uma ideia, uma visão do que *poderá* ser. Não importa se impresso numa máquina, rabiscado num guardanapo ou, em certos casos, inspirado por um concorrente. Quer impulsionada por um insight, quer desenvolvida ao longo de anos de pesquisa, a ideia de um novo empreendimento é apenas um objetivo, um X no mapa. Será preciso lutar para conquistar o território – e vencer. A guerra começa quando um empresário materializa a semente de uma ideia. No mercado, nenhum terreno é cedido de graça. Não importa quão inovadora seja, uma empresa jamais poderá triunfar sem derrubar o statu quo, no qual os competidores estão confortavelmente empoleirados.

Seja cético ao ler autobiografias que mitificam empresários famosos. É muito fácil minimizar o papel desempenhado pela sorte e pelo momento quando se narra a própria biografia. Para identificar verdades universais, é melhor comparar diferentes exemplos ao longo da história. Quais são os elementos comuns a lançamentos bem-sucedidos, desses que surgem repetidas vezes? Igualmente importantes são os exemplos de grandes ideias que não fincaram raízes – pelo menos até que o momento fosse melhor ou um empresário mais habilidoso as levasse ao campo de batalha.

A luta para lançar uma novidade não é nada nova. Até o café, esse elixir revigorante, teve uma estreia complicada. Quando o botânico veneziano

Próspero Alpini introduziu o café egípcio na Europa, o Vaticano condenou a influência herética da bebida estrangeira. Até que o papa Clemente VIII a provasse, a adorasse e a abençoasse. (No final, os italianos acabaram se tornando grandes fãs de café.)

Se você tem uma ideia delirante e um intenso desejo de torná-la realidade, nunca espere uma recepção calorosa. Toda mudança ameaça o sistema, e quanto maior, mais resistência encontrará. Portanto, pense no futuro: quem são os principais jogadores? Quem perderá se você ganhar? O impacto de um novo produto pode ser difícil de prever, o que talvez acarrete consequências inesperadas e de longo alcance. Assim, antes de agir, mapeie todo o campo de batalha e certifique-se de que entendeu a magnitude da luta que está prestes a travar.

HENRY FORD PENSA GRANDE: O MODELO T

São 1h30 da manhã do dia 4 de junho de 1896. Bocejando, Henry Ford se recosta na engenhoca à sua frente e alonga o corpo para aliviar uma dor no pescoço. Olhando ao redor do pequeno galpão de tijolos que usa como oficina, percebe com satisfação que *terminou*. Após dois anos de ajustes e experimentos, enfim concluiu o trabalho que se propôs a fazer – e da melhor forma possível, como sua mãe sempre recomendou. Ford não diria que está cansado, exatamente, mas com certeza deveria estar. Mais uma vez, passou a noite dando os últimos retoques em sua nova invenção, depois de um longo dia de trabalho como engenheiro na Edison Illuminating Company. Sua esposa, Clara, e seu filho, Edsel, foram para cama há muito tempo. Teriam vindo dar boa-noite? Ele não consegue se lembrar. O homem que o ajuda no projeto, James Bishop, está visivelmente exausto, cochilando em um banquinho próximo. A noite foi longa.

À frente de Ford, no galpão silencioso, vê-se um veículo mecânico de 220 quilos, que ele decidiu chamar de quadriciclo. Está montado sobre quatro pneus de bicicleta, portanto o nome faz sentido. Sem enfeites, totalmente funcional, fácil de reparar e replicar – como tudo deveria ser.

Apesar da complexidade mecânica do motor de combustão interna com dois cilindros, Ford vê o veículo de dois lugares como algo básico: mais um protótipo do que um produto. Quando se tenta lançar uma nova ideia, faz sentido que cada elemento seja o mais simples possível. E ele vem tentando concretizar essa ideia desde menino, quando viu, pela primeira vez, uma máquina a vapor puxando a carroça de um fazendeiro. Uma "carruagem sem cavalos". Agora ele construiu a sua. Mais ou menos.

Recentemente, seu amigo Charles King circulara por Detroit no veículo de madeira com motor de quatro cilindros que havia construído. Andou a 8 quilômetros por hora – o quadriciclo conseguiria superar isso? Há projetos semelhantes em andamento na cidade. Ford também tem ouvido rumores interessantes vindos da Europa. Ninguém pode adivinhar como essas máquinas serão em sua forma final nem como se encaixarão na vida cotidiana. No momento, permanecem estritamente no domínio de amadores, mas Ford sabe que não ficarão aí por muito tempo. Agora há camaradagem entre os inventores – King até ajudou Ford com seu quadriciclo. Mas esse espírito aberto e colaborativo não vai durar. Há negócios a fazer. O quadriciclo não substituirá as carruagens puxadas por cavalos. Mas alguma futura invenção o fará, e o empreendedor que construir *esse* modelo mudará o mundo – deixando uma geração de competidores para trás.

Ford olha ao redor. É muito tarde. E a máquina fará muito barulho. Mas ele quer muito fazer um *test drive*...

▸▸▸

Henry Ford nasceu em 30 de julho de 1863, no estado de Michigan. Seu pai, William, imigrou da Irlanda em busca de terras cultiváveis baratas. Ele e sua esposa, Mary, se estabeleceram num terreno de mais de 40 hectares nos arredores de Detroit. Henry e seus sete irmãos mais novos cresceram trabalhando na fazenda, mas ele não gostava de agricultura. Também tinha dificuldades na escola, embora achasse matemática fácil. Desde criança, dispositivos mecânicos consumiam sua atenção. Vivia mexendo neles, desmontando os brinquedos de corda dos irmãos e examinando o funcionamento de qualquer objeto mecânico em que pusesse as mãos.

Aos sábados, os Ford iam a Detroit para fazer as compras semanais. Henry ficava encantado com os barcos que passavam pelo rio e outras maravilhas movidas a vapor que apareciam cada vez mais frequentemente na cidade. A mudança estava no ar em Detroit, que já se tornara o epicentro da inovação americana. Depois que seus pais terminavam as compras, todos voltavam para a fazenda, o que para Henry devia parecer uma viagem no tempo – de volta ao passado distante.

Sabendo do grande interesse de Henry por dispositivos mecânicos, um amigo da família o presenteou com um velho relógio parado. Após esculpir um prego de metal até transformá-lo numa chave de fenda improvisada, Henry desmontou o relógio para entender como funcionava cada peça. Depois o remontou de tal forma que o mecanismo voltou a funcionar. O feito despertou a atenção dos vizinhos, que passaram a entregar seus relógios parados ao garoto para ele consertar. Improvisando ferramentas com agulhas de tricô e outros itens domésticos, Henry começou a ganhar dinheiro extra com a nova atividade. Talvez assim pudesse evitar o enfadonho trabalho agrícola.

A obsessão de Ford por dispositivos mecânicos se aprofundou quando ele estava com 13 anos e sua mãe, sempre orgulhosa de seu "mecânico nato", morreu após mais um parto. Mary Ford sempre encorajara Henry a procurar uma atividade em que fosse bom e se dedicar ao máximo a ela. Após a morte da mãe, Ford fez da mecânica a sua missão. Foi nessa época que observou pela primeira vez um fazendeiro usando uma máquina a vapor para levar um carrinho com produtos agrícolas até Detroit. Aquela engenhoca barulhenta, movida a carvão, foi o primeiro veículo diferente das carroças puxadas a cavalos que ele viu. O vapor já era usado para fornecer energia a ferramentas agrícolas, mas aquele carrinho sugeria a possibilidade de se deslocar de um lugar a outro sem qualquer limitação de velocidade ou distância e sem se cansar. Isso dominou sua imaginação. "Foi aquele motor", disse ele mais tarde, "que me levou ao transporte automotivo." O fazendeiro foi gentil ao responder às perguntas de Henry e deixá-lo inspecionar o motor. Desmontá-lo na estrada, é claro, seria impossível.

Aos 16 anos, Ford foi à cidade procurar trabalho como mecânico. Conseguiu emprego em uma oficina. Para complementar seu pequeno salário, consertava relógios à noite. Menos de um ano depois, ele deixou a oficina de mecânica para estagiar numa empresa de construção naval, onde teve oportunidade de trabalhar em diferentes tipos de usinas. Passou três anos lá, lidando com motores e outras máquinas durante quase todos os minutos do dia. Por fim, retornou à fazenda da família, onde um vizinho o contratou para operar uma máquina a vapor que debulhava milho e serrava madeira, entre outras tarefas agrícolas que antes exigiam mão de obra intensiva. Quando soube da aptidão daquele jovem de 19 anos com motores, a Westinghouse

Engine Company o contratou para fazer a manutenção de seus produtos no sul do Michigan.

Em 1891, Ford foi trabalhar como engenheiro para Thomas Edison, rival de George Westinghouse. Já casado, ele se mudou com sua esposa, Clara, para um apartamento em Detroit, sede da Edison Illuminating Company. Logo depois que seu filho Edsel nasceu, em 1893, Henry foi promovido a engenheiro-chefe. Mesmo pressionado por seus deveres profissionais e domésticos, Ford encontrava energia para tocar os próprios projetos noite adentro. Como muitos de seus contemporâneos, inclusive Ransom Olds, David Dunbar Buick e os irmãos John e Horace Dodge, Henry Ford sonhava com uma carruagem movida a motor de combustão interna que pudesse fabricar em escala.

O quadriciclo foi o primeiro veículo construído por Ford a funcionar com um motor de combustão interna. Às quatro da manhã – com seu assistente Bishop andando de bicicleta à frente do veículo para alertar os pedestres matinais –, Ford concluiu um *test drive* bem-sucedido, no qual acelerou a máquina frágil até incríveis 30 quilômetros por hora. Ele decidiu então construir um segundo modelo. Maior e mais resistente, essa versão percorreu com sucesso o trajeto de ida e volta entre as cidades de Detroit e Pontiac, Michigan, um total de 50 quilômetros. Graças a essa exibição, Ford obteve apoio financeiro para abrir uma fábrica, que faliu em 1900. Ele chegou a abrir uma segunda empresa, mas se retirou após um desentendimento com investidores. (Esses investidores resgataram o que restou do negócio – um projeto de motor e a fábrica – e montaram a Cadillac, batizada com o nome do fundador francês da cidade de Detroit.) Finalmente, em 16 de junho de 1903, Ford fundou a Ford Motor Company.

Em 1903, havia menos de 8 mil carros nas estradas. O automóvel ainda era apenas um hobby de homens ricos. Caros e demandando muitos cuidados, os primeiros carros eram construídos à mão. A fábrica da Ford, na verdade, nem sequer produzia os componentes. Seus 12 funcionários apenas os montavam, encaixando motores adquiridos em oficinas mecânicas da cidade. No caso de reparos, a falta de padronização fazia com que a substituição de uma peça às vezes exigisse a fabricação de outra nova. Ford acreditava que os carros se tornariam essenciais para quase todo mundo, mas isso só aconteceria se pudessem ser construídos de maneira rápida e padronizada. O primeiro empresário a conseguir esse feito alcançaria uma liderança extraordinária, talvez inexpugnável. Ford tinha um sonho, mas teria de enfrentar não só a indústria de veículos a tração animal como *também* os primeiros fabricantes de automóveis. Em jogo, o futuro das estradas nos Estados Unidos.

O principal apoiador de Ford em sua nova empresa, o negociante de carvão Alexander Malcomson, tinha em mente apenas uma carruagem automotiva. Acreditava que os automóveis simplesmente substituiriam os veículos puxados por cavalos como um meio de transporte – caro e luxuoso – para os ricos. Ford discordava. Queria que sua produção ultrapassasse qualquer coisa que seus concorrentes pudessem imaginar. Idealizava um carro leve e confiável, pelo qual todos pudessem pagar. Na época, era uma ideia chocante – *todo mundo* teria um carro? –, mas em 1906 Ford já fizera progressos. Naquele ano, ele produziu o Modelo N. O custo? Seiscentos dólares. O Modelo N era mais leve e resistente do que carros mais caros, graças ao uso de aço vanádio, durável e fácil de usinar, e à insistência de Ford em reduzir o design ao essencial. Um carro útil e nada mais. "Acredito ter resolvido o problema da construção de automóveis tão baratos quanto simples", declarou à imprensa.

Mesmo quando Ford já estava perto de realizar seu sonho, Malcomson ainda tentava levar a empresa por outro caminho. Ford jamais teria sucesso enquanto dependesse de terceiros para obter suas peças. Em 1905, ele utilizou uma nova estratégia para resolver ambos os problemas: integração vertical. Para dominar a fabricação de automóveis, Ford precisaria atuar de maneira decisiva e unilateral, com controle absoluto de todos os aspectos da produção. Buscando esse objetivo, criou a Ford Manufacturing Company, uma entidade independente, que fabricaria seus próprios motores. Essa mudança teve também o benefício de desviar para o Ford Modelo N os lucros que, de outra forma, teriam ido para a Malcomson, permitindo que Ford comprasse a parte do negócio que pertencia ao comerciante de carvão. Com o controle total da empresa, Ford absorveu sua fábrica de motores e adquiriu uma siderúrgica, na qual passou a fabricar outros componentes importantes, como eixos e cárteres. Foi um golpe de mestre. A partir daí, tornou-se capaz de produzir cada componente de seus automóveis de acordo com suas especificações.

▸▸▸

Hoje o conceito de linha de montagem pode parecer óbvio. Com o benefício de uma visão retrospectiva, o mesmo ocorre com a maioria das grandes inovações. No entanto, ao entrar no campo de batalha, um líder se vê diante de uma situação complicada ao extremo, repleta de nuances, em que pode ser difícil identificar até as soluções óbvias. Observar o que cada concorrente está fazendo, suas falhas, e seguir um caminho melhor requer uma mente perspicaz ao extremo.

O problema que a Ford enfrentou foi a própria complexidade do negócio: as montadoras gastavam muitos recursos treinando trabalhadores para fabricar o veículo inteiro, o que envolvia localizar e encaixar centenas de peças manualmente. A tarefa exigia grande aptidão mecânica. Alguns funcionários venciam o desafio, mas eram raros. A maioria tinha dificuldade. Assim, a montagem era lenta e irregular. Um erro mínimo – digamos, avaliar mal o aperto de uma porca – poderia resultar em mau funcionamento e até acidentes. A única coisa que os fabricantes podiam fazer a respeito disso era trazer mais gente para resolver o problema ou pedir a todos que trabalhassem mais do que já trabalhavam.

Ford sabia que algo fundamental precisaria mudar na montagem dos carros. Mas o quê? Como costumam fazer os inventores quando buscam um novo paradigma, ele recorreu à analogia. Apesar de sua complexidade extraordinária, um relógio mecânico opera com admirável eficiência. Centenas de peças minúsculas interagem suavemente, de modos específicos, para produzir um único resultado – o tique de um segundo –, com regularidade quase perfeita. Ford então perguntou a si mesmo: e se uma fábrica de automóveis funcionasse como um relógio, com cada etapa do processo de produção alimentando a etapa seguinte, como uma série de engrenagens interconectadas? Se o chão de fábrica fosse organizado como um relógio, o trabalhador realizaria apenas uma etapa do processo de fabricação. Com o mínimo de treinamento, qualquer pessoa poderia aprender uma única ação e executá-la sempre da mesma forma. Caso uma etapa precisasse ser modificada – e quase todas as etapas precisam de ajustes ao longo do tempo –, bastaria reciclar um único trabalhador em vez de toda a força de trabalho. Uma fábrica projetada como um relógio seria precisa, confiável e rápida, além de potencialmente *muito* rápida. Uma vez que o processo fosse "automatizado", seria mais fácil acelerá-lo. Como um carro.

Os esforços de Ford para criar o que ele acabou chamando de "linha de montagem móvel integrada" não foram lineares. Ele não tinha um projeto detalhado. Se tivesse esperado até conceber algo perfeito, jamais teria começado. Mas adquiriu o hábito de estudar sua linha de produção, procurando formas de poupar tempo no processo de transformar matérias-primas em um automóvel Ford pronto. Nem que fosse para ganhar um segundo. Esses "estudos de tempo e movimento" o ajudaram a otimizar o fluxo de produção, embora a limitação de espaço ainda prejudicasse a fábrica.

A obsessão de Ford com detalhes mínimos devia incomodar seus funcionários, mas isso não era novidade para ele. Mesmo antes de conduzir seu quadriciclo pela cidade no meio da noite, Ford já era tido pelos vizinhos como um inventor maluco. Ele acabou se conformando com o fato de ninguém entender, muito menos elogiar, o que tentava realizar em sua fábrica. Sabia que estava criando algo inédito. Um século depois, Jeff Bezos disse que a Amazon estava "disposta a ser mal interpretada por longos períodos de tempo". Henry Ford pensava assim.

Em 1º de outubro de 1908, na esteira do bem-sucedido Modelo N, a Ford lançou o Modelo T – que tornou os automóveis acessíveis a milhões de americanos e mudou para sempre os meios de transporte. Eficiente e confiável, o Modelo T significou um salto em relação ao design de automóveis. Mas esse feito extraordinário de Ford teve tanto a ver com seu processo de produção quanto com a engenharia do próprio carro. Graças ao contínuo aperfeiçoamento da linha de montagem, o preço inicial do Modelo T, equivalente a menos de 24 mil dólares hoje, caiu sem parar durante o tempo em que foi produzido, atingindo o equivalente a menos de 4 mil dólares em 1927, quando deixou de ser fabricado. Cada vez que o preço do Modelo T baixava, mais pessoas podiam comprá-lo, até atingir 15 milhões de unidades vendidas, o que fez dele uma visão onipresente nas estradas americanas.

Em 1910, Ford abriu uma fábrica de 25 hectares em Highland Park, pequena cidade na região metropolitana de Detroit. Agora teria liberdade para projetar a operação desde o início, de modo a obter a máxima eficiência. A moderna produção em massa, tal como a conhecemos, surgiu na fábrica de Highland Park, embora por muitos anos esse conceito fosse conhecido simplesmente como "fordismo". Com a evolução do fordismo, o tempo de produção de um único carro – mais de 12 horas no início – caiu para apenas 93 minutos, exigindo menos mão de obra.

"O homem que coloca uma peça não a fixa", explicou Ford a um visitante da fábrica. "O homem que põe o parafuso não põe a porca; o homem que coloca a porca não a aperta. A peça é que se move." O relógio finalmente estava funcionando. Na verdade, com a adição de uma correia transportadora contínua, em 1912, a fábrica de fato passou a "se mover" como um relógio. Todas as incontáveis pequenas melhorias de Ford na linha de montagem se tornaram uma espécie de juros compostos: o valor de um segundo economizado era multiplicado cada vez que um novo carro saía da fábrica. Pequenas iterações a longo prazo resultavam em ganhos vultosos. A capacidade de produção não crescia linearmente, como a dos rivais da Ford, mas quase de modo exponencial. Em 1914, a produção da empresa superou a de todos os concorrentes somados.

Para os funcionários da fábrica, o trabalho era monótono, quase insuportável, em comparação com o de montagem, qualificado. Para compensar, recebiam o dobro do salário dos trabalhadores da indústria. Também desfrutavam de uma série de benefícios, que estavam na vanguarda do setor, e trabalhavam duas horas a menos por dia do que os colegas de outras fábricas. Ford sabia que a produção em massa significava "reduzir a necessidade de reflexão por parte do trabalhador e seus pensamentos ao mínimo". Essa era a ideia. Em certo sentido, a fábrica era uma ferramenta para dimensionar suas próprias ideias, suas próprias mãos. De que outra forma ele poderia construir seus carros exatamente como pretendia e na quantidade sonhada?

O que venceu a batalha para Henry Ford foi sua capacidade de imaginar um mundo muito diferente daquele em que vivia, e depois casar essa visão com uma execução bem-sucedida. Aí estava sua verdadeira e excepcional genialidade. Numa época em que apenas 8 mil carros circulavam, Ford percebeu que seria *possível* vender até 1 milhão de carros em um ano, caso conseguisse fabricar tantos. Em 1922, a Ford atingiu esse marco, não por produzir continuamente novos projetos, como outros fabricantes faziam, mas por tornar o mesmo carro cada vez mais rápido e eficiente. Melhor do que qualquer tática, visão e foco distinguem um grande líder de um bom líder.

CONSTRUINDO A CASA DOS SONHOS: BARBIE E A MATTEL

É um belo dia de verão em 1956, e a família Handler está aproveitando as férias na Suíça. Pelo menos as crianças, Barbara e Ken, parecem estar se divertindo. A mãe deles, Ruth Handler, está distraída. Como de costume, pensa nos negócios: a Mattel. Ela e o marido, Elliot, planejaram a viagem há muito tempo, mas Ruth já não consegue lembrar por que achou que uma viagem à Europa com dois filhos adolescentes seria relaxante.

O casal com certeza merece a folga. Graças a uma leva de produtos de sucesso, a Mattel tivera alguns anos muito bons. Mas no ramo de brinquedos não se pode descansar – é preciso estar sempre planejando a próxima temporada. Os pensamentos de Ruth se atropelam.

Dominada pelas preocupações, Ruth caminha com a família por uma charmosa rua europeia. Então avista uma pequena loja e é atraída pela vitrine: há várias versões enfileiradas de uma figura feminina de plástico. É a mesma mulher loira e bonita, vestida com variados e elegantes trajes de esqui.

Barbara, filha de Ruth, nunca teve muito interesse em brincar com bonecas. Sempre preferiu imaginar cenários adultos, como festas ou até reuniões de negócios, iguais às que a mãe fazia no escritório. Como os fabricantes de brinquedos não produziam bonecas para adultos, ela precisava recortar as de papel que costumavam aparecer em revistas como *Good Housekeeping* e *McCall's*, impressas em cores lindas e acompanhadas de vestidos, que também podiam ser recortados.

Durante anos, Ruth tentou convencer os outros executivos da Mattel de que meninas não estavam interessadas apenas em fingir ser mães e de que poderia haver um mercado para bonecas que representassem mulheres adultas. Bonecas de papel são lindas, mas frágeis. E os vestidos não caem bem. Mas não conseguia convencê-los. Para eles, meninas queriam brincar de ser mães. Claramente, pelo menos para Ruth, os homens ficam mais perturbados com as conotações de uma mulher de plástico do que gostariam de admitir. Agora parece que os europeus haviam tomado a dianteira. Ou não? Aquela loja não *parecia* uma loja de brinquedos.

Ruth não sabe, mas aquelas bonecas na vitrine são de uma atrevida personagem de histórias em quadrinhos chamada Lilli – uma Betty Boop mais ousada que aparece no *Bild*, um jornal da Alemanha Ocidental. O brinquedo é, na verdade, um presente maroto para os muitos "admiradores" da Lilli – o público masculino do *Bild*. No entanto, as garotas alemãs gostam de brincar com as bonecas Lilli, assim como Barbara gostava de brincar com as mulheres de papel. Ruth sabe que a oportunidade existe. E agora tem um exemplo de sucesso para mostrar aos homens céticos da Mattel.

Ela entra na loja e compra três bonecas. Agora que tem o exemplo, tudo que precisa é de um nome. Talvez Barbara tenha boas sugestões...

▲▲▲

Para sobreviver, os fabricantes de brinquedos precisam estar sempre conquistando uma nova geração de consumidores. O que foi sensação no último Natal costuma ser ignorado nas prateleiras já no ano seguinte. Entretanto, apesar do ritmo rápido das mudanças, uma fábrica de brinquedos pode ser tão resistente à inovação quanto qualquer outra. Brinquedos que surpreendem e encantam as crianças fazem sucesso, mas os adultos que os projetam e vendem são tão cautelosos quanto seus colegas de indústrias mais pragmáticas.

Embora o negócio de brinquedos atenda crianças, esse mercado sempre foi brutalmente competitivo e até mesmo cruel. Os fabricantes usam todos os meios necessários para levar a melhor sobre a concorrência, inclusive imitação descarada e sabotagem implacável. Talvez porque seja um mercado que recompensa as novidades de maneira descomunal – e imprevisível. Determinado brinquedo pode tomar conta do país como um maremoto, mobilizando pais desesperados a realizar façanhas de consumismo tático. Os consumidores vasculharão as gôndolas – e hoje em dia os navegadores na internet – com obstinação até adquirirem o último exemplar ainda disponível. O negócio de brinquedos sempre exerceu um fascínio especial nos empreendedores com mil ideias e poucos escrúpulos.

Entrar em um campo de batalha com uma ideia genuinamente nova sempre gera resistência, porque a maioria das pessoas não tem estômago para isso. Em qualquer setor, é preciso ter coragem para persistir diante do ceticismo dos mais experientes, que podem ser concorrentes ou aliados. É irônico, mas a experiência cega os veteranos no negócio de brinquedos. Para enxergar o potencial de uma novidade – aquela que pode mudar para sempre a indústria e o modo como as crianças brincam –, é necessário um novo olhar.

Ruth Handler nasceu Ruth Mosko, em 4 de novembro de 1916, na cidade de Denver, Colorado. Foi a décima filha de imigrantes judeus que haviam fugido do antissemitismo na Polônia. Como sua mãe tinha a saúde debilitada, a menina passou grande parte da infância sob os cuidados da irmã mais velha e do marido dela. O casal tinha uma drogaria e Ruth costumava ajudá-los, o que lhe ensinou a administrar um negócio. Na adolescência, conheceu Elliot Handler em um baile e os dois se apaixonaram. Aos 19 anos, ela decidiu se mudar para Los Angeles, onde conseguiu emprego na equipe de estenografia da Paramount Pictures. Elliot a acompanhou e passou a frequentar o Art Center College of Design, uma faculdade de desenho gráfico. Eles se casaram em 1938.

Como o dinheiro estava curto, Elliot começou a fazer luminárias e outros objetos para o pequeno apartamento onde moravam, utilizando plásticos recém-disponíveis, como acrílico. Incentivado pela esposa, ele transformou o hobby em um negócio. Ruth aproveitava seu horário de almoço na Paramount para vender as criações do marido em lojas sofisticadas de Los Angeles. "Descobri que adorava o desafio de vender", recordou ela mais tarde. "Sentia a adrenalina subir sempre que eu entrava em uma loja com amostras e saía com um pedido." Ela acabou conseguindo um grande contrato com a Douglas Aircraft, para que Elliot confeccionasse modelos de aviões que seriam distribuídos como presentes corporativos. Para ajudá-lo no trabalho, Elliot contratou Harold "Matt" Matson, outro designer gráfico. Ruth sugeriu que eles fizessem também porta-retratos, e rapidamente conseguiu pedidos de algumas lojas de fotografia. Quando a Segunda Guerra Mundial restringiu o uso de plástico às necessidades militares, ambos passaram a usar madeira para as molduras. Os pedidos dobraram. Em 1942, decidiram chamar a nova empresa de Mattel, uma combinação de "Matt" e "Elliot". Jamais lhes ocorreu incorporar o nome de Ruth.

Para diversificar, a Mattel começou a confeccionar móveis para casas de boneca, aproveitando pedaços de plástico que sobravam dos porta-retratos. O sucesso da iniciativa os levou a fabricar brinquedos. O primeiro sucesso da Mattel foi o Uke-A-Doodle, um minúsculo ukulele. A essa altura, a precária saúde de Matson levou o casal a adquirir a parte dele no negócio. Em 1951, a empresa já tinha 600 funcionários e vendia milhões de unidades de uma caixa de música com manivela. A Mattel prosperou, em grande parte, graças à habilidade de Ruth, vice-presidente executiva, que se encarregava do marketing e das operações comerciais. Em uma época em que os homens americanos estavam retornando às atividades civis e as mulheres – embora com relutância – às atividades domésticas, Ruth era um ponto fora da curva, uma executiva obstinada que prosperava no agressivo negócio de brinquedos, dominado por homens.

Isso não quer dizer que ela aceitasse o statu quo. Ruth Handler sempre foi uma defensora da inclusão. "Ela e Elliot tinham uma política de contratação aberta", disse sua biógrafa Robin Gerber, autora do livro *Barbie and Ruth*. "Ela contratava com base no talento." A fábrica da Mattel empregava muito mais mulheres e pessoas não brancas do que a média, e em 1951 a empresa ganhou um prêmio da Liga Urbana – organização que defende os direitos civis dos afro-americanos – por suas práticas de contratação.

Em 1955, Ruth colocou a Mattel entre as grandes empresas do país ao anunciar no *Clube do Mickey*. Na época, a propaganda de brinquedos era direcionada aos pais, sobretudo por meio de anúncios em revistas como *Look*, *Life* e *Saturday Evening Post*. Os adultos é que iam às lojas de brinquedos procurar algo que parecesse apropriado para os filhos. Ruth decidiu ignorar os intermediários e apelar diretamente para as crianças. Com um revolucionário patrocínio de 12 meses no novo programa de TV da Disney, a Mattel se tornou a primeira empresa a transmitir um comercial de televisão infantil.

A decisão arriscada de Ruth de patrocinar o *Clube do Mickey* pagando meio milhão de dólares – quantia quase equivalente ao patrimônio líquido da Mattel – se mostrou certeira quando a submetralhadora da marca se tornou o brinquedo de Natal obrigatório naquele ano. O sucesso da campanha marcou uma mudança fundamental não só para a Mattel como também para a indústria de brinquedos: as crianças passaram a ter mais voz sobre o que queriam que seus pais comprassem para elas. E os fabricantes teriam que pensar como crianças em vez de como adultos que se colocavam no lugar delas.

Jogadora inveterada, que passava o tempo livre fumando um cigarro após outro em uma mesa de pôquer, Ruth apreciava o risco, mas também tinha visão – combinação imbatível para um empresário. Embora Elliot fosse o principal inventor da empresa, era ela quem tinha a percepção contemporânea que acabou transformando a Mattel. Enquanto os homens que dirigiam a indústria continuavam a presumir que meninas só estavam interessadas em brincar de casinha, Ruth reconheceu uma dor clássica do consumidor: milhões de meninas, como sua filha Barbara, estavam limitadas a tesouras e origami para criar simulações realistas da vida adulta em suas brincadeiras de "sonhar com o futuro". Por que não usar os novos métodos de produção de vinil para fazer uma figura adulta articulada e realista com esse propósito? Em vez de colocar um bebê no berço ou fingir alimentá-lo com uma mamadeira, uma garota poderia vestir uma mulher com diversas roupas e simular situações futuras que imaginava para si mesma, seja ir a uma festa glamorosa, viajar para um local exótico ou até enfrentar uma sala de reuniões com executivos céticos que julgavam entender de meninas melhor que elas próprias.

Ruth não conseguiu convencer Elliot nem qualquer outro executivo do sexo masculino da Mattel do potencial de sua ideia. O argumento era que seria muito caro produzir uma boneca feminina realista. Ela desconfiou, no entanto, de que a resistência deles "decorria principalmente do fato de a boneca ter seios", como escreveu mais tarde. Não estava errada. "Ninguém jamais fizera um adulto de brinquedo para crianças", admitiu um executivo da agência de publicidade da Mattel em um documentário, anos depois. "Simplesmente não parecia certo. Todo o conceito das pernas compridas, dos seios, da menina bonita. Aquilo não era uma boneca para crianças."

Ruth não sabia como convencer seus colegas de que estava certa até descobrir Lilli na vitrine de uma loja suíça. Agora teria um exemplo concreto de uma boneca adulta com a qual meninas desejariam brincar, embora só tivesse sido comercializada para adultos. Com Lilli nas mãos, ela conseguiu convencer os outros líderes da empresa a dar uma chance à sua ideia. Começou então a trabalhar para torná-la real, orientando o enorme departamento de pesquisa e desenvolvimento (P&D) da Mattel no sentido de adaptar a boneca suíça ao mercado das meninas americanas. O plástico da pele teria que ser mais macio. O cabelo, mais resistente. Rosto bonito, mas não tão exótico.

É fácil olhar em retrospectiva para um período de incubação como esse e vê-lo como uma linha reta para o sucesso. Na verdade, a batalha estava apenas começando. Embora o conceito de boneca adulta para meninas fosse novidade, o território de brinquedos para meninas era firmemente sustentado por fabricantes de bonecas tradicionais, representando bebês e crianças pequenas. Em todas as fases da produção, da ideia à execução, Ruth enfrentou forte resistência, primeiro dentro e depois fora da Mattel. Foi graças a seu entusiasmo e seu comprometimento ilimitados que a iniciativa foi adiante.

A Mattel se esforçou para antecipar qualquer preocupação dos pais a respeito desse novo tipo de brinquedo. Quando uma pesquisa de mercado revelou que as mães estavam receosas com as proporções adultas, a empresa contratou uma psicóloga para assegurar que uma boneca com seios – algo que quase todos na indústria de brinquedos achavam chocante (principalmente os homens) – ofereceria um modelo educativo útil para garotas em crescimento. Na verdade, após exibir um protótipo para meninas e suas mães e entrevistá-las, a psicóloga incentivou a empresa a aumentar os seios da boneca. No final, o que foi originalmente percebido como a maior desvantagem se tornou o principal argumento de venda. A figura feminina permitia que as meninas imaginassem seus caminhos em cenários adultos.

Após três anos de desenvolvimento, Handler apresentou a Barbie – apelido de sua filha – na feira de brinquedos da cidade de Nova York, o evento mais importante do ano desse mercado. A essa altura, a Mattel inovara além do design original de Lilli, adicionando mecanismos nas juntas, os quais permitiam que a boneca de vinil, com quase 30 centímetros, fizesse poses glamorosas. Qualidade e realismo eram fundamentais para Ruth: ela queria que as meninas simulassem à perfeição as vidas empolgantes que imaginavam para si mesmas. O cabelo da Barbie era costurado à mão; as unhas, pintadas à mão. A empresa chegou a contratar um figurinista para criar o luxuoso guarda-roupa da boneca. (Inicialmente, a Barbie seria comercializada como uma modelo adolescente.) Pelo lado comercial, produzir as bonecas no Japão reduzia os custos a uma fração do que seriam nos Estados Unidos. Seriam vendidas por três dólares, acessíveis ao maior número possível de crianças. Modelos para desfiles, alguns baseados nos figurinos mais recentes de Paris, poderiam ser comprados por cerca de um dólar cada.

Apesar de todo o trabalho e de todas as precauções possíveis, a estreia da Barbie foi um desastre. No dia 9 de março de 1959, estandes e mais estandes de inventores de brinquedos esperançosos ocupavam os corredores do Centro Internacional de Brinquedos, no distrito de Flatiron, na cidade de Nova York. Sentada no estande da Mattel, Ruth estava consternada. Os varejistas, claramente, não queriam a Barbie. Os compradores, todos homens, davam uma olhada no mostruário e passavam reto. Era fato que não entendiam o apelo da boneca. Para eles, meninas queriam brincar de casinha e nada mais; as bonecas modelos no estande da Mattel os deixavam desconfortáveis. Uma coisa com aquelas curvas não poderia ser saudável. As meninas precisavam se preparar para uma vida doméstica, como suas mães, não para uma passarela de moda.

Quando a Sears, a maior compradora da feira, recusou-se abertamente a estocar o brinquedo, Ruth Handler quase se desesperou. Enquanto os grandes compradores davam as costas para seu produto, o Japão produzia 20 mil Barbies por semana, esperando uma enorme demanda. Ela percebeu então que não tinha escolha: faria com que as crianças exigissem a boneca, como já havia ocorrido com a submetralhadora.

Ruth se concentrou então em expor a Barbie às meninas de todos os modos possíveis. Por exemplo: enviou às lojas de brinquedos visores promocionais View-Master, parecidos com os óculos de realidade virtual de hoje, pré-carregados com fotos da boneca. O primeiro comercial de TV da Mattel para a Barbie, que foi ao ar semanas depois da Feira de Brinquedos, dizia:

Algum dia serei exatamente como você. Até lá, sei exatamente o que vou fazer. Barbie, linda Barbie. Vou fingir que sou você.

Ruth tinha certeza de que as meninas entenderiam a Barbie tão logo a vissem, mesmo que profissionais experientes e bem pagos para conhecer suas preferências não compreendessem. Uma vez mais, ela estava certa. Quando a televisão apresentou a Barbie diretamente às meninas americanas, a popularidade da boneca disparou. No Natal, a fábrica no Japão já não conseguia acompanhar as vendas. A Mattel vendeu mais de 350 mil Barbies no ano do lançamento. Foram necessários três anos para conseguir atender à demanda. "Era vendida no minuto em que chegava ao balcão", disse Handler mais tarde. A partir daí, a popularidade da boneca só cresceu. Ao contrário de brinquedos engenhosos, como a submetralhadora, a linha de brinquedos Barbie abriu um mundo infinitamente flexível, no qual meninas, e mais tarde meninos, podiam imaginar com segurança quase qualquer tipo de vida para si mesmos enquanto brincavam.

Em 1960, um ano após a estreia da Barbie, os Handlers abriram o capital da Mattel – com uma avaliação inicial de 10 milhões de dólares –, e a empresa começou a subir rumo à *Fortune 500*, o ranking das 500 maiores empresas americanas. Em 1963, a Barbie começou a ser comercializada no mundo inteiro e logo se tornou um ícone americano, apesar de suas origens europeias. No final da década, as vendas já ultrapassavam 200 milhões de dólares. Além de milhares de trabalhadores no Japão confeccionando as bonecas e de centenas de funcionários na Califórnia cuidando do marketing e da distribuição, a Barbie tinha uma secretária própria para responder às 20 mil cartas de fãs que recebia todas as semanas. Em 1968, o Barbie Fan Club contava com 1,5 milhão de integrantes somente nos Estados Unidos.

Se a imagem adulta da Barbie era seu maior trunfo para atrair as meninas, uma figura masculina parecia ser um complemento útil para essa imagem. Em 1961, a Mattel apresentou o namorado da Barbie, batizado como Ken, em homenagem ao filho dos Handler. Com o passar dos anos, surgiram outras versões, desde amigas até variações da própria Barbie, como pilota, médica, atleta ou política. A Barbie Negra apareceu em 1980. Vale notar que, em todas essas variações, Ruth nunca deu filhos à Barbie. O mais próximo que ela chegou da ideia de maternidade foi criando um conjunto de brinquedos chamado Barbie Babysitter.

Nos últimos anos, a Barbie se tornou um objeto de preocupação e até mesmo de desprezo para feministas. Alguns a viam como uma personificação irreal de mulheres jovens. No entanto, desde o início a intenção de Ruth Handler era aproximar as meninas da figura de uma mulher real, como nunca havia sido possível. Apesar de todos os detratores da boneca, milhões de meninas hoje são gratas à Barbie. "Ouvi isso de muitas mulheres", disse Handler mais tarde a um repórter. "Para elas, a Barbie era muito mais que uma boneca. Era parte delas."

Ruth Handler foi diagnosticada com câncer de mama em 1970, quando a Mattel enfrentava uma recessão, um incêndio em uma fábrica e uma greve de estivadores. Uma combinação difícil para qualquer líder superar, que dirá para alguém que se recuperava de uma mastectomia radical. Foi nessa altura que a Mattel adotou práticas contábeis ilegais para manter o preço de suas ações. Em 1972, os acionistas processaram a empresa, e Ruth e Elliott foram forçados a renunciar. Segundo declarou Elliot para a biógrafa de Ruth, foi a ambição que levou o melhor dela: "Ruth simplesmente não conseguia se desligar." Em 1978, condenada no âmbito federal, ela não contestou. Sua pena foi pagamento de multa e prestação de serviços comunitários. Para atender a esse último requisito, ela criou uma fundação que oferecia treinamento profissional a jovens carentes.

Destemida, Ruth logo voltou sua atenção para uma nova empresa, que fabricava próteses de mama confortáveis e realistas. Uma vez mais, descobriu uma dor do consumidor com base na própria vida e a transformou em produto. Ao longo do caminho, tornou-se uma defensora da prevenção ao câncer de mama, numa época em que a própria doença era tabu. Após a mastectomia de Betty Ford, confeccionou uma prótese para a então primeira-dama dos Estados Unidos.

Em 1989, Ruth e Elliot foram incluídos no Hall da Fama da Indústria de Brinquedos. Ruth morreu em Los Angeles, em 2002, e Elliot faleceu nove anos depois. Hoje, a Barbie é um ícone cultural e uma lenda nos negócios, com mais de 1 bilhão de bonecas vendidas em todo o mundo desde 1959. Graças em grande parte à Barbie e a seus amigos, a Mattel é a segunda maior empresa de brinquedos do mundo, atrás apenas da dinamarquesa Lego, com vendas em quase todos os países do globo e receita anual de mais de 4 bilhões de dólares.

"Toda a minha filosofia em relação à Barbie era que, graças a uma boneca, uma garotinha poderia ser qualquer coisa que quisesse", escreveu Ruth em sua autobiografia. "A Barbie sempre representou o fato de uma mulher ter escolhas." Felizmente para a Mattel, Ruth Handler teve a coragem necessária para convencer um grupo de homens teimosos – e bastante constrangidos – de que uma boneca representando uma figura feminina adulta poderia ter sucesso no mercado. Como regra, o potencial de uma ideia é proporcional à quantidade de resistência que encontra no establishment.

Os verdadeiros empreendedores aprendem a ver a resistência como motivação: quanto maior for a luta contra uma ideia, maior será seu potencial. Se algo novo não solta faíscas, como poderá iniciar um incêndio?

TAXA ATRASADA: BLOCKBUSTER X NETFLIX

É uma bela manhã de verão em 1997. Como fazem todos os dias da semana há meses, Reed Hastings e Marc Randolph se encontram num estacionamento em Scotts Valley – nos arredores de Santa Cruz, Califórnia, cidade natal de ambos – para sua viagem pela Rodovia 17 até o Vale do Silício. É uma época de enorme empolgação e oportunidades no campo da tecnologia. Todo mundo que eles conhecem quer participar do boom provocado pelas pontocom, uma verdadeira corrida do ouro. O Vale do Silício se estende pela costa entre Santa Cruz e São Francisco, com a autoestrada Sand Hill Road – lar das principais empresas de capital de risco do Vale – espremida entre ambas as cidades. Mas nesse dia os dois pioneiros no uso da informática estão fazendo algo positivamente arcaico: abrindo cartas.

Randolph trabalha em Sunnyvale, na sede da Pure Atria – empresa de desenvolvimento de softwares que pertence a Hastings –, desde que sua start-up foi adquirida pela companhia, no ano anterior. O próprio Hastings está a meio caminho de concluir o que se tornará a maior fusão da história do Vale do Silício, entre a Pure Atria e outra empresa. Como ele e Randolph serão redundantes na companhia recém-fundida, os dois têm aproveitado as viagens matinais tentando imaginar algo novo. No início, só concordavam com uma coisa: participar do crescimento das pontocom enquanto ainda estavam em expansão. Mas descobrir o que realmente criar tem se mostrado um desafio. Nem Hastings nem Randolph querem empenhar seus esforços em uma ideia com potencial limitado.

"Precisamos construir a Amazon.com de... alguma coisa", disse Hastings.

Todas as manhãs, no carro, Randolph exibe sua última ideia de site: xampu entregue em casa, comida de cachorro personalizada, pranchas de surfe feitas sob medida. Hastings responde sempre da mesma maneira: "Isso nunca vai funcionar." E Randolph volta à prancheta.

Depois de avaliar centenas de possibilidades, Randolph sugeriu a Hastings algo promissor: alugar filmes pelo correio. Embora intrigado, Hastings rejeitou a ideia após algumas pesquisas, já que o envio e o manuseio tornariam a entrega e a devolução das fitas VHS proibitivamente dispendiosas. Tempos depois, eles ouviram rumores, provenientes do Japão, de um novo formato de ponta para assistir a filmes em casa: o disco de vídeo digital. Embora fossem do tamanho de um disco compacto, os DVDs tinham capacidade para conter um filme inteiro, em alta resolução. E poderiam suplantar o VHS e o Laserdisc, tornando-se o formato-padrão para filmes vistos em casa.

Se os DVDs fizessem sucesso, as pessoas continuariam se arrastando até a Blockbuster para pegar um pedaço de plástico de 120 gramas? Em teoria, seria possível enviá-los de modo fácil e barato. Não haveria mais necessidade de alugar mil lojas – bastaria deixar a distribuição por conta do sistema postal. Alguns depósitos grandes seriam suficientes para armazenar todo o estoque, a exemplo do que fazia a Amazon. E, também como fazia a Amazon, os dados das vendas seriam usados para descobrir o que os clientes desejariam ver em seguida.

Hastings estava entusiasmado, mas Randolph se mostrava cético. Não acreditava que um disco de plástico com 12 centímetros de diâmetro pudesse sobreviver à viagem. Passara duas décadas trabalhando em marketing direto, que envolvia a remessa de milhões de itens pelo correio. Estivera nos bastidores da agência central de correios, em San Jose.

"As máquinas disparam aquelas cartas a zilhões de quilômetros por hora, e até as dobram nos cantos", ressaltou ele. Um DVD chegaria em pedaços – ou não? Só havia uma maneira de descobrir.

Randolph e Hastings não conseguiram comprar um DVD – o formato só estava disponível em alguns mercados de teste nos Estados Unidos –, mas sabiam que era fisicamente idêntico a um CD. Alguns dias antes, tinham ido até a Logos Books & Records na Pacific Avenue, a apenas alguns quarteirões da casa de Hastings, e comprado um CD com os maiores sucessos de Patsy Cline. Removeram o disco do estojo de plástico, colocaram-no em um envelope com o endereço de Hastings e um selo de 32 centavos e o jogaram em uma caixa de correio nas proximidades.

Naquela manhã, Hastings apareceu para seu trajeto diário segurando o envelope. Os dois o abriram ansiosamente e examinaram o disco em busca de arranhões.

Para a surpresa de Randolph e o deleite de ambos, estava perfeito.

Parados no estacionamento, os amigos se entreolham. Parece quase fácil demais. Mas será que um cliente ansioso para assistir ao mais recente lançamento cinematográfico estaria disposto a esperar um dia ou mais para obter o filme desejado?

Dependeria de quanto eles odiassem ir até a Blockbuster.

▲▲▲

Uma das guerras de negócios mais prolongadas e cansativas dos tempos modernos, a batalha pelo espectador televisivo americano, ainda está em andamento. Hoje, gigantes como Apple, Netflix e Disney fazem apostas colossais no futuro do streaming – remodelando nesse processo cada aspecto da indústria do entretenimento. Quando o futuro está nublado, um líder astuto olha para o passado em busca de paralelos úteis.

Em uma época em que a conexão de internet oferecia dificuldade para baixar um vídeo de 30 segundos, sexta-feira à noite era o momento de dirigir até uma dos milhares de locadoras azuis e amarelas da Blockbuster espalhadas pelo mundo e vagar pelos corredores à procura do filme perfeito. Hoje, resta apenas uma Blockbuster: uma loja independente em Bend, Oregon, sem ligação com a empresa já extinta, que um dia dominou o mercado de aluguel de vídeos.

Em seu apogeu, a Blockbuster usava a técnica dos grandes varejistas para eliminar as pequenas locadoras de vídeo locais, que serviam como pontos de encontro para a comunidade cinéfila antes do advento do Facebook e do Reddit. Os funcionários dessas lojas, obcecados por filmes, constituíam uma fonte de conhecimentos sobre cinema em uma era anterior à Wikipédia e à Internet Movie Database. Do ponto de vista empresarial, no entanto, as pequenas locadoras não podiam competir com a eficiência e a consistência da Blockbuster. Os funcionários de camisas azuis e amarelas talvez não soubessem muito a respeito de Martin Scorsese, e as lojas tristes, iluminadas por lâmpadas fluorescentes, desencorajavam a confraternização. Porém, uma série de inovações inteligentes ajudaram a nova rede a dominar o mercado. O fundador da Blockbuster, David Cook, usava bancos de dados informatizados para elaborar um inventário dos títulos mais populares em todas as localidades. Os computadores também permitiam que a empresa personalizasse a seleção nas lojas para atender às preferências locais. Ao dispensar um vasto catálogo de filmes de nicho e evitar a pornografia – item básico de muitas locadoras – em favor de prateleiras e mais prateleiras com os últimos grandes lançamentos em VHS, a Blockbuster criou um ambiente familiar, de onde praticamente qualquer grupo de pessoas poderia sair levando um filme que teria a aprovação de todos, mesmo que não fosse algo que amassem.

Muito do sucesso financeiro da Blockbuster se devia à sua inteligente exploração da natureza humana. Para tirar clientes da concorrência, a empresa oferecia aluguéis mais baratos. Entretanto, quando os clientes precisavam de mais um ou dois dias para terminar um filme, tinham que pagar taxas pesadas. Essa estratégia astuta valeu a pena. A Blockbuster cresceu rapidamente e abriu lojas em todo o mundo. Em 2004, no auge de sua expansão, empregava 84.300 pessoas, sendo 58.500 só nos Estados Unidos, em mais de 9 mil lojas. Números impressionantes, sem dúvida. Sua sorte, porém, estava selada. A Blockbuster travava uma guerra contra um concorrente ainda mais destrutivo que ela mesma, um inimigo armado com brilhantes discos metálicos – e afiados o suficiente para romper seu esmagador domínio de mercado.

Em 29 de agosto de 1997, Reed Hastings e Marc Randolph fundaram a Netflix. No início, o modelo de negócios que impulsionaria o sucesso da empresa ainda não estava definido. Quando seu site foi lançado, em abril do ano seguinte, os clientes podiam comprar ou alugar DVDs, um de cada vez, mediante uma taxa, tal como faziam na Blockbuster. A principal diferença era a seleção da Netflix, que não tinha as restrições de uma loja física. No entanto, ainda que o formato de DVD ganhasse popularidade rapidamente, o site não conseguia decolar. Randolph executou então um pequeno golpe publicitário: por apenas dois centavos de dólar, a Netflix oferecia um DVD com o depoimento de Bill Clinton perante o grande júri sobre o escândalo de Monica Lewinsky. Essa jogada garantiu à start-up a atenção da mídia e mais pessoas começaram a testar o serviço. No entanto, o modelo de negócios ainda precisava de lapidação.

Certa noite, em 1999, Randolph se viu no depósito da empresa, em San Jose, cercado por centenas de milhares de DVDs. "Por que estamos armazenando isso aqui?", perguntou ele para Hastings.

"Vamos deixá-los guardar os DVDs pelo tempo que quiserem", respondeu Hastings. "Quando terminarem um, enviaremos outro." Ou seja: em vez de multas por atraso, uma estratégia de vendas. Essa inovação foi rapidamente complementada por outras duas: uma taxa fixa de assinatura mensal para locações ilimitadas, uma ou mais por vez, dependendo da faixa de preço escolhida; e uma lista na qual os clientes poderiam indicar o filme que gostariam de assistir em seguida, e recebê-lo assim que devolvessem o último.

Embora pequena, a Netflix começou a representar uma séria ameaça para a Blockbuster. Os clientes, é claro, tinham de esperar um ou dois dias para seus filmes chegarem, mas em troca podiam tirar proveito de uma videoteca muito maior do que a disponível em uma locadora média; e, melhor ainda, podiam manter cada filme pelo tempo que quisessem, vendo e até mesmo revendo de acordo com sua vontade. Quando terminassem, simplesmente devolveriam o DVD no envelope de entrega e receberiam outro – tudo por um preço mensal razoável. Não precisariam mais se preocupar com multas por atraso nem ficar acordados até tarde da noite para terminar logo um filme. Ou dirigir até a Blockbuster com toda a família e passar uma hora discutindo sobre qual filme alugar. Para compensar a perda das gordas multas por atraso, a Netflix dispunha da receita estável e previsível proporcionada pelas assinaturas. Assim, em vez das caras lojas de varejo, só precisava de alguns armazéns estrategicamente localizados, sempre muito mais baratos.

No ano 2000, o site começou a oferecer recomendações personalizadas com base nas avaliações dos espectadores, assim como costumavam fazer os funcionários experientes das pequenas locadoras. O que poupava os clientes de outro inconveniente da Blockbuster: a perambulação infindável pelos corredores em busca de alguma coisa para ver. Mas foi nesse mesmo ano que a Netflix encontrou um obstáculo que nada tinha a ver com a Blockbuster. A bolha das pontocom estourou. Os dias de aquisições altíssimas e IPOs (ofertas públicas iniciais) espetaculares para qualquer coisa com ".com" em seu nome haviam terminado.

A Blockbuster concordou em se encontrar com Randolph e Hastings. Foi um verdadeiro momento Davi-encontra-Golias: a receita da Netflix beirava 5 milhões de dólares. A da Blockbuster, naquele ano, fora de 6 *bilhões* de dólares. Infelizmente, os dois criadores de tecnologia tinham acabado de voltar de uma festa e apareceram para a reunião – convocada às pressas – meio de ressaca. Randolph vestia uma camisa tingida, bermuda e chinelos. A essa altura, uma aquisição por parte do concorrente dominante na indústria teria parecido um milagre. Mas quando a dupla maltrapilha sugeriu que a Netflix fosse adquirida pela Blockbuster por "apenas" 50 milhões de dólares, John Antioco, CEO da gigante, lutou para conter o riso. Humilhados, Hastings e Randolph deixaram a reunião decididos a sobreviver ao estouro da bolha por conta própria. Como se verificaria mais tarde, se a Blockbuster naquele momento tivesse comprado a Netflix por 50 milhões de dólares, teria sido uma das maiores pechinchas da história dos negócios.

Como explica Clayton Christensen, professor da Escola de Negócios de Harvard, em seu livro hoje clássico, *O dilema da inovação*, uma inovação disruptiva abala uma categoria existente ao superar a oferta-padrão em uma ou mais áreas principais. No início, essa inovação é normalmente rejeitada pelos participantes, pois não está no mesmo nível em alguns aspectos – basta pensar nos fabricantes de câmeras e filmes descartando o potencial das câmeras digitais por causa da qualidade da imagem. Ao contrário de uma start-up, um operador estabelecido enfrenta a perspectiva de canibalizar o próprio negócio se aderir à nova tecnologia. Paralisado pelo dilema, o titular poderá apenas observar a inovação – no caso da Blockbuster, a ideia de enviar DVDs sem multas por atraso e permitir que os clientes escolhessem seu próximo filme pela internet – se tornar uma ameaça cada vez maior. Por fim, o sucesso do novo modelo de negócios ou tecnologia impossibilitará a empresa estabelecida de continuar a fazer negócios como no passado.

A Blockbuster poderia seguir operando como de costume, agarrando-se o mais firmemente possível a seu modelo de negócios, ainda lucrativo, e esperando pelo melhor; ou poderia tentar competir no novo campo de batalha, arriscando tudo o que havia construído. Oferecer seu próprio serviço de DVD pelo correio para competir diretamente com a Netflix colocaria a Blockbuster em séria desvantagem. A empresa possuía milhões de metros quadrados de caros espaços de varejo arrendados em todo o mundo e empregava dezenas de milhares de funcionários treinados para operar em ambientes de varejo físico. Gastar dinheiro em marketing para afastar a própria base de clientes do modelo tradicional – e das lucrativas multas por atraso na devolução – iria apenas acelerar os danos que a Netflix já estava provocando em seus resultados financeiros. Mas a Blockbuster teria tempo para preencher a lacuna entre os modelos de negócios, fechando algumas ou todas as suas lojas, antes que a Netflix dominasse o mercado na nova categoria, onde já tinha uma vantagem inicial?

Sun Tzu entendeu o problema que a Blockbuster enfrentou ainda no século VI a.C. A Netflix estava atacando a Blockbuster no próprio terreno dela. "Saqueie o inimigo", aconselha o estrategista chinês em *A arte da guerra*. "Uma carroça com provisões do inimigo equivale a vinte das suas." O simples envio de uma carroça com víveres a partir do próprio território consome enormes recursos. Assim, pilhar uma base de clientes já existente com uma oferta superior é muito mais fácil do que atrair as pessoas para um produto ou serviço totalmente novo.

Era exatamente o que a Netflix estava fazendo: saqueando o território inimigo. A Blockbuster passara quase duas décadas acostumando os americanos a alugar filmes. Randolph e Hastings estavam simplesmente convencendo as pessoas a mudar para um modelo que lhes proporcionaria uma experiência melhor em quase todos os sentidos. Com essa abordagem, a Netflix obtinha cada vez mais fatias do mercado sem correr nenhum risco real.

Por sua vez, a Blockbuster enfrentava um desafio muito maior. Mudar os próprios clientes para o novo modelo era, de certa forma, alimentar-se de si mesma, asfixiando seus negócios, prática que Sun Tzu desaconselha de maneira enfática, mas que qualquer empresa estabelecida que pretende inovar sempre enfrenta. Repetidamente, os líderes precisam canibalizar seus negócios para se adaptar a grandes mudanças, e repetidamente se mostram relutantes em fazê-lo. No momento em que a liderança da Blockbuster percebeu que cometera um erro estratégico, a chance de comprar a Netflix por 50 milhões de dólares já não existia. Em 2002, com 600 mil assinantes, Randolph e Hastings abriram o capital da empresa. E as ações não demoraram a figurar entre as de melhor desempenho na bolsa de valores.

É fácil culpar o CEO John Antioco e os demais líderes da Blockbuster por perderem a oportunidade, mas o fato é que eles também foram prejudicados pela Viacom, a controladora na época, que resistiu energicamente a qualquer experimentação com aluguéis on-line. Em 2004, no entanto, a Viacom decidiu desmembrar a Blockbuster, liberando a empresa para lançar seu próprio serviço de assinatura de DVDs. A essa altura, o dano já estava feito. A Netflix era agora uma empresa de capital aberto bem financiada, com 2 milhões de assinantes, e marca e serviços estabelecidos. Não poderia ser alcançada. Mesmo assim, a Blockbuster gastou muito mais de 50 milhões de dólares tentando construir seu próprio serviço a partir do zero. Tinham a Netflix para imitar, mas não dispunham da equipe de talentos que sua concorrente cultivara pacientemente ao longo dos anos, sobretudo especialistas em softwares de suporte, usados para encaminhar DVDs e antecipar as preferências dos clientes. Na defensiva, a Blockbuster acumulou um tropeço após outro, inclusive uma campanha "Sem Multas por Atraso", direcionada à Netflix, que lhe custou processos por propaganda enganosa em quarenta estados. (Embora tivesse suprimido as multas por atraso, a Blockbuster, após oito dias, cobrava de seus clientes o preço total de um filme não devolvido.)

A Blockbuster teve enormes vantagens nessa disputa, mesmo cometendo erros sucessivos. De fato, Hastings reconheceu que se o campo de batalha estivesse nivelado, o Plano de Acesso Total da Blockbuster, que oferecia aos assinantes locações ilimitadas nas lojas físicas e um leque de opções ainda maior pelo correio, poderia ter derrotado a Netflix. No entanto, o campo não estava nivelado. A Blockbuster àquela altura já carregava uma dívida de 1 bilhão de dólares. "Se não fosse pela dívida", disse Hastings a um jornalista em 2009, "eles poderiam ter acabado com a gente." Pior do que isso, a Blockbuster não conseguiu antever o próprio futuro em tempo hábil, um imperdoável lapso de liderança.

Em 2007, John Antioco entrou em uma disputa com o conselho da Blockbuster e deixou a empresa. Foi substituído por Jim Keyes, que acabara de completar um mandato de cinco anos como presidente e CEO da 7-Eleven. Embora o Plano de Acesso Total parecesse um passo na direção certa para quem trabalhava na Blockbuster, Keyes decidiu passar uma borracha nesse assunto e levou a empresa a adquirir a MovieLink, uma start-up que oferecia streaming de vídeos. Na época, a Apple havia acabado de lançar a Apple TV, dispositivo que permitia o download de filmes em televisores domésticos. A Walmart estava interessada em oferecer seu próprio serviço de streaming de vídeos. O streaming era o futuro e Keyes queria ser pioneiro. Na época, a Netflix ainda estava focada em enviar DVDs pelo correio, enquanto sua concorrente, a Redbox, oferecia o serviço em quiosques. "Nem a Redbox nem a Netflix estão sequer na tela do radar em termos de competição", dizia Keyes. "A coisa está mais para a Walmart e a Apple." Diante do colapso do mercado financeiro em 2008, entretanto, a enorme dívida da Blockbuster freou o avanço dos projetos de Keyes, inegavelmente progressistas.

Mas sobreviver exige mais do que rechaçar os adversários. No fim das contas, a Blockbuster não conseguiu decidir qual papel queria desempenhar quando as locadoras de vídeo se tornassem coisa do passado. Esperaram muito tempo para aceitar a inegável verdade de sua decadência, e seus esforços para virar o jogo foram apressados e reativos. Assim, o fim da Blockbuster era inevitável – embora a empresa só tenha deixado a Bolsa de Nova York em 2010.

Depois que seu serviço de DVDs pelo correio contribuiu para a derrocada da Blockbuster, a Netflix enfrentou também o dilema da inovação: uma nova tecnologia ameaçava arruinar seus negócios: os vídeos on-line, que ofereciam acesso instantâneo aos filmes – tal como Jim Keyes havia previsto. Na época, teria sido fácil menosprezar a ameaça. A qualidade dos vídeos, as limitações da largura de banda e a biblioteca de obras disponíveis tornavam os DVDs e os discos blu-ray, mais recentes, uma opção superior – exceto pelo atraso de um ou dois dias na entrega. Tecnólogos experientes, entretanto, Hastings e Rudolph perceberam que os fatores que ainda estorvavam o streaming poderiam silenciosa e gradualmente ser sanados e "de repente" destruir seu modelo de negócios. Era só uma questão de tempo.

"Os filmes da internet estão chegando e, em algum momento, se tornarão um grande negócio", disse Hastings à revista *Inc.* em 2005, ano do lançamento do YouTube. "Começamos a investir de 1% a 2% da receita todos os anos em downloads, e acho isso muito animador, porque vai reduzir consideravelmente nossos custos com envio. Queremos estar prontos quando os vídeos sob demanda se estabelecerem. É por isso que a empresa se chama Netflix, não DVD-by-Mail (DVD-pelo-correio)."

Ao lançar seu próprio serviço de streaming – logo depois que Keyes a descartou como ameaça digital –, a Netflix executou o raro salto sobre o abismo da inovação e obteve a posição dominante no novo campo de batalha, sem deixar de oferecer a seus clientes o serviço de assinatura de DVDs. Com sua resposta agressiva à ruptura tecnológica, a Netflix provou que não é impossível superar o dilema da inovação. É apenas difícil. Exige liderança visionária e disposição para assumir os riscos desde o início, antes que um novato mais ágil tome a dianteira.

▲▲▲

Henry Ford ultrapassou seus concorrentes na virada do século XX. Ruth Handler moldou um ícone em vinil há algumas décadas. Hastings e Randolph demoliram a gigante azul e amarela na virada deste século e já estão lutando no front seguinte. Em cada caso, as tecnologias disruptivas no cerne do conflito foram muito diferentes, mas havia semelhanças surpreendentes nas estratégias de sucesso. Cada um desses líderes percebeu uma clara vulnerabilidade na confusão da guerra: carros caros, bonecas frágeis de papel, seleção limitada de filmes e multas por atraso. Cada um deles vislumbrou um modo de atacar essa deficiência oferecendo algo melhor. E cada qual soube superar a tremenda resistência que parece sempre surgir contra novas ideias que ameaçam o statu quo, não importa quão óbvio seja seu potencial.

Entrar no campo de batalha significa conceber uma estratégia ousada e, em seguida, agarrá-la com todas as forças. Os grandes líderes têm sonhos maiores que os outros indivíduos e se apegam a eles, moldando as circunstâncias externas à sua vontade de maneira incansável, ignorando os conselhos para desistir. E quando esses líderes conquistam um território, não se dão por satisfeitos e atuam para expandi-los ainda mais. Como Sun Tzu escreve em *A arte da guerra*: "As oportunidades se multiplicam à medida que são aproveitadas."

Entrar no campo de batalha, evidentemente, é apenas o começo de uma guerra. Desestabilizar a competição com uma nova ideia não garante a vitória. Para assegurar o triunfo, o líder deve ocupar o novo território. No capítulo seguinte, examinaremos a próxima fase em qualquer guerra de negócios: viabilizar o novo objetivo a longo prazo. Essa é a transição mais difícil para qualquer líder. Muitas vezes, os atributos que constituem um empreendedor de sucesso podem ser prejudiciais ao CEO de uma empresa de sucesso. Negócios estabelecidos, que têm acionistas e milhões de clientes, não podem executar manobras repentinas com base nos instintos de uma pessoa. Precisam se mover cautelosamente, construir consenso, buscar alianças e persuadir um grande número de pessoas a caminhar na direção de uma meta abrangente. Passar da primeira fase para a segunda exige uma transformação profunda. Nem todo empresário está pronto para ela.

2

CONDUZINDO A GUERRA

> Na guerra, tenha como objetivo a vitória,
> não longas campanhas.
>
> – SUN TZU, *A arte da guerra*

Nos negócios, quem vai devagar e sempre não ganhará a corrida. O mercado recompensa a ousadia e a agressividade. Muitas fábricas de carros que dominaram o século XX foram fundadas pelos primeiros empreendedores da área automobilística, como Ford, Ransom Olds e os irmãos Dodge. Eles entraram rápido e seguraram firme. Quando Ruth Handler viu Lilli na vitrine da loja suíça, não hesitou em comprar logo três bonecas. Hastings e Randolph lançaram a Netflix meses depois de terem concebido e testado a ideia. Mas uma empresa não pode ser ousada – só um líder pode. São os líderes que identificam oportunidades, concebem estratégias audaciosas e mobilizam outros para a luta.

A ideia da "vantagem do pioneiro" é simples: uma empresa pode capturar uma liderança insuperável oferecendo algo novo e valioso antes de qualquer outra. Quando você é o primeiro, sua marca se torna sinônimo do produto. E você pode até monopolizar os clientes, dificultando a mudança para as alternativas quando estas se tornarem disponíveis.

A vantagem do pioneiro, com certeza, é atraente, mas envolve grandes riscos. Muitas empresas apressam a entrada de seu produto no mercado de modo a obter uma superioridade decisiva apenas para descobrir – do modo mais difícil – que o produto ainda não está pronto. Veja o exemplo da Book Stacks Unlimited (pilhas de livros ilimitadas, em tradução livre). Talvez você nunca tenha ouvido falar dela, mas foi a primeira livraria on-line de verdade. Lançada em 1992, três anos antes de Jeff Bezos apresentar a Amazon, ela nasceu cedo demais. Ainda não havia um número suficiente de usuários da internet que oferecesse uma massa crítica de clientes em potencial. Quando Bezos fundou a Amazon, o mercado era maior e o modelo de negócios acabou dando certo. Hoje, as pessoas atribuem o sucesso da empresa à vantagem do pioneiro no varejo on-line, mas a história real é mais complexa. Sempre é.

Neste capítulo analisaremos as histórias por trás de três grandes descobertas de produtos: guitarras elétricas de corpo sólido, aplicativos de namoro e computadores comerciais. Nem sempre a primeira empresa a dominar uma nova tecnologia é a que obtém sucesso, mas sim aquela que age no momento *certo*, quando pode aproveitar a oportunidade ao máximo – e nem um segundo depois. A história das guerras de negócios revela que uma execução *pioneira, mas excelente* vence a parada.

Velocidade não é tudo.

O CIRCUITO DE FEEDBACK: GIBSON X FENDER

Les Paul não consegue acreditar em seus olhos e ouvidos. A brilhante guitarra elétrica que tem nas mãos toca como um sonho e também se parece com um sonho – elegante e curvilínea. Boa demais para ser verdade.

Paul toca guitarra profissionalmente desde que era criança, em Waukesha, Wisconsin, e vem tentando aperfeiçoar o som do instrumento há muito tempo: praticou arduamente e quer ser ouvido. Durante anos improvisou diversos modos de amplificar o som da guitarra. Quando era adolescente, amarrou um fio entre uma agulha de fonógrafo, instalada em seu violão, e um alto-falante de rádio. Por sorte não foi eletrocutado. (Ele conseguiria a façanha durante *outra* experiência malfadada.) Mas a conexão também não fez sua guitarra soar muito bem, entre o feedback e a distorção. O ano era 1951 e os grandes fabricantes ainda não haviam conseguido produzir uma guitarra elétrica decente. Pelo menos era o que Paul pensava, até Ted McCarty bater à sua porta naquela noite.

McCarty, presidente da Gibson Guitars, fica por perto enquanto Paul improvisa no protótipo que ele havia levado. A essa altura, Les Paul é um famoso guitarrista de jazz, blues e country, sempre no topo das paradas. McCarty está lá para lhe mostrar a primeira guitarra elétrica de corpo sólido fabricada por Paul Gibson, uma tentativa de enfrentar o já popular modelo da Fender.

O que Les estará achando?, pergunta McCarty a si mesmo enquanto observa o músico dedilhar o instrumento. Paul é inconstante. Defende guitarras de corpo sólido há anos, mas isso não garante que gostará dessa – ele dá muita importância não só ao som dos instrumentos mas também à estética deles. *Será que acertamos o estilo?* Muita coisa está acontecendo naquele teste. Incapaz de esperar mais um minuto, McCarty faz a pergunta da noite: Paul vai endossar aquela coisa?

Após alguns momentos de reflexão, Paul diz que sim. Mas com duas condições. Primeira: Gibson deve creditar a ele o projeto da guitarra. Afinal, a construção em corpo sólido se baseia em um desenho que ele havia mostrado à empresa alguns anos antes. Além disso, sua reputação como artista e fabricante de instrumentos terá mais peso com os músicos.

Sem problemas, responde McCarty.

Ótimo, diz Paul. Segunda: tem essa coisa em dourado?

▴▴▴

Os músicos vêm testando a amplificação elétrica desde que a eletricidade se tornou disponível. As primeiras guitarras elétricas comerciais surgiram na década de 1930, quando apenas 70% dos lares americanos tinham eletricidade, e a demanda foi alta desde o início. Mas as grandes orquestras da época, cada vez maiores e mais barulhentas, abafavam o som produzido pelos guitarristas. Portanto o potencial para a amplificação do som das guitarras era grande demais para ser ignorado pelos fabricantes de instrumentos – e a demanda impulsiona a inovação. Adapte-se ou morra.

Mas havia um problema persistente com a amplificação elétrica: o feedback. Quando o captador de som em uma guitarra amplifica o som, cria um circuito de feedback que resulta em um ruído ensurdecedor. Assim, quanto mais potentes se tornavam os amplificadores, maior era o problema de feedback.

Para um empresário, uma ideia certa com uma execução errada constitui a oportunidade de negócio perfeita. E quando alguém faz o favor de lhe mostrar o caminho e tropeça, surge a incrível oportunidade de seguir o exemplo dele (escolhendo os passos com mais cuidado). A inovação fundamental – a amplificação elétrica – já existia. O mercado potencial já fora identificado.

Agora, era só uma questão de fazer a tecnologia funcionar corretamente. No entanto, a primeira empresa a resolver o problema de feedback não sairia com o prêmio. Para entrar no campo de batalha e assegurar o território capturado, o vencedor teria que lidar com o ponto problemático e *também* entregar um produto excelente, que funcionasse para músicos profissionais diante de um grande público. O público ouve guitarras, mas *também* as vê – forma e função são igualmente importantes. Havia mais do que engenharia em jogo. Para vencer essa guerra, portanto, seria necessário eletrificar tanto o instrumento quanto a conexão entre o artista e o público.

É aí que entra Les Paul. Ele foi um dos músicos mais famosos a abordar o problema de feedback. Guitarrista e talentoso *luthier* (fabricante de instrumentos de corda), ele costumava testar métodos de amplificação elétrica para as guitarras que construía. Paul queria que o público o ouvisse tocar – mas sem os guinchos eletrônicos. Ele entendia o suficiente de acústica para perceber que a vibração do corpo da guitarra contribuía para o problema. Como a cavidade no corpo da guitarra não é realmente necessária depois que se adiciona um captador de som, ele tentou construir uma guitarra elétrica sem a cavidade. Em 1940, Les Paul criou o "Log" (lenha), que recebeu esse nome por sua aparência espartana. Basicamente um pedaço de madeira com cordas de guitarra, o Log tocava alto e claro, sem feedback.

Mas quando Paul mostrou o modelo para Gibson, os executivos da empresa riram dele. Embora resolvesse o problema de feedback, o Log era estranho demais para ter apelo de massa. A empresa começara a vender guitarras elétricas apenas três anos antes. O Log, de corpo sólido, estava muito à frente de seu tempo. Os líderes da Gibson não conseguiam imaginar os clientes comprando uma guitarra que, bem, não se parecia em nada com uma guitarra! Um executivo comparou o Log a um cabo de vassoura com cordas.

As pessoas se lembram do Log de Paul como a primeira guitarra elétrica de corpo sólido, mas outros protótipos inovadores surgiram (e sumiram) antes dele. Por exemplo, a Vivo-Tone, empresa fundada por um ex-designer da Gibson, criou uma guitarra de corpo sólido em 1934, mas fracassou. Um dos obstáculos que esses primeiros modelos enfrentaram foi sua aparência estranha. O Log de Paul parecia mesmo um cabo de vassoura. A guitarra de Vivo-Tone lembrava um remo de madeira compensada. No entanto, a aparência não precisava ser um impeditivo. "Esqueumorfo" é um elemento de design remanescente de um produto anterior. Vemos esqueumorfos o tempo todo: "botões" em nossas telas digitais que clicam quando pressionados. Grades dianteiras em carros elétricos que não precisam de fluxos de ar para resfriar um motor de combustão. Rebites em jeans, de uma época em que a costura não era suficientemente durável. As pistas familiares dos esqueumorfos ajudam os clientes a se adaptarem a tecnologias pouco familiares. Se a Vivo-Tone tivesse feito uma guitarra de corpo sólido com aparência de guitarra, poderia ter ganhado o mercado. Até um círculo preto pintado no lugar da cavidade poderia ter ajudado as pessoas a aceitarem a mudança. Foi esse o problema que Paul enfrentou quando mostrou o Log para Gibson – o produto, no fim das contas, não correspondeu às expectativas.

Incorporar uma nova tecnologia a um produto massificado leva tempo e requer esforço. A iteração – protótipos, testes, opinião dos usuários – é fundamental para resolver as dificuldades. Em uma área como a de softwares de computador, é relativamente fácil introduzir um produto mínimo viável, ou MVP (sigla em inglês mais utilizada), que pode ser aprimorado mesmo enquanto está sendo usado por consumidores reais. Porém, no mundo relativamente lento e dispendioso da manufatura, em geral não há uma segunda chance. Portanto, é preciso entrar no campo de batalha de forma estratégica. Os primeiros produtos lançados no mercado muitas vezes só são pioneiros porque seus fabricantes estavam impacientes demais para efetuar as iterações. Assim, perdem facilmente o terreno que capturam para aqueles que têm paciência para se preocupar com os detalhes. Da mesma forma, irromper no mercado antes que os clientes estejam prontos para o que você tem a oferecer o deixará vulnerável. Líderes espertos – ou sortudos – entram no campo de batalha com um produto novo e importante quando produto *e* mercado estão prontos.

Paul continuou seus experimentos mesmo depois que Gibson rejeitou o Log. Mas a Segunda Guerra Mundial mudou a orientação de empresas como a Gibson, e Paul foi convocado para atuar no Serviço de Rádio das Forças Armadas. As inovações teriam que esperar.

Depois que a guerra acabou, Paul se mudou para Los Angeles. Com a retomada da vida civil, sua estrela continuou em ascensão tanto como músico quanto como empreendedor instrumental. À noite, ele promovia *jam sessions* (apresentações com improvisos) na garagem de casa, que acabou se transformando em um estúdio de gravação, ideia incomum na época, mas que atraía músicos de toda a cidade. Foi durante uma dessas sessões que Paul conheceu

Clarence "Leo" Fender. Fender tinha uma oficina de conserto de rádios onde, paralelamente, também consertava e construía guitarras elétricas. Ao ver o Log de Paul pela primeira vez, os olhos de Fender se abriram para o potencial oferecido pelo design de corpo sólido.

Fender e Paul se tornaram amigos e passavam muitas horas conversando no estúdio. Outros empreendedores de guitarras elétricas se juntaram a eles, como Paul Bigsby. Quando soube que Bigsby havia construído uma guitarra personalizada de corpo sólido para o músico Merle Travis, Fender foi ver Travis tocar. O design e a clareza do som de Bigsby, sem nenhum indício de feedback, surpreenderam Fender. Quando Travis terminou sua apresentação, Fender descaradamente pediu a guitarra emprestada. Travis foi gentil e a emprestou. Com o instrumento em mãos, Fender começou a trabalhar na engenharia reversa do projeto de Bigsby.

Em 1949, as vendas de guitarras elétricas estavam mais altas do que nunca, apesar do problema de feedback. Embora ninguém pudesse prever a ascensão do rock and roll, Fender, assim como outros empresários astutos, enxergou a oportunidade por vir. Essa antevisão se deveu, em grande parte, ao fato de ele ser um *luthier* experiente e ativo, que passava muito tempo na companhia de músicos. Como veremos com frequência, o *conhecimento especializado* é o recurso mais valioso para um empresário – que, se quiser inovar, precisa conhecer sua categoria por dentro e por fora.

Foi um momento decisivo para a indústria das guitarras. Uma nova tecnologia é uma dança das cadeiras com lugares reservados para poucas empresas, e Fender queria um desses assentos. Começou então a trabalhar, não só replicando o projeto de Bigsby como também o tornando mais simples e barato, algo que ele pudesse fabricar em escala. No final, a iteração de Fender, que ele chamou de Esquire, era apenas uma prancha de madeira esmaltada com um braço aparafusado, mas tinha o som claro e penetrante de uma guitarra de aço havaiana, o instrumento característico da Fender. Sentindo que a hora chegara, ele decidiu que sua guitarra de corpo sólido estava pronta para o público.

Fender estreou a Esquire, primeira guitarra elétrica de corpo sólido produzida em escala, em uma feira do setor. Só que boa parte dos *insiders* da indústria ainda não estavam prontos para ela, mesmo uma década depois de Les Paul ter apresentado sua Log aos executivos da Gibson. Um homem que estava na feira, porém, não se incomodou com a aparência incomum da Esquire: Ted McCarty, o novo presidente da Gibson. McCarty tinha uma vantagem sobre seus concorrentes: não estava muito familiarizado com guitarras. Antes de conseguir emprego na Gibson, trabalhara para a Wurlitzer, empresa fabricante de órgãos e pianos. Agora presidia uma grande fábrica de guitarras, sem ter muita convicção de como uma guitarra elétrica deveria ser. O que ele via na Esquire de Fender era uma solução potencial para o feedback, que os clientes da Gibson diziam ser o principal problema. Embora o design da Fender fosse estranho, uma versão refinada poderia dominar toda a categoria.

Enquanto McCarty punha o departamento de P&D da Gibson para trabalhar em um projeto de corpo sólido próprio, Fender enfrentava usuários insatisfeitos com seu novo produto. Para cortar custos, ele havia dispensado uma haste de reforço da Esquire e o pescoço das guitarras estava entortando. Uma vez mais, a pressa de um empresário para entrar no mercado arruinou uma nova ideia promissora. Rapidamente, Fender lançou um modelo reforçado, a Broadcaster. Quando soube que esse nome infringia a marca registrada de um rival, ele a rebatizou de Telecaster. (Na época, "televisão" era sinônimo de tecnologia de ponta.)

Em 1951, a Telecaster da Fender chegou ao mercado e começou a ganhar força, mas o lançamento hesitante do produto deu à Gibson uma janela de oportunidade. A Gibson também teve outro golpe de sorte: quando Fender pediu permissão ao velho amigo Les Paul para colocar seu nome na Telecaster, Paul não concordou. Já estava endossando as guitarras elétricas de corpo oco de Gibson, que tocava em todas as aparições públicas, e não iria mudar para algo tão despojado como a Telecaster. Paul e sua esposa, Mary Ford, formavam uma grande dupla, apresentando-se em bares de jazz e salas de concerto por todo o país. A aparência da Telecaster simplesmente não correspondia ao padrão desses locais. Paul desejava uma guitarra que combinasse o esplendor de uma Gibson com o corpo sólido de uma Telecaster.

Então Ted McCarty foi à casa de Paul para presenteá-lo com o elegante protótipo de corpo sólido da Gibson. Mais tarde, concordou em dar a Paul o crédito do design e criou uma versão com acabamento dourado. Assim nasceu a deslumbrante Gibson Les Paul, que ofuscou a oferta da Fender na feira do ano seguinte. A guerra entre Gibson e Fender começara para valer.

O que agora é lembrado como "vantagem do pioneiro" da Gibson – a hoje lendária Gibson Les Paul – levou anos para ser fabricado e envolveu muitos participantes. É fato que o mercado precisava estar pronto, mas sem uma execução excelente, tanto pelo lado da tecnologia quanto do design, o modelo provavelmente teria fracassado. Para vencer, uma guitarra de corpo sólido teria que soar bem e ser bonita.

Manter a posição é um processo, não um destino. Em 1957, quando Buddy Holly tocou uma Stratocaster – a resposta da Fender à Gibson Les Paul – no Ed Sullivan Show, a Fender tomou o posto da Gibson. Holly estava no topo de uma onda poderosa: o rock and roll. O visual futurista da Stratocaster, deslocado na era das grandes orquestras, se adequava melhor ao novo som. Na verdade, uma pesquisa de mercado realizada por Ted McCarty revelou que alguns compradores da Stratocaster haviam pensado que Chuck Berry tocava uma Stratocaster, embora Berry na verdade tocasse uma Gibson. Mas a Stratocaster era a cara do rock and roll.

Sentindo que a liderança da Gibson estava ameaçada, McCarty caiu na mesma armadilha que Fender. Com medo de perder o barco, apressou-se em redesenhar a guitarra Les Paul sem o envolvimento direto de Paul. Esse último esforço para capturar o espírito de sua época fracassou. E também afastou Paul, que retirou seu endosso. A linha Gibson Les Paul deixou de ser fabricada.

Na década de 1960, músicos como Keith Richards, Eric Clapton e Jimmy Page passaram a preferir as Les Pauls clássicas às novas Fenders. Isso porque Leo Fender ficara vulnerável a ataques. Introvertido e desconfortável no papel de liderança, Fender passava muito tempo trabalhando sozinho em sua loja em vez de administrar o que agora era um negócio considerável. Como resultado, a qualidade do produto estava caindo. Vendo o mercado se bandear em massa para as Les Pauls clássicas, McCarty aproveitou a oportunidade e – com a aprovação do próprio Paul – retomou a produção da linha Gibson Les Paul.

No final, tanto a Gibson quanto a Fender desempenharam papéis essenciais na ascensão do rock and roll. Até hoje os guitarristas se dividem entre essas duas marcas icônicas, assim como os ouvintes mais bem informados. Independentemente de qual fabricante esteve em vantagem em cada momento, a guerra de décadas entre a Gibson e a Fender refuta a ideia da vantagem do pioneiro. Para se manter firme, um líder deve acertar na fabricação de um produto *e* no momento certo de lançá-lo no mercado, não apenas uma vez, mas repetidamente. Assim, sempre que um dos rivais assumiu a liderança, ele o fez oferecendo aos clientes o que eles queriam e quando queriam.

Os clientes recompensam as empresas que resolvem seus problemas. Simples assim. Eles não se interessam em saber como é o seu processo de produção nem quem fez algo semelhante primeiro. Se você entender os clientes melhor que o pioneiro, eles migrarão para o seu produto. Se continuar resolvendo os problemas deles melhor do que a concorrência, eles serão fiéis a você. Quando você pensa como seus clientes, quando realmente entende o que desejam, conquista uma fatia do mercado. Basta perguntar à cofundadora de um bem-sucedido aplicativo de namoros que acabou criando também seu mais temível rival.

DESLIZE PARA A DIREITA:
BUMBLE X TINDER

Whitney Wolfe mal acredita no que está ouvindo. Passou dois anos cansativos viajando pelo país para promover o Tinder – aplicativo que transformou os namoros on-line – entre estudantes universitários e jovens de 20 e poucos anos. Mas agora que sua criação se tornou uma das start-ups mais importantes do mercado, seus colegas lhe dizem que ela não pode mais se apresentar como cofundadora.

A maioria dos rompimentos românticos é complicada, mas quando ocorre no ambiente confinado e de alta pressão de uma start-up de tecnologia pode atingir proporções épicas. Por trás da confusão está o fato de o outro cofundador, Justin Mateen, ser também o ex-namorado de Wolfe. Como ela alegou mais tarde em um processo, Mateen dissera que uma cofundadora de 24 anos "faz com que a empresa pareça uma piada" e a "desvaloriza". Em contrapartida, o status de cofundador de Mateen – então com a avançada idade de 28 anos – acrescentava legitimidade à operação. "O Facebook e o Snapchat não foram fundados por meninas", disse Mateen a Wolfe, segundo ela. "Isso só dá a impressão de que o Tinder foi um acidente." (Wolfe refutará essa possibilidade do modo mais drástico possível.)

Justin Mateen e Whitney Wolfe namoraram por pouco tempo, mas depois da separação as tentativas de Mateen para reescrever a história do Tinder tomaram um rumo pessoal. De acordo com o processo legal subsequente movido por Wolfe, Mateen enviava mensagens sexistas, racistas e abusivas para ela, e às vezes também falava impropriedades. Por exemplo, chamava-a por apelidos perto de outros funcionários, inclusive na frente de Sean Rad, CEO do Tinder.

Foi então que Rad ofereceu uma resposta típica da "bro culture" (cultura machista e sexista) de muitas start-ups de tecnologia no Vale do Silício: de acordo com Wolfe, Rad disse a ela que esquecesse tudo, que estava sendo "dramática" e "irritante". Na opinião dele, qualquer ação contra Mateen só iria prejudicar a marca da empresa e assustar seus investidores.

Tendo esgotado os canais oficiais, Wolfe propôs se demitir do Tinder em troca de um pacote de indenização e aquisição de suas ações na empresa. Em resposta, Rad a demitiu. Sua decisão de aceitar o comportamento de Mateen e punir a vítima provará ter sido um erro estratégico colossal, tanto no nível pessoal quanto para a empresa que dirigia.

Meses depois, Wolfe está hospedada na casa da família de seu novo namorado, em Austin. Longe do turbilhão pessoal e jurídico de Los Angeles e com tempo para pensar, ela vê um paralelo entre sua própria experiência dentro da empresa e a experiência das usuárias do Tinder. Muitas mulheres que usam o aplicativo precisam lidar com o comportamento tóxico dos homens, que vai desde mensagens de cunho sexual não solicitadas até nudes indesejados. (Uma pesquisa realizada pelo Centro de Pesquisas Pew, em 2017, revelou que 53% das mulheres receberam imagens de cunho sexual sem consentimento.) Wolfe identificou aí uma dor em potencial para o empreendedor: "Essa cultura obscura... vai acabar destruindo o bem-estar mental e a autoestima de mulheres em todo o mundo."

Ela decide então enfrentar a situação com uma nova empresa, uma rede social para meninas e mulheres projetada exclusivamente para elogios e apoio mútuo – não para destruir as pessoas, o que algumas plataformas de mídia social pareciam encorajar. Em seguida, um possível investidor sugere uma reviravolta: que tal um site de *namoros* positivo, que coloque as mulheres em primeiro lugar? Wolfe está totalmente preparada para lidar com a misoginia da classe com um novo produto. E o novo empreendimento – o Bumble – não será apenas um concorrente do Tinder. Será seu antídoto.

Wolfe concorda em dar uma chance à ideia. Mais tarde, ela declarou que a vingança não foi sua principal motivação: "Estávamos tentando resolver um problema do mundo real." Não havia como negar, no entanto, que seria uma oportunidade de refutar a narrativa, divulgada na mídia, de que ela reivindicou o crédito por algo que não tinha construído. "Depois que saí do Tinder", disse ela mais tarde à revista *Elle*, "muitos artigos foram publicados dizendo que eu não sabia nada. Que melhor maneira de provar que os detratores estão errados do que fazendo de novo?"

▲▲▲

Embora sites de namoro tenham sido usados por milhões de pessoas, eles carregavam um estigma até surgirem aplicativos como o Tinder e o Bumble. Muitos usuários relutavam em admitir – para amigos e familiares – que os usavam. Recorrer à tecnologia para facilitar namoros era visto como um recurso para desesperados e desajeitados. No entanto, com a chegada e o crescimento explosivo dos aplicativos de namoro em meio a uma nova geração de usuários, esse estigma quase já não existe mais. Hoje, é socialmente aceitável e até mesmo necessário utilizá-los para arranjar um namorado, ou namorada, ou mesmo para um breve encontro.

Encontros românticos promovidos por computadores são quase tão antigos quanto os próprios computadores. Mesmo quando essas máquinas eram tão grandes quanto geladeiras, algoritmos de software estavam sendo escritos para analisar listas de pessoas solteiras e prever encontros românticos entre elas. Em 1959, por exemplo, dois alunos da Universidade Stanford criaram o Serviço de Planejamento para Famílias Felizes – programa que utilizava respostas a um questionário para combinar 49 homens e 49 mulheres de acordo com seus interesses e preferências. O que não deveria ser surpresa: quanto tempo levaria para alguns jovens programadores, trabalhando em um terminal solitário, perguntarem a si mesmos se as máquinas pensantes poderiam resolver os complicados problemas da interação humana? Se um computador podia calcular a trajetória de um foguete para a lua, talvez também pudesse calcular um match "ideal" analisando um vasto número de opções em alguns instantes.

Esses alunos solitários de Stanford não foram os únicos a perceber o potencial do match computadorizado. Outros programadores ao redor do mundo brincavam com algoritmos para otimizar a busca do amor, da felicidade e da realização. Mas os namoros por computador continuaram ocupando um pequeno nicho dos negócios até o surgimento da World Wide Web. Como veículo, a internet era perfeitamente adequada para capturar e compartilhar os dados necessários – incluindo, é claro, fotografias – e então ajudar as partes a se conectarem.

O primeiro site de namoro, o Kiss.com, apareceu em 1994, apenas um ano após o início da web. Passado mais um ano, o empreendedor Gary Kremens fundou o Match.com, ainda hoje uma potência. Em pouco tempo, os sites de namoro foram surgindo aqui e ali, muitas vezes se diferenciando pelo apelo a um nicho ou grupo específico: de afiliação religiosa (JDate, 1997) a relacionamentos extraconjugais (Ashley Madison, 2002).

Embora a tecnologia tenha evoluído muito desde os computadores do tamanho de uma geladeira e os cartões perfurados usados no início – por exemplo, agora é possível ver fotos dos usuários –, a experiência de namoro no computador era fundamentalmente igual à da década de 1960. Depois que alguém preenchia um questionário, o software combinava suas respostas com as de outros solteiros daquela área. A única diferença real entre os sites era quais perguntas faziam e como as respostas eram usadas para calcular um match.

O Tinder explorou uma vulnerabilidade simples no modo como os namoros on-line haviam funcionado por décadas: mesmo quando contamos com tecnologia de ponta para encontrar um parceiro, ainda recorremos ao mais humano dos hábitos – as primeiras impressões.

▲▲▲

Whitney Wolfe integra o grupo dos clássicos empreendedores em série. Seu primeiro empreendimento foi quando ainda se especializava em estudos globais na Universidade Metodista do Sul, em Dallas. Com o objetivo de arrecadar dinheiro para as pessoas afetadas pelo derramamento de óleo da sonda petrolífera Deepwater Horizon, em 2010, ela fez parceria com uma amiga para vender bolsas de bambu. Logo, ícones da moda, como Kate Bosworth, Rachel Zoe e Nicole Richie, foram vistas portando bolsas Help Us – atraindo, assim, atenção nacional para o projeto. O sucesso do empreendimento ensejou um segundo: a Tender Heart, uma linha de roupas tingidas que visava aumentar a conscientização sobre o tráfico de pessoas. Após a formatura, Wolfe trabalhou como voluntária em orfanatos no Sudeste Asiático antes de retornar aos Estados Unidos.

Em seus esforços filantrópicos, Wolfe testemunhou o poder do comércio aplicado a um propósito maior e concluiu que a indústria de tecnologia tinha um enorme potencial para ampliar impactos sociais positivos. Assim, obteve um emprego no departamento de marketing da Hatch Labs, uma incubadora de tecnologia em Los Angeles de propriedade da IAC, empresa controladora do Match.com. Lá, Wolfe trabalhou em um programa de fidelidade de clientes destinado a pequenas empresas, chamado Cardify. Seu trabalho era convencer os comerciantes a experimentar o novo serviço. O projeto fracassou em 2012, mas ao longo do caminho Wolfe demonstrou um talento especial para conhecer pessoas e construir relacionamentos – uma habilidade rara na área da tecnologia. O chefe do programa, Sean Rad, pediu então a ela que colaborasse num projeto em desenvolvimento: uma nova abordagem para namoros on-line.

Ao contrário dos fundadores de sites de namoro anteriores, Rad e seus colaboradores faziam parte da geração que começou a namorar na era das mídias sociais. Eles sabiam como enviar textos instigantes e fazer a selfie certa. Tinham conhecimento especializado. Assim como Les Paul conhecia guitarras, Rad e outros que trabalharam no novo aplicativo cresceram com a internet e entendiam a cultura de namorar/ficar do século XXI. Logo perceberam que a vulnerabilidade no modelo de namoros on-line era o próprio computador.

De que adiantaria desenvolver um programa de computador para adivinhar as preferências humanas quando as pessoas podiam dizer imediatamente se estavam ou não interessadas em namorar alguém? Bastava uma foto. O que elas queriam saber era: quem é atraente *e* está disponível? Ficariam interessados em mim? O novo aplicativo – inspirado no Grindr, uma versão inicialmente voltada só para gays – permitia que os usuários visualizassem rapidamente as fotos de solteiros nas proximidades. A interface é agora bem conhecida por milhões de pessoas em todo o mundo: quando apresentados a um possível match, os usuários deslizam o dedo para a direita, caso estejam interessados, ou para a esquerda, caso não estejam. Se duas pessoas deslizarem para a direita nas respectivas fotos, podem trocar mensagens. Gratificação instantânea e nenhum potencial de constrangimento por interesse não correspondido – outro exemplo de um produto de sucesso derivado de uma dor, mediante o poder do conhecimento especializado.

O objetivo inicial da equipe era criar um aplicativo gratuito de namoro voltado para jovens, que serviria de "isca para levar as novas gerações a pagar mais tarde pelo lucrativo serviço de namoro Match.com, da IAC", segundo a *Bloomberg News*. Uma das primeiras contribuições de Wolfe para o projeto foi o nome: Tinder. "Estávamos analisando toneladas de palavras", disse ela. "Tinder é um graveto que acende uma chama." Com esse nome, Wolfe definiu a promessa: o Tinder acenderia chamas entre as pessoas. Embora não tivesse nenhuma experiência formal em marketing, ela havia lançado produtos de sucesso e provado sua coragem, convencendo relutantes proprietários de pequenas empresas a adotar o Cardify. Assim, Rad a encarregou de aumentar a base de usuários do Tinder.

Como vice-presidente de marketing da empresa, Wolfe viajava de um campus universitário a outro para divulgar o evangelho do Tinder, aproveitando as conexões que tinha em diversas universidades para impulsionar a adoção do aplicativo entre mulheres jovens. "Voltei para a universidade em que me formei e visitei diferentes irmandades no país", disse ela. "Eu chegava e basicamente forçava todo mundo a baixar o [Tinder]." Tal como no Cardify, Wolfe era uma promotora agressiva, que entendia o mercado porque *era* o mercado. Para um aplicativo baseado em imagens, como o Tinder, recrutar pessoas jovens e bonitas seria fundamental. "Wolfe subia numa mesa de uma fraternidade e anunciava que havia duzentas garotas gostosas no aplicativo esperando os homens se inscreverem. Depois corria para uma irmandade e dizia o inverso", escreveu um jornalista da revista masculina *Gentlemen's Quarterly*. "Ela deixava um rastro de adesivos – nos melhores bares do campus e nas casas noturnas mais exclusivas."

Gratuito, fácil de usar e pródigo em gratificações instantâneas, o Tinder se alastrou como um incêndio. "Deslize para a direita" se tornou um slogan cultural. Porém, assim como em avanços anteriores na tecnologia de namoro, parte dos usuários abusou do serviço. Praticamente desde que foi lançado, surgiram as preocupações. "Os detratores afirmam que o aplicativo reduz a busca do amor a um videogame raso", segundo o jornal britânico *Telegraph*, "e suas usuárias são cada vez mais depreciadas pela enxurrada de imagens agressivas, de nudes e declarações cruéis que recebem cada vez que se conectam." Apesar das reações adversas, o Tinder acabou se tornando um grande sucesso.

Em abril de 2013, o Tinder completou seu ciclo na incubadora Hatch Labs, incorporando e dividindo o patrimônio entre sua pequena equipe. Foi então que o curto relacionamento de Wolfe com seu supervisor direto, Justin Mateen, terminou de forma conturbada. De acordo com Wolfe, Mateen havia se tornado controlador e abusivo, chegando a exigir que ela não saísse com outros homens durante seis meses. (Wolfe, que não tinha qualquer intenção de concordar com as exigências de Mateen, logo conheceu aquele que hoje é seu marido, o herdeiro da indústria de petróleo e gás Michael Herd.)

Em julho de 2014, depois que Rad a demitiu da empresa, Wolfe abriu um processo contra o Tinder e sua empresa-mãe por assédio sexual, alegando que Mateen e Rad a sujeitaram a "comentários, e-mails e mensagens de texto terrivelmente sexistas, racistas e inapropriados". O *Wall Street Journal* fez um resumo do processo:

> Justin Mateen repetidamente chamou Wolfe de "prostituta" e disse que cancelou seu título de "cofundadora" porque ela era "jovem". O processo segue descrevendo uma atmosfera "semelhante à de uma fraternidade", onde era comum que os executivos do sexo masculino usassem termos racistas e sexistas. O processo também acusa o CEO do Tinder, Sean Rad, de empregar tal linguagem e ignorar as denúncias de Wolfe.

Mateen foi suspenso pela empresa-mãe do Tinder durante uma investigação interna que descobriu, entre outras coisas, que ele havia "enviado mensagens privadas para a Sra. Wolfe com conteúdo impróprio". (Mais tarde, Mateen renunciou; logo depois, Rad também foi convidado a renunciar.) Como parte de um acordo extrajudicial, em setembro de 2014, Wolfe receberia mais de 1 milhão de dólares e ações da empresa. "O processo não era sobre dinheiro, não é isso que me motiva e não é o que me traz realização", afirmou ela ao jornal britânico *The Guardian*. "Mas eu sabia que tinha desempenhado um papel importante no Tinder, e eles tentaram me apagar da história da empresa. Eu queria ser reconhecida pelo meu trabalho."

Deixar a empresa que ajudou a transformar em um rolo compressor foi devastador para Wolfe. "Dois anos trabalhando dia e noite, paixão, esforço, estresse, empolgação, tudo isso. E então, simplesmente, não estar mais lá", disse ela a um jornalista. "Foi realmente difícil." Enquanto isso, como outras mulheres proeminentes na área de tecnologia que se manifestaram contra comportamentos sexistas, Wolfe teve a vida devassada e foi criticada por detratores, tanto na mídia quanto fora dela. Seu caráter e sua credibilidade foram atacados. Muita gente, sem conhecer a situação, minimizou seu papel no sucesso do Tinder. Wolfe também sofreu assédio on-line, inclusive ameaças de morte. "Eu ouvia as piores coisas ditas por completos estranhos, que debatiam acaloradamente a respeito de mim", disse Wolfe. "Eu não estava concorrendo a nenhum cargo. Não estava tentando participar de um reality show. Era apenas uma garota que tinha deixado um trabalho."

Wolfe estava desenvolvendo seu novo conceito positivo de rede social, o Merci, quando se encontrou com Andrey Andreev, um empresário de Londres, a quem fora apresentada quando ainda trabalhava no Tinder. "Fiquei encantado com a paixão e a energia de Whitney", disse ele mais tarde. Andreev era cofundador da rede social Badoo, com foco em namoros e 250 milhões de usuários em todo o mundo. Desde o primeiro encontro, ele observou com atenção a carreira de Wolfe; agora que ela estava livre, queria recrutá-la como diretora de marketing do Badoo. Mas Wolfe recusou a oferta e lhe apresentou o Merci. Andreev propôs um acordo: transformar o conceito em um aplicativo de namoro voltado para mulheres. Aquilo fez sentido para Wolfe. Ela sabia que muitas mulheres achavam a experiência no Tinder pouco satisfatória e até mesmo desagradável. Por que não criar um aplicativo de namoro que desse prioridade a elas?

Em dezembro de 2014, Wolfe fundou o Bumble. Andreev fez um investimento de 10 milhões de dólares em troca de uma participação de 79%. O Bumble também teria acesso à infraestrutura e ao conhecimento técnico do Badoo. Como fundadora, diretora-presidente e coproprietária do site, Wolfe agora estaria livre para construir um tipo diferente de empresa, com uma cultura mais saudável e positiva, tanto dentro da organização quanto entre seus usuários.

As principais empresas de tecnologia costumam apresentar proporções de gênero desequilibradas, como 70% do sexo masculino e 30% do feminino. Por sua experiência no Tinder, Wolfe sabia como esse desequilíbrio podia fomentar uma cultura tóxica no local de trabalho. Por isso priorizou a contratação de mulheres. Apesar de o setor insistir em declarar que fazia o possível para combater a desigualdade de gênero, Wolfe encontrou uma grande quantidade de talentos femininos na área da tecnologia quando se dispôs a procurar. Quanto ao aplicativo em si, ela estudou suas falhas. O Tinder dominava por ter sido uma grande inovação, mas ela sabia que isso não bastava para garantir seu sucesso entre os usuários.

"Em plataformas como o Tinder, a pessoa chama a atenção de cinquenta candidatos, mas nada acontece", disse Wolfe. "Eles simplesmente ficam lá. Ou então recebe uma quantidade enorme de mensagens que, em alguns casos, são indesejadas, ofensivas, desanimadoras, agressivas ou apenas triviais." Com o Bumble, ela tentou estabelecer uma atmosfera diferente desde o início. O uso do Tinder e o comportamento de seus usuários foram direcionados pelas escolhas que seus criadores (a maioria homens) fizeram ao projetar o aplicativo. Se ela quisesse mudar o comportamento do usuário para melhor, precisaria criar regras melhores. "Eu sempre busquei um cenário em que o cara não tivesse meu número, mas eu tivesse o dele", disse Wolfe a Andreev. "E se as mulheres dessem o primeiro passo, mandassem a primeira mensagem? E se o candidato desaparecesse depois de 24 horas caso elas não se interessassem, como a abóbora e a carruagem da Cinderela?" (Essa limitação só se aplicaria a quem buscasse um relacionamento heterossexual, é claro.) Seria uma reviravolta no conceito de namoros on-line que atingiria o ponto nevrálgico daquilo que muitas usuárias não gostavam no Tinder.

"Sou uma mulher forte e independente", disse Wolfe. "Mas tinha a sensação de que o único aspecto da vida em que eu me sentia impedida de ir atrás do que queria dizia respeito a namoro." Ela percebeu a oportunidade porque fazia parte do grupo demográfico em questão. E, embora não tenha sido a primeira a usar o conceito de deslizar para a direita, seu conhecimento especializado a ajudou a criar um serviço que se mostrou superior – não só para milhões de mulheres solteiras como também para milhões de homens heterossexuais. "Se você mudar as regras, colocar uma barreira para o candidato ou criar a sensação de que o tempo está expirando, pode se envolver com alguém melhor", afirmou Wolfe. "Fazer com que as mulheres falem primeiro tira a pressão dos caras, o que eles adoram." Determinar que elas tomariam a iniciativa também evitou que os usuários do sexo masculino enviassem fotos não solicitadas, um problema endêmico no Tinder e em outros sites de namoro.

"As mulheres estavam preparadas para isso", segundo Dave Evans, um consultor da área. "Há alguns anos, elas tinham medo. Isso vem de muito tempo." Enquanto isso, uma pesquisa da revista *Esquire* revelou que apenas 4% dos homens acreditam que deveriam dar o primeiro passo. "Os homens adoram o Bumble porque, pela primeira vez, estão sendo caçados, não o contrário", disse Wolfe. "E as mulheres adoram porque não estão sendo bombardeadas com mensagens indesejadas."

O Bumble decolou como um foguete, ajudado em grande parte por seu posicionamento como alternativa feminista ao Tinder, ecoando a narrativa da mídia sobre os maus-tratos do Tinder a Wolfe. No primeiro mês, foram feitos 100 mil downloads do aplicativo, batendo o ritmo de crescimento inicial do próprio Tinder. Ao final de seu primeiro ano de operação, o Bumble já havia alcançado 3 milhões de usuários registrados e facilitado 80 milhões de matches.

O Bumble modifica continuamente suas regras, de modo a criar um ambiente mais seguro e amigável para ambos os sexos. Por exemplo, baniu selfies de usuários sem camisa na frente do espelho, algo muito comum para usuárias no Tinder, e o tipo de foto mais deslizada para a esquerda. Também introduziu a verificação de fotos para evitar *catfishing* (identidades virtuais falsas) e marcas d'água em todas as imagens com o nome do usuário, de modo a desencorajar ainda mais as fotos de apelo sexual explícito. "Em outros sites de namoro, é como estar em uma boate às duas da manhã, quando se espera que os homens sejam sexualmente agressivos", disse ela. "O Bumble é menos predatório."

Em 2016, a empresa começou a monetizar seu serviço com uma opção *premium*, que oferece recursos como tempo adicional para as mulheres decidirem se iniciam uma conversa com os pares. Em 2017, com uma receita de 100 milhões de dólares até então, Wolfe deve ter sentido certa satisfação em recusar uma oferta de compra no valor de 450 milhões de dólares por parte do Match Group, a divisão da IAC que abriga o Tinder, e uma do OkCupid, do Match.com, entre outras tantas de diversos sites de namoro. Ao ter sua oferta recusada, a IAC impetrou um processo alegando roubo de segredos comerciais. O Bumble contra-atacou com outra ação.

Para Wolfe, nenhuma dessas disputas era pessoal. "Não guardo ressentimentos", disse ela à revista *Forbes*. "Sou ocupada demais." Ocupada, ao que tudo indica, em ameaçar a liderança do Tinder: o Bumble tem 22 milhões de usuários registrados, contra 46 milhões do Tinder, e 70% de crescimento ano a ano, contra 10% do concorrente, um excelente progresso. (Mas não estava ocupada demais para se casar com o namorado, Michael Herd, em 2017.)

Em 2019, o Bumble alcançou 75 milhões de usuários registrados em 150 países, adicionando recursos especiais para fazer amigos e estabelecer networking profissional ao longo do caminho. Em novembro daquele ano, a MagicLab, organização controladora do Bumble e também dona do Badoo, foi vendida para uma empresa de *private equity*. Abrindo mão de sua participação no negócio, Andreev nomeou Wolfe CEO da MagicLab e a premiou com 19% do valor da empresa, que valia 3 bilhões de dólares. Nessa mesma época, ela deu à luz um filho.

Wolfe credita seu sucesso à cultura de positividade do Bumble. "Uma vez por semana alguém me diz para eu ser mais dura, obter uma vantagem mais nítida", disse ela. "Eu não faço isso." Ela coleciona elogios como empresária e foi nomeada tanto para a lista Forbes Under 30 (seleção dos trinta empreendedores, criadores e game-changers com menos de 30 anos que mais se destacaram no ano) quanto para a Time 100 (cem pessoas mais influentes do mundo no ano). De acordo com a *Forbes*, Wolfe está no 72º lugar entre as oitenta "mulheres mais ricas que se fizeram sozinhas".

O Tinder ainda é o aplicativo de namoro número um, provando que a vantagem do pioneiro vale alguma coisa. Mas perde terreno a cada ano. O aplicativo de namoro responsável por isso e que cresce constantemente? O Bumble.

O Tinder e o Bumble estão à frente da geração anterior de sites de namoro, como o Match e o OkCupid, lentos demais em perceber que algoritmos que aproximam pessoas com base em questionários haviam se tornado obsoletos. No momento em que aceitaram a própria irrelevância, foram forçados a correr atrás do prejuízo. Como a guerra pela computação comercial mostrará a seguir, se você quiser conquistar um novo território, é fundamental saber quando abandonar o território conquistado.

O CÉREBRO ELETRÔNICO: IBM X UNIVAC

"Boa noite a todos, aqui é Walter Cronkite falando com vocês, do centro eleitoral da CBS Television, na cidade de Nova York." O dia é 4 de novembro de 1952, e Cronkite, lendário âncora do noticiário, está sentado à sua mesa em meio a uma agitada redação. Reverenciado herói de guerra, Dwight Eisenhower é o candidato republicano à Presidência. Seu oponente democrata é Adlai Stevenson, governador do estado de Illinois. Especialistas e pesquisadores preveem uma disputa muito acirrada.

Após saudar o público, Cronkite apresenta uma maravilha tecnológica que a maioria de seus espectadores nunca tinha visto: uma engenhoca à qual ele se refere como "um milagre da era moderna, o cérebro eletrônico UNIVAC". A câmera então focaliza o repórter Charles Collingwood sentado em frente a um grande painel coberto de luzes piscando. No alto há uma placa com os dizeres "Computador Eletrônico UNIVAC". Na verdade, o verdadeiro UNIVAC está a centenas de quilômetros de distância, na sede da empresa Remington Rand, na Filadélfia: a fachada foi criada apenas para o estúdio e enfeitada com luzes natalinas ajustadas para piscar aleatoriamente. Se o UNIVAC tivesse mesmo sido levado para a redação, não haveria espaço para mais nada. Sim, "o homem mais confiável dos Estados Unidos" está enganando o público americano.

Embora a fachada seja falsa, a demonstração que será feita é real. "O UNIVAC tentará prever o vencedor assim que os primeiros resultados estiverem disponíveis", explica Collingwood. Uma coisa precisa ficar bem clara para o público em casa: "Isso não é uma piada nem um truque. É uma experiência. Achamos que vai funcionar. Não sabemos. Esperamos que funcione." Isso também é falso. Cronkite e seu produtor, pelo menos, consideram tudo uma bobagem. Mas acham que o computador poderá incrementar a habitual cobertura da noite das eleições.

O UNIVAC recebeu uma tarefa extraordinária: prever o resultado das eleições presidenciais com base na apuração das votações antecipadas. Na Filadélfia, Grace Hopper, a principal programadora do UNIVAC, lidera a equipe responsável por transmitir suas previsões para a redação e, por extensão, para toda a América. Ela, com razão, está preocupada: pouco antes de a cobertura da CBS ir ao ar, o UNIVAC – tendo analisado apenas 5% dos votos – previu uma vitória esmagadora de Eisenhower: 438 votos contra 93 de Stevenson. Hopper e sua equipe estão repassando os números. Deve haver algo errado com o algoritmo.

Enquanto isso, falando em um microfone, Collingwood finge pedir uma previsão ao UNIVAC – apenas para descobrir, fora do ar, que a Remington Rand não está disposta a compartilhar seu primeiro resultado com milhões de telespectadores. "Não sei", diz Collingwood após uma longa pausa. "Acho que o UNIVAC é provavelmente uma máquina honesta, muito mais honesta que muitos comentaristas por aí. Mas ele acha que não tem o que nos contar ainda. Assim, voltaremos com ele mais tarde."

Após alguns ajustes, o UNIVAC faz uma previsão mais modesta da vitória de Eisenhower, e o resultado é enfim anunciado. No final da noite, no entanto, fica claro que Eisenhower está, de fato, caminhando para uma vitória esmagadora e histórica: 442 votos contra 89 – números muito próximos do que o computador havia previsto, com base em uma pequena fração dos votos. Os cérebros humanos haviam, erroneamente, duvidado do cérebro eletrônico.

Após a meia-noite, um representante da Remington Rand aparece no ar para se desculpar por ter segurado a previsão inicial do UNIVAC. "À medida que mais votos chegavam", diz ele, "as probabilidades se confirmavam e era evidente que deveríamos ter tido coragem suficiente para acreditar na máquina." Parece até que ele está se desculpando com o UNIVAC, não com o público: "O cérebro eletrônico estava certo. Nós estávamos errados. No ano que vem, vamos acreditar nele."

Enquanto alguns telespectadores continuam em dúvida a respeito do que um "cérebro eletrônico" pode fazer – além de prever eleições –, um homem sabe exatamente o que aconteceu naquela noite e como foi cruel o golpe desferido pela empresa rival, a Remington Rand, contra sua empresa. Thomas Watson é presidente e CEO da IBM, a fabricante-líder de tabuladoras mecânicas. Durante anos ele negou a relevância dos computadores eletrônicos para a essência do negócio da IBM: armazenar e processar dados mecanicamente usando "cartões perfurados" de papel. Foi só recentemente que seu filho Thomas Watson Jr. o convenceu do inevitável. No momento, a IBM está trabalhando duro no computador eletrônico IBM 701, sua resposta ao UNIVAC, mas ele só sairá da linha de produção no mês seguinte. Enquanto isso, o UNIVAC ganhou pontos com a opinião pública ao demonstrar pela televisão seu extraordinário poder – em uma só noite e para todo o país. Na manhã seguinte, "UNIVAC" será sinônimo de "computador" nas mentes dos cidadãos americanos.

A Remington Rand se moveu primeiro. Watson se pergunta se a IBM algum dia conseguirá alcançá-la.

▸▸▸

A Era do Computador começou para valer na Universidade da Pensilvânia há mais de sete décadas. Lá, dois professores de engenharia elétrica, John Mauchly e J. Presper Eckert, perceberam que tubos de vácuo poderiam ser usados como interruptores elétricos. Os tubos eram inclusive melhores para a função, pois podiam desligar e religar muito mais rapidamente do que os interruptores eletromecânicos usados para o processamento de dados nas máquinas de tabulação. Isso significava que podiam fazer cálculos a uma velocidade milhares de vezes maior. Eles chamaram o computador que construíram de "Computador e Integrador Numérico Eletrônico" (ENIAC, na sigla em inglês mais conhecida). Quando o computador eletrônico, de 30 toneladas, fez sua estreia, em 1945, a revista *Time* afirmou que os "elétrons ágeis" do ENIAC tornariam possível a realização de extraordinárias façanhas de cálculo, muito além da capacidade de qualquer tecnologia existente.

Na época, a International Business Machines Corporation – IBM – era a empresa dominante em computação. Suas maravilhas mecânicas efetuavam cálculos importantes de maneira muito mais rápida do que os seres humanos, inclusive a tabulação de dados armazenados na forma de furos em cartões. Com os cartões perfurados, as máquinas IBM podiam processar e classificar quantidades relativamente grandes de dados em um curto espaço de tempo. Na época, outros já haviam construído calculadoras eletromecânicas gigantes, como a Mark I, da Universidade Harvard, que podia efetuar certas tarefas matemáticas muito mais depressa que uma pessoa. No entanto, o potencial dessas máquinas era limitado por suas partes móveis: um equipamento com porcas, engrenagens e parafusos processando e cuspindo retângulos de papelão não poderia fazer muita coisa nem trabalhar muito rápido. Embora os tubos de vácuo do ENIAC demorassem muito para aquecer, fossem sujeitos a falhas e exigissem manutenção constante, o ENIAC conseguia calcular a trajetória de um projétil de artilharia antes que ele chegasse ao alvo. E o ENIAC foi apenas a primeira iteração. Depois que alguns problemas fossem resolvidos, o céu era o limite.

Na IBM, Thomas Watson Jr. percebeu o potencial do ENIAC para disruptar os negócios de sua empresa. Em sua autobiografia, ele escreveu que o ENIAC "não tinha partes móveis, exceto elétrons voando dentro de tubos de vácuo próximo à velocidade da luz". Livre de restrições mecânicas, o potencial do computador era inimaginável:

> Tudo o que os circuitos realmente faziam era somar um mais um, e era tudo o que precisavam fazer. Os problemas mais complicados da ciência e dos negócios muitas vezes se dividem em etapas simples de aritmética e lógica, tais como somar, subtrair, comparar e fazer listas. Mas para valer alguma coisa essas etapas têm que ser repetidas milhões de vezes e, até o advento do computador, nenhuma máquina era rápida o bastante. O mecanismo de retransmissão mais rápido em nossas máquinas de cartão perfurado podia fazer apenas quatro adições por segundo. Mesmo os circuitos eletrônicos primitivos do ENIAC podiam fazer 5 mil.

Infelizmente, o pai de Watson, conservador, discordava. Para ele, as máquinas de cartão perfurado de sua empresa pertenciam a uma categoria totalmente separada dos computadores eletrônicos. O ENIAC e similares podiam se mostrar úteis nas ciências, mas as empresas comuns sempre recorreriam à IBM para lidar com seus livros contábeis ou gerenciar seus estoques.

Foi aí que o sr. Watson cometeu o erro característico de muitos líderes antes de uma queda: acreditou na ilusão de que, uma vez que sua abordagem tornara a IBM dominante no mercado, essa mesma conduta a manteria no topo. Mas um novo terreno exige novas táticas. "A IBM estava na posição clássica da empresa que tem uma visão deturpada por causa de seu sucesso", escreveu Watson Jr. mais tarde. "Naquele mesmo período, a indústria do cinema estava prestes a perder espaço para a televisão, porque pensava que seu nicho era a indústria do cinema, não a do entretenimento. A indústria ferroviária estava prestes a perder terreno para os caminhões e os fretes aéreos, porque se considerava parte da indústria de trens, não da de transportes. Nosso negócio era processamento de dados, não simplesmente cartões perfurados – mas ninguém na IBM foi inteligente o bastante para perceber isso na época."

Watson pai não descartava de todo os computadores eletrônicos, mas os situava, de maneira equívoca, em uma área diferente da contabilidade e de outras tarefas administrativas – os negócios principais da IBM. Em 1947, ele contratou os engenheiros que haviam trabalhado no Mark I, da Universidade Harvard, para construir um computador científico: a Calculadora Eletrônica de Sequência Seletiva (SSEC, na sigla em inglês). Como esse computador fora concebido para uso no domínio das ciências, os caras poderiam até usar aqueles tubos de vácuo irritantes, se insistissem. Mas a SSEC teria que funcionar com cartões perfurados. Afinal de contas, aquela era a IBM.

O mastodonte de 1 milhão de dólares, com 36 metros de comprimento – metade computador eletrônico, metade máquina de cartão perfurado –, nasceu como um "dinossauro tecnológico", segundo Watson Jr. Mas parecia futurista, com todos os seus consoles, painéis e luzes piscantes. Watson pai o instalou no andar térreo da sede da IBM, na Rua 57, em Manhattan, onde podia ser visto da calçada. Em seguida, ofereceu uso gratuito a qualquer pessoa interessada em "ciência pura". Embora a máquina tenha sido usada com sucesso para calcular as tabelas de navegação que ajudaram os Estados Unidos a lutar contra os submarinos alemães durante a guerra, sua natureza híbrida levou uma geração de jovens engenheiros eletrônicos a considerar a empresa que a criou como ultrapassada. A IBM, rapidamente, estava se tornando uma relíquia.

Após a guerra, Eckert e Mauchly deixaram a Universidade da Pensilvânia para abrir seu próprio negócio de computadores em uma loja na Filadélfia. Watson pai permanecia cético, mas quando os jovens engenheiros convenceram dois dos maiores clientes da IBM, o Departamento de Censo dos Estados Unidos e a seguradora Prudential, a apoiá-los, ele ficou furioso. Não só porque dois jovens acadêmicos estavam efetivamente roubando clientes da IBM, mas porque o produto que ofereciam – o Computador Automático Universal, ou UNIVAC – usaria fita magnética, não cartões perfurados, para armazenar dados. Aos olhos do sr. Watson, os cartões perfurados eram fundamentais para a identidade da IBM e a ideia de que a fita magnética pudesse suplantá-los era assustadora. Dito isso, seria difícil superar o uso da fita, que conseguia inserir e retirar dados de um computador muito mais rapidamente do que os cartões perfurados; uma única bobina poderia armazenar dados de 10 mil cartões. Mas se os cartões estavam obsoletos, isso significava que a IBM também estava – coisa que o sr. Watson não poderia engolir. Assim, sua desconfiança com relação à fita magnética só aumentou. Em sua opinião, um cartão perfurado era "uma informação permanente", como seu filho escreveu mais tarde. "Você podia vê-lo e segurá-lo. Mesmo os arquivos enormes que as seguradoras mantinham podiam ser verificados manualmente por balconistas. Com a fita magnética, entretanto, os dados eram armazenados de modo invisível em uma mídia projetada para ser apagada e reutilizada." Seu pai não conseguia enxergar nada além do modelo já constituído. Ele pensou em tirar Eckert e Mauchly da disputa fazendo sua própria oferta eletrônica, mas a ideia de que teria que usar fitas magnéticas lhe parecia abominável.

Enquanto seu pai protelava, Watson Jr. ouvia cada vez mais rumores sobre a chegada de uma revolução eletrônica. Em 1948, ele soube por um amigo que pelo menos 19 projetos significativos de computadores eletrônicos estavam em andamento no país, a maioria se valendo de fitas magnéticas. Os clientes da IBM começavam a perceber que se tornava cada vez mais difícil armazenar e gerenciar seus já enormes estoques de cartões perfurados. E as fitas magnéticas, quaisquer que fossem suas falhas, estavam se mostrando atraentes demais para serem ignoradas. Até que o presidente da Time Inc. abordou Watson Jr. e implorou que ele fizesse a mudança. O uso de máquinas IBM para gerenciar a lista de assinantes das revistas *Time* e *Life* exigia três cartões perfurados por assinante. Com milhões de assinantes e milhares se inscrevendo a cada mês, as máquinas – e o espaço que consumiam – estavam no limite. "Temos um prédio inteiro abarrotado com seus equipamentos", disse ele. "Estamos atolados. Se você não puder nos prometer algo novo, teremos que começar a buscar alternativas." Para o sr. Watson, gerenciar listas de mala direta não era o tipo de função científica que pertencia à alçada dos computadores eletrônicos. Na verdade, aquele era exatamente o tipo de operação de negócios que estava no cerne da proposta de valor da IBM.

Watson Jr. sabia que narrativas, por si só, não convenceriam seu pai de que os cartões perfurados eram coisa do passado. Portanto, em 1949 criou uma força-tarefa na empresa para analisar a questão da fita magnética. Para sua decepção, a força-tarefa concluiu que os cartões perfurados eram o futuro. O departamento de vendas da IBM deu a Watson Jr. a mesma resposta conservadora e complacente que dera a seu pai. "Eu estava começando a aprender que a maioria – mesmo que ela seja formada pelos seus melhores funcionários – nunca deve ser consultada quando você precisa fazer um movimento", escreveu Watson Jr. "É necessário sentir o que está acontecendo no mundo e em seguida agir. É algo puramente visceral. Eu ainda não confiava em mim mesmo o suficiente para insistir, mas no íntimo sabia que teríamos que entrar na área dos computadores e fitas magnéticas." A cultura dos engenheiros da IBM era mecânica de cima a baixo – a empresa fazia de tudo, desde relógios de ponto a máquinas de escrever. Os funcionários não tinham interesse em mudar para um padrão inteiramente novo. "A IBM tinha tanta resistência no que se referia à computação eletrônica que seria melhor, simplesmente, comprar Eckert e Mauchly", concluiu Watson Jr.

Mas a sorte bateu à porta da IBM. Enquanto os melhores funcionários da empresa garantiam a Watson Jr. que os cartões perfurados eram o futuro, os criadores do UNIVAC perderam seu principal patrocinador num acidente de avião e, de uma hora para outra, precisaram de fundos. Desesperados, ambos recorreram à IBM. Infelizmente, Mauchly era um rebelde, ao contrário de seu parceiro elegante e convencional. Compareceu à reunião malvestido e colocou os pés sobre a mesa de centro de Watson pai. Desde o início, queria deixar claro que não se endireitaria apenas para impressionar o famoso e empertigado titã dos negócios. Nem mesmo para salvar a própria empresa. Watson pai, que fazia questão de manter um código de vestimenta rígido e homogêneo entre seus vendedores, dos colarinhos aos sapatos, antipatizou na hora com os jovens inovadores. Ele alegou potenciais implicações antitruste para se recusar a fazer o investimento, mas a verdade é que fora influenciado por impressões pessoais ao deixar o UNIVAC escapar.

Poucos meses depois, Eckert e Mauchly foram absorvidos pelo concorrente da IBM, a Remington Rand. O CEO, James Rand Jr., viu no UNIVAC uma oportunidade real de ultrapassar a IBM – rolo compressor de longa data no mercado de máquinas de escritório. Graças à relutância de Watson pai, a Remington Rand tinha agora uma vantagem na era da computação moderna. Porém, havia mais que apenas negócios em jogo. A guerra era também pessoal. Jim Rand havia vivenciado em primeira mão o poder monopolista da IBM. Alguns anos antes, Watson pai usara as patentes e a influência de sua empresa no mercado para destruir uma firma de Rand. Assim, além de um sólido investimento no futuro, o UNIVAC foi também uma oportunidade de vingança. Em vez de perseguir a liderança intocável da IBM na tabulação mecânica, Rand iria superá-la.

Mas Watson Jr. teve, enfim, um golpe de sorte em seus esforços para evitar o desastre. Um estudo do departamento financeiro da IBM revelou que a empresa gastava substancialmente menos em pesquisas e desenvolvimento em comparação com outras firmas, como a RCA e a General Electric. A descoberta tocou em um ponto fraco: a veia competitiva de Watson pai, que ordenou uma grande expansão na área de P&D. Isso significaria entrar na área da eletrônica em um nível sem precedentes. Na verdade, nos seis anos seguintes, a IBM cresceria de 500 engenheiros para mais de 4 mil. O motivo da mudança foi fortuito: a Guerra da Coreia. Com o início das hostilidades, em junho de 1950, o governo solicitou à IBM que desenvolvesse um computador eletrônico, de uso geral, para aplicações de defesa. A Calculadora de Defesa, que prometia ser o projeto mais caro na história da companhia, foi o pontapé inicial nos esforços de computação da empresa. Depois que Watson Jr. obteve contratos de vendas do computador para laboratórios de defesa em todo o país – o que compensaria os custos –, seu pai enfim concordou com o projeto. "A Calculadora de Defesa foi o primeiro grande risco que ele me deixou correr como executivo", escreveu Watson Jr.

Então sobreveio um segundo golpe de sorte, dessa vez disfarçado. Em 21 de janeiro de 1952, o Departamento de Justiça entrou com uma ação antitruste contra a IBM. Na visão do governo, o monopólio quase total da empresa em máquinas de tabulação com cartões perfurados – 90% do mercado – havia se tornado anticompetitivo. Na época, o célebre exército de vendedores da IBM, trajando ternos azul-marinho e sapatos clássicos, circulava por toda parte. Era fácil identificá-los nos prédios governamentais do mundo inteiro. Para Thomas Watson pai, a ação do governo foi um golpe terrível. Ele trabalhara por décadas para garantir o domínio da IBM, desde 1915, quando foi nomeado gerente-geral. A ideia de que a empresa seria arrancada da posição que ele havia conquistado com tanto esforço o deixou arrasado. Para ele, a IBM *era* o negócio de cartões perfurados. Do ponto de vista de Watson Jr., no entanto, o processo antitruste não deixava alternativa para seu pai a não ser dobrar a aposta nos itens eletrônicos. Eles teriam que inovar e vencer nessa nova arena ou seguir o caminho dos fabricantes de charretes. Embora a vantagem do pioneiro possa ser exagerada, a desvantagem da inércia é inegável.

Watson pai era conservador, mas não cego. Era hora de tomar um novo rumo. Assim, em abril de 1952 ele anunciou publicamente que a IBM dispunha de um computador eletrônico projetado para uso comercial, 25 vezes mais rápido do que a SSEC. A Calculadora de Defesa, que agora integrava a linha de produtos-padrão da empresa e rebatizada como IBM 701, poderia ser alugada e teria a mesma assistência que qualquer outra máquina da IBM.

O anúncio do 701 foi um grande passo, mas o Departamento do Censo dos Estados Unidos – onde os cartões perfurados haviam estreado, na década de 1880 – já tinha um UNIVAC. Dentro da IBM havia uma sensação crescente de que a empresa chegara tarde demais para a festa e não estava se atualizando rápido o bastante. Foi quando a companhia percebeu que subestimara a precificação do 701, cobrando metade do que deveria, com base nos custos de fabricação. Ao corrigir a falha, descobriu, para seu espanto, que todos os clientes mantiveram suas encomendas, mesmo pelo dobro do preço anterior. A demanda pela computação eletrônica estava nas alturas, e a IBM ainda não tinha lançado um computador no mercado.

O UNIVAC foi o primeiro computador projetado para uso administrativo geral. Ao armazenar dados em fita magnética em vez de cartões perfurados, ele podia receber dados, fazer cálculos eletrônicos e fornecer respostas com rapidez muito maior que qualquer máquina da IBM, inclusive o vindouro 701, que ainda obtinha seus dados de cartões perfurados. Mas a questão permanecia: como a Remington Rand promoveria o UNIVAC para os principais clientes de negócios da IBM, sobretudo agora que o 701 estava a caminho? Um computador eletrônico era um conceito abstrato. Como a empresa poderia comunicar seus benefícios potenciais aos líderes empresariais da América?

Ora, fazendo uma parceria com a CBS News na cobertura da noite de eleição, em novembro de 1952.

Naquele verão, a Remington Rand perguntou ao chefe da CBS News, Sig Mickelson, se ele gostaria que o UNIVAC previsse, no ar, o resultado da eleição. Mickelson e o âncora, Walter Cronkite, duvidavam de que uma máquina pudesse prever qualquer coisa, ainda mais quem se tornaria o próximo presidente dos Estados Unidos, mas achavam que a presença animaria o programa. Agora, tudo o que a Remington precisava para estimar o vencedor era de um algoritmo que combinasse dados das prévias com os padrões de votação de eleições anteriores. A essa altura, no entanto, Mauchly era um desafeto do senador Joseph McCarthy, segundo ele, um comunista, e não tinha mais permissão para entrar nos escritórios da Remington Rand. A empresa contratou então um estatístico da Universidade da Pensilvânia, Max Woodbury, e o enviou em segredo à casa de Mauchly para que ambos trabalhassem no algoritmo de previsão.

A ideia era que, utilizando o algoritmo de Mauchly e Woodbury, o UNIVAC apontasse o vencedor ao vivo na televisão. Foi uma façanha brilhante, embora incrivelmente arriscada. O sucesso de um salto está na aterrissagem. Na noite da eleição, em 1952, Rand tinha tudo preparado. Uma previsão errada não impediria a revolução da computação eletrônica, que estava a caminho, mas a reputação do UNIVAC jamais se recuperaria aos olhos da comunidade empresarial que pretendia impressionar. No final da noite, a primeira previsão do UNIVAC se mostrou correta, ainda que apenas em alguns pontos percentuais. Mas quando Collingwood admitiu para o público que a previsão inicial – correta – havia sido suprimida e um representante da Remington Rand se desculpou no ar com o computador, um golpe publicitário épico se configurou. Da noite para o dia, "UNIVAC" se tornou sinônimo de "computador".

Arriscar uma demonstração ao vivo para todo o país foi uma jogada de relações públicas sem precedentes. De uma só tacada, a Remington Rand apresentou uma tecnologia desconhecida de extraordinário potencial e facilitou seu entendimento, pelo menos em parte. Se a vantagem do pioneiro fosse real, um logotipo UNIVAC estaria hoje em todos os laptops e smartphones. Mas essa maré alta levantou todos os navios. Após a demonstração da Remington Rand, *qualquer* fabricante seria capaz de explicar facilmente o que os computadores eletrônicos poderiam fazer. Em dezembro, quando o IBM 701 começou a entrar no mercado, a imprensa logo o rebatizou de UNIVAC da IBM – fato que, embora humilhante para a empresa, significava que os clientes perceberam imediatamente o potencial do 701.

O 701 calculava mais rápido que o UNIVAC, mas a insistência de Watson pai em usar cartões perfurados em vez de fitas magnéticas significava que o processo de entrada e saída de dados do computador consumia todo o tempo economizado, e até mais. No entanto, mesmo com o início tardio e prejudicado pelos obsoletos cartões perfurados, o 701 ainda era uma oferta competitiva. A IBM conhecia seus clientes como ninguém. Embora a computação eletrônica tivesse sido um salto quântico, os clientes e seus problemas não haviam mudado. A IBM tinha o mesmo conhecimento especializado que proporcionara condições vantajosas ao Tinder e ao Bumble. E soube usá-lo para se adaptar ao mercado que conhecia tão bem.

Apesar de sua sofisticação tecnológica, o UNIVAC – projetado por acadêmicos sem nenhum conhecimento real sobre ambientes de trabalho – era inviável para uso comercial. Diferentes peças eram entregues aos clientes e a montagem do equipamento demorava uma semana ou mais. Por sua vez, o 701 fora projetado levando em conta a realidade de um escritório. Cada módulo, do tamanho de um refrigerador, cabia dentro de um elevador de carga. Os engenheiros da IBM os retiravam de seus engradados e os levavam a funcionar em poucos dias.

Em julho de 1953, a IBM lançou o 650, um computador mais modesto que, no entanto, facilitava a integração de operações dentro das empresas. O 650 levou a produtora de "IBM UNIVACs", como era conhecida, à liderança do setor. Em setembro desse mesmo ano, foi anunciado o 702, uma versão mais comercial do 701, e no espaço de apenas oito meses recebeu espantosos cinquenta pedidos. Embora a fita magnética do UNIVAC ainda desse a ele uma vantagem tecnológica sobre as ofertas da IBM, a fabricação personalizada para cada cliente se tornou obsoleta. Era impossível produzi-lo em grande escala. Com mais conhecimento especializado, uma abordagem amigável ao cliente e uma força de vendas muito superior, a IBM superou a vantagem da Remington Rand e assumiu a liderança de forma decisiva.

A IBM não mergulhou primeiro nem produziu as maiores marolas quando entrou na piscina, mas conhecia seu público e manteve o foco nas necessidades dos clientes. No final, isso a levou à vitória. Tendo errado o tiro, a Remington Rand foi adquirida por outra empresa em 1955. Enquanto isso, a IBM, liderada por Thomas Watson Jr. a partir de 1956, se tornaria ainda mais dominante em computação eletrônica para fins comerciais, governamentais e científicos do que jamais fora na arena das máquinas de cartões perfurados. Tempos depois, a revista *Fortune* chamaria o presciente Watson Jr. de "o maior capitalista que já viveu".

▴▴▴

A introdução de uma nova tecnologia segue um padrão. Os primeiros entusiastas tentam aplicar uma ideia original a um problema existente. Os empreendedores percebem seu potencial e correm para produzi-la em massa. Alguns tentam conquistar o território antes mesmo de enfrentar qualquer concorrência – para obter a vantagem do pioneiro. Quando esse esforço falha, o que pode acontecer, inicia-se uma corrida armamentista. Muitas vezes, a empresa que melhor entende o cliente assume a liderança. De repente, uma nova tecnologia aparece e o ciclo se reinicia.

Sun Tzu nos diz repetidamente para agirmos com rapidez. "Mesmo que você esteja vencendo", escreveu ele, "se a luta continuar por muito tempo, isso entorpecerá suas forças e enfraquecerá sua vantagem." Vá atrás de cada oportunidade de maneira agressiva, mas não sem estar pronto para aproveitá-la. Se atacar antes de estar pronto, você perderá sua chance.

No próximo capítulo, falaremos de empresas que, depois de assumirem uma liderança inquestionável, usaram a estratégia correta para mantê-la.

3

A ESTRATÉGIA DA VITÓRIA

> Lutar e vencer em todas as suas batalhas não é a suprema
> excelência. A suprema excelência é quebrar a
> resistência do inimigo sem lutar.
>
> — SUN TZU, *A arte da guerra*

O sucesso de um exército depende da estratégia que escolhe seguir, não de uma tática única, por mais brilhante que seja. Às vezes, a ideia é ótima – uma guitarra elétrica com um som impecável ou um novo aplicativo de namoro viciante – e cria a oportunidade para uma empresa invadir o campo de batalha. Mas manter e até mesmo construir essa liderança requer uma estratégia coerente e de longo prazo.

Sun Tzu priorizava a logística simples acima de tudo. Ele acreditava que a força de um exército depende mais de suas linhas de suprimento do que de sua habilidade com espadas e flechas. Um discurso estimulante ou uma arma de cerco poderosa podem oferecer uma vantagem temporária, mas sustentar uma força de combate a longo prazo requer comida, água, remédios e, o mais importante, planejamento sólido. Os líderes precisam de visão estratégica para se manter um passo à frente. As empresas não vencem tropeçando às cegas.

TECENDO UMA TEIA EMARANHADA, PARTE 1: CRIANDO O MOSAIC

São sete horas da manhã de um domingo, em 1994, e o programador de computadores Marc Andreessen, de 22 anos, está acordado. Isto é, mais ou menos. Estar desperto a essa hora não é comum para ele – Marc está acostumado a virar noites programando. Mas hoje está realmente começando seu dia com um café da manhã no Il Fornaio, em Palo Alto, um restaurante tradicional no coração do Vale do Silício. Andreessen se preparou com antecedência para essa importante reunião/entrevista de emprego, indo para cama cada vez mais cedo por várias noites consecutivas.

Sentado em frente ao jovem recém-formado está Jim Clark, de 49 anos, célebre líder na área de tecnologia, que se desligara recentemente da Silicon Graphics, fundada por ele. Clark deseja criar uma nova empresa – maior que a bem-sucedida que deixou para trás. Por isso marcou o encontro.

Andreessen foi muito bem recomendado. Ainda na faculdade, ele e um amigo criaram um "navegador" revolucionário, um novo tipo de software para acessar a World Wide Web, que cresce rapidamente. Quando a instituição onde trabalhava, o Centro Nacional para Aplicações em Supercomputação (NCSA, na sigla em inglês), não lhe deu crédito pelo software conhecido como Mosaic, ele pediu as contas. Assim, os dois homens sentados frente a frente para o estranho primeiro encontro estão começando uma vida nova. Logo de cara, Clark pergunta: existe potencial comercial em um navegador para a web? Na opinião de Andreessen, não. Ainda ressentido por ter perdido o controle de sua criação, Andreessen declara que não quer ter mais nada a ver com a World Wide Web. Se Clark deseja construir uma empresa, deveria produzir videogames. As pessoas adoram videogames.

Mas o NCSA é uma instituição acadêmica, argumenta Clark. Não tem instinto para o mercado de massa. Mesmo com o melhor navegador, não saberá aproveitar a oportunidade. Talvez, admite Andreessen. Mas ele não tem interesse em aproveitá-la.

Clark gostou do jovem franco e brilhante. Ambos decidem então criar algo juntos, mas saem do restaurante sem definir o que será. A ideia que Clark plantou, no entanto, fica na cabeça de Andreessen. Depois de repensar estrategicamente como a World Wide Web deveria ser – dando vida a um empolgante, mas embrionário navegador –, ele realmente vai desistir de pôr em prática o potencial daquilo que criou? O NCSA está cheio de burocratas. Eles não entendem o que têm em mãos. Se Andreessen unir suas forças com alguém como Jim Clark, ambos poderão levar a World Wide Web às massas.

▸▸▸

Em nossa sociedade obcecada por tecnologia, idealizamos jovens inventores brilhantes trabalhando em suas garagens para construir a Próxima Grande Novidade. De modo geral, porém, o inventor solitário costuma ser esmagado por grandes empresas com muito dinheiro e poucos escrúpulos. O esforço de Andreessen em levar seu navegador de internet para o mercado é uma história de Davi e Golias empresarial que colocou Andreessen contra algumas das pessoas mais poderosas e implacáveis do mundo tecnológico. Com muita frequência, as guerras de negócios são vencidas por líderes que não veem as leis e os regulamentos como mandamentos morais, mas como regras que podem ser reinterpretadas, e até mesmo infringidas, em busca da vitória. É verdade que eles podem ser punidos, mas geralmente os resultados compensam. O governo americano detesta arruinar a história de um negócio que se consolidou.

Nascido em 1971, em Iowa, e criado no Wisconsin, Marc Andreessen aprendeu a programar sozinho, aos 10 anos, orientado por um livro da biblioteca. Ele usou o computador da escola para fazer um programa de cálculos que o ajudasse com os deveres de casa de matemática. Certo dia, o zelador desligou inesperadamente a energia do sistema, e Marc perdeu o programa. Diante da perda, seus pais concordaram em comprar um computador Commodore 64. Andreessen continuou seus estudos de informática na Universidade de Illinois, em Urbana-Champaign. Lá conseguiu um emprego de meio período no centro de pesquisas computacionais da universidade, o NCSA.

Era um bom momento para se estar no NCSA. Uma nova era na computação se iniciava. A internet evoluía rapidamente desde sua origem – a rede de computadores ARPANET dos anos 1960, criada em parte para manter as comunicações militares em funcionamento após um ataque nuclear. Com o tempo, a rede se estendeu para o mundo acadêmico e, a partir daí, para um pequeno nicho, principalmente professores e cientistas que compartilhavam arquivos e usavam o correio eletrônico para se comunicar. No final da década de 1980, os primeiros usuários empregavam modems de computador para acessar diretamente serviços on-line fechados, privativos, mas fáceis de usar, como o Prodigy e o CompuServe. Esses "portais" forneciam informações básicas, como previsão do tempo e cotação de ações, e possibilitavam o envio de e-mails para fóruns de pessoas com ideias afins. A internet aberta era estimulante para quem tinha conhecimentos tecnológicos, mas complicada demais para pessoas comuns.

Em 1990, Tim Berners-Lee, pesquisador da Organização Europeia para a Pesquisa Nuclear (CERN), criou um software e um conjunto de padrões para o que chamou de World Wide Web. Usando a Linguagem de Marcação de Hipertexto de Berners-Lee, mais conhecida hoje como HTML (de Hypertext Markup Language), ele tornou possível publicar documentos na internet mediante hyperlinks que encaminhavam o usuário a documentos e diversos tipos de arquivos em outros lugares da rede. Navegando dessa forma, ninguém precisava ser especialista em informática para acessar recursos na internet. A web fora projetada para ser aberta e gratuita, disponível a qualquer pessoa que estivesse conectada, para o compartilhamento de quase todo tipo de informação digital. Não havia taxas, licenças ou intermediários entre o usuário e a internet. As possibilidades eram infinitas, embora poucas pessoas percebessem isso na época.

Andreessen estava entre esses poucos. Quando Berners-Lee lançou as ferramentas e os protocolos básicos da World Wide Web, ele tinha apenas 21 anos, mas logo percebeu o tremendo potencial da web. Caso alguém criasse uma ferramenta de navegação mais amigável do que os navegadores rudimentares montados por Berners-Lee e outros, a web poderia até mesmo substituir os portais pagos, como a AOL e o Prodigy. A HTML era um conjunto de regras compartilhadas para a criação de sites, e era tão simples que qualquer pessoa poderia aprender a usá-la. Andreessen percebeu também que um protocolo de informação padronizado e fora do controle de qualquer empresa poderia levar a internet a seu ponto de inflexão ou até mesmo dar início a uma Era da Informação – assim como, um século antes, pesos e medidas padronizados haviam sido essenciais para o avanço da industrialização.

Andreessen abordou então seu amigo Eric Bina, programador em tempo integral no NCSA, e apresentou sua ideia para o desenvolvimento de um navegador para a World Wide Web. Intrigado, Bina concordou em colaborar. Andreessen projetaria a interface do usuário, enquanto Bina programaria a funcionalidade subjacente. E, graças a financiamentos decorrentes de um projeto de lei proposto no Congresso pelo senador Al Gore (razão pela qual Gore disse que foi dele "a iniciativa de criar a internet"), a universidade aprovou o projeto.

Andreessen e Bina encararam o projeto do navegador com um objetivo amplo: tornar a web fácil para usuários e criadores. (Na web criada pelos usuários, é claro, essa linha seria indistinta.) O navegador seria operado com um mouse e um teclado. Isso permitiria a colocação de imagens ao lado de textos, tal como em uma revista, em vez de exigir que o usuário selecionasse e abrisse as imagens, uma de cada vez. Mais importante ainda e que muitas vezes é esquecido: o navegador de Andreessen e Bina permitia que as páginas da web fossem carregadas mesmo se contivessem erros. Tradicionalmente, os computadores paravam de executar um programa ao encontrar um erro. Mas ambos sabiam que uma página da web escrita em HTML não era de fato um programa, mesmo que lembrasse um pouco um código ao ser elaborada. Na verdade, era apenas um documento para humanos lerem, com algumas "etiquetas" adicionadas ao texto para estruturá-lo e formatá-lo. Assim como alguém pode ler um livro com erros de digitação, Andreessen e Bina queriam que as páginas da web funcionassem mesmo quando seus criadores cometessem erros ao criá-las. Essa decisão estratégica removeu um empecilho importante para a adoção da nova forma de publicação. Em conjunto, a estratégia deles fez com que a World Wide Web se tornasse uma colcha de retalhos clicável e visualmente atraente, reunindo textos, imagens e ícones. Embora as histórias sobre a origem do software apresentem divergências, foi provavelmente por isso que eles o chamaram de Mosaic (mosaico).

Durante semanas, os dois se enclausuraram no porão do Pavilhão de Química Petrolífera da universidade para codificar o Mosaic, alimentando-se de biscoitos e leite (Andreessen) e de refrigerantes e balas Skittles (Bina). Em janeiro de 1993, eles completaram a primeira versão do Mosaic – destinada a computadores UNIX – para download gratuito e anunciada em alguns quadros de avisos on-line, de modo que as pessoas pudessem baixar e avaliar o software.

O apelo do Mosaic foi claro desde o início. "Antes do Mosaic", escreveu John Markoff no *The New York Times* naquele mesmo ano, "encontrar informações em bancos de dados de computadores espalhados pelo mundo exigia conhecer – e digitar com precisão – endereços misteriosos e comandos como 'Telnet 192.100.81.100'. O Mosaic permite que os usuários simplesmente cliquem com o mouse em palavras ou imagens em suas telas para abrir textos, sons e imagens de centenas de bancos de dados na internet que foram configurados para funcionar com o Mosaic." Nada, é claro, fora "configurado para funcionar com o Mosaic". Ele estava tirando proveito de um ecossistema livre e aberto criado por Tim Berners-Lee – noção que muitos, inclusive jornalistas de tecnologia, tiveram dificuldade em entender no início.

Os downloads do Mosaic começaram a crescer feito bolas de neve. Com o feedback recebido, Andreessen e Bina corrigiram bugs e adicionaram recursos ao software em um ritmo desenfreado. Essa capacidade de resposta às necessidades dos usuários fez com que conquistassem a fidelidade das pessoas e estimulou uma adesão ainda maior ao software. Logo, eram milhares baixando o Mosaic todos os meses. Com o apoio do NCSA, Andreessen e Bina montaram uma equipe própria e puderam oferecer versões do Mosaic para Windows e Macs. Depois que funcionou nos tipos de computador mais usados pela maioria das pessoas, o Mosaic explodiu.

Foi nesse ponto que o ciclo de feedback positivo dos "efeitos da rede" entrou em jogo para a web ainda incipiente. À medida que mais pessoas entram em uma rede, o valor dela para cada usuário aumenta. Assim como o telefone se tornou exponencialmente mais valioso conforme mais gente o adquiria – só vale a pena ter um telefone se as pessoas tiverem para quem telefonar –, mais usuários criando sites com o Mosaic significava mais sites para outros usuários do Mosaic explorarem. Com o Mosaic impulsionando seu crescimento, a World Wide Web começou a excluir protocolos alternativos, como o Gopher, também criado para compartilhar informações pela internet. O padrão de Berners-Lee estava a caminho de se tornar *o* padrão.

Embora Andreessen ainda não tivesse se formado na faculdade, seu navegador, segundo o *The New York Times*, estava "provocando congestionamentos de dados na internet". Em retrospecto, o artigo – publicado na primeira página da seção de negócios, em dezembro de 1993 – pintou um retrato extraordinário de uma ferramenta que em apenas alguns meses havia se tornado "um mapa para os tesouros enterrados da Era da Informação":

> Clique com o mouse: aparece um filme meteorológico da NASA tirado de um satélite no alto do Oceano Pacífico. Mais alguns cliques, e alguém está lendo um discurso do presidente Clinton, armazenado digitalmente na Universidade de Missouri. Clique e clique: uma amostra de músicas digitalizadas compilada pela MTV. Clique novamente, *et voilà*: um pequeno instantâneo digital revela se determinada cafeteira no laboratório de ciência da computação, na Universidade de Cambridge, Inglaterra, está vazia ou cheia.
>
> Outras bases de dados pesquisáveis com o Mosaic incluem os catálogos da Biblioteca do Congresso, além de centenas de bibliotecas

universitárias americanas e estrangeiras, arquivos do Governo Federal, vários computadores da NASA e o museu de paleontologia da Universidade da Califórnia em Berkeley.

Houve apenas um problema nessa brilhante cobertura: o artigo só citou o diretor do NCSA, Larry Smarr. Andreessen e Bina não foram mencionados.

Quando Andreessen, irritado por ter sido excluído, confrontou Smarr, soube que o NCSA planejava licenciar o software comercialmente sem pagar royalties aos seus criadores. Como prêmio de consolação, Smarr ofereceu a Andreessen um emprego na gestão do NCSA depois que se formasse, mas, estranhamente, sem qualquer envolvimento com o trabalho no Mosaic. Furioso, o jovem programador abandonou o emprego na hora, deixou a Universidade de Illinois, sem se preocupar em pegar o diploma, e foi para a área de São Francisco.

Pouco tempo depois, ele encontrou Jim Clark, numa manhã de domingo, em um restaurante italiano no Vale do Silício. Ainda superando sua experiência frustrante no NCSA, disse a Clark que estava farto da World Wide Web. Mas passados alguns meses, em março de 1994, já havia mudado de ideia. Disse então a Clark que eles deveriam aliciar a equipe original do Mosaic no NCSA – cada vez mais descontente – e criar um novo navegador.

Clark topou na hora. Constituiu então a Mosaic Communications, em Mountain View, Califórnia, na qual investiu 3 milhões de dólares. Durante o verão, três equipes – Windows, Mac e UNIX – trabalharam aceleradamente para criar o "assassino do Mosaic". No outono, já haviam conseguido: o novo navegador era mais confiável, melhor para a criação de páginas da web e, mais importante, dez vezes mais rápido que o Mosaic. Além disso, tornava possível criptografar informações de cartões de crédito para compras on-line. Afinal, algum dia alguém poderia querer vender alguma coisa pela internet.

Por falar em vendas, eles precisariam decidir quanto cobrariam pelo software. Como acadêmico, Berners-Lee podia se dar ao luxo de doar ao mundo a HTML, mas a Mosaic Communications fora constituída para obter lucros. O chefe de marketing da empresa sugeriu 99 dólares. Mas definir um preço era contra a estratégia de Andreessen, que pretendia encorajar a adoção generalizada. Uma empresa, entretanto, precisa de um modelo de negócios. Andreessen já não estava na universidade. Encontrando um meio-termo, ele sugeriu tornar o navegador "mais ou menos gratuito": nenhum custo para alunos e educadores; 39 dólares para todos os outros, após um período de teste de 90 dias que, na prática, jamais terminaria. Portanto, apenas as empresas acabariam de fato pagando pelo software. Seria suficiente?

Em 13 de outubro de 1994, a versão beta foi lançada. Superior ao Mosaic em todos os aspectos, o novo navegador atingiu 10 mil downloads em questão de horas e disparou a partir de então. O NCSA logo acusou Andreessen de roubar sua propriedade intelectual e exigiu royalties de 50 centavos para cada download. Com a maioria das pessoas usando o novo software gratuitamente, esse arranjo não seria sustentável. Assim, Clark contratou um especialista em software forense para confirmar que, embora a funcionalidade fosse semelhante, o código do software que estava lançando era inteiramente novo. Fortalecido, Clark se ofereceu para tirar a palavra Mosaic do nome da empresa e pagar ao NCSA 3 milhões de dólares em dinheiro – ou 50 mil ações da nova empresa. O NCSA pegou o dinheiro – uma decisão extremamente infeliz, em retrospecto –, e a empresa de Clark e Andreessen foi renomeada como Netscape Communications Corporation. O navegador passou a se chamar Netscape Navigator. Em março de 1995, o Navigator atingiu 6 milhões de usuários e 7 milhões de dólares em receita, sem anúncios ou marketing de qualquer tipo, e com a maioria dos usuários nem mesmo pagando pelo serviço.

Cerca de 1.300 quilômetros ao norte, em Seattle, no estado de Washington, outro ambicioso visionário da área de tecnologia observava a ascensão do Navigator com crescente apreensão. Bill Gates, cofundador e CEO da Microsoft e já bilionário – daí a um ano seria o homem mais rico do mundo –, também enxergava o potencial da web. O potencial de prejudicar a Microsoft. Os milhões de pessoas que avidamente usavam o Navigator constituíam apenas uma fração da base de usuários da Microsoft, mas como a funcionalidade e o poder do navegador continuavam a crescer, Gates imaginou que o Navigator poderia substituir softwares de desktop, como o Microsoft Word. Na verdade, a web poderia, algum dia, eliminar totalmente a necessidade de documentos tradicionais.

Em um memorando interno intitulado "O maremoto da internet", Gates escreveu que, embora a Microsoft tivesse sido bem-sucedida em suas duas primeiras décadas criando softwares para aproveitar as "melhorias exponenciais na capacidade dos computadores", o jogo agora havia mudado: "Nos próximos vinte anos", escreveu ele, "a melhoria no poder dos computadores será superada pelo incremento exponencial das redes de comunicação." Isso significava que a estratégia da Microsoft precisaria mudar. "Navegando na web, as pessoas quase não encontram formatos de arquivos da Microsoft", escreveu ele. "Após dez horas de navegação, eu não vi nenhum." Esse era o cerne do problema, tal como ele o via.

A web era uma ameaça para a Microsoft, mas também uma oportunidade. Enquanto a equipe de Andreessen em Mountain View produzia o que se tornou o Netscape Navigator, o NCSA tomou medidas para monetizar o Mosaic, contratando uma empresa chamada Spyglass para licenciar comercialmente seu código. Ao fazer isso, a Spyglass criou sua própria versão do Mosaic, com um código totalmente novo. Depois, licenciou-a para a Microsoft, que usou o código para criar um navegador próprio: o Internet Explorer.

TECENDO UMA TEIA EMARANHADA, PARTE 2: NETSCAPE X MICROSOFT

Um novo campo de batalha requer novas regras de combate. No memorando "O maremoto da internet", Gates disse que estava extremamente preocupado com a competição de um navegador que havia "nascido na internet":

> O Netscape Navigator é dominante, com 70% de compartilhamentos, o que lhe permite determinar quais extensões de rede serão popularizadas... Uma possibilidade assustadora que está sendo discutida pelos fãs da internet é se eles deveriam se reunir e criar algo muito mais barato do que um PC, mas poderoso o bastante para navegar na web.

Gates não estava preocupado apenas em perder a internet. Ele suspeitava de que essa tecnologia nova e ainda incipiente poderia algum dia suplantar os principais produtos da Microsoft, inclusive o próprio sistema operacional Windows.

Para vencer o Netscape, o Internet Explorer precisaria de atenção prioritária: "Temos que igualar e superar suas ofertas." Isso não seria fácil: no verão de 1995, o Netscape já se tornara sinônimo de navegação na web. Tinha 10 milhões de usuários, um quinto ou mais de todos os usuários on-line em todo o mundo na época. Tudo isso quando menos da metade dos americanos já ouvira falar da World Wide Web. Gates não conseguia nem imaginar quais seriam os números do Netscape quando a web se tornasse onipresente.

O primeiro plano de Gates era engolir o Netscape. Em uma reunião de quatro horas na sede da empresa, em 21 de junho, a Microsoft se propôs a investir na Netscape, tornando o Navigator padrão em todas as versões anteriores do Windows. Em troca, a Netscape não produziria nenhum navegador que pudesse ser usado no futuro sistema operacional Windows 95, nem nas versões subsequentes do Windows, cedendo espaço ao Internet Explorer. É verdade que na época havia muito mais computadores executando versões anteriores do Windows, mas qualquer um podia ver que o Windows 95 representava o futuro da empresa. Caso aceitasse o acordo, a Netscape estaria abrindo mão do próprio futuro.

Quando a Netscape recusou a oferta, a reunião tomou um rumo surpreendente. Nas anotações que fez durante a reunião, mais tarde fornecidas como provas em um tribunal, Andreessen escreveu:

> Se a NS quiser, podemos ter nosso relacionamento especial. AMEAÇA DE QUE A MS TERÁ O MERCADO DE CLIENTES WIN95 E QUE A NETSCAPE DEVE FICAR LONGE.

Mais tarde, Andreessen comparou o comportamento dos representantes da Microsoft a "uma visita de Don Corleone", o personagem de *O Poderoso Chefão*. Claro, Andreessen tinha apenas 23 anos, mas mesmo os participantes da reunião com mais experiência ficaram chocados com a ameaça descarada. "Em 35 anos de carreira, nunca estive em uma reunião na qual um concorrente tivesse insinuado tão abertamente que nos mataria se continuássemos competindo com ele", disse o novo CEO da Netscape, Jim Barksdale. "Em todo esse tempo, nunca vi nem ouvi uma proposta tão explícita de dividir mercados."

A promessa feita pela Microsoft de destruir a Netscape, caso a empresa não recuasse, voltaria a assombrar Gates nos tribunais. Mas isso não resolvia o problema financeiro da Netscape a curto prazo. A recusa em formar uma aliança significava que eles precisariam de um arsenal de guerra para competir com a gigante de Redmond. Em uma reunião de emergência do conselho da Netscape, Barksdale defendeu a captação de capital de risco. Por sua vez, Andreessen queria abrir o capital da Netscape – estratégia heterodoxa para uma start-up com 15 meses que ainda não obtivera lucro. O investidor de risco John Doerr estava otimista com a ideia: "Vale a pena arriscar." No final, o conselho chegou a um impasse, deixando Jim Clark desempatar. Clark, que já se envolvera com investidores de risco na Silicon Graphics, não tinha intenção de seguir novamente por esse caminho. Assim, em um movimento sem precedentes, ficou decidido que a Netscape abriria o capital.

Quando a notícia do IPO da Netscape chegou a Wall Street, o interesse dos investidores aumentou tanto que bancos como o Charles Schwab e o Morgan Stanley tiveram que adicionar linhas telefônicas para lidar com o volume de chamadas. O IPO da Netscape, em 9 de agosto de 1995, veio antes do Google, do eBay e da Amazon. Como a revista *Fortune* diria mais tarde, foi realmente "a centelha que desencadeou o boom da internet". O preço das ações disparou de 28 para 75 dólares no primeiro dia, antes de fechar a 58 dólares. Dezenas de funcionários da Netscape se tornaram milionários no papel. Só a participação de Andreessen chegou a 59 milhões de dólares.

A Netscape agora tinha dinheiro para lutar contra a Microsoft. A "guerra dos navegadores" havia começado.

▲▲▲

Poucos líderes empresariais na história foram tão agressivos no campo de batalha quanto William Henry Gates III. Filho de William H. Gates II, advogado, e de Mary Ann Gates, importante líder empresarial, Gates – em absoluto contraste com muitos de seus contemporâneos da área de tecnologia – nasceu em berço de ouro. Sua abordagem audaciosa dos negócios deixou uma trilha de destruição nos primórdios da indústria da computação pessoal, o que lhe garantiu muitos inimigos e fez dele a pessoa mais rica da Terra.

A indústria de informática tinha raízes profundas nas universidades e na contracultura dos anos 1960. A maioria dos analistas de sistemas nas décadas de 1970 e 1980, como Steve Wozniak, cofundador da Apple, tinha ideias utópicas a respeito de compartilhar seus inventos e precisou ajustá-las tão logo esses hobbies se tornaram empresas de sucesso. Gates não. Desde o início, ele percebeu que o negócio de computadores pessoais funcionaria segundo as mesmas regras implacáveis vigentes em qualquer outro setor. E jogou para valer desde o início, mostrando um desprezo cruel pelos demais, inclusive os parceiros de negócios e fornecedores. Seu companheiro na fundação da Microsoft, Paul Allen, foi expulso da empresa após ser diagnosticado com câncer. (A certa altura, Gates pediu a Allen algumas de suas ações na Microsoft para compensar o fato de estar então assumindo uma carga de trabalho mais pesada.)

Mas Gates precisaria de toda sua agressividade para triunfar nesse novo conflito. Em função da estratégia de adoção generalizada praticada por Andreessen, a Netscape conquistara uma enorme liderança no setor. A grande maioria dos usuários da web já confiava no Navigator, e a própria palavra estava à beira de se tornar um termo genérico para "navegador da web". Em 1996, a receita da Netscape atingiu 346 milhões de dólares e Andreessen apareceu na capa da *Time* sentado em um trono.

Mesmo assim, Gates sabia que tinha uma vantagem importante: o sistema operacional Windows, da Microsoft, que vinha pré-instalado em quase todos os computadores pessoais feitos por outras empresas que não a Apple. Milhões de pessoas já usavam o Netscape Navigator, claro, mas isso era apenas uma pequena fração da base de usuários em potencial da web. O *futuro* da navegação na internet ainda estava por vir. Se Gates conseguisse que todos os novos PCs viessem com o Internet Explorer pré-instalado, os usuários não mais precisariam do Netscape Navigator.

Internamente, Gates zombara da estratégia do "mais ou menos gratuito" da Netscape – aquelas pessoas eram "comunistas", declarou ele. Em seu empenho para esmagar o Navigator, no entanto, Gates deu um ultimato a todos os fabricantes de computadores que pré-instalavam em suas máquinas o sistema operacional Microsoft Windows: instale o Internet Explorer como navegador-padrão em cada novo computador ou perca a licença para oferecer o Windows.

Em seguida, Gates voltou sua atenção – e sua incrível alavancagem de mercado – para os principais provedores de internet, que normalmente forneciam softwares a seus usuários para se conectarem e acessarem informações básicas. A certa altura, ele perguntou a um executivo da AOL: "Quanto precisamos lhe pagar para você ferrar a Netscape?" Qualquer que tenha sido a resposta, a AOL fez do Internet Explorer seu navegador-padrão. Outros a seguiram.

No início, o navegador da Microsoft era inferior ao Navigator em todos os aspectos: era mais lento, tinha mais bugs e não baixava as páginas da web corretamente. Mas a Microsoft tinha recursos ilimitados para melhorá-lo, pois, ao contrário de sua concorrente, já desfrutava de lucros consideráveis e permanentes com seus principais produtos comerciais. Não precisava ganhar um centavo com o Internet Explorer e poderia aprimorá-lo até que a lacuna de qualidade fosse fechada. Ou, pelo menos, reduzida o suficiente para que a maioria dos consumidores não se importasse muito em trocar de navegador. Enquanto a guerra se arrastava, cada vez mais pessoas levavam PCs para casa pela primeira vez, motivadas em grande parte pelo fascínio de uma World Wide Web graficamente rica, envolvente e baseada em hipertextos. Cada novo usuário, inevitavelmente, clicava no ícone azul brilhante do Internet Explorer para acessar a web pela primeira vez e a Netscape perdia outro cliente em potencial. Andreessen, Clark e Barksdale estavam numa guerra perdida. Diante da escala da Microsoft e da perversidade de Gates, eles não tinham nenhuma vantagem.

Sim, Gates violou de modo flagrante a regulamentação antitruste, mas foi extraordinariamente bem-sucedido ao fazê-lo. Ao longo da história, as agências reguladoras governamentais têm sido lenientes com os empreendedores de sucesso, sobretudo nos Estados Unidos. Somente três anos depois, em maio de 1998, a procuradora-geral Janet Reno, premida pela atenção da mídia, anunciou um processo antitruste contra a Microsoft.

Durante o julgamento, Gates tratou o tribunal como qualquer outro campo de batalha. Chamado de "evasivo e indiferente" durante os depoimentos, ele argumentou que o Internet Explorer estava tão integrado ao Windows que simplesmente não poderia ser removido do sistema operacional – algo que poderia ser desmentido com facilidade, mesmo pelas pessoas sem conhecimentos técnicos que estavam no tribunal. Como ficou demonstrado durante um teste, era possível excluir o navegador sem prejudicar o funcionamento do computador. No final de 1999, o tribunal decidiu contra a Microsoft: o domínio que a companhia tinha dos PCs constituía um monopólio que usara para esmagar os concorrentes, sendo a Netscape o mais recente deles. Em junho de 2000, o juiz ordenou o desmembramento da empresa, mas a Microsoft apelou com sucesso da decisão. Foi ajudada em grande parte pelo fato de o juiz haver comparado a liderança da Microsoft – em conversas inapropriadas com jornalistas durante o julgamento – com ações de "traficantes de drogas" e de "gangues assassinas". A empresa acabou resolvendo o caso sem necessidade de mudanças substantivas em suas práticas comerciais.

No final, tudo o que Gates realmente sofreu em consequência de suas táticas agressivas foi um golpe em sua reputação – além, é claro, das taxas legais, que mal afetaram os lucros da empresa. Em contrapartida, a Microsoft venceu a guerra contra uma ameaça real. Golias venceu Davi. O Internet Explorer se tornou o navegador mais popular do mundo.

Embora os revolucionários navegadores Mosaic e Netscape Navigator não existam mais, a ideia que Marc Andreessen tinha para a web finalmente se concretizou. A experiência que uma pessoa hoje vivencia na internet guarda muito do que ele imaginou no princípio: um mosaico de textos, imagens e outras mídias pelo qual navegamos intuitivamente. Quando a AOL comprou a Netscape em 1998 por 4,2 bilhões de dólares, na esperança de evitar sua própria desintermediação pela web, Andreessen ganhou quase 100 milhões de dólares, dinheiro que usou para fundar a Andreessen Horowitz, hoje uma famosa empresa de capital de risco que faria investimentos iniciais em tudo, desde o Skype e o Facebook até a Airbnb. Ele continua a perseguir sua visão de internet, lucrando com os esforços de empresários idealistas e agressivos que pegaram a onda que ele próprio lançou há mais de duas décadas.

MOLHO SECRETO: RAY KROC X MCDONALD'S

Ray Kroc tem um possível cliente na linha. Dessa vez, porém, não precisa fazer nenhuma venda. Repetindo: um *possível cliente* ligou para *ele*. Estranho. Normalmente, é Kroc quem faz as ligações: para restaurantes drive-in, lanchonetes, sorveterias. Há anos ele é o representante de vendas exclusivo do Multimixer, um reluzente dispositivo de aço inoxidável capaz de misturar cinco milk-shakes de uma vez. Kroc adorou o artefato desde a primeira vez que o vira. O rápido e eficiente Multimixer é revolucionário para a cozinha de qualquer restaurante movimentado, um milagre da conveniência moderna em ação. E se vende sem esforço – mas apenas quando os clientes o veem em ação. Isso requer que Kroc dirija por todo o país com uma unidade de demonstração no porta-malas.

O ponto é que, agora, os clientes estão ligando para ele. Além disso, todos dizem a mesma coisa: querem uma batedeira igual à que existe em San Bernardino. Depois de fechar mais um pedido não solicitado, Kroc desliga e, curioso, abre seus registros daquela pacata cidade da Califórnia. Acontece que só há um cliente em San Bernardino. E quando ele analisa o histórico de pedidos do restaurante, seus olhos se arregalam.

Isso não pode estar certo, pensa. Ele verifica novamente o livro-caixa. Oito Multimixers? Custam 150 dólares cada! Quem precisa fazer 40 milk-shakes de uma vez? Kroc confere de novo o nome do local e pede a seu agente de viagens que reserve um voo para o Oeste no dia seguinte. Ele não sabe se os irmãos McDonald são loucos ou apenas tolos, mas quer ver a hamburgueria deles com os próprios olhos.

▴▴▴

Há controvérsias a respeito de onde surgiu pela primeira vez o conceito de franquia. Nos séculos XVIII e XIX, pubs na Inglaterra e na Alemanha concordavam em comprar cerveja de determinada cervejaria em troca de uma comissão. Na América, a Coca-Cola adotou um conceito semelhante para resolver um dilema. O inventor da Coca, John S. Pemberton, desenvolveu um substituto da morfina, que se tornou uma bebida popular: açúcar, melado, especiarias, noz de cola e cocaína. (Pemberton, ex-coronel confederado que se viciara em morfina após ser ferido na Guerra Civil, criou a receita para largar o vício.) Transportar garrafas de vidro cheias de líquido por longas distâncias de trem, entretanto, era algo proibitivamente caro e difícil. Como Pemberton não tinha recursos para construir fábricas em todo o país, começou a enviar xarope concentrado para outras empresas, que preparariam e engarrafariam a Coca-Cola em seu nome, conforme instruções estritas. Esse sistema permitiu que Pemberton expandisse seu negócio por todo o país, oferecendo aos franqueados um modo simples e confiável de gerar lucro, sem necessidade de inovação ou risco. A Coca-Cola era anunciada em todos os lugares; os engarrafadores locais só precisavam fabricá-la em quantidade suficiente para atender à demanda, que não parava de crescer.

A moderna abordagem ao sistema de franquias tomou forma nas primeiras décadas do século XX. Hoje, um franqueador oferece a cada franqueado o direito de replicar todos os aspectos de seu negócio, desde a marca registrada até seus métodos e receitas. Em troca, o franqueado paga certas taxas e concorda em seguir a mesma estratégia. Sem improvisos. Uma franquia se firma por meio da padronização – e de um crescimento implacável.

Quando a fórmula de um negócio de fato *funciona*, poucas estratégias oferecem as mesmas recompensas que o modelo de franquia. Nos Estados Unidos, uma em cada sete atividades comerciais está ligada a uma franquia. Se capital escasso e longas distâncias estiverem limitando o ritmo de crescimento de uma nova oferta verdadeiramente boa e bem-sucedida, a franquia remove esses limites. Com um mínimo investimento local, a empresa controladora pode atingir um tamanho enorme por meio do franqueamento e, em seguida, usá-lo para esmagar os concorrentes. É só perguntar a Ray Kroc.

▲▲▲

O McDonald's é um império global de fast-food com uma marca extraordinariamente consistente. Suas ofertas são preparadas e servidas exatamente da mesma forma, quer você esteja no coração de um subúrbio americano, a bordo de um navio de cruzeiro norueguês ou no Cazaquistão, antiga República Soviética, que em 2016 finalmente abriu uma franquia da rede – a primeira na Ásia Central. É claro que pequenas modificações são permitidas para adequação aos paladares locais. Uma delas se tornou famosa a partir do filme *Pulp fiction,* de 1994: as batatas fritas são servidas com maionese no McDonald's da Holanda. Porém, considerando o tamanho e o escopo da franquia, a padronização geral da empresa estabelece um padrão mundial, ainda que o McDonald's melhore continuamente seus métodos e experimentos com novas receitas.

A receita básica do McDonald's é, obviamente, o hambúrguer – ele próprio um exemplo perfeito de "tática" bem-sucedida que se propagou. Tudo começou no interior e ao redor do Cazaquistão, onde os cavaleiros da Horda de Ouro de Gengis Khan enfiavam pedaços de carne de cavalo sob as selas, deixando que a fricção e o calor os triturassem e cozinhassem levemente antes de comê-los. Quando invadiram a Rússia, os mongóis levaram com eles esse estilo de amaciar e cozinhar a carne. Em Moscou, os russos adicionaram alcaparras e cebolas à receita, criando o *steak tartare* – "bife tártaro" (os tártaros eram aliados dos mongóis). No século XVII, navios russos levaram o *steak tartare* até o porto de Hamburgo, onde a carne picada se popularizou, tornando-se um alimento básico. Passados dois séculos, a agitação política alemã levou imigrantes de Hamburgo à cidade de Nova York. Pouco tempo depois, os restaurantes da cidade passaram a oferecer pratos de carne picada, como o *filé americano ao estilo de Hamburgo*, para conquistar a nova clientela. Graças em parte à invenção do moedor de carne, tortinhas de carne moída – *hamburger beefs* – tornaram-se populares nos Estados Unidos. Quanto a encolher os bifes de hambúrguer para servi-los dentro de um pão, só o que podemos fazer é ser gratos por essa contribuição anônima.

O hambúrguer chegou aos Estados Unidos na hora certa. Cada vez mais pessoas estavam dirigindo automóveis, aproveitando as estradas melhores e os carros mais baratos. Em viagens mais longas, preferiam que a comida servida à beira da estrada fosse rápida, barata e farta. Em 1937, na Califórnia, Patrick McDonald e seus filhos, Maurice e Richard, abriram uma barraca de comida chamada Airdrome para servir cachorros-quentes aos viajantes que se dirigiam ao aeroporto de Monrovia, nas proximidades, ou de lá retornavam. (Os hambúrgueres só foram adicionados ao menu mais tarde.) Em 1940, Richard e Maurice – "Dick" e "Mac" – transferiram o negócio para a área de San Bernardino, na grande Los Angeles, e o rebatizaram como McDonald's Bar-B-Que. Restaurantes drive-in como esse, com churrascos de carne bovina, porco e frango, haviam se tornado populares no sul da Califórnia durante a década de 1930. Garçons e garçonetes – na maioria, atores iniciantes – tentavam ganhar algum dinheiro entre suas apresentações servindo rapidamente os clientes, que comiam nos próprios carros.

Em 1948, os irmãos perceberam que eram os hambúrgueres que geravam a maior parte da receita, não os churrascos. Decidiram então fechar as portas temporariamente e remodelar o negócio, com vistas a agilizar toda a operação de preparo e venda de hambúrgueres. Primeiro, dispensaram os garçons – os clientes teriam que entrar no restaurante para pegar a comida. Em seguida, reduziram o menu ao essencial: hambúrgueres, batatas chips, café e torta de maçã. (Batatas fritas e Coca-Cola foram adicionadas no ano seguinte.) A cozinha se transformou em uma linha de montagem como as das fábricas, mas em vez de carros ou torradeiras produzia hambúrgueres idênticos, um após outro.

Agora chamado de "McDonald's", o restaurante prosperou. Mas os irmãos não haviam terminado. Com a correlação que viam entre eficiência e lucro, por que parar naquele ponto? Assim, em 1952 eles contrataram um arquiteto para ajudá-los a projetar um restaurante construído especificamente para maximizar os lucros. Usando giz numa quadra de tênis, esboçaram uma planta da cozinha em escala, de modo a garantir que tudo fosse organizado com a máxima eficiência. (Depois que os irmãos passaram um dia na quadra fingindo preparar hambúrgueres, uma chuva inesperada lavou o esboço, mas eles não desanimaram e repetiram o processo no dia seguinte.) Após construírem sua perfeita fábrica de hambúrgueres, acenderam a luz neon que iluminava um *M* amarelo com 7 metros de altura, em frente ao novo restaurante. Seria impossível alguém não ver, da estrada, aqueles Arcos Dourados.

Os hambúrgueres, a cozinha limpa e eficiente, o reluzente aço inoxidável, a cerâmica vermelha e branca, os Arcos Dourados: tudo isso fazia parte da estratégia abrangente que Dick e Mac criaram no início do pós-guerra. As pessoas adoraram a comida, a padronização e a velocidade. Um hambúrguer do McDonald's valia o esforço de sair do carro. E a notícia se espalhou depressa.

Outras lanchonetes, como Burger King e White Castle, imitaram parte desse modelo de fast-food, mas não tinham como surrupiar toda a fórmula vencedora. Além de não poderem abrir legalmente seus próprios restaurantes McDonald's, muitos dos materiais e métodos empregados eram conhecidos apenas pelos irmãos. Ao longo dos anos, uma cópia bem-sucedida se mostrou impossível até para os imitadores mais tenazes. Os irmãos haviam criado algo valioso e diferente. Se agissem rapidamente, poderiam capitalizar seu sucesso enquanto ainda mantinham a vantagem do pioneiro.

No ano seguinte, começaram a franquear a operação. Neil Fox, um rico executivo do setor de petróleo, foi a primeira pessoa a receber orientação dos irmãos McDonald para replicar o que eles haviam criado. Em troca de uma taxa fixa de mil dólares, ele foi autorizado a abrir um restaurante em Phoenix, Arizona, usando as receitas, o design e os métodos de produção de alimentos em linha de montagem que haviam garantido o sucesso do restaurante original. Quando a lanchonete de Fox foi inaugurada, os irmãos ficaram surpresos ao saber que ele adotara até o mesmo nome – outro franqueado, em North Hollywood, operava como "Peak's" –, mas a prática logo se tornou padrão. Como as pessoas estavam dirigindo por distâncias cada vez maiores, notícias sobre o McDonald's se alastravam para além de San Bernardino. Era lucrativo chamar o restaurante de McDonald's em vez de Fox's. Em um círculo virtuoso, quanto mais franquias fossem abertas, mais valioso se tornaria o nome McDonald's e mais valiosas seriam as futuras franquias.

Uma das pessoas que notou o alvoroço em torno do McDonald's – e entendeu seu verdadeiro significado – foi Raymond Kroc. Nascido em 1902 nos arredores de Chicago, Ray ganhou o apelido de "Danny Sonhador" quando criança (Danny Dreamer, personagem de uma história em quadrinhos). Era comum ele voltar da escola entusiasmado com algum novo esquema empresarial, como uma banca para vender limonada, partituras e pequenos instrumentos musicais. Ele adorava começar coisas novas e trabalhar. "Um velho ditado diz que *muito trabalho e nenhuma diversão tornam as pessoas chatas*", escreveu ele. "Nunca acreditei nisso porque, para mim, trabalho é diversão." Vale destacar que Kroc não era um visionário – era um trabalhador. Sabia como realizar. Só precisava de uma estratégia vencedora que pudesse endossar completamente. De uma receita infalível.

Após largar a escola, Kroc foi contratado pela Lily Tulip Cup Company para vender copos de papel. Na época, os copos de papel eram um produto inovador, uma alternativa higiênica aos de vidro – e também conveniente, já que não precisavam ser lavados. Kroc adorava estar na vanguarda: "Senti desde o início que os copos de papel faziam parte dos novos rumos que os Estados Unidos estavam tomando." Enquanto incrementava suas vendas, "Danny Sonhador" mantinha os olhos abertos para outras oportunidades. Para alguma fórmula vencedora.

Era difícil vender copos de papel para os restaurantes tradicionais, mas os estabelecimentos com dispensadores de refrigerantes logo perceberam seu potencial. As drogarias (que muitas vezes vendiam refrigerantes e sorvetes), em particular, gostavam deles, pois a água quente necessária para lavar os copos de vidro derretia os sorvetes. Assim, a venda de copos de papel manteve Kroc a par do que ocorria na vanguarda do setor de restaurantes. Quando Earl Prince, um dos clientes de Kroc, cofundador da rede de sorvetes Prince Castle, inventou uma máquina que podia fazer vários milk-shakes de uma vez, Kroc viu uma oportunidade que valeria a pena aproveitar. Deixou então o emprego na Lily Tulip e se tornou representante de vendas exclusivo do Multimixer.

Atuando por conta própria, Kroc vendia os misturadores para drogarias e restaurantes de todo o país. Após a Segunda Guerra Mundial, lojas de sorvete como a Dairy Queen surgiam em todos os lugares, criando mais negócios do que nunca para Kroc. Logo ele estava vendendo milhares de Multimixers anualmente. E, tal como acontecia com os copos de papel, o trabalho deu a Kroc uma visão privilegiada e inestimável do setor de restaurantes. "Eu me considerava um conhecedor de cozinhas", escreveu ele. "Afinal, vender Multimixers me levava a milhares delas."

No início da década de 1950, ficou claro para Kroc, em sua posição privilegiada, que os dias dos refrigerantes nas drogarias estavam chegando ao fim. A América do pós-guerra estava pronta para algo novo. O que quer que fosse, Kroc queria ser o único a vender o produto. Foi então que clientes em potencial de todo o país começaram a lhe dizer a mesma coisa: "Eu quero um daqueles mixers seus, como os que os irmãos McDonald têm em San Bernardino, na Califórnia." Isso intrigou Kroc. Havia Multimixers em todo o território americano; por que aqueles clientes estavam tão entusiasmados com o que era usado por um restaurante de uma pequena cidade na Califórnia? Quando descobriu que os irmãos haviam comprado oito Multimixers com ele, Kroc decidiu investigar. "A imagem de oito Multimixers preparando 40 milk-shakes ao mesmo tempo era incrível demais para ser verdade", escreveu ele. Em 1954, aos 52 anos, Kroc voou para Los Angeles e dirigiu 100 quilômetros até San Bernardino.

No início, Kroc não ficou muito impressionado com o que encontrou. Visto do carro em frente ao restaurante às 10 da manhã, o McDonald's se parecia com qualquer outro restaurante drive-in da época – exceto pelo estacionamento, surpreendentemente limpo. Então os funcionários começaram a chegar. Em vez das roupas de trabalho habituais e dos aventais manchados de gordura, todos usavam uniformes idênticos, limpos e brancos, e bonés de papel branco. Kroc se animou. De maneira habilidosa, os homens carregaram para o restaurante alguns carrinhos com batatas, carne, leite e outros insumos que estavam em um galpão de armazenamento. Logo o estacionamento ficou cheio. Lotado. Em vez de esperar para serem atendidos por garçons e garçonetes, os clientes saíam de seus carros e entravam no restaurante. Todos voltavam para seus carros com uma sacola cheia de hambúrgueres. Em vista do constante desfile de clientes, segundo Kroc, "oito Multimixers funcionando ao mesmo tempo começaram a parecer muito menos improváveis". Ele saiu do carro e perguntou a um cliente que passava por que comia lá: "Porque você compra o melhor hambúrguer que já comeu na sua vida por 15 centavos", respondeu o homem. "E não tem que esperar nem dar gorjeta para as garçonetes."

A boa impressão de Kroc sobre a operação aumentou quando ele entrou no restaurante. Imediatamente, foi surpreendido pela ausência de moscas, apesar do dia quente. Em um mundo transformado pelo McDonald's, é fácil esquecer que a limpeza, para não falarmos de comida boa e barata, era algo incomum na década de 1950. Os clientes iam ao McDonald's não apenas porque gostavam de hambúrgueres de 15 centavos, mas também porque desfrutavam de uma experiência agradável e confiável. A atenção diligente que a empresa dedicava ao atendimento dos clientes não só deu origem ao moderno fast-food como também elevou o padrão dos restaurantes em geral, assim como de todos os demais ambientes de varejo baseados em serviços. Graças ao McDonald's, as pessoas aprenderam a exigir mais.

Tempos depois, Kroc já não conseguia se lembrar se havia provado os hambúrgueres naquele dia. Tomado pela empolgação, ele esperou impacientemente que a correria do almoço terminasse e depois se apresentou aos irmãos McDonald. Durante o jantar com o "Sr. Multimixer", como o chamavam, Mac e Dick descreveram o sistema simples e eficiente que haviam criado para preparar e servir comida. "Cada etapa na produção do menu limitado foi reduzida à sua essência e era realizada com o mínimo de esforço", lembra Kroc. Deitado na cama de um quarto de hotel, naquela noite, ele encontrou uma alternativa para contar ovelhas: "Restaurantes do McDonald's pipocando em esquinas de todo o país desfilavam em meu cérebro." Kroc não se imaginava como dono dos restaurantes, mas cada qual teria "oito Multimixers zumbindo e gerando um fluxo constante de dinheiro" para ele.

No dia seguinte, Kroc retornou ao restaurante e observou mais de perto o que os irmãos haviam lhe contado sobre o funcionamento. Tecnicamente, estava lá apenas para descobrir como vender mais Multimixers, mas "Danny Sonhador" não podia deixar de pensar maior. Ele tentou memorizar o modo como o cozinheiro preparava as batatas fritas, extraordinariamente crocantes e deliciosas. "Eu estava convencido de que tinha decorado tudo e de que qualquer um poderia fazer aquilo se seguisse ao pé da letra o passo a passo", escreveu Kroc. "Esse foi apenas um dos muitos erros que cometi ao lidar com os irmãos McDonald."

As batatas fritas são um exemplo perfeito do tipo de tática inovadora que qualquer concorrente, em teoria, pode adotar sem se preocupar com uma franquia. Muitos competidores decerto tentariam fazê-lo. Imitar as batatas fritas do McDonald's com sucesso, no entanto, provou ser um desafio intransponível. Elas eram parte de um todo criado meticulosamente pelos irmãos McDonald. Sem adotar toda a estratégia holística – a estrutura de gestão, a cultura da empresa, a logística de compra e armazenamento de comestíveis, o design otimizado da cozinha, a escrupulosa atenção aos detalhes –, as batatas fritas não resistiriam, pelo menos não ao longo do tempo e em múltiplos restaurantes.

Usando sua habilidade natural de vendedor, Kroc convenceu os irmãos McDonald a deixá-lo expandir a franquia além das dez já estabelecidas. Estas permaneceriam em operação, mas Kroc se encarregaria de tudo a partir daí. Ao negociar o acordo, os irmãos insistiram na padronização: todos os locais teriam que usar a mesma planta arquitetônica, a mesma sinalização, os mesmos menus e, claro, as mesmas receitas. Kroc foi totalmente a favor, pois via o valor holístico. Mais tarde, porém, lamentou ter aceitado uma exigência que lhe provocou muitas dores de cabeça: a de que quaisquer alterações na fórmula fossem solicitadas por escrito e autorizadas por ambos os irmãos. Isso porque, àquela altura, Dick e Mac haviam sofrido uma série de decepções com seus franqueados e queriam manter o controle. Quando Kroc aquiesceu, eles assinaram o acordo, segundo o qual Kroc cobraria uma taxa de 950 dólares de cada novo franqueado para cobrir suas despesas e reteria 1,9% de suas vendas brutas, repassando um quarto dessa receita para os irmãos.

Depois que o McDonald's se tornou um rolo compressor, muitas vezes perguntaram a Kroc por que ele simplesmente não copiou o modelo, uma vez que conhecia o funcionamento interno. Como Kroc acabou descobrindo ao tentar reproduzir as batatas fritas, é bastante difícil imitar uma operação bem-sucedida, mesmo sob os auspícios de uma franquia. Sempre que procurava replicar a estratégia do McDonald's – com total apoio dos irmãos –, ele descobria novos aspectos da fórmula, desde grades de alumínio especialmente fabricadas até o padrão preciso e compacto do equipamento de cozinha. Obter cada peça sem os conselhos e a experiência deles teria sido quase impossível, sobretudo levando-se em conta os desafios intrínsecos à abertura de qualquer novo restaurante. Além disso, havia o problema da escolha do nome: "A minha intuição era forte e dizia que o nome McDonald's era perfeito", escreveu ele. "Eu não poderia imaginar outro melhor."

Intuitivamente, Kroc achava que o nome McDonald's era ideal para a época e o lugar. Tentar fazer uma engenharia reversa teria tantas probabilidades de fracasso quanto de sucesso. Embora tenha lhe provocado dores de cabeça desde o início, o franqueamento deixou Kroc livre para se concentrar no que "Danny Sonhador" fazia melhor: pensar grande. Ele começou construindo um restaurante-modelo em Des Plaines, Illinois, para resolver todos os problemas antes de procurar franqueados.

Embora o encontro inicial entre Kroc e os irmãos McDonald tivesse corrido bem, o relacionamento azedou rapidamente. Quando Kroc quis adicionar um porão ao restaurante-modelo – um galpão ao ar livre para batatas funcionava bem no ar seco de San Bernardino, mas não no verão úmido de Illinois –, os irmãos aprovaram verbalmente a mudança, mas se recusaram a colocar o acordo por escrito. Como essa etapa era exigida pelo contrato, Kroc ficou vulnerável. Pareceu-lhe que os irmãos queriam a chance de entrar com uma ação judicial contra ele no futuro. Decidindo correr o risco, ele abriu seu primeiro restaurante McDonald's, em 15 de abril de 1955.

Kroc passou um ano ajustando a loja-modelo de Des Plaines. Havia muitas dificuldades a serem resolvidas na adaptação de um restaurante concebido na Califórnia ao clima do Meio-Oeste. Por exemplo, mesmo depois de recriar cuidadosamente o método dos irmãos para fazer batatas fritas, as de Kroc ficaram tão sem graça e empapadas quanto as de qualquer outro restaurante. Os irmãos, por sua vez, ficaram perplexos. Foram necessários meses de trabalho investigativo para Kroc descobrir que armazenar as batatas em caixas de arame em um galpão ao ar livre afetava sua consistência. Mantê-las armazenadas no porão sob o fluxo contínuo de ar de um ventilador elétrico acabou resolvendo o problema, e as pessoas logo notaram a diferença. "Você não está no ramo de hambúrgueres", disse um fornecedor mais tarde. "Está no negócio das batatas fritas... você tem as melhores batatas fritas da cidade, e é isso que está atraindo as pessoas para este lugar." Esse foi apenas um dos muitos ajustes feitos por Kroc para criar um modelo que os franqueados pudessem adotar em qualquer lugar do país.

Então ele encontrou um novo obstáculo e um novo ponto fraco em seu relacionamento com os irmãos McDonald. Para seu desgosto, Kroc soube que, além das franquias já estabelecidas na Califórnia e no Arizona, os irmãos haviam inexplicavelmente vendido a outra pessoa os direitos da franquia McDonald's no condado de Cook, Illinois – onde o restaurante-modelo de Kroc estava instalado. Ele foi forçado a pagar 25 mil dólares para comprar a licença do outro empresário. Esse incidente, deliberado ou não, acabou com qualquer boa vontade de Kroc em relação a Dick e Mac McDonald.

Após resolver os problemas com o restaurante-modelo, Kroc estava pronto para as franquias. Na Califórnia, e agora em Illinois, o discurso para vendê-las era mais fácil – bastava mostrar aos franqueados em potencial um restaurante movimentado. Em outros lugares, ele fazia sua proposta com um conjunto de plantas heliográficas e um sorriso. Mesmo assim, ao final de 1956, Kroc já havia aberto oito novas lojas. Em 1957, abriu outras 25. Dessa maneira, à medida que o entusiasmo crescia, um círculo virtuoso começou a se estabelecer: a marca passou a gerar "negócios com base na reputação do sistema, não na qualidade de uma única loja ou operadora", explicou ele.

Nesse ponto, Kroc contratou Harry Sonneborn, ex-vice-presidente de finanças da rede de sorvetes Tastee-Freez, para cuidar da parte financeira da operação. Foi Sonneborn quem sugeriu o que se tornou o pivô do sucesso do McDonald's: a posse do terreno. Sob o "modelo Sonneborn", a empresa criou uma entidade separada, a Franchise Realty Corporation (FRC), para cuidar dos imóveis do McDonald's. A FRC começou então a alugar terrenos baldios em todo o país, nos quais construía lanchonetes McDonald's, pagando hipotecas sobre os terrenos e prédios. Esses custos eram repassados aos franqueados com uma margem de lucro. Sob esse sistema, uma franquia do McDonald's se tornava muito mais atraente para os operadores em potencial, que obtinham os restaurantes prontos para funcionar. A empresa de Kroc encontrava o terreno, construía o restaurante e o entregava ao proprietário para que o administrasse. Em troca, o proprietário efetuava pagamentos mensais à empresa – um mínimo fixo ou um percentual do faturamento –, que cobririam a hipoteca e despesas diversas, além de uma taxa para o McDonald's.

Kroc criou um modelo que podia se multiplicar quase de modo ilimitado, se fortalecendo à medida que avançava. E conforme a rede crescia, aumentava também seu poder de barganha com os fornecedores, o que reduzia os custos dos ingredientes para as lanchonetes. Em comparação com outras franquias, esses custos mais baixos tornavam a operação de um McDonald's mais lucrativa para seus franqueados.

Kroc nunca parou de refinar todos os aspectos do modelo, de modo a maximizar a eficiência e reduzir ainda mais os custos. Seu grande projeto para o McDonald's estava rapidamente se tornando realidade, graças também ao novo sistema de rodovias interestaduais. Kroc iniciou a década de 1960 abrindo sua 200ª loja. No entanto, apesar das crescentes remessas de dinheiro enviadas aos irmãos, em San Bernardino, o relacionamento entre eles continuou piorando. A certa altura, Kroc enviou um funcionário à Califórnia para verificar a situação das franquias fora de sua competência estabelecidas pelos irmãos. Embora todos estivessem ligados pela marca, os outros proprietários se recusavam a cooperar, quer na publicidade, quer nas compras com as lojas de Kroc. O funcionário de Kroc também descobriu que esses restaurantes estavam diluindo livremente a fórmula, vendendo itens como pizzas e enchiladas, e operando em níveis de qualidade muito abaixo do padrão estabelecido por Kroc e, antes dele, pelos irmãos. Apesar de sua insistência anterior em deter o controle total, de modo a garantir a padronização de todos os setores, os irmãos McDonald se mostravam negligentes no exercício desse controle.

A situação na Califórnia deixou Kroc extremamente frustrado. Como os irmãos não estavam cumprindo sua parte no acordo, ele queria o controle total de todos os restaurantes cujo nome ele trabalhava tanto para tornar famoso. Mas eles venderiam? Kroc sabia que os irmãos queriam se aposentar. A saúde de Mac vinha se deteriorando nos últimos anos. Então telefonou para eles e foi direto ao ponto: pediu que dessem o preço. Um dia depois, eles o fizeram: 2,7 milhões de dólares, uma soma de fazer cair o queixo. (Para colocá-la em perspectiva, Kroc tinha acabado de negociar mais de um quinto das ações da empresa por um vultoso empréstimo de 1,5 milhão de dólares.) Os irmãos achavam a quantia justa: "Estamos no mercado há mais de trinta anos, trabalhando sete dias por semana, semana após semana." Mas onde Kroc conseguiria tanto dinheiro? Ele acabou elaborando um esquema de financiamento extraordinariamente complicado para resolver o problema. Considerando o volume do negócio na época, pagaria o empréstimo por volta de 1991.

Kroc comprou os direitos dos irmãos: sua marca e seus métodos. Enfim estaria livre para administrar o McDonald's como bem entendesse. No entanto, como sempre parecia ocorrer com os irmãos, havia um obstáculo final: eles se negaram no acordo a entregar a loja original. Quer a motivação deles fosse nostalgia ou pura birra, Kroc respondeu agressivamente: abriu um McDonald's do outro lado da rua e tirou o original do mercado.

O autor de best-sellers e futurista John Naisbitt disse uma vez que "o franqueamento é o conceito de marketing mais bem-sucedido de todos os tempos". Poucas empresas comprovaram essa afirmativa de modo tão completo quanto o McDonald's. Sob a liderança de Kroc, a marca prosperou. Em 1963, placares acima dos arcos dourados em todas as lojas anunciavam que mais de 1 bilhão de hambúrgueres do McDonald's haviam sido vendidos. Em 1965, Kroc abriu o capital da empresa, apenas dez anos após a inauguração de seu primeiro estabelecimento. No ano seguinte, montou a primeira loja com poltronas internas, característica que logo se tornou padrão. Os clientes não queriam mais comer no carro. Em 1972, duas décadas antes do previsto, o empréstimo para comprar a parte dos irmãos McDonald foi pago. Quatro anos depois, o McDonald's ultrapassou 1 bilhão de dólares em receita. "Danny Sonhador" transformara seu sonho em realidade.

▸▸▸

Mesmo grandes empresas precisam de uma estratégia vencedora se quiserem permanecer no topo. E precisam executar essa estratégia de maneira implacável. As táticas vêm e vão, mas uma estratégia sólida deve ditar as operações do dia a dia.

Nas palavras do autor e professor da Escola de Negócios de Harvard David Maister, "estratégia significa dizer 'não'". Uma boa estratégia orienta as tomadas de decisão, peneirando todas as escolhas disponíveis até que só restem algumas, todas administráveis. "Isso se encaixa em nossa estratégia?" deve ser a primeira consideração de um líder diante de qualquer tática nova. Dizer não ao que não se encaixa melhora a qualidade e assegura a uniformidade. Como as ações da Microsoft contra a Netscape e do McDonald's contra seus imitadores deixam claro, esse foco pode dar a um concorrente estabelecido uma vantagem contra arrivistas flexíveis e dinâmicos.

Estratégia requer escolhas difíceis. Fazê-las é a função de qualquer líder, mas nem todos têm estômago para isso. Como veremos no próximo capítulo, às vezes o líder precisa sacrificar uma parte de seu negócio para obter sucesso em outra. Não é uma decisão fácil, mas o crescimento sempre cobra um preço.

4

POSICIONAMENTO

> O lutador habilidoso se coloca em uma posição
> que torna a derrota impossível.
>
> — SUN TZU, *A arte da guerra*

"Quando você tenta ser tudo", escrevem Al Ries e Jack Trout em *Posicionamento*, seu hoje clássico livro sobre negócios, "acaba sendo nada." Para posicionar uma empresa, conheça seu mercado. Onde a proposta de valor do seu concorrente está nebulosa? Com que os clientes dele estão insatisfeitos? Onde uma necessidade permanece sem solução? Em vez de enfrentar um rival em um território que ele domina e terminar em segundo lugar, argumentam Ries e Trout, diferencie-se conquistando um ponto onde seu adversário é fraco – ou ausente. Encontre uma posição vantajosa e a reivindique.

Tomar duas posições é equivalente a não tomar nenhuma. Você só pode conquistar uma de cada vez. E tomar uma posição de maneira decisiva geralmente implica desistir de outra. Portanto, escolha com sabedoria. Como veremos neste capítulo, um posicionamento bem-sucedido se resume à disposição de um líder para fazer sacrifícios, abrir mão de um território valioso para se manter com mais firmeza no local que mais lhe interessa.

A POSIÇÃO NO BOLSO: IPHONE X BLACKBERRY

O CEO da Apple, Steve Jobs, está nos bastidores da Macworld Expo, a conferência anual em San Francisco. É 9 de janeiro de 2007 e, nos dez anos transcorridos desde que voltou a liderar a empresa que fundou, Jobs se tornou mais famoso do que nunca, tanto pelas dramáticas apresentações que faz dos produtos quanto pelo sucesso surpreendente deles. O iMac. O iPod. O MacBook Pro. Ao longo de uma década, Jobs transformou a Apple e a tornou uma das empresas mais notáveis – e mais lucrativas – do mundo.

A exposição desse ano parece diferente para ele. Mais especial. Enquanto espera nos bastidores, Jobs tem plena consciência do pequeno dispositivo preto e retangular que está em seu bolso.

"De vez em quando", diz Jobs à multidão após entrar no palco, "surge um produto revolucionário que muda tudo." Ele mostra então o dispositivo: é o primeiro iPhone. E Jobs está certo. Aquele objeto realmente mudará o mundo. Com o iPhone, a Apple inventou um produto e recriou uma categoria. O iPhone representou um novo paradigma de computação pessoal e de comunicação móvel que mudaria profundamente a relação da humanidade com a tecnologia. E também iniciaria uma guerra.

▲▲▲

Embora tenha raízes em inovações que atravessaram o século XX, a história do iPhone se inicia em 1992, durante os anos em que Steve Jobs esteve exilado da empresa que fundou. Naquele ano, a Apple lançou o Newton MessagePad, o primeiro assistente digital pessoal. Com um Newton, os usuários manejavam uma caneta de plástico para gerenciar seus calendários, catálogos de endereços e outras informações pessoais quando estavam longe de seus desktops. Embora tenha tido um início difícil devido ao exigente reconhecimento de caligrafia, o Newton melhorava a cada iteração. Nunca se tornou onipresente, mas ganhou seguidores apaixonados. Ao reassumir a posição de CEO da Apple, em 1997, Jobs cancelou o produto, para o desgosto dos fãs dentro e fora da empresa. Por mais dolorosa que tenha sido a decisão, Jobs sabia que a Apple precisava sacrificar a posição menor que o Newton representava para recapturar a posição-chave da empresa: a de líder na produção de computadores pessoais.

Desde o início, a Apple se posicionou com sucesso em contraposição ao fabricante de computadores então dominante, a IBM, ao enfatizar que fabricava computadores *pessoais*, não máquinas de negócios. Os computadores da Apple tinham a reputação de ser baratos e fáceis de usar, mas esse posicionamento distinto fora perdido durante a ausência de Jobs. Sob nova liderança, a Apple se enfraqueceu, lançando um produto após outro até obscurecer o propósito da empresa. Como resultado, perdeu terreno para fabricantes de PCs inovadores, ávidos e focados, como Gateway e Dell.

De volta ao comando, Jobs decidiu que a empresa precisava se reagrupar. Todo produto da Apple que não fosse um computador pessoal, não importando quão promissor, teria de ser sacrificado, inclusive o Newton. Jobs reduziu a linha de produtos da empresa a apenas quatro ofertas: dois desktops e dois laptops. A primeira câmera digital destinada ao consumidor comum e uma das primeiras impressoras a laser estavam entre as outras vítimas. Mas o sacrifício de Jobs serviu a seu propósito. No final da década, a Apple começou a oferecer os computadores pessoais inovadores que a tornaram um símbolo de excelência.

Esse é o sacrifício fundamental do posicionamento: você precisa ser conhecido por uma coisa antes de tentar outra. Graças a essa seleção brutal – que poucos CEOs na história estariam dispostos a arriscar –, a Apple retornou à sua posição de potência no setor de informática, definindo tendências, enquanto o restante da indústria corria atrás do prejuízo.

Em 2001, Jobs decidiu que a empresa já estava em posição de assumir novos riscos. Lançou então o iPod, um reprodutor de música digital que, embora não fosse o primeiro do gênero, tornou-se um nome reconhecido graças a sua capacidade de armazenamento, seu design elegante e sua interface amigável.

Alguns anos depois, com os iPods em centenas de milhões de bolsos ao redor do mundo, Jobs se sentiu pronto para liderar seu exército de designers, programadores e engenheiros rumo à próxima posição-chave. Em 2007, em uma apresentação hoje lendária, Jobs disse ao público, na Macworld Expo, que não tinha um, mas três novos produtos para apresentar, cada qual tão revolucionário quanto o computador Macintosh original tinha sido: "Um iPod, um telefone e um comunicador de internet", disse ele. E repetiu. "Um iPod, um telefone... vocês estão entendendo? Não são três dispositivos separados. É um dispositivo. Nós o chamamos de iPhone." A resposta à apresentação de Jobs foi estrondosa. Segundo o *The New York Times*, o telefone era "tão bonito e elegante que poderia ter sido desenhado pelos deuses". Embora não fosse perfeito, o iPhone fazia coisas que nenhum telefone jamais fizera, proporcionando inclusive uma completa experiência de navegação na Web, como um desktop, em vez da navegação simplificada oferecida pelos smartphones existentes.

Quando foi colocado à venda, os clientes fizeram fila durante dias para comprar o aparelho. Foi um legítimo fenômeno cultural, e ainda está entre nós.

Atualmente, encaramos como normal o fato de nossos "telefones" poderem realizar qualquer tarefa que antes exigíamos de um computador, desde navegar com fluidez na internet até editar vídeos com alta qualidade. Em 2007, porém, mesmo os chamados smartphones eram incrivelmente limitados. Em sua apresentação, de modo elegante, Jobs posicionou o iPhone contra o restante do mercado: "Os telefones mais avançados são chamados de smartphones", falou, "é o que dizem. Geralmente combinam um telefone, alguns recursos de e-mail e dizem que é a internet, uma espécie de internet infantil num único dispositivo. E todos têm esses pequenos teclados de plástico. O problema é que eles não são tão *smart* (inteligentes) nem tão fáceis de usar." Por meio de uma interface "multitoques" que permitia aos usuários manipular intuitivamente uma tela de vidro sólido apenas com os dedos, o iPhone tornou possível uma verdadeira navegação na internet em um dispositivo do tamanho de um telefone.

Como parte de sua apresentação, Jobs destacou vários smartphones já existentes no mercado que ofereciam e-mail, funcionalidade limitada de internet e "pequenos teclados de plástico". Casualmente, ele mencionou o BlackBerry como um dos "suspeitos de sempre".

Antes do surgimento do iPhone, o BlackBerry da Research In Motion (RIM, pesquisa em movimento), era o smartphone líder, o queridinho dos usuários corporativos e, cada vez mais, também dos consumidores. Tinha um teclado completo, robustos recursos de e-mail e o BlackBerry Messenger (BBM), que, ao contrário das mensagens de texto SMS da época, permitia bate-papos em grupo.

A ausência de teclado no iPhone original era polêmica na época. Mas Jobs dispensou as críticas, arrasando o BlackBerry e dispositivos semelhantes: "Todos têm esses teclados que ficam lá, quer você precise deles ou não." Segundo ele, a ausência de teclado no iPhone era uma vantagem. "Se você tiver uma grande ideia daqui a seis meses, não poderá adicionar um botão a essas coisas", explicou. "Eles já vêm de fábrica." A tela de vidro sensível ao toque do iPhone significava que o dispositivo podia apresentar uma interface personalizada para cada aplicativo.

Ao assistir em casa à apresentação de Jobs, o fundador e coCEO da RIM, Mike Lazaridis, não ficou muito preocupado no início. Usuários veteranos do BlackBerry – muitos deles homens de negócios – eram dedicados aos produtos da RIM, e podiam digitar nos pequenos teclados com notável velocidade e precisão. Ao contrário da Apple, obcecada pelo consumidor, a RIM apostava seu futuro no mercado corporativo, posicionando o BlackBerry como o único smartphone confiável para uso corporativo e governamental. Esse posicionamento inteligente, que distingue o BlackBerry das ondas de telefones frágeis que inundavam o mercado, garantiu o domínio da marca nas grandes organizações. Com o mercado corporativo assegurado, a RIM achou que não precisava se preocupar com as preferências inconstantes do consumidor. Pessoas comuns iriam querer BlackBerrys porque eram símbolo de status, os pagers (dispositivo também conhecido como "bip" ou "bipe" no Brasil) dos dias modernos. O futuro da marca estava garantido.

Foi quando o CEO da Cingular, operadora da AT&T, apareceu no palco para anunciar uma parceria exclusiva com a Apple. "Com certeza", zombou Lazaridis. Só que nenhuma rede de telefonia celular seria capaz de oferecer um plano de transmissão de dados abrangente ou rápido o bastante para navegar em grande escala na internet por meio de um telefone.

O posicionamento é um esporte brutal. Não deixa espaço para meias verdades e negações. A relutância da RIM em admitir a ameaça representada pelo iPhone foi o maior erro que a empresa cometeu.

▲▲▲

Poucas guerras de negócios mostraram uma polaridade tão profunda entre os combatentes como a que foi travada entre a Apple e sua adversária canadense, a Research In Motion. Fundada em Waterloo, Canadá, em 1984, por Lazaridis e Douglas Fregin, seu colega graduado em engenharia, a RIM iniciou suas atividades desenvolvendo uma variedade de produtos: dispositivos de comunicação, como telefones e pagers, mas também sistemas de iluminação LED, dispositivos para rede de computadores e até um sistema para edição de filmes. No início, era uma empresa em busca de uma posição.

Em 1992, então com seis anos, a RIM tinha 14 funcionários e precisava desesperadamente de dinheiro. Foi nessa época que Lazaridis conheceu James Balsillie, um empreendedor motivado e vendedor nato, que havia crescido em Ontário e se formado na Universidade de Toronto antes de obter seu MBA em Harvard. Balsillie percebeu o potencial da RIM e mostrou interesse em comprar a empresa. Em vez disso, Lazaridis o contratou como coCEO para administrar o lado comercial da operação. (Balsillie também investiu 125 mil dólares na RIM, hipotecando a própria casa para isso.) Embora fosse agressivo e até tirânico, Balsillie provaria ser essencial para a RIM quando se tratava de forjar alianças com operadoras de telefonia móvel em todo o mundo.

Lazaridis era um fã de *Jornada nas estrelas* quando garoto, e os dispositivos de comunicação de bolso dos personagens estimulavam sua imaginação. Na faculdade, seu professor de engenharia teve a clarividência de sugerir que o envio e o recebimento de textos sem o uso de fios poderia ser o próximo avanço real na comunicação. Quando uma companhia telefônica contratou a RIM para fazer um trabalho em sua rede de *paging*, Lazaridis aproveitou a oportunidade para estudar a tecnologia envolvida e desenvolver ele mesmo a inovação.

Os pagers foram patenteados pela primeira vez em 1949, mas desde o início foram unidirecionais. Um dos primeiros, o Telanswerphone, alertava médicos (desde que estivessem a até 40 quilômetros de uma torre transmissora) sobre a existência de novas mensagens. Com o passar dos anos, os transístores tornaram possível a fabricação de pagers menores e mais sofisticados, capazes até de exibir os números dos telefones que chamaram. À medida que se faziam mais presentes nos cintos de médicos, CEOs e outros profissionais de alto nível, as pequenas caixas pretas foram se tornando um símbolo de status. Usar uma delas significava que a pessoa era importante o suficiente para estar de plantão.

Em 18 de setembro de 1996, a RIM apresentou o revolucionário Inter@ctive Pager, o primeiro dispositivo a oferecer mensagens bidirecionais. Os usuários podiam enviar e receber mensagens usando um teclado de polegar. No espaço de um ano, centenas de milhares de pessoas estavam usando o dispositivo. Aos poucos, a RIM foi adicionando recursos às iterações subsequentes. Em 2000, lançou o RIM 957, que permitia aos usuários enviar e receber e-mails através da internet. Pela primeira vez, profissionais ocupados podiam ver e-mails no momento em que as mensagens chegassem e até mesmo respondê-las em trânsito. O dispositivo não conseguia lidar com anexos ou navegar na internet, mas para usuários corporativos e governamentais o 957 foi um divisor de águas.

Então, em 2002, mais ou menos na mesma época em que a Apple se expandia no mercado de eletrônicos de bolso – a partir de outro ângulo, com o iPod –, a RIM lançou o primeiro BlackBerry. O BlackBerry 5810 era um mensageiro bidirecional, um dispositivo de e-mail e *também* um telefone.

A empresa estava agora, experimentalmente, no negócio de telefonia celular. Os usuários não precisariam mais carregar dois dispositivos, embora precisassem de um fone de ouvido para fazer chamadas, já que o 5810 não tinha microfone embutido. No ano seguinte, a RIM apresentou seu primeiro smartphone de verdade. O aparelho tinha uma tela colorida, um microfone integrado, um alto-falante e até um navegador de internet. Funcionava como telefone e como mensageiro bidirecional.

No setor de tecnologia, qualquer novo produto ou serviço é geralmente posicionado para consumidores ou empresas. O BlackBerry foi um dispositivo corporativo desde o início, assim como os pagers. Uma abordagem de vendas *business-to-business*, visando corporações ou governos, torna possível obter contas enormes com uma só ligação. Quando você fecha negócio com uma grande empresa, ela provavelmente desenvolverá sistemas e procedimentos em torno do seu produto. Treinamentos e outros custos mutáveis podem atingir cifras enormes; portanto, se você continuar atendendo às necessidades básicas da organização, poderá se dar bem com uma abordagem menos amigável do que uma marca voltada para o consumidor. Como resultado, os esforços tendem a se concentrar mais no discurso de vendas do que naquilo que estão de fato vendendo. E Jim Balsillie era mestre em discurso de vendas.

A RIM não conquistou sua posição como fabricante dominante de smartphones para clientes corporativos; ela a inventou. Balsillie trabalhou diretamente com os principais participantes dos setores financeiro e governamental, bem como fornecedores de peças, como a Intel, no sentido de atender às necessidades específicas dos usuários corporativos. À medida que as grandes organizações começaram a implantar um grande número de telefones para seus funcionários, o impulso por trás do dispositivo aumentou. Em 2005, o BlackBerry era sinônimo de smartphone. Não enfrentava nenhuma ameaça real no mercado. Em 2007, a RIM atingiu 3 bilhões de dólares em receita. Seus usuários achavam o dispositivo – e a satisfação instantânea que proporcionava – tão viciante que lhe deram um apelido: CrackBerry.

▲▲▲

As análises iniciais do iPhone não foram todas positivas. O software era lento e cheio de bugs, um aspecto que, embora típico de qualquer dispositivo de primeira geração, atraiu a ira dos críticos. Dentro da Apple, no entanto, a confiança era alta. Na verdade, os líderes da Apple e da RIM eram notoriamente arrogantes. Estavam acostumados a estar no topo. A essa altura, Jobs já era um veterano em campanhas contra a IBM, a Microsoft e a Adobe, entre outras empresas. Como líder, no entanto, Jobs dispunha de uma vantagem decisiva: a oponente RIM tinha dois CEOs, Lazaridis e Balsillie. Embora esse modelo de liderança tivesse servido à empresa em tempos de paz, a luta contra a Apple revelou a falha inerente dessa configuração.

Na República Romana, dois cônsules dividiam o poder e agiam em conjunto. Em tempos de crise, porém, o Senado concedia a um único líder, chamado de "ditador", poder absoluto para lidar com as ameaças de forma rápida e decisiva. O estatuto social da RIM não contemplava essa autorização. Assim, à medida que o iPhone ganhava força, o relacionamento entre Lazaridis e Balsillie ia se tornando antagônico e tenso. De companheiros que dividiam um escritório, eles passaram a adversários que mal se falavam. Uma pessoa próxima ao conselho da RIM presenciou de perto essa tensão:

> Parte do problema foi que a RIM começou a desenvolver arrogância, uma arrogância vinda do sucesso. Posso dizer que isso impactou Jim muito mais do que Mike... Com o tempo, ele parou de ouvir. Pois se você é um bilionário, acha que sabe mais do que todo mundo; então gosta de se ouvir falar, mas não gosta de ouvir nem de receber feedback. E seu modo de lidar com qualquer pressão ou sugestão competitiva é apenas dizer "Você não sabe do que está falando. Somos o BlackBerry. Somos a RIM. Será que você não sabe quem somos?" Essa arrogância, acho eu, acabou por prejudicar a empresa.

E pior: o conselho da RIM se mostrou impotente para enfrentar qualquer um dos coCEOs quando necessário. Jobs, por outro lado – por mais dominador que fosse –, era conhecido por ouvir os membros de seu conselho e sempre aceitar suas sugestões.

Enquanto a RIM discutia internamente, a Apple aperfeiçoava o iPhone. Um recurso notavelmente ausente no lançamento do dispositivo era a capacidade de executar softwares de terceiros. Quando Jobs anunciou um kit que permitia aos desenvolvedores criarem aplicativos nativos para o iPhone, as comportas se abriram. Uma série de aplicativos inovadores e úteis foram criados por desenvolvedores de softwares ansiosos para tirar proveito dos recursos exclusivos do iPhone e de sua grande base de usuários.

Em julho de 2008, a Apple deu um tiro certeiro na posição do BlackBerry no mercado corporativo, introduzindo um suporte para o Microsoft Exchange. O Exchange permitia que os usuários recebessem notificações em seus telefones assim que novas mensagens chegassem em vez de serem solicitados a abrir seus e-mails para checá-los manualmente. O Exchange era o padrão para servidores de e-mails corporativos, permitindo que as empresas encaminhassem, com segurança, mensagens de e para o telefone de cada funcionário. Quando o iPhone passou a suportar o Exchange, a equação mudou de repente. Agora já não havia nenhum obstáculo concreto que impedisse as empresas de se bandearem totalmente para o iPhone. Uma pesquisa até revelou que a RIM não poderia mais reivindicar a liderança nos quesitos confiabilidade e segurança, antes seus principais pontos de venda no espaço corporativo.

Em novembro de 2008, embora relutante, a RIM teve de aceitar o fato de estar perdendo sua posição. Então, enfrentando grande resistência interna, tentou de maneira trôpega se equiparar ao iPhone apresentando o BlackBerry Storm, seu primeiro aparelho com tela sensível ao toque. A essa altura, o teclado do BlackBerry havia se tornado sua última trincheira em face dos milhões de usuários que ainda o consideravam essencial e detestavam a ideia de um telefone sem botões físicos. Ao dispensar o teclado no Storm, o BlackBerry levou a luta para o território da Apple. E foi aí que, simplesmente, não conseguiu competir. No *The New York Times*, o analista de tecnologia David Pogue classificou o dispositivo, propenso a erros e hostil ao usuário, de "terrivelmente frustrante". O Storm foi um desastre para a empresa. "Como essa coisa chegou ao mercado?", perguntou Pogue. "Os envolvidos estariam apavorados demais para puxar o freio de mão desse trem?" A resposta a esta pergunta retórica era sim. Embora a agressividade de Balsillie tenha sido valiosa quando, por exemplo, ele fazia negócios lucrativos com operadoras de telefonia e grandes empresas, os funcionários da RIM aprenderam da maneira mais difícil que desafiar seus pontos de vista internamente era uma atitude arriscada. Enquanto Balsillie e Lazaridis continuavam a rejeitar publicamente o produto de seu rival, os funcionários continuavam com muito medo de dizer a verdade para os superiores desatentos.

Quando o conselho da RIM finalmente entrou em ação, trazendo consultores externos para assessorar a empresa sobre como se defender da Apple,

Balsillie explodiu na frente de todos. "Eu respondi agressivamente?", disse ele mais tarde. "Sim. Mas quer saber? Foi melhor do que me curvar." O conselho, que tolerava o comportamento de Balsillie quando a RIM estava por cima, decidiu que era hora de agir. "Eu estava perdendo o conselho", disse Balsillie. "Eu sabia." Logo de início, Bill Gates identificou a ameaça representada pela Netscape e preparou uma resposta agressiva. A relutância da RIM em admitir que a Apple havia conquistado um território decisivo a condenou à irrelevância.

Mesmo quando uma empresa está vencendo batalha após batalha, a maré da guerra pode demorar a mudar. Em 2009, dois anos após o lançamento do primeiro iPhone, o BlackBerry Curve *ainda* era o smartphone mais vendido nos Estados Unidos, à frente do novo iPhone 3GS. Outras três ofertas do BlackBerry estavam entre as dez primeiras. A RIM ainda dominava o mercado americano de smartphones, com uma participação de 55%. No primeiro trimestre do ano, já com 28,5 milhões de usuários ativos em todo o mundo, a empresa registrou um salto de 53% nas vendas, comercializando 7,8 milhões de dispositivos. Seus lucros ajustados superaram as expectativas de Wall Street em quatro centavos. Com esses números, é fácil ver como Lazaridis e Balsillie podiam se dar ao luxo de acreditar que a Apple não constituía uma ameaça existencial. Entretanto, mesmo com apenas um dispositivo, a Apple já se recuperava rapidamente, relatando seu melhor trimestre naquele outono, graças ao recorde de 7,4 milhões em vendas do iPhone.

O mundo estava mudando e ficava cada vez mais claro, para pessoas dentro e fora do setor, que a distinção entre telefone comercial e telefone pessoal iria desaparecer. As pessoas logo começariam a andar com um dispositivo que usariam para tudo. Presa ao modelo antigo, a RIM tentava manter várias posições ao mesmo tempo, dividindo seus esforços.

Embora a vitória do iPhone sobre o BlackBerry possa ser atribuída a muitos fatores, talvez o mais importante tenha sido o fracasso da RIM em se adaptar à crescente velocidade dos dados móveis. É verdade que o BlackBerry mantinha facilmente a liderança nos e-mails – muitos usuários preferiam seu teclado e seu software para ler e enviar mensagens. O problema era que, como a velocidade cada vez maior dos dados móveis tornava menos trabalhoso usar a internet em um telefone, a tela sensível ao toque do iPhone e seus muitos aplicativos o tornavam um dispositivo muito melhor para a navegação, tanto para carregar uma nova foto de perfil no Facebook quanto para consultar um artigo na Wikipedia ou encontrar um endereço no Google Maps. Em uma pesquisa feita em março de 2008 com proprietários de smartphones, os usuários do BlackBerry estavam satisfeitos quase exclusivamente com a parte de e-mails e mensagens, acessando o dispositivo pela velocidade e pela qualidade de sua experiência na internet. Em contrapartida, a satisfação dos usuários do iPhone era impulsionada pela integração perfeita de todas as funções: música, e-mails, mapas, previsão do tempo, mensagens, chamadas telefônicas. Ter um iPhone significava que você tinha acesso a tudo na palma da mão.

Em 2010, a RIM estava à beira de um colapso. Não conseguira crescer no mercado de consumo e a Apple já estava invadindo seu território, introduzindo o iPhone – e seu novo tablet, o iPad – no mercado corporativo.

Em outubro, por meio de um comunicado da Apple anunciando seus resultados trimestrais, analistas souberam que o iPhone havia superado as vendas do BlackBerry, com 14,1 milhões de unidades contra 12,1 milhões. Ao contrário da Apple, os números da RIM refletiam dispositivos enviados para canais de distribuição, não necessariamente vendidos aos consumidores, o que significava que a diferença nas vendas reais era ainda mais expressiva. Jobs foi direto: "Não os vejo nos alcançando em um futuro próximo." Segundo ele, o maior obstáculo da RIM era o então enorme ecossistema de software do iPhone. "Com 300 mil aplicativos na App Store da Apple", disse ele, "a RIM tem pela frente uma alta montanha para escalar." Os números da Apple aumentaram a cada trimestre restante e, no fim do ano, a empresa vendeu 5 milhões de telefones a mais que os despachados pela RIM.

Claro, mesmo quando a guerra contra a RIM já estava arrefecendo, Jobs sabia que a Apple enfrentaria novas hostilidades. Em 2008, surgiu o primeiro dispositivo comercial com o novo sistema operacional Android, do Google. Ao contrário do sistema operacional móvel da Apple, o Android era gratuito e de código aberto: qualquer fabricante estava livre para usá-lo e até mesmo modificá-lo. Tão logo algumas dificuldades fossem resolvidas, o Android começaria a desafiar o domínio da Apple no mercado de smartphones, sobretudo em relação aos aparelhos mais baratos, dos quais se esperava um grande crescimento no mercado internacional. Infelizmente, não seria Steven Paul Jobs quem conduziria essa guerra até o fim. Um ano depois, o câncer encurtou sua vida, roubando do mundo um grande líder e incrível visionário.

Em 2012, Thorsten Heins, chefe da divisão de hardware da RIM, que mudara o nome da empresa para BlackBerry, foi nomeado novo CEO da companhia, substituindo Lazaridis e Balsillie. Naquele ano, a empresa relatou uma impressionante queda de 21% nas vendas em relação ao trimestre anterior e um prejuízo de 125 milhões de dólares. Cinco anos antes, quando Jobs subiu ao palco da MacWorld para anunciar o primeiro iPhone, a RIM controlava metade do mercado mundial de smartphones e tivera um lucro de 1,9 bilhão de dólares. Agora, estava enfrentando um déficit de 5,8 bilhões de dólares. A BlackBerry anunciou então que mais uma vez se concentraria com exclusividade no mercado corporativo, abandonando a tentativa de se posicionar para os consumidores. Embora mais tarde tenha anulado essa declaração, indicando que licenciaria seu sistema operacional para outros fabricantes, sua sorte já estava selada. A renúncia havia impulsionado a estratégia de Jobs na Apple desde o momento em que ele reduziu seu portfólio de computadores a quatro máquinas. Mediante sacrifícios, a Apple conquistara a posição de melhor telefone para todo o mundo.

A BEBIDA VENCEDORA: BIOCON

É 1978 em Bangalore, na Índia, e Kiran Mazumdar, de 25 anos, sente calor. Ela está no interior de um dilapidado galpão de armazenamento, com 280 metros quadrados, que alugou com a ajuda de um empréstimo comercial. Durante todo o dia, entrevistou candidatos para a nova empresa que pretende abrir. Para seu desgosto, mas não sua surpresa, vem recebendo a mesma resposta: eu não vou trabalhar para uma mulher.

Mazumdar já esperava por isso. Afinal, deixou a Índia para fazer um programa de pós-graduação na Austrália justamente por causa do posicionamento de seu país com relação à força de trabalho feminina. De volta à sua casa, como empresária, ela esperava que a perspectiva de um bom emprego superasse esse preconceito, mas mesmo as mulheres indianas que entrevistou lhe deram a mesma resposta. Ela sente seu otimismo se esvair.

Apesar do desapontamento, Mazumdar dá sequência às entrevistas com obstinada determinação. Nunca foi de desistir facilmente, e contratar funcionários é apenas o primeiro dos muitos obstáculos envolvidos na tarefa de levar sua empresa, a Biocon, a decolar na Índia. Ela ainda precisará de eletricidade confiável, água limpa e equipamentos de última geração...

Quando um candidato finalmente mostra interesse no emprego, ela tenta não parecer espantada. Claro, ele não tem formação em química. Na verdade, é um mecânico. Um mecânico aposentado. Mas deve ser habilidoso. O importante é que está disposto a trabalhar para ela. Era o que tinha naquele momento.

▸▸▸

Na Índia, é difícil para uma mulher conquistar qualquer posição fora do âmbito doméstico. Embora tenha havido progressos recentes, os papéis a serem desempenhados por cada gênero ainda são fixos no segundo país mais populoso do mundo. Em 2016, uma campanha publicitária da Procter & Gamble feriu suscetibilidades ao reconhecer a presença crescente de mulheres na força de trabalho profissional do país. Na campanha #ShareTheLoad (Divida o trabalho) da P&G para o detergente Ariel, um avô idoso observa sua filha adulta atender uma ligação de negócios, arrumar a casa e cuidar dos filhos. Enquanto isso, seu marido assiste à TV. Em off, o avô expressa profundo pesar por não ter ensinado à filha que seu marido deveria ajudá-la nas tarefas domésticas. Decide então ajudar a própria esposa a lavar a roupa. O slogan: "Por que lavar a roupa é um trabalho apenas da mãe?"

Se sugerir que homens e mulheres dividam igualmente as tarefas domésticas ainda provoca estupor na Índia de hoje, é possível imaginar o clima há 40 anos, quando Kiran Mazumdar fundou sua empresa. Para quebrar os preconceitos de todo um subcontinente, ela teve que se posicionar com extraordinária ousadia.

Nascida em 1953 na cidade de Pune, no estado de Maharashtra, filha de pais bengalis, Mazumdar pode ser perdoada por pensar que tudo era possível. Sua família lhe incutiu essa crença desde criança. O pai, Rasendra, era mestre cervejeiro da United Breweries, o conglomerado indiano por trás de marcas como Kingfisher e London Pilsner. Rasendra via um futuro brilhante para a filha. Como ela declarou mais tarde, "ele me levou a acreditar que, como mulher, eu poderia alcançar tanto, ou mais, do que qualquer homem". Embora não fossem ricos, seus pais insistiram em lhe proporcionar uma educação de alto nível e a matricularam numa escola particular só para meninas, na cidade de Bangalore, onde ela recebeu mais incentivos: "Meus professores me ensinaram a pensar por mim mesma e a me destacar em tudo o que fizesse." A faculdade também preparou Mazumdar para as lutas que teria pela frente: "Alguns de meus professores me diziam que eu deveria me concentrar em fazer as coisas de forma diferente e criativa." Seu primeiro interesse foi a medicina, mas como ela não obteve uma bolsa de estudos, seu pai lhe sugeriu que seguisse seus passos e se tornasse uma cervejeira. Era uma ideia ambiciosa. A fabricação de cerveja era um campo dominado por homens na época, não só na Índia. Mesmo assim, Mazumdar decidiu perseverar na área. "Meu pai me incentivou a nunca desistir diante da adversidade, mas aprender com o fracasso e buscar novos modos de fazer as coisas", disse ela. "De certa forma, aprendi a lição sobre diferenciação com meu pai, e ela acabou se tornando minha marca registrada nos negócios."

Fazer as coisas de forma diferente dos outros se tornaria a maior força de Mazumdar. Na verdade, a ideia de fabricar cerveja, sendo mulher, era uma forma de posicionamento, de explorar uma abertura no mercado.

Em 1975, Mazumdar foi para a Austrália visando obter um diploma de mestre cervejeira na Universidade de Melbourne, onde se formou em primeiro lugar na turma. Mesmo lá, numa cidade relativamente progressista, era a única mulher no curso. Nos dois anos seguintes, ela trabalhou como estagiária na preparação de malte e na fabricação de cerveja em diversas cervejarias, mas quando tentou levar suas habilidades para casa vivenciou uma triste realidade. Apesar da excelente educação e da posição de seu pai numa cervejaria de ponta, o fato de ser mulher lhe fechava todas as portas. "É trabalho de homem", diziam os empregadores. "Eu não estava preparada para a hostilidade e o preconceito de gênero que enfrentei na indústria cervejeira da Índia", lembrou ela.

Sem opções em casa, Mazumdar conseguiu emprego em uma cervejaria da Escócia. Antes de partir, no entanto, ela recebeu um telefonema de Leslie Auchincloss, fundador de uma empresa bioquímica chamada Biocon. Com sede em Cork, na Irlanda, a Biocon produzia enzimas, proteínas que catalisam reações químicas. As enzimas têm inúmeras aplicações industriais e figuram entre as matérias-primas utilizadas na fabricação de cerveja. Mas Auchincloss não pretendia contratar Mazumdar; queria fazer uma sociedade com ela. Via um imenso potencial inexplorado na Índia: um gigantesco mercado com mão de obra barata. Auchincloss adquiria matérias-primas do país, mas agora queria estabelecer uma presença local. Como a lei indiana restringia a propriedade estrangeira de qualquer negócio a 30%, o empresário precisaria de um parceiro indiano, alguém com profundo conhecimento de fermentação e disposição para correr riscos.

"Eu disse a ele que eu era a última pessoa que ele deveria convidar, pois não tinha experiência em negócios nem dinheiro para investir." Ela chegou a apresentar Auchincloss a um líder da indústria indiana de malte para desviar sua atenção, mas ele insistiu. "Eu realmente não quero uma parceria de negócios com ele", disse a ela. "Quero alguém com espírito empreendedor e acho que você é essa pessoa." Mazumdar, que durante toda a vida sempre ouviu que poderia enfrentar qualquer desafio, por fim concordou. Após aprender os meandros dos negócios da Biocon, em Cork, ela voltou para Bangalore com uma missão simples: construir uma empresa de biotecnologia.

Em 1978, aos 25 anos, Kiran Mazumdar fundou a Biocon Índia, instalando-se na garagem de uma casa alugada com apenas 10 mil rupias – valor hoje equivalente a 3 mil dólares – de capital inicial. Mas ela abraçou o desafio: "Sempre me concentrei em ver meu empreendimento obter sucesso", disse ela. "Nunca fui de desistir facilmente. Então, quando enfrentei os contratempos iniciais pelos quais qualquer empresa emergente na Índia passa durante o período pré-liberalização [antes das reformas econômicas progressistas feitas em 1991], fiquei mais determinada ainda a fazer minha empresa funcionar."

Em seus anos no exterior, Mazumdar havia se acostumado a fatores que os empresários de países desenvolvidos consideram naturais: energia ininterrupta, água limpa, equipamentos de última geração, força de trabalho bem treinada. Nada disso era fácil de se encontrar na Índia. Por outro lado, a mão de obra e outros custos seriam substancialmente menores, proporcionando à empresa uma vantagem competitiva distinta, se ao menos pudesse iniciar a produção – o que seria difícil sem uma fábrica. Como o capital de risco não era uma opção, isso obrigava a um empréstimo bancário; mas nenhum banco indiano emprestaria dinheiro a uma mulher. Por pura sorte, no entanto, Mazumdar encurralou um banqueiro num encontro social e conseguiu obter seu apoio após uma conversa cara a cara. Com esse financiamento inicial, montou uma pequena fábrica em um galpão de 280 metros quadrados.

O recrutamento de funcionários representava um desafio particular na Índia. Homens com a experiência necessária na fabricação de cerveja se recusavam a trabalhar para uma mulher, principalmente uma com um modelo de negócios ainda não testado: o tipo de produção de enzimas utilizado pela

Biocon ainda era novo no país. Mas Mazumdar persistiu e acabou conseguindo reunir uma pequena força de trabalho.

No início, a Biocon Índia produzia ictiocola, substância empregada na fabricação de cerveja, e papaína, usada para amaciar carnes. A ictiocola era obtida a partir de certos peixes marinhos, e a papaína, do mamão – insumos disponíveis na Índia. Um ano depois, a empresa já exportava seus produtos para a Europa e os Estados Unidos, e Mazumdar havia adquirido uma propriedade com 8 hectares para expandir as operações. A essa altura, ela poderia facilmente dobrar a produção de enzimas, mas perguntou a si mesma: essa posição seria defensável a longo prazo? Por mais lucrativas que fossem as enzimas, o fato de ter levado apenas um ano para decolar a partir de um pequeno empréstimo sugeria como seria fácil para outros fabricantes imitar seu modelo e desidratar sua empresa.

Na escola, Mazumdar aprendera que "a ciência é o aprendizado orientado pela curiosidade". Concluiu então que se não incutisse desde o início curiosidade científica na cultura de seus funcionários, não haveria inovação. A empresa entraria em um processo de estagnação, seguido por uma implosão. Se não se mexesse, outras empresas indianas ofereceriam as mesmas enzimas ainda mais baratas e solapariam seus negócios. Como as regras de propriedade intelectual da Índia eram frouxas e mal aplicadas, ela teria uma janela limitada para explorar cada ideia de sucesso.

O destemor de Mazumdar a ajudou a conquistar uma posição distinta e valiosa: uma mulher indiana fundando uma fábrica de produtos bioquímicos em seu país natal. Mas por quanto tempo ela conseguiria manter essa posição? Um líder tem que entender os pontos fortes da empresa e alavancá-los ao máximo, eliminando qualquer elemento – até mesmo um produto de sucesso – que não se coadune com eles. Ela sabia que precisava continuar inovando, senão iria perder terreno.

Em 1984, com apenas seis anos de existência da empresa, Mazumdar formou uma dedicada equipe de pesquisa e desenvolvimento, a qual incumbiu de descobrir novas enzimas e desenvolver novas técnicas de fermentação. "Poderíamos fazer a Biocon funcionar se seguíssemos uma estratégia de diferenciação, aproveitando nossa vantagem de pioneiros", explicou ela. "Em vez de sermos prejudicados pelo que não tínhamos, tentamos usar o que tínhamos a nosso favor e, por meio de inovações desenvolvidas na própria empresa, maximizar os resultados."

Em pouco tempo, Mazumdar transformou a Biocon Índia de uma fabricante de enzimas em uma legítima empresa biofarmacêutica. Por meio de investimentos constantes em seus programas de pesquisa, a Biocon desenvolveu tratamentos viáveis para câncer, diabetes e doenças autoimunes, como psoríase e artrite reumatoide. Como não poderia competir com as grandes indústrias farmacêuticas do Ocidente em igualdade de condições, Mazumdar encontrou uma posição bastante defensável ao se concentrar em "produtos biológicos", drogas feitas de células vivas e proteínas. Embora produtos biológicos ofereçam um vasto potencial para tratar uma série de doenças, seu desenvolvimento é caro e arriscado. Foi nesse ponto que a posição de Mazumdar apresentou uma vantagem decisiva. "Inovação acessível" se tornou seu lema. Tendo custos relativamente baixos, uma empresa indiana poderia se dar ao luxo de assumir muito mais riscos que seus concorrentes no Ocidente.

"Inovação não significa correr riscos que possam levar você à falência", disse Mazumdar. "Trata-se de gerenciar os riscos e mitigar o custo de assumi-los. A Índia pode assumir riscos maiores simplesmente porque nossa base de custos é menor que a do Ocidente. Lá, custaria dez vezes mais e o fracasso afetaria os resultados financeiros de um modo que tornaria difícil uma recuperação."

Os produtos biológicos podem ser fabricados por meio de fermentação, portanto seu desenvolvimento otimizou os pontos fortes da Biocon e o conhecimento especializado da própria Mazumdar. Uma vez que tenha sido desenvolvido com sucesso, um produto biológico pode desempenhar a mesma função que um medicamento tradicional, a um custo extraordinariamente baixo. Por exemplo, a Índia já dependeu de uma cara insulina importada. Quando a Biocon desenvolveu um novo processo de produzir insulina, a empresa conseguiu atender às necessidades do país de maneira acessível – e *também* exportar insulina para o mercado global. Mazumdar entendeu que a droga perfeita é inútil se o paciente não puder pagar por ela – e enormemente lucrativa se bilhões de pessoas nos países em desenvolvimento de repente puderem: "Uma proporção significativa da população mundial não tem acesso a medicamentos essenciais, e a assistência médica, quando existe, tem um custo inacessível." A Biocon produz a insulina mais barata do mundo e em 2019 abaixou o preço ainda mais – para 10 centavos de dólar por dia em países onde os custos são baixos e medianos.

No livro *A estratégia do oceano azul*, W. Chan Kim e Renée Mauborgne afirmam que ninguém precisa entrar numa área de intensa competição para obter sucesso. Eles comparam "oceanos vermelhos cheios de tubarões... [ou] mercados acirrados onde a competição é sangrenta" com "oceanos azuis intocados, ou novos mercados sem competição". Para prosperar, Kim e Mauborgne recomendam um princípio simples: "Crie. Não entre em competição." Durante sua vida inteira, Mazumdar sempre procurou "oceanos azuis" – áreas em que pudesse pensar de forma diferente e estabelecer uma nova posição. Com a Biocon, ela sabia que não derrotaria gigantes farmacêuticos ocidentais bem financiados, como a Pfizer ou a Merck, segundo o jogo deles. Produtos biológicos acessíveis a países em desenvolvimento eram seu "oceano azul".

A Biocon foi uma das primeiras start-ups de tecnologia da Índia e, ao longo do tempo, Mazumdar se tornou "uma embaixadora da marca, não só de uma indústria incipiente como também de negócios atrelados à inovação [na Índia]", de acordo com um biógrafo. O investimento enfático e sustentado de Mazumdar em pesquisas transformou a empresa em um destino para talentos da ciência e da engenharia, em nítido contraste com seus primeiros dias. "Todos aqueles que entendiam de biotecnologia naquela época gravitavam na minha direção", disse ela. A primeira grande expansão da Biocon ocorreu em 1987, quando Mazumdar obteve 250 mil dólares em um investimento de capital de risco. Ela usou o dinheiro para expandir ainda mais o departamento de pesquisa e desenvolvimento (P&D), construindo uma nova e moderna instalação de fermentação. Dois anos depois, a Unilever, conglomerado multinacional anglo-holandês, comprou de Leslie Auchincloss a matriz da Biocon. Assim, durante os dez anos seguintes, a companhia funcionou como copropriedade de uma das divisões da Unilever.

No início da década de 1990, Mazumdar conheceu em uma festa um empresário escocês chamado John Shaw e os dois acabaram ficando noivos. Pouco depois, quando a Unilever vendeu a divisão que abrigava a Biocon para outra companhia, eles viram uma oportunidade de obter o controle total da empresa fundada por Mazumdar. Só havia um problema: "Eu não tinha dinheiro para... recomprar as ações", lembra ela. "Mas John tinha algumas propriedades no Reino Unido." Mais tarde, os dois adquiriram as ações restantes da Biocon por 2 milhões de dólares, e Mazumdar se tornou oficialmente Kiran Mazumdar-Shaw. John deixou seu emprego para se tornar vice-presidente da Biocon. "Ele sempre diz que se casou por amor", declarou Mazumdar-Shaw, "e acha que foi o melhor investimento que fez."

Em 2004, a Mazumdar-Shaw abriu o capital da Biocon, buscando recursos para expandir ainda mais os programas de pesquisas. Em nítido contraste com a falta de interesse dos investidores, em 1978, o IPO da Biocon foi subscrito com um excesso de 33 vezes e fechou o dia a um valor de mercado de 1,11 bilhão de dólares, tendo sido a segunda empresa indiana a ultrapassar 1 bilhão de dólares em seu primeiro dia de negociação.

Com um patrimônio líquido de 3 bilhões de dólares, Mazumdar-Shaw é uma das poucas mulheres bilionárias da Índia, bem como a primeira mulher e a segunda pessoa do país a assinar o "Giving Pledge" da Fundação Gates. Ou seja, ela doará a maior parte de sua riqueza para obras filantrópicas. "Estou particularmente preocupada com o fardo financeiro insuportável que doenças debilitantes, como o câncer, impõem aos pacientes nos países pobres", explicou ela. "Também estou ciente de que dois terços da população mundial [têm] pouco ou nenhum acesso a cuidados de saúde com qualidade aceitável. Quando têm, os problemas financeiros resultantes os empurram para a pobreza." Mazumdar-Shaw tem doado instalações de telemedicina para diversas clínicas de saúde indianas, de modo a levar atendimento de última geração a quem jamais poderia pagá-los do próprio bolso. Ela também direciona fundos para pesquisa e tratamento do câncer, e construiu um centro oncológico com 1.400 leitos.

Em última análise, Mazumdar-Shaw acha que sua maior contribuição é o trabalho que a Biocon faz para tornar medicamentos vitais acessíveis a bilhões de indivíduos. "Eu gostaria de ser lembrada como alguém que fez diferença para a saúde global por meio de inovações acessíveis", afirmou ela. Em 2010, a *Time* incluiu Mazumdar-Shaw entre as 100 pessoas mais influentes do mundo. No ano seguinte, o *Financial Times* a chamou de uma das mulheres mais importantes no mundo dos negócios. Nenhuma dessas conquistas teria sido possível se Mazumdar-Shaw não estivesse disposta a fazer os sacrifícios necessários para conquistar e manter uma posição vencedora, desde desistir de uma segura posição de mestre cervejeira e fundar a Biocon, em 1978, até sua atual insistência em despejar cada centavo extra em pesquisa – os riscos necessários da "inovação acessível".

Kiran Mazumdar-Shaw continua a considerar a curiosidade científica a força central de sua empresa, sempre condicionando o sucesso da Biocon a uma postura agressiva no que se refere a pesquisa e desenvolvimento, além de aquisições e parcerias. A empresa detém hoje quase mil patentes e direciona 10% de sua receita para P&D, uma proporção substancialmente maior do que qualquer outra companhia farmacêutica indiana. A melhor posição está sempre um passo à frente.

DOMÍNIO DO AR:
BEECH AIRCRAFT X VENTOS CONTRÁRIOS

Junho de 1940: a guerra continua em toda a Europa, mas os Estados Unidos permanecem fora do conflito, divididos internamente entre isolacionistas, que querem ficar fora do confronto, e aqueles, como o presidente Franklin Delano Roosevelt, que se sentem obrigados a ajudar os aliados contra a ameaça do Eixo. Os Estados Unidos já deram alguns passos – desistindo de firmar um tratado comercial com o Japão e fornecendo armas aos Aliados –, mas o povo americano, em geral, vê isso como meias medidas. Entrar na guerra parece inevitável. Salvo um milagre, os Estados Unidos se juntarão ao segundo conflito global do século XX.

Conforme a situação piora naquele verão, todos os líderes empresariais americanos se preparam ativamente para as enormes implicações da guerra. Exceto um. O diretor-executivo e presidente do conselho de administração da fábrica de aviões mais inovadora da América, Walter Herschel Beech, foi hospitalizado com encefalite. Na verdade, está em coma.

Todos sabem que a guerra será travada nos céus em uma extensão sem precedentes. A Beech Aircraft já está lutando para atender ao fluxo de pedidos dos aliados americanos em todo o mundo. Os chineses, por exemplo, estão usando aviões Beech, reaproveitados como bombardeiros e ambulâncias voadoras, na luta contra os invasores japoneses. Se a Beech quiser se preparar para o conflito vindouro, uma ação importante precisa ser tomada.

No mesmo momento em que Walter Beech luta para sobreviver em uma cama de hospital, sua esposa, Olive Ann Mellor Beech, está prestes a dar à luz seu segundo filho, em outro quarto no mesmo corredor – por pura coincidência. Enquanto o mundo caminha para a guerra, Olive Ann conta suas contrações. Também conta dinheiro. Como secretária-tesoureira da empresa, ela está mergulhada no trabalho, preparando a Beech Aircraft para a guerra.

Basicamente, isso significa assegurar os financiamentos necessários. A empresa precisa se reequipar rapidamente para a produção militar em massa: expandindo as instalações, contratando trabalhadores, comprando novas máquinas. Para fazer as ligações necessárias, ela tem ao lado da cama uma linha telefônica ligada diretamente à empresa. Agora, por ordem dela, os diretores da Beech vêm ao seu quarto para discutir os próximos passos. Olive Ann não se intimida com o fato de estar deitada em uma cama de hospital cercada por executivos de terno e gravata, nenhum dos quais feliz por estar ali – num momento em que se espera que o pai acompanhe os trabalhos de parto da esposa –, tampouco com quem está no comando. Além de ser mulher, Olive Ann Beech não sabe pilotar um avião, enquanto todos os executivos ali presentes são pilotos. Para Beech, nada disso importa. Só lhe interessa o dinheiro. Quando os executivos começam a reclamar, levantando um obstáculo após outro, Beech os repreende: "Gosto de ter ao meu redor pessoas que encontram maneiras de solucionar problemas", diz ela, "e não criem empecilhos".

Logo depois que o bebê nasce, Olive Ann embarca em um avião para Washington, D.C., onde consegue uma linha de crédito rotativo de 13 milhões de dólares, concedida pela Reconstruction Finance Corporation. Depois garante mais 70 milhões de dólares em empréstimos, enquanto seu marido se recupera no hospital. A Beech Aircraft precisará de cada centavo para enfrentar o desafio que se aproxima.

Walter Beech sobrevive à sua provação e retorna à empresa. Olive Ann Beech só assumirá oficialmente o comando da Beech Aircraft dez anos depois. Mas não há como negar o papel fundamental que ela desempenhou na Beech, desde sua fundação, no auge da Grande Depressão, até o ingresso na Era Espacial, sob sua liderança. O inteligente uso do posicionamento, por parte de Olive Ann Beech, será fundamental para assegurar o sucesso da empresa – enquanto entra e sai da produção bélica – e garantir seu predomínio nas mentes dos executivos do governo e da indústria, cujas opiniões decidirão seu destino.

Embora nunca tenha aprendido a voar, Olive Ann Beech sabe exatamente onde está.

▲▲▲

Olive Ann Mellor, a mais nova de quatro meninas, nasceu numa casa de fazenda em Waverly, Kansas, no ano de 1903. Seu pai era empreiteiro e sua mãe criava porcos, gansos, galinhas e uma vaca, e vendia ovos e porcos para ganhar um dinheiro extra. Ela também administrava a casa e tomava as decisões familiares: todos os bens estavam em seu nome. Desde o início, Olive Ann mostrou ter talento – e amor – pelos números, algo que seus pais encorajaram. Aos 7 anos, ela abriu sua primeira conta bancária. Aos 11, ajudava os pais com a contabilidade, preenchendo cheques e supervisionando as despesas da casa. Quando estava com 14 anos, a família se mudou para Wichita. Lá, pulando o ensino médio, Olive Ann ingressou no American Secretarial and Business College, uma faculdade de secretariado e negócios.

Aos 21 anos, Mellor foi contratada como secretária e contadora por uma pequena empresa de aviação sediada em Wichita, a Travel Air Manufacturing, fundada por Walter Beech, Clyde Cessna e Lloyd Stearman – todos pilotos qualificados e engenheiros aeronáuticos. Única mulher na empresa de 12 pessoas, Mellor se destacou por seu talento nos negócios, o que levou Beech a lhe confiar a gerência da firma, que crescia cada vez mais. Ela também era a única pessoa da equipe sem licença de piloto e se cansou das brincadeiras sobre sua ignorância a respeito de aviões. Pediu então ao engenheiro-chefe da empresa um desenho com a identificação de todas as peças. Ela memorizou o desenho e, daquele ponto em diante, exigiu que cada novo funcionário fizesse o mesmo, independentemente de sua função. Aos olhos de Mellor, o fato de não ser piloto não era desculpa para um funcionário não conhecer em detalhes os produtos da empresa.

Anos depois, quando questionada sobre por que nunca aprendera a voar, mesmo após ter sido presidente de uma grande indústria de aviação, ela apontou para os homens que tentaram ensiná-la: "A ideia deles de instrução era me levar para cima e manobrar o avião. Segundo eles, um avião não servia para nada, a menos que pudesse voar de cabeça para baixo."

Naturalmente gregário e excelente piloto, Walter Beech começou no grupo como vendedor. Na época, a melhor forma de vender um avião era ganhar corridas com ele. A Travel Air fez seu nome pela primeira vez em 1927, quando um Travel Air 5000 venceu o malfadado Dole Derby, uma corrida aérea desastrosa em que dez pessoas morreram e seis aviões foram perdidos ou destruídos. A reputação de velocidade e confiabilidade da Travel Air cresceu quando sua "Aeronave Mistério" derrotou os aviões de combate mais rápidos da época, na primeira Thompson Trophy Race (corrida de troféus Thompson). Apesar do sucesso da empresa, os parceiros de Beech acabaram indo embora. Stearman foi construir aviões para a indústria cinematográfica na Califórnia e Cessna fundou o que viria a se tornar a Cessna Aircraft.

No auge da Grande Depressão, Olive Ann convenceu Walter de que seria mais seguro vender a Travel Air para a empresa que fabricava seus motores, a Curtiss-Wright, descendente da empresa dos irmãos Wright. Ele concordou, e a fusão lhe rendeu 1 milhão de dólares em ações da Curtiss-Wright. Beech foi nomeado presidente de uma divisão da Curtiss-Wright e vice-presidente de vendas. Logo depois, Walter e Olive Ann se casaram e se mudaram para a cidade de Nova York, onde ficava a sede da empresa.

Nos negócios, os dois decolaram. No lado romântico, porém, muitas vezes houve turbulência. Depois de uma discussão acalorada, Olive Ann ficou tão irritada com Walter que foi até a Grand Central Terminal e pegou um trem de volta para Wichita. Ao longo do caminho, o trem parou inesperadamente: "Algum idiota pousou um avião sobre os trilhos", explicaram aos passageiros. Foi quando Walter embarcou no trem e, desculpando-se profusamente, persuadiu Olive Ann a se levantar de seu assento e voltar para Nova York.

Walter Beech gostava de voar e de consertar máquinas, e nunca estava feliz quando não podia fazer as duas coisas. Na Curtis-Wright, ele logo se frustrou por estar longe da produção diária de aviões. Assim, em 1932 deixou seu bem-sucedido emprego, apesar do momento econômico difícil. (Walter Beech também gostava de jogos de azar.) Logo depois, investindo grande parte de suas economias e obtendo o apoio de alguns investidores originais da Travel Air, Walter e Olive Ann fundaram a Beech Aircraft, trazendo vários ex-funcionários da antiga empresa e operando a partir da fábrica original da Travel Air, em Wichita. Walter se tornou presidente, e Olive Ann, secretária-tesoureira, posição que a deixava "particularmente próxima do lado financeiro da empresa, no qual desempenhou um papel fundamental nas principais decisões", nas palavras do National Aviation Hall of Fame (hall da fama da aviação nacional). Ainda assim, Walter não reconhecia nem mesmo nominalmente a contribuição de Olive Ann em seus primeiros relatos sobre a fundação da empresa. Ela ainda teria que lutar pelo reconhecimento do próprio marido. Mas Olive Ann gostava de uma boa luta. "Fiz com que ele me pagasse um salário, caso contrário não trabalharia", disse ela. "Eu não estava disposta a dar meu sangue e não ter meu trabalho reconhecido adequadamente."

Ela sabia que reconhecimento significava poder. Se quisesse que as coisas fossem feitas, precisaria de uma posição forte.

Na Beech, Walter estava de volta ao seu elemento. Tornou-se uma presença familiar na fábrica, deslocado em seu terno azul e fumando um cachimbo, desacatando seus próprios avisos de "Proibido fumar". Muitas vezes, ele ajudava um mecânico em algum trabalho, sujando a roupa de graxa. Ignorando a desaprovação de Olive Ann, Walter continuou a confraternizar com os mecânicos e engenheiros, bebendo e às vezes apostando pequenas quantias entre um trabalho e outro. "Ele era uma figura hemingwayana, de verdade", lembrou seu sobrinho, Robert Price.

O objetivo inicial de Walter era construir nada menos que o melhor avião do mundo. Ele o definia como uma nave com velocidade máxima de 300 quilômetros por hora, alcance ininterrupto de 1.600 quilômetros, cinco assentos e interior luxuoso – algo que parecia impossível para os engenheiros da Beech. Mas, graças à administração cuidadosa de Olive Ann na parte financeira, Walter foi capaz de impulsionar inovações em um ritmo extraordinário. Em novembro do mesmo ano, o primeiro "Beechcraft" atendeu a seus padrões exigentes. Esse avião, o Modelo 17 Staggerwing, logo venceu a Texaco Trophy Race.

Desde o início, a Beech Aircraft se estabeleceu como fabricante-líder de aviões com alto conforto e desempenho, as limusines dos céus. Mas Olive Ann achava que um elemento essencial do Beechcraft não estava recebendo a atenção que merecia: com certeza, era rápido e confortável, porém o mais importante era o fato de ser fácil de pilotar. Depois de sua experiência como instrutor de voo do Corpo de Aviação do Exército dos EUA durante a Primeira Guerra, Walter depositava grande ênfase na construção de um avião que de fato levasse em conta as necessidades dos pilotos. Ele sabia que determinados elementos, como a visibilidade da cabine, eram cruciais durante um voo comercial – quanto mais no calor de uma batalha. Portanto, todos os aspectos do Beechcraft foram projetados para torná-lo fácil de manusear em todas as condições de voo.

Para destacar isso, Olive Ann sugeriu um feito de relações públicas: inscrever uma pilota na corrida transcontinental Bendix Trophy Race de 1936. Em sua opinião, isso enfatizaria a extraordinária capacidade de voo da aeronave, pelo menos aos olhos dos homens que compravam aviões. Walter concordou e, naquele setembro, Louise Thaden, tendo Blanche Noyes como sua navegadora, pilotou o Staggerwing pelo país em tempo recorde, chegando a Los Angeles mais de 30 minutos antes do avião seguinte. (Thaden já era famosa por ter vencido o primeiro Women's Air Derby, também conhecido como "Powder Puff Derby", corrida pó de arroz, em 1929, pilotando um avião da Travel Air. Mas dessa vez não foi obrigada a usar um motor mais lento, "apropriado para uma mulher".)

No ano seguinte, a Beech Aircraft apresentou o lendário modelo Twin Beech (Beech dois motores), sucesso mundial imediato, que seria produzido continuamente por um período recorde de 32 anos. Ao final, seriam fabricados mais de 9 mil unidades, o que tornou o Twin Beech uma das aeronaves leves mais populares do mundo.

Em 1938, no entanto, a Beech Aircraft estava em dificuldade, apesar do sucesso de seus aviões. A Depressão havia sido implacável com todas as empresas americanas. Graças à prudente gestão de Olive Ann, a Beech conseguiu equilibrar receita e despesas naquele ano, mas em 1939 eles foram forçados a demitir. Em 1940, a nova situação do país na guerra começou a mudar o cenário. Foi também quando Walter Beech entrou em coma, deixando sua esposa, então com 36 anos e grávida, no comando de uma empresa com 750 funcionários.

Sozinha no leme, Olive Ann tinha mais com que lutar além de obter contratos em meio à retração econômica. Com o prognóstico de Walter ainda incerto, alguns executivos da Beech se articulavam para arrancar das mãos dela a gestão da Beech Aircraft. Para manter o controle da empresa e prepará-la para a guerra, Olive Ann começou a trabalhar 12 horas por dia em sua cama de hospital enquanto cuidava sozinha de duas filhas, uma delas recém-nascida. No final, foi forçada a demitir 14 funcionários para abortar o golpe.

Quando Walter finalmente se recuperou, quase um ano depois de ter adoecido, descobriu que Olive Ann não estava muito disposta a parar de tomar decisões. Ele, que antes deixava até de citar o nome da esposa, estava agora mais do que decidido a deixá-la comandar o show. Embora tenha recuperado plenamente a saúde, Walter começou a sair do escritório com frequência para caçar, pescar ou simplesmente cortar o cabelo, às vezes em meio a uma reunião de diretores: "Annie pode cuidar disso", dizia ele, saindo da sala.

Depois que os Estados Unidos entraram oficialmente na guerra, a força de trabalho da Beech aumentou para 4 mil funcionários, em 1941, e continuou crescendo até chegar a 17.200 funcionários. O US Army Air Corps (corpo aéreo do Exército dos Estados Unidos), antecessor da Força Aérea, contava com o Twin Beech como avião de transporte. A Beech também projetou um avião de treinamento feito de compensado, o AT-10, para lidar com a escassez de metal durante o conflito. Graças ao AT-10, quase todos os navegadores e artilheiros americanos aprenderam a voar a bordo de um Beechcraft, o que o posicionou como o avião oficial do piloto, qualificação que manteria até muito tempo depois do fim da guerra. Quando a guerra terminou, a Beech havia construído mais de 7.400 aeronaves militares e obtido cinco prêmios Exército-Marinha "E" por excelência na produção, honra que foi concedida a apenas 5% das mais de 85 mil empresas envolvidas na produção de materiais e artefatos para o esforço de guerra.

Adaptar a aeronave Beech para a guerra foi um feito logístico extraordinário. Mas, mesmo antes do término das hostilidades, Olive Ann já se preparara para um feito maior: a volta aos tempos de paz. A receita da Beech no último ano da guerra fora de 123 milhões de dólares, contra apenas 1,3 milhão em 1939. Como a Beech e seus milhares de funcionários responderiam à repentina queda na demanda militar? Claramente, a empresa teria que se reposicionar para o mercado comercial, mas poderia voltar ao planeta Terra sem se espatifar?

Olive Ann Beech tinha um lema pessoal que guiaria seu estilo de liderança nas décadas seguintes: "Devagar e sempre." O que estava em forte contraste com a abordagem ousada de Walter, mas serviu bem à empresa. Antes mesmo que a guerra terminasse, a Beech Aircraft já estava trabalhando arduamente em um novo modelo, adequado para o mercado do pós-guerra: o "Bonanza" de quatro lugares, monomotor em metal com uma distinta cauda na forma de V. Lançado em 1946, o Bonanza ganhou as manchetes três anos depois, quando o ex-capitão da Força Aérea do Exército, William Paul Odom, em uma proeza publicitária para a Beech, voou sem escalas do Havaí a Nova Jersey – pousando no Aeroporto de Teterboro com apenas 45 litros de gasolina no tanque. O voo, de 36 horas, estabeleceu um recorde mundial de distância. Hoje, o Beech Bonanza detém o recorde de produção contínua, a mais longa de qualquer avião da história, com mais de 17 mil unidades construídas desde que foi lançado.

Quando Walter morreu de ataque cardíaco em 1950, Olive Ann superou a dor e assumiu a presidência, tornando-se a primeira mulher a liderar uma grande empresa de aeronaves. O irmão de Walter tentou derrubá-la, mas, assim como havia feito durante a tentativa de golpe anterior, Olive o repeliu firmemente, forçando sua renúncia.

Olive Beech, que passou a assinar como "O. A. Beech" para mascarar seu gênero nas correspondências, desenvolveu um estilo de liderança único para compensar a cultura sexista da época, sobretudo na aviação. Não querendo que executivos do sexo masculino a interrompessem em reuniões de grupo, ela os convocava individualmente ao seu escritório para discussões tête-à-tête. Também usava um sistema simples para manter todos informados sobre as condições da empresa: um sol sorridente na bandeira do lado de fora de sua porta significava que estava tudo bem. Uma bandeira com uma tempestade, no entanto, significava problemas.

Como líder, era rígida, formal e exigente. "Homens adultos estremeciam quando eram chamados a pisar em seu tapete azul", escreveu um biógrafo. "Lá, raramente levantando a voz, ela dizia a eles precisamente o que queria que fosse feito ou em que haviam errado." Detratores e admiradores passaram a chamá-la de Rainha. Por fim, a tripulação de seu avião particular passou a desenrolar um tapete vermelho de verdade sempre que ela pisava na pista.

Com o tempo, a lista de admiradores de Beech, tanto dentro quanto fora da empresa, aumentou. Sob sua liderança, a Beech Aircraft cresceu continuamente. Mas Beech sabia que a posição de sua empresa era vulnerável – fazia grandes aviões, pilotáveis e confiáveis, mas a excelência por si só não era sustentável. Para sacramentar a posição da empresa como fabricante do avião dos pilotos, ela criou a Beech Acceptance Corporation, uma entidade de financiamento que tornou os aviões muito mais acessíveis a indivíduos.

Na década após a morte de seu marido, Olive Ann Beech mais que provou seu valor como CEO de uma grande empresa. Ela conduziu a companhia durante a Guerra da Coreia e mergulhou de cabeça em novas áreas, como o desenvolvimento de drones militares não tripulados e de sistemas de pressurização para as missões espaciais Apollo. Olive Ann sempre conquistava uma nova posição ao encontrar uma interseção entre uma demanda do mercado não atendida e os pontos fortes da Beech. Como a empresa tinha ampla experiência em pressurização de cabines, bem como excelentes relações com o governo, os sistemas de pressurização de espaçonaves representavam uma área perfeita para um novo campo de atuação.

O sucesso da empresa já não podia ser atribuído somente ao brilho de Walter Beech como engenheiro e designer. Se uma pessoa tivesse investido na Beech Aircraft quando Olive Ann assumiu as rédeas da companhia, em 1950, e se desfeito das ações quando ela vendeu a empresa para a Raytheon por 800 milhões de dólares, em 1980, teria obtido um retorno anual médio de 18%. Ou seja, 10 dólares teriam se transformado em 1,23 milhão, acrescido de generosos dividendos. A mesma quantia investida em alguma das empresas relacionadas no S&P 500 (Standard and Poor's 500 – índice que acompanha as 500 maiores empresas da Bolsa de Valores americana) teria retorno de 159.400 dólares. A certa altura, a revista *Christian Science Monitor* apelidou Olive Ann Beech de "primeira-dama da aviação".

Mesmo assim, os americanos permaneciam profundamente desconfortáveis com a ideia de uma mulher ser CEO, e esse desconforto se manifestou de formas infelizes. Em 1959, o gerente de relações públicas da Beech convenceu Olive Ann a abrir mão de sua habitual reserva e dar uma entrevista para a revista *Saturday Evening Post*. A confiança de Beech acabou sendo mal direcionada: o que deveria ser um perfil minucioso acabou se transformando em um ataque selvagem intitulado "Perigo: Mulher no comando". Ela desconfiaria de repórteres pelo resto da vida.

Em 6 de julho de 1993, aos 89 anos, Olive Ann Beech morreu de insuficiência cardíaca, em casa, na cidade de Wichita, Kansas. Além do trabalho na empresa, ela foi líder de várias organizações ligadas à aviação, inclusive a Associação Feminina Internacional de Aeronáutica. Foi nomeada para vários conselhos nacionais pelos presidentes Eisenhower, Johnson e Nixon. Quanto à Beech Aircraft, a companhia mudaria de mãos várias vezes até ser fundida com a Cessna em 2013, uma ironia que Olive Ann e Walter teriam apreciado: a Beech e a Cessna estavam juntas novamente depois de quase um século.

▲▲▲

O posicionamento é o trabalho mais importante de qualquer líder. Se você não sabe exatamente para quem trabalha e, o mais importante, *por que alguém deveria escolher o que você está oferecendo*, sua liderança será confusa, indistinta e ineficaz.

Dizer sim para as oportunidades de negócios certas significa dizer não para as erradas, mesmo que para isso seja necessário sacrificar algumas vantagens com um grupo de clientes para garantir maior sucesso com outro. Essa é a escolha corajosa no cerne do posicionamento. Normalmente, quanto maior o sacrifício, mais a posição se fortalece. É difícil manter esse tipo de foco. Os líderes que estão dispostos a desistir de uma boa posição para conquistar uma excelente podem conduzir suas empresas mesmo nos momentos mais turbulentos.

Uma segunda posição pode ser reivindicada – como a Apple fez quando expandiu de computadores para dispositivos móveis –, mas só depois que o vigor da primeira foi estabelecido por meio de um foco disciplinado. Nenhuma posição, no entanto, é permanente. Os melhores líderes buscam sempre posições novas e mais defensáveis, abandonando as que já não podem manter diante de competidores novos e determinados. Essas manobras cautelosas se fazem necessárias, pois o campo de batalha está sempre mudando. Uma posição vantajosa não será assim por muito tempo.

5

ACOLHENDO NOVIDADES

Aproveite a falta de preparação do inimigo, faça seu caminho por rotas inesperadas e ataque pontos desguarnecidos.

– SUN TZU, *A arte da guerra*

Uma empresa pode dominar o mercado por tanto tempo que seu reinado começa a parecer perene: para os concorrentes, para os consumidores e para si mesma. Mas um líder inteligente sabe que nada dura para sempre. Nos negócios, a única certeza é a ruptura.

Às vezes, a mudança chega com uma nova geração de consumidores: uma onda demográfica traz novos valores e preferências para o mercado. Outras, por meio de um salto tecnológico: uma inovação desencadeia uma sequência de transformações que abalam o statu quo. Energia a vapor. Eletricidade. O transístor. A internet. Em pouco tempo, uma série de produtos e serviços que nos eram indispensáveis se tornam obsoletos, enquanto novos produtos e serviços se tornam indispensáveis. Às vezes, não há nenhuma mudança, e uma empresa arruína a si mesma por meio da complacência. O acúmulo de vitórias a deixa desatenta e presunçosa, uma presa fácil para um novato ambicioso.

Neste capítulo, examinaremos mudanças drásticas e reviravoltas repentinas. Veremos como empresas líderes assimilam as mudanças ou naufragam. Às vezes um recém-chegado se torna o novo poderoso. Outras, o concorrente estabelecido esmaga ou absorve o arrivista, neutralizando a ameaça. Os papéis nunca são fixos. Destruidores podem acabar sendo destruídos. Seja qual for a posição que ocupem em determinado momento, os grandes líderes são ágeis e jamais baixam a guarda.

CERVEJAS LIGHT:
ANHEUSER-BUSCH X MILLER

É o verão de 1972 e Bill Backer está em alta. Depois de ter ingressado na lendária agência de publicidade McCann-Erickson no setor de correspondências, o nativo da Carolina do Sul conseguiu subir na hierarquia graças ao extraordinário dom para escrever textos vendedores. E agora acabou de obter sua última vitória: a inovadora campanha "Pague uma Coca para o Mundo". A ideia surgiu durante uma escala forçada em uma viagem de avião. Exausto após uma noite maldormida num motel, e impaciente para chegar ao seu destino, ele se surpreendeu ao ver passageiros igualmente prejudicados rindo uns com os outros e bebendo Coca-Cola, como se não tivessem nenhuma preocupação. Embora vindos de países diferentes e forçados a se comunicar num inglês rudimentar, a camaradagem era inegável. A Coca-Cola oferecia "algo em comum entre pessoas de lugares distintos", percebeu Backer. Inspirado, ele rabiscou rapidamente em um guardanapo a frase: "Eu gostaria de pagar uma Coca para o mundo." Esse slogan deu origem ao jingle para uma campanha extremamente bem-sucedida da marca. Depois, foi transformado em canção, e, contra todas as probabilidades, virou um enorme sucesso: *Eu gostaria de ensinar o mundo a cantar (em perfeita harmonia)*. Dois sucessos, na verdade. Duas versões da música, cantadas por dois grupos, ocuparam o topo das paradas no mundo inteiro.

Para um publicitário, no entanto, o que importa mesmo é a próxima campanha. Eis por que o novo diretor de criação da McCann está em Milwaukee. Com um rolo de filme embaixo do braço, Backer caminha até uma sala de conferências onde John A. Murphy, CEO da Miller Brewing, e sua equipe de executivos estão esperando para assistir ao novo comercial produzido por ele. Contratado pela Philip Morris, que recentemente adquiriu a cervejaria, Murphy, nascido no distrito nova-iorquino do Bronx, destacou-se dirigindo as operações internacionais da empresa. Agora tem a tarefa de aplicar à cerveja Miller, quinta colocada no mercado, a estratégia de marketing que fez do Marlboro o cigarro mais popular do mundo.

Murphy descobriu exatamente quem deveria consumir a Miller: pessoas da classe operária. Embora esse grupo demográfico represente apenas um terço dos bebedores de cerveja, ele responde por espantosos 80% de todas as vendas de cerveja nos Estados Unidos. Que posição melhor poderia ter uma cervejaria? Infelizmente, a cerveja High Life, da Miller, sempre foi posicionada como um produto de primeira linha: "o champanhe das cervejas engarrafadas". E ainda vem numa garrafa semelhante à do espumante.

Operários não bebem champanhe e não gostam muito de metáforas. Para conquistá-los, a Miller precisará de uma nova abordagem. "A Miller High Life tem que sair do balde de champanhe e ir para a bolsa de marmita", declara Murphy, "sem derramar uma gota." Para isso, ele precisará tomar da Budweiser, o peso-pesado da indústria, os bebedores da classe operária. Tarefa nada fácil. Mas Murphy tem os bolsos cheios de dinheiro graças ao Marlboro. E em 1972, caso você precisasse de uma campanha e o preço não fosse um problema, você contrataria Bill Backer.

As luzes diminuem e o filme começa a rodar. No comercial de Backer, trabalhadores de uma construção encerram o expediente após um dia duro: "Está na hora de parar. Vamos tomar uma cerveja." Na cena seguinte, eles estão em um bar, ainda com os capacetes, saboreando a Miller High Life. O jingle pode não ganhar um disco de ouro, mas é simples e cativante: "Se você tiver tempo, nós temos a cerveja." Um comercial direto e explícito, que posiciona a Miller High Life no segmento da classe operária, que a fabricante deseja alcançar. Murphy está empolgado.

Por sua vez, Backer gosta da ideia inicial, mas acha que precisa ser lapidada para algo que possa ser "colocado em outdoors". Começa então a escrever alguns rascunhos sobre operários bebendo cerveja depois do trabalho. Em um deles, encontra o termo perfeito para resumir "aquelas horas douradas entre a hora de parar e a hora de dormir", quando os operários podem relaxar com uma cerveja: "Millertime" – A hora da Miller.

A campanha Millertime é veiculada. Murphy – e Backer – aguardam em expectativa. Apesar dos milhões gastos com a veiculação no rádio e na TV, mesmo durante eventos esportivos em horário nobre, as vendas da High Life permanecem estacionadas. Backer não consegue esconder a decepção. Nem toda campanha vai ser um sucesso, claro, mas esse é um momento difícil em seu reinado como diretor criativo. Já seria o começo do fim? Os caras criativos no negócio de comerciais tendem a não ficar por cima durante muito tempo.

Quando voltar a falar com Murphy, Backer já terá mais ideias para apresentar – assim como uma resposta cortês, caso Murphy informe que vai trocar de agência. Para a surpresa de Backer, no entanto, Murphy declara que continuará exibindo os comerciais Millertime, apesar da falta de apelo. Na opinião dele, a Miller está lutando contra crenças muito arraigadas a respeito da marca High Life. E também está tentando derrubar a Budweiser, que é praticamente a bebida nacional. Mudanças assim não acontecem da noite para o dia.

"O dinheiro é seu", pensa Backer. Mas está curioso para ver o que acontecerá. O comercial parecia excelente quando ele o estava redigindo. Talvez precise mesmo de mais tempo.

▲▲▲

Após alguns meses e milhões de dólares a mais, a campanha de Backer começa a fazer efeito e a paciência incomum de John Murphy é recompensada: as vendas da High Life dão um salto de 30%, graças a ganhos obtidos no mercado proletário. Está na hora de Murphy aplicar a segunda fase de sua estratégia. As líderes do mercado – a Anheuser-Busch e sua arquirrival, a Schlitz – são muito poderosas. Ele não vai alcançar os grandes jogando o mesmo jogo. Precisará sacudir o mercado para criar uma abertura.

Murphy enxerga uma arma potencial em uma cerveja de baixas calorias, apropriadamente chamada Lite (leve), que ele adquiriu de uma pequena cervejaria de Chicago. A Lite não era popular. Internamente, o pessoal de Murphy questionava o apelo de uma cerveja diet para os trabalhadores da classe operária, que eles estavam dando duro para conquistar. Mas Murphy, por intuição, acha que a palavra Lite pode ser mais do que uma propaganda; pode representar uma categoria de cervejas inteiramente nova. No entanto, lançar qualquer novo produto em uma empresa da Philip Morris requer mais do que mera intuição.

No início, as pesquisas de mercado confirmam a suspeita – os trabalhadores da construção civil não querem ser vistos como adeptos de dietas. Mas um grupo na cidade de Anderson, Indiana, tem uma reação diferente. Eles gostam da Lite. Muito. Por quê? Porque ela sacia menos do que a cerveja normal. E isso significa que eles podem beber mais.

É o momento de insight para Murphy. Ele encontrou uma proposta de valor que vai repercutir entre os trabalhadores da classe operária. Em vez de apresentar a Lite como uma alternativa saudável à cerveja normal, a Miller a posicionará como a cerveja que você pode beber mais. Animado, ele pega o telefone e liga para Backer, na McCann-Erickson. Está na hora de lançar uma nova campanha.

No início de 1974, Miller aperfeiçoa sua receita para a Lite e começa a produzir sua nova cerveja – "menos saciante". À medida que o produto é lentamente introduzido em mercados selecionados, os novos comerciais de Backer começam a aparecer. Em um deles, Matt Snell, ex-jogador do New York Jets, um time de futebol americano, está sentado a uma mesa diante de várias garrafas vazias da Miller Lite: "Imagine, uma cerveja com um sabor excelente, mas que enche menos. E com 1,92 metro de altura e 104 quilos de peso, há muito de mim para ser preenchido." Bem explícito. Outro comercial de TV mostra o ex-árbitro da NBA, Mendy Rudolph, e Tom Heinsohn, treinador do time de basquete Boston Celtics, sentados diante de um balcão de bar. Os dois homens, que outrora discutiam as decisões de Rudolph nas quadras, agora debatem os méritos da Miller Lite:

> RUDOLPH: *O melhor é que tem um gosto muito bom.*
> HEINSOHN: *O melhor é que enche menos.*
> RUDOLPH: *Não, tem um gosto ótimo.*
> HEINSOHN: *Enche menos!*
> RUDOLPH: *Tem um gosto ótimo!*
> HEINSOHN: *Enche menos! Enche menos! Você entende ainda menos de cerveja que de basquete!*
> RUDOLPH: *Já chega, Heinsohn!* [*soprando um apito*] *Você está expulso do bar!*

Sentindo o potencial dos comerciais, Murphy encerra a fase de testes e os exibe imediatamente para todo o país, injetando inéditos 10 milhões de dólares na campanha.

As vendas da Miller Lite disparam como um foguete – atingindo diretamente a Budweiser.

▲▲▲

Nas artes marciais japonesas, os praticantes cultivam o *zanshin*, ou "mente remanescente", uma consciência relaxada, mas permanente do que os cerca. Mesmo no momento em que acerta um ataque, o lutador se mantém atento e alerta a novas ameaças. O *zanshin* é tão importante no mercado quanto no *dojo*. Isso porque o novo surge do nada. Um líder empresarial nunca pode se dar ao luxo de se concentrar inteiramente em um único adversário, por mais ameaçador que pareça. Um ataque pode vir de qualquer direção e a qualquer momento.

No início da década de 1970, apenas duas cervejarias americanas tinham importância: a Anheuser-Busch e a Schlitz. Pelo menos, essa era a opinião de August Anheuser "Gussie" Busch Jr. A Anheuser-Busch fora fundada um século antes, em St. Louis, pelo avô e pelo bisavô de Gussie. E agora, graças a sua extraordinária liderança, era a cervejaria número um do país. Seu pai pode ter apelidado a cerveja lager da empresa de "Rainha das cervejas", mas foi Gussie quem conquistou o trono para a Budweiser.

No romper da nova década, a Miller Brewing, cervejaria que ocupava o quinto lugar no ranking, mal aparecia no radar de Gussie. Era uma operação insignificante, com apenas 4% do mercado, em comparação com os 18% da Anheuser-Busch. O fato de a Philip Morris ter acabado de pagar 220 milhões de dólares pela Miller era irrelevante – o que as grandes empresas de tabaco sabiam sobre cerveja? Na opinião de Gussie, era a Schlitz, também sediada em Milwaukee, que representava o perigo claro e imediato para a Budweiser. A Schlitz estava economizando na fabricação de sua cerveja homônima – substituindo a cevada maltada por xarope de milho, usando fermentação em altas temperaturas e até adicionando sílica gel à receita – para vender mais barato que a Bud e veicular propaganda maciça. Gussie trabalhara muito para tomar a liderança da Schlitz quando a cerveja deles ainda tinha um gosto bom. E agora não tinha intenção de perdê-la para uma água choca.

A única pessoa na Anheuser-Busch que via as coisas de modo diferente era o filho de Gussie, August Busch III. Claro, a Schlitz poderia ter ganhos com sua tática míope, mas o corte de custos iria matá-la tão logo os bebedores caíssem na real. August via a enérgica e ambiciosa Miller como uma ameaça maior à coroa da Budweiser. É verdade que a Philip Morris não sabia muito sobre cerveja, mas conhecia o marketing do consumidor e tinha os bolsos estufados de dinheiro. A Schlitz podia ser o inimigo de hoje, mas o de amanhã era claramente a Miller. Gussie Busch, no entanto, ignorou o alerta do filho – nunca confiara nos instintos de August.

A Anheuser-Busch estava veiculando novos comerciais. Em vez de exaltarem as virtudes da Bud, porém, eles zombavam da Schlitz por sua política de corte de custos. Em um dos comerciais, o ingrediente secreto da Schlitz é uma pilha de roupa suja. Internamente, os comerciais agressivos até arrancavam risadas, mas preocupavam alguns. Derrubar a Schlitz não levantaria a Budweiser. Se a Schlitz fosse mesmo tão ruim, as pessoas parariam de bebê-la. O que não significava que iriam preferir uma Bud a uma High Life quando a campanha "Millertime" começasse. A verdadeira pergunta à qual a Anheuser-Busch precisaria responder era por que os consumidores deveriam beber a Bud. A empresa teria uma resposta? Foi quando Miller apresentou a Lite.

Os negócios têm tudo a ver com a forma de alguém responder ao inesperado – se age ou simplesmente reage. Focado na Schlitz, Gussie Busch ignorou os avisos do filho sobre a ameaça agressiva e bem financiada que a Miller Brewing representava. De repente, tudo o que August havia previsto aconteceu – não que ele esperasse reconhecimento do pai. A Miller obteve uma vantagem sobre a Anheuser-Busch e o restante do setor com um tipo inteiramente novo de cerveja, que os clientes adoraram. No ritmo em que a cervejaria de Milwaukee vinha crescendo, ela logo ultrapassaria a Coors e a Pabst e ocuparia o terceiro lugar entre as cervejarias americanas, bem na cola da rainha. Como a Anheuser-Busch responderia?

Antes que Gussie Busch, então com 76 anos, pudesse organizar suas forças, entretanto, uma tragédia familiar tirou-lhe o chão. A meia-irmã de August, Tina, morreu aos 8 anos, em dezembro de 1974, num acidente automobilístico. Devastado pela perda de sua favorita, Gussie começou a beber muito e a evitar o escritório. August já vinha se preparando para a eventual aposentadoria do pai, mas esse infortúnio o obrigou a antecipar o cronograma. Assim, para planejar sua ascensão, ele e um seleto grupo de executivos confiáveis passaram a se reunir fora da sede da cervejaria todas as manhãs de sábado. Na última reunião da "Patrulha da Madrugada", August anunciou sua intenção de promover um golpe.

Enquanto Gussie afogava sua dor no gim August e seus aliados planejavam a tomada de poder. O sindicato dos trabalhadores era sua principal preocupação. Eles sabiam que os Teamsters – como o sindicato era conhecido – iniciariam uma greve ao menor sinal de fraqueza. Um novo e inexperiente líder na Anheuser-Busch seria a oportunidade perfeita. Portanto, para enfrentar uma possível greve, os conspiradores decidiram estocar cerveja.

Em maio de 1975, com a Miller Lite fazendo sucesso em todo o país, August Busch III reuniu o conselho de diretores e pediu que o nomeassem CEO. Irritado, mas confiante, Gussie entrou mancando na assembleia, com uma bengala em cada mão. Os membros do conselho haviam sido leais a ele durante anos – e o viram, sozinho, tornar a Anheuser-Busch a maior cervejaria do mundo, expandindo sua fabricação de um único local para nove em todo o país, além de aumentar as vendas para mais de 26 milhões de barris por ano. Se ele nunca acreditara na capacidade de liderança de seu filho, por que eles deveriam acreditar? Assim, foi com um profundo sentimento de traição que Gussie viu cada mão em torno da mesa levantada em favor da proposta de August. O reinado de três décadas de Gussie Busch como líder da empresa finalmente chegara ao fim. Adeus ao passado, que viesse o futuro.

August Busch III conseguira o que queria, mas resistir à tempestade que se aproximava exigiria mais do que apenas uma mudança de comando. Suas escolhas nos próximos anos determinariam se a Anheuser-Busch permaneceria no topo ou cederia o lugar a um usurpador. Ele sempre fora franco quando suas opiniões não eram importantes. O que faria agora que eram?

Como a Patrulha da Madrugada previra, os Teamsters aproveitaram a transição na liderança da empresa para atacar a automação nas unidades de engarrafamento. Em março de 1976, 8 mil trabalhadores estavam ociosos, e todas as cervejarias da empresa, paradas. Durante anos, Busch protestara contra a complacência de seu pai em relação ao sindicato. (Gussie tinha medo de contrariar os Teamsters, pois uma greve na Schlitz em 1953 havia permitido que a Anheuser-Busch ultrapassasse a rival.) Quando a greve completou um mês, Busch decidiu lidar com eles como achava certo. Sob vaias e gritos de "fura-greves" e "traidores", 800 funcionários da Anheuser-Busch – gerentes de nível médio, contadores, datilógrafos – transpuseram a linha de piquete. Pouco depois, a fábrica começou a operar – em velocidade muito reduzida, claro, mas Busch mostrara seu ponto de vista. Furiosos, os Teamsters fizeram piquetes nos trilhos da ferrovia, sentando-se em frente às garagens, para evitar que os caminhões saíssem, e pediram um boicote nacional à Budweiser. Busch não se abalou. Sua decisão de estocar cerveja antes de uma possível greve provou ser correta. Enquanto ele tinha cerveja, os membros do sindicato tinham contas a pagar.

O discernimento de Busch também se mostrou acertado em outra área-chave. Os novos métodos de fabricação da Schlitz, voltados para o corte de custos, estavam começando a afetar a empresa. Além da piora no sabor, grumos se formavam na bebida, que também tinha um aspecto escuro e manchado. Quando uma investigação interna culpou um novo – e barato – agente estabilizador, a Schlitz mudou a receita. Os grumos sumiram, mas o gás também. Cerveja sem gás era um absurdo, até para os bebedores fiéis da Schlitz, que a abandonaram em massa. O problema de August era que eles estavam mudando para a Miller Lite.

Uma única crise já testa o valor de um líder. Mas August Busch III estava enfrentando duas: a primeira, proveniente da Miller, um inimigo enérgico e engenhoso. A segunda, por parte de um sindicato de trabalhadores poderoso, determinado e cada vez mais desesperado. Tudo em menos de um ano como CEO. Mas ele não destronara o pai para ceder aos primeiros desafios que surgissem à sua frente. Graças às reservas de cerveja, Busch sabia que poderia resistir mais tempo que seus funcionários, por mais firmeza que o sindicato alegasse ter. Seus preparativos anteriores e sua férrea determinação se mostraram cruciais. Em maio, os trabalhadores da fábrica de Nova Jersey acabaram aceitando os termos que lhes haviam sido oferecidos antes da greve. No mês seguinte, a greve fracassou e todas as fábricas da Anheuser-Busch retomaram as atividades normalmente. Busch apostara e ganhara.

No entanto, a vitória da empresa não veio sem um custo. Além de dezenas de milhões de dólares em lucros perdidos, a Anheuser-Busch viu sua participação de 4% no mercado minguar ao longo de 95 dias, facilitando em parte o trabalho da Miller. E após a greve, como era de esperar, o moral dos funcionários da empresa era inexistente. Os sindicalizados se sentiram profundamente marginalizados pelo tratamento brusco que Busch lhes dispensara durante a greve, além de traídos pelos colegas que haviam furado o piquete. Busch, que fizera um grande esforço para levar os trabalhadores sindicalizados de volta ao trabalho, não queria perdê-los agora. Assim, para reunificar suas forças sob uma única bandeira, ele fez o que líderes experientes fizeram ao longo da história quando a unidade das tropas era ameaçada por desentendimentos internos: encontrou um inimigo comum.

Semanas após o fim da greve, todos os funcionários da Anheuser-Busch receberam uma camiseta branca com os dizeres: "Sou um Matador da Miller" (*Miller Killer*). Uma estratégia simples, óbvia – e altamente eficaz. Os funcionários recuperaram o moral e a produtividade aumentou, e foi bem a tempo. Em novembro de 1976, o presidente da Schlitz, Robert Uihlein, faleceu repentinamente de leucemia aguda, deixando a empresa com uma marca abalada, dívidas enormes e nenhum plano de sucessão. Enquanto a Schlitz afundava, a Miller migrava para o segundo lugar. A essa altura, a única coisa que ainda tolhia a Miller era sua capacidade de produção. A Anheuser-Busch produzia uma quantidade monstruosa de cerveja todos os anos. A Miller levaria tempo para construir fábricas em número suficiente para alcançá-la. Mas estava se aproximando disso a um ritmo alarmante.

August Busch III favorecia soluções simples e diretas. Se a Miller pretendia ameaçar a Anheuser-Busch com uma cerveja light, a Anheuser-Busch produziria sua própria cerveja light. E assim foi feito: em 1976, lançou a Natural Light, uma medíocre imitação. A empresa chegou a contratar os mesmos atletas dos comerciais da Miller Lite para sua campanha. Uma solução simples e direta. Agora era hora de veicular os comerciais. Anos antes, a Miller investira pesadamente em publicidade esportiva, abocanhando patrocínios para tudo, desde o campeonato mundial de beisebol até a Copa Stanley, o mundial de hóquei. Busch percebia agora o erro estratégico de sua empresa, que por muito tempo evitara os esportes por serem caros demais para valerem a pena. Mas comerciais envolvendo esportes eram claramente o modo mais direto de alcançar os proletários bebedores de cerveja. Mobilizando então todo o departamento de marketing, Busch estabeleceu para a equipe um objetivo novo e abrangente: recuperar o máximo possível do terreno perdido, rápido, adquirir todos os patrocínios esportivos disponíveis e conquistar os que estivessem com a Miller, tão logo os contratos terminassem.

Com a Miller gastando centenas de milhões de dólares na construção de novas fábricas, sua escalada para o primeiro lugar começava a parecer inevitável. Diante dos repórteres, John Murphy se gabava de ter calculado o dia exato em que isso aconteceria. Tanta confiança, no entanto, não se justificava. Murphy dera início a uma reviravolta extraordinária, mas subestimara a fibra de seu oponente. August Busch III não havia traído o próprio pai para ficar de braços cruzados enquanto a Miller destruía sua herança. Já que os comerciais da Natural Light não haviam funcionado, por que não copiar... os da Miller? Afora algumas imagens e frases com direitos autorais registrados, a Miller não tinha como proteger legalmente as ideias de Backer. Assim sendo, a Anheuser-Busch simplesmente as copiaria.

Em 1979, com a Miller na cola da Bud, uma nova série de comerciais estreou na TV. Sete anos após a estreia da agressiva campanha da Miller para conquistar a classe proletária, os novos comerciais da Bud começavam da mesma forma, com operários de uma construção encerrando o expediente após um longo dia de trabalho. Esse comercial foi seguido por uma série de outros, todos enfocando arquétipos masculinos da classe operária: um motorista de caminhão, um agricultor, o capitão de um barco. A única diferença da campanha original criada pela Miller era o slogan: "Essa Bud é para você." Não chegava a ser exatamente "A hora da Budweiser", mas chegava bem perto disso.

Ao turvar as águas com um produto de imitação – a Natural Light – e depois plagiando comerciais, a Anheuser-Busch basicamente interrompeu a reviravolta de sua concorrente. Para os clientes, a semelhança entre "Essa Bud é para você" e "A hora da Miller" tornava quase impossível distinguir inovador e imitador. A Miller não tinha nenhum fosso em torno da "cerveja da classe operária", mas agiu como se tivesse, mantendo-se condescendente em vez de tirar vantagem de sua agilidade para conquistar novos territórios. Para frear o ímpeto do arrivista e manter sua posição de número um, a Anheuser-Busch só precisou de uma imitação descarada.

MODA RÁPIDA: H&M X ZARA

É manhã de sexta-feira em Manhattan, mas, apesar do clima invernal de novembro, os clientes já formam fila no quarteirão, aguardando pacientemente no frio e na chuva. Como dezenas de milhares de outros amantes da moda, estão dispostos a fazer o que for preciso para aproveitar uma oportunidade única na vida. Quando as portas da H&M, na esquina da Rua 34 com a Sétima Avenida, se abrem às 9 da manhã, compradores ansiosos inundam a loja. Às 9h02, os funcionários começam a repor mercadorias. Às 9h20, a coleção de edição limitada do icônico estilista Karl Lagerfeld está completamente esgotada.

A história se repete na loja principal da H&M, na Quinta Avenida, mas esta tem um estoque maior. Trezentos compradores entram logo que as portas se abrem e, no espaço de uma hora, 1.500 peças são vendidas. Assim como 2 mil outras – a cada hora –, até o estoque da loja também se esgotar.

Em uma cena posteriormente descrita pelo semanário de moda *Women's Wear Daily* como "histeria em massa", a linha exclusiva de Lagerfeld desaparece das lojas H&M ao redor do mundo com a mesma rapidez. "Uma mulher tirou um suéter das minhas mãos!", relata uma advogada de 30 anos. "Elas nem estavam olhando! Estavam simplesmente pegando qualquer coisa", diz uma confeiteira-chefe. "Algumas pareciam estar trocando, como um vestido tamanho 44 por uma camisa de outro tamanho. Não sobrou nada, só alguns jeans. Tudo desapareceu em poucos minutos." Uma recepcionista alemã compara a experiência à queda do Muro de Berlim. Na verdade, o fenômeno se repete nas principais cidades do mundo à medida que mais e mais lojas H&M abrem suas portas naquela manhã de 2004.

Enquanto isso, em Hong Kong, a Zara, principal concorrente da H&M, está abrindo sua milésima loja. A empresa espanhola vende suas roupas em 56 países, nos cinco continentes. Na Zara, os clientes podem comprar os modelos mais atuais em qualquer lugar, do Panamá à Letônia, passando pelo Marrocos. Enquanto o foco da H&M está em modismos chamativos para consumidores mais jovens, a Zara promove o básico da moda feminina, que funciona para a maioria das mulheres. A abordagem de cada empresa pode ser diferente, mas a tendência compartilhada de fornecer "moda rápida" virou a indústria de cabeça para baixo. Uma vez que uma não consegue superar a outra – ambas oferecem as últimas tendências da moda muito mais rapidamente que os varejistas tradicionais –, elas têm de competir em outras bases.

▲▲▲

Na moda, não existe uma roupa "certa", apenas a roupa para o "momento". Clientes na vanguarda da moda sempre preferiram os últimos modelos das passarelas e dos tapetes vermelhos. Aos fabricantes de roupas, portanto, só resta seguir suas preferências. Tempos atrás, uma típica empresa de moda prêt-à-porter desenhava uma nova coleção com seis meses de antecedência e depois enviava os desenhos para fábricas em países com mão de obra barata. Então, a cada primavera e outono, suas lojas recebiam grandes remessas das tão aguardadas roupas. Temporada após temporada, os clientes simplesmente aceitavam essa progressão das novas modas, que abriam caminho desde a alta-costura até o mercado massificado. Reduzindo esse ciclo de meses para semanas, a H&M e a Zara revolucionaram o mercado da moda para sempre.

Na véspera do Ano-Novo de 1989, a moda rápida chegou a Manhattan, anunciada pelo *The New York Times* como uma "linguagem" inteiramente nova:

É uma linguagem entendida por jovens adeptos da moda que, embora com orçamento limitado, mudam de roupa com a mesma frequência que mudam a cor do batom... a ênfase está na moda rápida, comercializada em estilo coordenado.

A rapidez nesse tipo de mercado é relativa, mas o que a nova importadora espanhola, a Zara, trouxe para a cidade de Nova York, em sua nova localização na Lexington Avenue, foi uma velocidade de comercialização sem precedentes, que democratizou a moda. As novas tendências já não precisavam chegar aos fabricantes com preços mais acessíveis e a brechós uma ou duas temporadas depois que as elites se cansavam delas. Praticamente qualquer pessoa podia se dar ao luxo de vestir os estilos mais recentes quase de imediato.

"Toda semana chega uma nova remessa da Espanha", disse Juan Lopez, que veio a Nova York em fevereiro para chefiar a operação da Zara nos Estados Unidos. "O estoque da loja muda a cada três semanas. Buscamos a última tendência. O tempo entre a concepção de um novo modelo e sua chegada nas lojas é de apenas 15 dias."

O fundador notoriamente recluso da Zara, Amancio Ortega Gaona, nasceu em 28 de março de 1936, em La Coruña, cidade da Galícia, uma região da Espanha. Ortega começou a trabalhar na indústria de vestuário aos 14 anos, fazendo entregas para um fabricante de camisas local. Com o tempo, após muito trabalho, chegou a gerente de loja, aprendendo corte e costura ao longo do caminho. Para ganhar um dinheiro extra, começou a fazer roupas femininas na mesa da cozinha de sua irmã. Então passou a confeccionar cópias da moda usando materiais mais baratos, vendendo depois essas imitações para diversas lojas a preços baixos. Em 1963, ele e sua esposa, Rosalia Mera, tinham juntado dinheiro suficiente para abrir uma pequena fábrica. Dez anos depois, já empregavam 500 funcionários.

Em 1975, Ortega e Mera abriram sua primeira loja de varejo em La Coruña, que batizaram de "Zorba", em homenagem ao camponês grego retratado por Anthony Quinn no filme *Zorba, o grego*, de 1964. Infelizmente, existia um bar com o mesmo nome nas proximidades. Como já haviam feito os moldes para as letras do letreiro, eles apenas as reorganizaram até encontrar uma palavra da qual gostassem: Zara. O esquema de vender cópias baratas da última moda obteve tanto sucesso no varejo quanto no atacado. Para abastecer sua nova loja popular, Ortega construiu outra fábrica, em uma área industrial próxima à cidade de Arteixo, e começou a abrir mais lojas em toda a Espanha.

Com as fábricas e as lojas sob seu controle, Ortega sabia que a velocidade de entrada no mercado poderia ser sua vantagem competitiva. Ele tinha uma ideia de "moda instantânea", uma abordagem mais enxuta e antenada com a conjuntura. Com o controle total da cadeia de suprimentos e produzindo pequenos lotes, ele poderia responder às tendências com muito mais velocidade do que seus competidores. Pôr em prática essa ideia, no entanto, constituía um obstáculo logístico. Até que Ortega conheceu José María Castellano, especialista em informática, que o ajudou a projetar uma abordagem tecnológica voltada para a concepção, a fabricação e a distribuição de roupas. Rastreando o estoque e a demanda digitalmente em toda a cadeia de suprimentos, da fábrica à loja, a empresa poderia atender às mudanças nas preferências dos consumidores, produzindo pequenos lotes em questão de semanas. Para clientes acostumados a esperar meses pelos últimos modelos, isso deve ter parecido um truque de mágica.

Em 1983, a Zara tinha nove lojas nas principais cidades da Espanha, todas localizadas em distritos comerciais elegantes, além de um centro de logística e distribuição com mais de 9 mil metros quadrados, em Arteixo. Em 1985, foi criada a Inditex, como holding da Zara. Em 1988, a Inditex iniciou a expansão internacional da empresa com uma loja em Portugal. Em 1989, quando a primeira loja da Zara nos Estados Unidos foi noticiada com grande destaque no *The New York Times*, a empresa já transformara a "moda instantânea" em ciência. Além disso, crescia a uma taxa sem precedentes, tendo dobrado as vendas – para 380 milhões de dólares – apenas nos dois anos anteriores. Os gigantes da manufatura têxtil não conseguiam competir com a velocidade verticalmente integrada da Zara, que instituíra uma mudança de paradigma grande o bastante para transformar as indústrias do ramo. Mas a Zara não foi a única a fazer isso. A empresa enfrentava uma forte competição por parte de uma marca sueca conhecida como H&M, fundada por um empresário igualmente experiente e motivado.

▲▲▲

Após o fim da Segunda Guerra Mundial, Erling Persson, de 30 anos, deixou a Suécia para visitar os Estados Unidos. Queria fazer uma viagem clássica pelas estradas americanas, pois estava curioso para ver em que aquela economia dinâmica e em rápido crescimento se diferenciava da economia do Velho Mundo, devastado pela guerra. Os Estados Unidos eram uma nação de inovadores ambiciosos, e Persson sabia que o futuro das atividades econômicas seria perceptível primeiro lá.

Visitando as cidades americanas, Persson ficou surpreso com o tamanho e a eficiência das lojas de varejo. Eram grandes, brilhantes e repletas de produtos populares e de giro rápido. Todos os aspectos do varejo nos Estados Unidos apregoavam abundância, acessibilidade e velocidade. Inspirado por esse vislumbre de novas possibilidades, Persson voltou para a Suécia e, em 1947, fundou uma loja de roupas femininas a preços acessíveis na pequena cidade de Västerås. A Hennes, termo sueco que significa "dela", prosperou. Alguns anos depois, Persson abriu outra loja, na cidade de Estocolmo, capital do país. Em 1954, decidiu apostar alto, publicando um anúncio colorido e de página inteira da Hennes no maior jornal diário da Suécia. A empresa cresceu mais ainda. Estava na hora de expandir os negócios para além da moda feminina. Em 1968, a Hennes adquiriu a Mauritz Widforss, de Estocolmo, que havia muito tempo era a marca preferida dos homens suecos adeptos de caça e pesca. Combinou então o nome Hennes com Mauritz e estendeu as atividades para o setor de moda masculina.

A década de 1960 foi um período de crescimento para a empresa, com a abertura de 42 lojas Hennes & Mauritz na Suécia, seguida por uma expansão internacional: Noruega, Dinamarca, Reino Unido, Suíça. Em 1974, a Hennes & Mauritz abriu seu capital, trocando o nome para H&M.

▲▲▲

A H&M e a Zara obtiveram êxito copiando designs de sucesso de outras empresas, mas suas imitações não eram desleixadas. Pelo contrário, elas cuidavam dos detalhes. Os preços eram baixos e a qualidade era mais do que boa para um cliente que voltaria em algumas semanas para comprar o modelo seguinte. Embora ambas as empresas modificassem cuidadosamente suas imitações para evitar problemas jurídicos, nem sempre eram bem-sucedidas. Em 2011, o designer Christian Louboutin processou sem sucesso a Zara, que estava vendendo sapatos com solas vermelhas, estilo que ele já registrara legalmente. Do ponto de vista jurídico, porém, sempre foi difícil proteger os designs de moda. O tribunal decidiu a favor da empresa e contra o estilista, embora, de longe, o sapato da Zara pudesse ser facilmente confundido com um Louboutin, muito mais caro.

A década de 1980 foi um período de rápida expansão para a H&M e a Zara. Desde o início, ambas priorizaram a velocidade de entrada no mercado, de modo a acompanhar o ritmo da moda. Mas, afora isso, abordavam o crescimento de formas muito diferentes. A H&M gostava de fazer experiências: enviava catálogos pelo correio, por exemplo, para levar sua moda às casas dos clientes. Mais tarde aderiu ao e-commerce. Ortega, por sua vez, manteve um obstinado foco na velocidade, refinando continuamente os sistemas da Zara – tal como os irmãos McDonald, quando se propuseram a fazer um hambúrguer do modo mais eficiente possível. Seu foco permaneceu na "moda instantânea" – ou tão próximo disso quanto fisicamente possível. Para tanto, todos os aspectos das operações da empresa tinham que ter um propósito.

Com sua experiência no varejo, Ortega sabia que uma tendência poderia ir e vir em apenas um mês. Visando obter o máximo de flexibilidade, ele decidiu enviar apenas algumas roupas de cada estilo para as lojas, com o mínimo de estoque extra indo para o depósito dos fundos. Para compensar, as roupas seriam despachadas com tanta frequência que os pedidos poderiam ser adaptados rapidamente às mudanças na demanda de cada item.

A fim de acompanhar as tendências em constante evolução, os funcionários das lojas foram treinados para obter feedback dos clientes – reclamações, preferências, solicitações de itens específicos – e repassar sistematicamente as respostas à sede. Usando o sistema de inventário computadorizado de Castellano – e mais tarde novas tecnologias, como etiquetas de identificação por radiofrequência –, dados abrangentes sobre cada roupa eram combinados com esse feedback de modo a criar um quadro atualizado do que vendia, do que não vendia e por quê. A equipe de design da Zara revisava rapidamente os projetos existentes e os enviava para a fábrica. Duas semanas depois, uma nova remessa de roupas chegaria às lojas incorporando os dados mais recentes. Pedidos simultâneos de um lenço em determinado tom de rosa em três cidades, por exemplo, poderiam se traduzir em uma onda de lenços cor-de-rosa surgindo em milhares de locais no mundo. Tudo em apenas 14 dias.

Uma velocidade constante ante uma demanda tão imprevisível exigia uma flexibilidade tremenda. Para obtê-la, as fábricas da Inditex operavam apenas quatro dias e meio por semana, deixando espaço para turnos extras, de modo a atender a ocasionais aumentos na demanda. Embora a Inditex terceirizasse produtos com maior vida útil, como camisetas, para fábricas na Ásia, aproveitando os custos de mão de obra mais baixos, metade das roupas era feita em suas próprias fábricas ou nas proximidades de sua sede. Para modelos de vida curta, a velocidade da comercialização compensava os custos – de que adianta uma margem de lucro maior em roupas que ninguém quer? Em todo caso, os custos mais altos envolvidos no uso de seus próprios trabalhadores ou na utilização de fábricas fora da Ásia eram geralmente compensados por uma resposta mais rápida e pela inexistência de estoque excedente entupindo depósitos abarrotados.

Para se manter a par das últimas tendências, a Zara enviava equipes de analistas para visitar universidades, boates, shows – qualquer lugar do planeta onde uma nova moda estivesse prestes a se tornar global. Uma vez mais, suas descobertas eram encaminhadas à sede, em Arteixo, onde designers imediatamente copiavam os novos estilos. Duas semanas depois, uma nova roupa, até então vendida apenas em uma ou duas capitais da moda, surgia de repente nas prateleiras da Zara em todas as partes do mundo.

À medida que a influência da Zara crescia, o comportamento do consumidor mudava. As pessoas estavam se viciando no fluxo constante de novas modas. "Quando você ia à Gucci ou à Chanel em outubro, sabia que as chances de as roupas ainda estarem lá em fevereiro eram grandes", explicou o editor de moda Masoud Golsorkhi. "Na Zara, você sabe que se não comprar na hora, em 11 dias todo o estoque mudará. É uma situação de agora ou nunca. Mas como os preços são baixos, você compra."

▲▲▲

Ao contrário da Zara, a H&M alcançou velocidade e flexibilidade dispensando fábricas e colaborando com fornecedores externos que representam milhares delas. Também ao contrário de sua concorrente, a H&M sempre abraçou o poder do marketing e da publicidade para se posicionar, desde seu primeiro anúncio num jornal colorido em 1954.

No final dos anos 1980, surgiram as supermodelos. Algumas se tornaram celebridades: apareciam em programas de entrevistas, em revistas de fofoca e até atuavam em filmes importantes, ao mesmo tempo que ganhavam dinheiro como nunca trabalhando como modelos. Em 1990, a H&M lançou uma campanha de roupas íntimas para o Natal estrelada por Elle Macpherson, uma das chamadas supermodelos originais. Ao longo da década, Macpherson e muitas das outras originais – como Cindy Crawford, Claudia Schiffer, Christy Turlington, Linda Evangelista e Naomi Campbell – apareceriam regularmente nas campanhas da H&M.

Em absoluto contraste, a Zara, a exemplo de seu fundador, tímido com a mídia, tinha uma política de "sem marketing e sem comunicação". "A empresa não fala sobre si mesma", explicava um porta-voz da Inditex. "A ideia é que os *clientes* falem sobre a empresa." A Zara enfrentava a publicidade agressiva e as parcerias com designers famosos, utilizadas pela H&M, adquirindo imóveis: aplicava o capital que normalmente seria destinado a comerciais de TV e endosso de celebridades em locações privilegiadas nas mais importantes vias comerciais do mundo. Ao contrário da H&M, o posicionamento da Zara era físico – a empresa valorizava suas roupas abrindo lojas vizinhas a marcas de luxo, como Prada e Gucci. Além disso, a Inditex procurava prédios incomuns ou icônicos que se destacassem por si mesmos: um convento em Salamanca, um hotel do século XVIII em Atenas (com três lápides romanas antigas ainda visíveis na entrada) e até uma loja no edifício número 666 da Quinta Avenida, em Manhattan, o mais caro edifício já vendido na cidade de Nova York.

A H&M sempre foi exuberante, mas em 2004 o mundo da moda passou por um choque sísmico quando a empresa anunciou sua coleção de edição limitada concebida pelo próprio Karl Lagerfeld. Então com 65 anos, Lagerfeld era considerado o designer de moda mais icônico do mundo – tendo idealizado uma coleção lendária após outra para a Chanel e a Fendi. Ele agora criaria 30 modelos para a H&M por uma fração do preço de qualquer vestimenta semelhante de sua autoria. Uma camiseta com o rosto de Lagerfeld por 20 dólares, uma blusa por 49, uma jaqueta de lantejoulas por 129 – para os amantes da moda, parecia bom demais para ser verdade.

"Eu sempre fui fascinado pela H&M", explicou Lagerfeld, "pois as pessoas que compram Chanel e outras coisas caras também compram lá. Para mim, essa é a moda de hoje." Lagerfeld, que esperava que o trabalho estimulasse um acesso mais amplo aos seus designs, ficou profundamente desapontado quando a H&M decidiu produzir suas roupas em edições limitadas.

"O que era para durar duas semanas acabou em 25 minutos", declarou ele. "Sinto muito pelos clientes, porque gosto da ideia de todos poderem usar Lagerfeld." A H&M, no entanto, ficou entusiasmada com o resultado. "Operamos esse negócio há cerca de 60 anos e nunca vimos nada parecido", disse o diretor de marketing da marca. "Estamos tão surpresos quanto os clientes." No mês seguinte, as vendas da empresa aumentaram em 24%. Era uma experiência que valeria a pena repetir.

Em retrospecto, 2004 marcou o triunfo da "moda rápida" que a Zara e a H&M criaram conjuntamente. A colaboração da H&M com Lagerfeld, somada à milésima loja da Zara, deu origem a uma nova abordagem que se tornou o padrão dominante na indústria: satisfazer os desejos do consumidor tão logo despontassem. A moda rápida era agora simplesmente moda. Versace, Roberto Cavalli, Alexander Wang, Stella McCartney e outras celebridades criaram suas próprias coleções para a H&M. A influência da Zara, entretanto, pode ser sentida no ritmo radicalmente alterado do restante da indústria. "Eles quebraram um ciclo bianual da moda que já durava um século", disse o editor Masoud Golsorkhi. "Agora, muitas empresas de moda sofisticada confeccionam de quatro a seis coleções a cada ano em vez de duas. Isso se deve inteiramente à Zara."

Quando a pandemia do novo coronavírus forçou o fechamento de milhares de locais, tanto da H&M quanto da Zara, ambas as empresas responderam com a velocidade que lhes é característica, priorizando rapidamente o varejo on-line, mudança que pode acabar se tornando permanente. O tempo dirá.

Independentemente do futuro de suas lojas físicas, a H&M e a Zara mudaram de forma radical as atitudes globais em relação ao vestuário. Antes valorizadas, as roupas são hoje substituíveis. As pessoas compram e descartam com muito mais rapidez do que no passado. Considerando a grande quantidade de resíduos e poluição envolvidos na fabricação de uma única peça, o tributo ambiental da moda rápida tem sido colossal. Embora ambas as empresas tenham prometido reduzir a descarga de poluentes em favor de recursos renováveis, seu verdadeiro compromisso com esses esforços ainda precisa ser comprovado. Enquanto isso, uma coisa é certa: a sustentabilidade agora está na moda. Com que rapidez a H&M e a Zara responderão a essa mudança?

ACORDANDO O GIGANTE:
MARY BARRA E A GENERAL MOTORS

Uma manhã de setembro de 2014. A CEO da General Motors, Mary Barra, está falando para 300 executivos globais da GM em um galpão no desolado bairro de Eastern Market, em Detroit. Essa reunião fora da sede é uma oportunidade para Barra levar a liderança a sintonizar o mesmo canal num momento decisivo na história da organização.

O mandato de Barra como primeira CEO da indústria automotiva foi difícil desde o início, por causa de um escândalo envolvendo chaves de ignição que acarretaram dezenas de mortes. Embora ela não estivesse no comando da empresa quando isso ocorreu, é fato que agora está, e foi ela quem teve que enfrentar o Congresso e as famílias das vítimas. Barra tem uma mensagem para os principais executivos da GM: é hora de a companhia assumir suas responsabilidades e começar a enfrentar os problemas de frente. Já se foi o tempo em que as Três Grandes montadoras podiam enterrar a cabeça na areia. Ela havia descoberto isso do modo mais difícil alguns anos antes, quando desempenhou um papel fundamental no processo de falência da GM.

"O que aprendi com a falência é que, quando você tem um problema, é melhor resolvê-lo, porque se não fizer isso, dentro de seis meses, geralmente, será pior", afirmou ela. "E dentro de dois ou três anos tudo pode estar destruído – inclusive você."

Nessa manhã, Barra não quer falar sobre cultura. Em sua opinião, cultura é uma palavra da moda, um conceito abstrato sobre o qual os CEOs anteriores só falavam da boca para fora. Ela sabe disso por experiência própria, pois trabalha na empresa desde a adolescência e cresceu em uma casa da GM. Para transformar ameaças novas e consideráveis em oportunidades – carros elétricos, veículos autônomos e compartilhamento de viagens –, o pessoal da GM precisará mudar de comportamento. "Comportamentos", diz ela à plateia, "são algo que podemos mudar agora, hoje." O comportamento que ela quer mudar em si mesma? Ser "muito gentil".

Há uma ironia não intencional na declaração de Barra. Em sua longa carreira na GM, ela provou ser uma líder empática, mas nada sentimental. "Nunca a observei tendo qualquer dificuldade em tomar decisões sobre pessoas, não importa quão difíceis fossem", disse um ex-dirigente. Nas palavras de outro, Barra comanda com "luvas de veludo e punhos de ferro". Ao longo dos anos, nas várias funções que desempenhou, ela presidiu ondas de demissões e dispensas, e raramente hesita em rebaixar ou demitir alguém que não desempenhe bem seu papel. Antes de falir, a GM sempre tentou encontrar novos cargos para pessoas com desempenho abaixo das expectativas. Nas palavras do chefe de RH global da GM, "Mary percebe quando as pessoas não estão fazendo nenhum bem às próprias carreiras nem estão ajudando a empresa". Agora, Barra declara sua intenção de manter um padrão ainda mais elevado e exige que seus funcionários façam o mesmo.

Para se adaptar às mudanças que virão, diz ela aos ouvintes, toda a empresa terá que aprender o que é a verdadeira responsabilidade. Como líderes, eles precisarão ter certeza de que as pessoas sob seu comando farão o que foi combinado: "Você fez seu plano; agora o ponha em prática." Quando a GM enfrentou o escândalo das chaves de ignição, a falta de responsabilização da empresa foi sintetizada nas audiências no Capitólio pela chamada "concordância da GM": a prática – comum a muitos funcionários – de concordar com uma ação numa reunião e em seguida não tomar nenhuma providência. Agora, diz Barra, a falha em implementar uma ação significa simplesmente que você não se importa com uma ação. E se você não se importa, você está fora.

Barra lê o feedback escrito por um gerente brasileiro que está sentado na plateia: "Sou novo na GM, mas parece que a empresa não entende que o problema de uma pessoa deve ser o problema de todos, especialmente nesse nível."

"É exatamente disso", diz ela ao gerente e aos demais presentes, "que precisamos."

"Se você acha que o sistema que temos implantado é o melhor", acrescenta ela, "você é parte do problema." Palavras ousadas de alguém que foi fundamental na reestruturação e na reorganização da GM ao longo dos anos. Mas Mary Barra não está interessada em melhorias relativas.

Ela quer vencer.

▴▴▴

Navegar no novo tem tudo a ver com agilidade. Para que um dirigente assimile uma grande mudança, ele deve ser capaz de reagir a ela em tempo hábil – o que nem sempre é possível. A burocracia e a cultura organizacional são algemas que impedem as empresas de tomar as medidas necessárias para garantir a própria sobrevivência. A RIM, por exemplo, relutou até para reconhecer, quanto mais responder, à ameaça representada pelo iPhone. Esse tipo de mal-estar institucional frequentemente acaba em destruição.

A agilidade começa na linha de frente de uma empresa. Às vezes, um líder pode sacudir a letargia de uma organização exercendo seu poder sobre as hierarquias abaixo dele e eliminando camadas frágeis da gerência média. No caso da GM, isso teria que ser feito com a maior celeridade possível. Depois que superou sua falência em 2009, a empresa enfrentou não apenas um, mas três grandes ventos contrários: veículos autônomos, compartilhamento de viagens e carros elétricos. Novos e vigorosos estreantes perseguiam cada oportunidade sem nenhum dos empecilhos que amarravam a GM – mas também sem seus amplos recursos. Que tipo de líder se faria necessário para ajudar a montadora a aproveitar esses recursos e superar os novatos?

Nascida em 1961, Mary Makela, ou Mary Barra, cresceu em Waterford, um subúrbio de Detroit, a capital mundial do automóvel. Tinha gasolina nas veias: seu pai, Ray, trabalhou na General Motors por 39 anos produzindo matrizes na fábrica de Pontiac. Isso numa época em que as montadoras americanas ofereciam alguns dos melhores empregos à classe proletária do país, com bons salários, ótimos benefícios e estabilidade. As Três Grandes empresas automotivas americanas – GM, Ford e Chrysler – competiam entre si, mas de forma relativamente leve, favorecidas por um mercado inigualável. Uma situação muito confortável para todas. Em particular, a GM desenvolveu uma "cultura fechada e voltada para dentro, que desencorajava riscos", nas palavras do *The New York Times*. A qualidade dos carros produzidos pelas Três Grandes foi caindo nas décadas de 1970 e 1980, o que proporcionou aos concorrentes internacionais, principalmente da Ásia, tempo suficiente para alcançar – e superar – as outrora dominantes marcas americanas.

Quando Barra era adolescente, seus pais lhe incutiram uma ética de trabalho. "Trabalhar duro era importante", disse Barra. "A gente trabalhava antes de brincar. Era essencial." Embora dividissem as tarefas domésticas seguindo as linhas tradicionais de gênero, eles nunca impuseram limites aos interesses de Mary. "Eu gostava de matemática e ciências", disse ela, "e eles me incentivaram a estudar isso." Ela também tinha permissão para observar seu pai consertando carros na oficina e acabou aprendendo a fazer isso sozinha. "Eu fazia o que queria", disse ela. Na GM, Barra costumava testar os carros, dirigindo em alta velocidade pela pista da empresa.

Integrante da National Honor Society (sociedade nacional do mérito) e com uma pontuação escolar média de 4.0 – uma das mais altas –, Barra se matriculou no Instituto de Tecnologia da General Motors (hoje conhecido como Kettering), uma universidade privada em Flint, Michigan, que praticava um modelo de educação cooperativa. Os alunos eram obrigados a trabalhar com a GM, ou com um dos outros parceiros corporativos da escola, para obter a graduação. Na escola, Mary passava metade do ano estudando e metade trabalhando para a GM, inspecionando capôs, painéis e para-lamas para novos Pontiacs. Após se graduar em engenharia elétrica no ano de 1985, Barra começou a trabalhar em tempo integral, como engenheira de fábrica.

A gerência da GM já estava começando a recrutar mais mulheres a essa altura, mas aumentou seus esforços após o histórico acordo judicial de 1983, num processo por discriminação trabalhista. Em conformidade com o acordo, a companhia estabeleceu metas para a promoção de mulheres e minorias. Gerentes foram incentivados a buscar talentos nesses grupos. A GM acabaria tendo em seu conselho e em cargos de gestão o dobro do número médio de mulheres que qualquer outra empresa do S&P 500 possuía. Mas Barra não foi tratada com muita gentileza. "Eles não estavam acostumados a ver muitas mulheres na fábrica", lembrou ela. "Cada vez que eu passava por determinado setor da Pontiac, um cara meio que dava um grito... Por fim, eu me aproximei dele e perguntei: 'Por que você está fazendo isso?' Ele respondeu: 'Não sei.'"

Perplexa, Barra propôs: "Bem, não podemos dizer só oi?"

Em 1988, ela ganhou uma bolsa da companhia para cursar a Escola de Pós-Graduação em Negócios da Universidade Stanford, formando-se entre os 10% melhores de sua turma. Passou então a ocupar uma série de cargos administrativos e de engenharia na GM, que, como quase todas as grandes empresas da época, era um lugar difícil para as mulheres se fazerem ouvir. Mais tarde, outras líderes do sexo feminino recordaram a intensa pressão sob a qual viviam para demonstrar suas qualificações perante os homens. "Você gasta muito tempo de sua carreira tentando provar que seu lugar é lá, que você merece um lugar à mesa", disse uma gerente de fábrica. E a coisa não ficou muito mais fácil, nem mesmo para alguém que tivesse subido na hierarquia. "Uma das minhas maiores frustrações na GM", disse Marina Whitman, uma das primeiras mulheres a atuar como vice-presidente da empresa, "foi que nunca fomos capazes de persuadir os membros da alta administração de que o mundo estava mudando rapidamente e eles precisavam acompanhar essa evolução." Apesar dos desafios institucionais, Barra minimiza o sexismo que encontrou ao longo do caminho, embora tenha se esforçado para ajudar outras funcionárias, inclusive criando um grupo de relacionamento interno para mulheres da companhia.

Barra, que sempre chegava ao escritório às 6 da manhã, era tranquila e discreta, mas firme, uma comunicadora nata, que impressionava todos com sua ética de trabalho e sua capacidade para obter consenso. Quando era gerente de planejamento da divisão de carros de médio porte, acabou chamando a atenção da liderança da GM. Em 1992, a companhia perdeu 23,5 bilhões de dólares, um recorde para qualquer empresa americana. O chefe de Barra foi então encarregado de reduzir custos e criar um processo comum para o lançamento de novos produtos nas montadoras. Na época, cabia aos gerentes decidir como reformar suas fábricas, e os resultados eram imprevisíveis. Uma abordagem compartilhada se fazia necessária. Barra mergulhou no desafio, desenvolvendo um sistema padronizado de reequipamento e formando uma equipe dedicada, cujo propósito era ajudar as fábricas a se adequarem à produção de novos modelos usando as melhores práticas da empresa.

Essas mudanças levaram ao lançamento, notavelmente bem-sucedido, do Pontiac Grand Prix. Após essa vitória, o gerente de Barra a indicou para uma promoção ao nível executivo. Em 1996, ela foi nomeada assistente executiva do CEO Jack Smith, trabalhando também para o vice-presidente, Harry Pearce. Era uma função que exigia agilidade: o objetivo era ajudar executivos promissores a se familiarizarem com a administração nos níveis mais altos. "Ela se destacava", disse Pearce mais tarde. "Conversa fácil, muito envolvente, sem um grande ego, com uma verdadeira sede de conhecimento." Nessa função, Barra trabalhou juntamente com Pearce para aprimorar o processo de recrutamento da GM, de modo a trazer para a empresa mais mulheres e minorias de alto potencial. Por exemplo: Barra e Pearce adicionaram a Howard University – uma faculdade historicamente negra em Washington, D.C. – à lista de recrutamento da GM. Três anos depois, Cary Cowger, presidente de operações da GM na América do Norte, decidiu colocar Barra como responsável pelas comunicações internas nessa região. "Fiquei impressionado com a inteligência dela", disse Cowger. "Tem um julgamento excelente e é muito confiável."

Cowger – que viria a se tornar um grande patrono de Barra na GM – a queria nas comunicações, porque precisava recompor o relacionamento da GM com os trabalhadores sindicalizados após a histórica greve de 1998. A próxima rodada de negociações com o Sindicato da Indústria Automotiva estava prestes a começar e as condições externas haviam mudado. Muitos no sindicato, porém, ainda acreditavam que a GM acabaria voltando à sua participação "natural" de 50% do mercado. Cowger precisava de alguém que pudesse ganhar a confiança dos trabalhadores e convencê-los de que não havia como voltar atrás. A empresa teria que obter concessões significativas no próximo contrato se quisesse se manter competitiva. Embora sua formação fosse em engenharia, Barra já havia demonstrado que podia se comunicar com os trabalhadores da fábrica com a mesma facilidade que tinha com os diretores. Para a GM, a nova função da engenheira seria também uma oportunidade para ela ocupar outros postos na organização, uma experiência essencial para alguém na trilha da liderança.

Apesar de sua inexperiência no setor de comunicações, Barra assumiu o cargo; ela já demonstrara talento para consertar processos defeituosos. Como chefe da comunicação interna, adaptou sua abordagem de modo a criar melhores processos em toda a empresa. "Ela aplicou uma mentalidade de engenharia às comunicações", disse um executivo. Depois que Barra deixou o cargo, a GM continuou a usar o sistema aprimorado que ela implementou. Em parte graças a esse sistema, não houve mais greves até 2007, quando a empresa estava a caminho da falência.

Em 2001, após seu sucesso em reparar as relações sindicais, Barra foi incumbida de ajudar a instituir na GM os métodos enxutos de fabricação utilizados no Japão. Simultaneamente, a empresa a convidou a participar de seu programa de treinamento para executivos de alto potencial. Em 2003, Barra deu mais um passo crucial na carreira de qualquer executivo da GM quando Cowger a colocou no comando da montadora da cidade de Hamtramck, uma das maiores e mais complexas da empresa. A fábrica, de última geração e com 3.400 funcionários trabalhando em dois turnos, produzia seis modelos de automóveis. Toda a instalação, no valor 3,6 milhões de dólares, ficou sob a supervisão de Barra. A função de gerente de fábrica na empresa era um campo de provas para os melhores talentos.

"A ideia", de acordo com Laura Colby, jornalista e autora de um livro sobre a carreira de Barra, "era que se você conseguisse lidar com a complexidade de administrar uma montadora do tamanho de uma cidade pequena, conseguiria administrar uma divisão da empresa." Em Hamtramck, Barra demonstrou ter grande habilidade interpessoal. Seu gerente direto, Larry Zahner, observou que ela caminhava pela fábrica com frequência, cumprimentando os funcionários pelo nome e perguntando por suas famílias.

Durante a gestão de Barra em Hamtramck, Cowger estabeleceu novas e ambiciosas metas, que normalmente teriam provocado centenas de demissões. No entanto, em vez de pedir a seus gerentes uma lista de funcionários a serem mandados embora, Barra trabalhou em estreita colaboração com cada chefe de setor para reorganizar as tarefas de todos, tornando mais eficaz o tempo de cada um. Com esse trabalhoso processo, ela conseguiu evitar totalmente as dispensas. "Aprendi muito observando a abordagem dela", disse mais tarde uma engenheira. "Ela é humilde, e isso faz com que as pessoas queiram trabalhar para ela. Ao mesmo tempo, pressiona cada um para que faça mais."

Seria difícil imaginar uma década mais turbulenta para alguém subir na hierarquia da GM. Outrora dominante, a empresa estava em queda livre, acorrentada a práticas de gestão antiquadas e atolada em burocracia. Em 2005, a GM registrou um prejuízo superior a 10 bilhões de dólares. Dois anos depois, o prejuízo anual ultrapassou 38 bilhões de dólares. As vendas, em 2008, caíram 45%. A GM, claro, não era a única montadora americana em dificuldades na época – a Ford e a Chrysler também estavam nas últimas. Tudo por causa do desgaste da população, da competição internacional e da Grande Recessão.

Em 2008, após provar seu valor como gerente de fábrica, Barra foi colocada no comando das atividades de engenharia da GM em todo o mundo. Mas em junho de 2009, após muitos esforços dos governos Bush e Obama para mitigar as perdas colossais da empresa, a GM pediu falência. Foi o quarto maior pedido de falência da história dos Estados Unidos. Posteriormente, recebeu um resgate financeiro de 49,5 bilhões de dólares do governo, com o qual o Tesouro assumia a propriedade quase total dos ativos remanescentes da empresa. Novos líderes, aprovados pelo governo, foram designados para levar a GM – "Government Motors", segundo os detratores do acordo – a dar a volta por cima.

A nova liderança decidiu colocar Barra como responsável pelo Departamento de Recursos Humanos, onde teria sob sua supervisão cerca de 200 mil funcionários. Foi uma escolha estranha em se tratando de uma engenheira, mas Barra havia se destacado nas comunicações corporativas e fizera maravilhas para elevar o moral dos trabalhadores após uma greve. Para sobreviver, a organização precisaria ser simplificada e otimizada, e Barra havia demonstrado talento nesse tipo de desafio. Mesmo assim, ela hesitou. Mulheres em cargos executivos nos Estados Unidos muitas vezes acabavam no "gueto rosa" – as chamadas funções burocráticas, que raramente levavam à diretoria. Após considerar suas opções com cuidado, porém, Barra decidiu aceitar a proposta. Naquele momento decisivo, com a sobrevivência da GM em jogo, o cargo seria uma oportunidade incrível para moldar a futura cultura da empresa. Ela seria responsável pela força de trabalho num período em que milhares de pessoas estariam deixando a empresa e outras tantas sendo recrutadas. Caberia a Barra lutar em Washington para garantir que os talentos de ponta da GM não fossem procurar uma oportunidade melhor em outro lugar.

Como ela disse mais tarde ao *The New York Times*: "Fiquei muito mais impaciente a respeito de como fazemos as coisas e com que rapidez as fazemos." Claramente, a GM precisaria reduzir sua burocracia e sua hierarquia, tornando-se ágil o suficiente para responder a um mercado em rápida transformação. Em alguns casos, isso era tão simples que chegava a ser chocante. Por exemplo, reduzir um código de vestuário com dez páginas a duas palavras: "Vista-se adequadamente." As mudanças feitas por Barra tinham também o propósito de capacitar os gerentes para decidirem o que era adequado para suas próprias equipes. Muitos deles, entretanto, acharam o grau de autonomia perturbador. "Isso se tornou uma janela para as mudanças que precisávamos fazer na General Motors", explicou Barra. Quando os gerentes a procuravam em busca de orientação, ela usava a nova política como ferramenta de ensino: "Eu explicava tudo e perguntava: 'O que você faz?' E eles diziam: 'Eu gerencio 20 pessoas e um orçamento de 10 milhões de dólares.' Então eu continuava: 'Quer dizer que posso confiar em você para gerenciar 20 pessoas e 10 milhões, mas não posso confiar em você para descobrir o que é se vestir adequadamente?'"

No final de 2009, Dan Akerson se tornou o quarto CEO da GM em apenas 18 meses. Barra, que nas reuniões demonstrava extraordinários conhecimentos sobre quase todos os aspectos das operações da empresa, despertou a atenção de Akerson desde o início. Ele não conseguia entender como alguém assim estava dirigindo o Departamento de Recursos Humanos. Mais tarde, ele disse que "foi a pior alocação de talento que já vi na minha vida". Então decidiu agir. Em 2011, ele nomeou Barra vice-presidente sênior de desenvolvimento global de produtos. Ela seria responsável pelos projetos, fabricação e marketing de todos os carros da GM. "Mary trará uma nova perspectiva para o trabalho, extremamente importante, de desenvolver veículos que encantem os clientes globais", disse ele em um comunicado. "Sua ampla experiência em engenharia, fabricação e relacionamento com o pessoal, combinada com sua capacidade de colaborar e construir vínculos fortes, aumentará nosso potencial para entregar os produtos que os consumidores demandam hoje."

Com 100 modelos de veículos diferentes sob sua responsabilidade, Barra adotou um lema: "Chega de carros ruins." Por mais que adorasse clássicos como o Pontiac Firebird e o Chevy Camaro, ela sabia que a GM havia ficado muito para trás em qualidade, e também sabia por quê. Como explicou à revista *Fortune*, o problema era que "às vezes, tantos limites eram impostos aos funcionários que não lhes dávamos uma receita para o sucesso". Barra decidiu então definir um novo padrão e capacitar os funcionários para que o cumprissem. "Não aceitarei desculpas", disse ela. "Seja aumentando o orçamento ou nossos recursos, temos que fazer ótimos carros, caminhões e *crossovers*, e o nosso trabalho é permitir que os funcionários façam isso."

A eficiência é fundamental para a agilidade. Ao longo de décadas, a GM foi se tornando extremamente ineficaz, não só em suas decisões internas como também em seus métodos de produção. Parte do problema estava no número cada vez maior de plataformas de automóveis. As montadoras desenvolvem carros para diferentes mercados usando um conjunto compartilhado de itens chamado de plataforma. Por exemplo, um carro de luxo como o Lexus ES é construído nos mesmos moldes e com os mesmos componentes que um Toyota Camry, e só mais tarde é modificado. Trata-se da mesma abordagem que a IKEA usa para manter seus custos baixos: o mesmo painel de madeira pode aparecer em uma mesa, uma cômoda e um armário. Cabe aos designers descobrir como fazer uma peça que sirva a vários propósitos.

Mas a GM se descuidou das plataformas de produção, e literalmente passou a reinventar a roda ao projetar novos carros. Barra queria otimizar o número de plataformas, de modo a acabar com feudos existentes nos departamentos de compras e de desenvolvimento de produtos. Obteve tanto sucesso que, em 2013, foi promovida a vice-presidente executiva e também incumbida de monitorar a cadeia de suprimentos. Agora supervisionando os esforços de 35 mil funcionários em 130 países, Barra ocupava o segundo posto da GM. Nesse cargo, defendeu motores com baixo consumo de combustível e veículos mais leves, duas das maiores vulnerabilidades da empresa.

Na opinião do CEO Dan Akerson, Barra "trouxe ordem ao caos" ao limpar a burocracia e nivelar a organização, livrando-se de desnecessárias camadas de gerenciamento intermediário. Se conseguisse melhorar a cultura e os carros, certamente teria os requisitos para dirigir a GM como um todo. Em 2014, Barra venceu três candidatos homens, por decisão unânime, e se tornou CEO da GM, a primeira mulher a chefiar uma das Três Grandes montadoras. Enquanto Akerson conquistara o posto sem nenhuma experiência automotiva anterior, Barra, em suas palavras, "conhecia carros". Tinha a GM em seu DNA e a vontade necessária para impulsionar grandes mudanças: "Este é realmente o próximo capítulo na história da recuperação e da mudança de rumos da companhia", disse ela aos funcionários.

Em certo sentido, o momento era ideal. O anúncio foi feito um dia depois que o Tesouro americano vendeu as últimas ações da GM. Para a surpresa de economistas e também dos cães de guarda pessimistas da indústria, o resgate da "Government Motors" pelo governo foi um sucesso absoluto. A empresa já tinha então recuperado 18% do mercado e se mantinha lucrativa havia 15 trimestres consecutivos.

Em outro sentido, porém, Barra estava recebendo uma empresa em crise. Poucos dias após assumir seu posto, em janeiro, um escândalo veio à tona. Foi quando o público soube que interruptores de ignição defeituosos haviam sido instalados em vários modelos ao longo dos anos, inclusive nos Chevrolet Cobalts e nos Saturn Ions mais antigos, o que provocara dezenas de mortes e um número ainda maior de feridos. Essas peças defeituosas instaladas em 2,6 milhões de veículos poderiam interromper o funcionamento do motor com o veículo em movimento e até mesmo impedir que os airbags se inflassem, caso ocorresse uma colisão. Durante anos, a empresa ocultou deliberadamente a verdadeira causa desses acidentes e fez tudo o que pôde para evitar um recall. Somente com os esforços extraordinários do advogado de uma das vítimas, que obteve documentos da GM e colheu depoimentos de seus engenheiros, a situação veio à tona.

Funcionária de carreira da GM, Barra declarou que não tinha conhecimento do problema, mas reconheceu que a origem do comportamento de seus dirigentes estava no próprio manual da empresa: minimizar a importância do problema, lutar na Justiça, atrasar um recall. Ela sabia que esse aspecto da cultura da GM teria que desaparecer, e desaparecer para sempre. Sob a direção de Barra, a companhia assumiu total responsabilidade pelas peças defeituosas e criou um fundo de reparação para as vítimas antes que qualquer culpabilidade fosse legalmente estabelecida. Para impulsionar a responsabilidade dentro da organização, Barra conduziu uma investigação interna que resultou na demissão de 15 pessoas, inclusive um vice-presidente e vários funcionários seniores. Ela também criou, pela primeira vez, o cargo de chefe global de segurança. Após uma análise aprofundada de cada recall de segurança pendente, a GM anunciou 84 recalls envolvendo 32 milhões de carros, mais veículos do que a empresa vendera em três anos – todos no primeiro ano de Barra como CEO. Diante de um comitê da Câmara, ela enfrentou a situação diretamente: "A GM de hoje fará a coisa certa", disse. "Isso começa com minhas sinceras desculpas a todos os incluídos neste recall, sobretudo a familiares e amigos dos que perderam a vida ou ficaram feridos. Lamento profundamente."

Pedir desculpas parece simples, mas é algo muito raro no mundo dos negócios. Barra manipulou as cartas que recebeu com honestidade e franqueza. Para ela, não foi uma decisão difícil assumir a responsabilidade pela equipe. Ela devotava uma enorme lealdade à General Motors, apesar de todos os problemas da empresa: "Os carros põem comida na nossa mesa e me colocaram na faculdade", disse em uma entrevista. "Esta indústria me deu uma carreira e proporcionou excelentes oportunidades a inúmeras famílias."

A GM pagou 900 milhões de dólares em um acordo com o governo dos Estados Unidos e gastou outros 600 milhões para resolver os processos por morte e lesões. A resposta decisiva e transparente de Barra à crise permitiu que a empresa saísse das sombras do escândalo muito antes do que o faria caso tivesse adotado as táticas habituais de negar e dificultar. A resposta da GM foi "extraordinária", nas palavras do promotor dos Estados Unidos Preet Bharara. "É por isso que tudo foi solucionado em 18 meses, não em quatro anos." Mas resolver as questões legais foi apenas o início. Com os recalls em andamento, era hora de endireitar o curso do navio. Para isso, Barra adotaria a mesma estratégia que usou para depurar as práticas do departamento de Recursos Humanos após o resgate financeiro do governo.

"Se pensamos que resolver esse problema e fazer algumas mudanças no processo será suficiente, estamos muito enganados", disse Barra a centenas de trabalhadores da GM em uma apresentação. "Eu não quero deixar isso para trás. Quero manter essa experiência dolorosa permanentemente em nossa memória coletiva. Não quero esquecer o que aconteceu, porque não quero que aconteça novamente." Um executivo aposentado da GM disse que as observações de Barra "eram diferentes de tudo o que qualquer CEO anterior já dissera".

Na opinião de Barra, o verdadeiro culpado no escândalo de segurança não eram más ações deliberadas, mas a burocracia. A estrutura corporativa complicada tornava difícil, para os funcionários, expressar suas preocupações sobre assuntos como os interruptores de ignição, e fácil, para os gerentes, ignorar essas preocupações caso fossem externadas. Para evitar a recorrência de um escândalo semelhante, ela precisaria estabelecer uma comunicação mais direta entre os funcionários da linha de frente e o alto escalão. "Os problemas não desaparecem quando nós os ignoramos, apenas ficam maiores", disse ela num discurso de formatura na universidade que cursara. "Pela minha experiência, é muito melhor reunir as pessoas certas, fazer um plano e enfrentar todos os desafios." Para estabelecer a linha de comunicação, ela instituiu o "Fale em Nome da Segurança", um programa que possibilita a qualquer funcionário relatar preocupações sobre os veículos diretamente à alta direção. Seu slogan era simples: "Se você está preocupado, eu estou preocupado." Ela também enviou engenheiros para passar algum tempo nas concessionárias e aprender mais sobre como os clientes pensavam e agiam.

Esse ciclo de feedback – de clientes a funcionários da linha de frente e à liderança – não só preveniria desastres como o da chave de ignição como também daria à GM a agilidade necessária para enfrentar os veículos elétricos, os autônomos e o compartilhamento de caronas. A convergência dessas três forças destruidoras havia criado um enorme clima de incerteza para as montadoras estabelecidas. Ninguém podia prever como cada fator se combinaria com os outros, alterando para sempre os hábitos globais de compra e direção de automóveis. A GM precisaria ser ágil se quisesse sobreviver.

A liderança corajosa de Barra revigorou a empresa. Embora buscasse consenso, realizando "reuniões no salão" para obter sugestões dos funcionários sobre cada produto, ela não hesitava em tomar decisões por conta própria quando achava necessário. Essa combinação entre abertura e determinação valeu a pena. Em 2016, a GM bateu recordes de vendas, com o volume global chegando a 10 milhões. Naquele ano, depois que Barra foi eleita presidente do conselho, a revista *Fortune* a nomeou a mulher mais poderosa do mundo.

Como presidente do conselho de administração e CEO, Barra alinhou decisivamente a GM com as novas tendências que o setor enfrenta. Para acompanhar o fenômeno do compartilhamento de caronas, ela se aliou ao serviço Lyft, investindo nele 500 milhões de dólares para contribuir na formação de uma rede conectada de carros autônomos. E para acelerar os esforços da GM no sentido de desenvolver veículos autônomos, ela adquiriu, por 1 bilhão de dólares, a Cruise Automation, uma start-up de veículos desse tipo. Adquiriu também a Strobe, fabricante de tecnologia de imagens a laser, que ajuda os veículos autônomos a "ver" a estrada e avaliar as condições da área ao redor. (Em 2018, a unidade de carros autônomos da GM foi avaliada em 14,6 bilhões de dólares.) Para reivindicar um espaço no setor de veículos elétricos, ela fez com que a GM chegasse ao mercado antes da Tesla, de Elon Musk, com o primeiro carro elétrico com autonomia de 300 quilômetros e preço acessível, o Chevrolet Bolt EV.

Barra nunca se interessou em simplesmente se equiparar a estreantes inovadores, como a Tesla. Aos olhos dela, a GM é a montadora dominante, deve estar na *pole position* de carros elétricos e de outras novas tecnologias. Isso exigiu uma estratégica redução de despesas. Assim, em 2019, a empresa passou por uma substancial reestruturação que atingiu quase 4 bilhões de dólares e envolveu cortes na produção de várias fábricas e o abandono de mercados antes importantes, desde a Europa Ocidental até a Nova Zelândia. E sua força de trabalho foi reduzida em 15% – 25% nos quadros executivos –, num total de 14 mil empregos. O ex-vice-presidente Bob Lutz foi franco ao comentar as medidas tomadas por Barra: "Hoje em dia, a GM leva em conta a dura realidade... Acho que o que estamos vendo é uma gestão de ação rápida e orientada para a realidade."

Por mais dolorosas que as dispensas tenham sido para a filha de um funcionário da GM, Barra sabia que eram essenciais para reunir os fundos necessários à inovação e garantir o futuro da empresa. Sob sua liderança, a GM já não está alocando todos os seus esforços na venda de carros e caminhões baratos em mercados emergentes, mas apostando alto em veículos elétricos autônomos. Em 2019, a empresa se associou à LG Chem em um empreendimento no valor de 2,3 bilhões de dólares destinado à fabricação de células de bateria no estado de Ohio. Em 2020, sua subsidiária, a Cruise, apresentou um novo veículo elétrico autônomo, enquanto a própria GM lançava 11 modelos totalmente elétricos, com planos para lançar mais vinte até 2023.

Barra expressou suas intenções como CEO sem rodeios em um discurso que fez em Detroit: "Quero deixar claro que a época em que a GM era uma concorrente cortês acabou", disse ela. "Seremos éticos, é claro. Mas seremos também competidores difíceis e implacáveis... Sou impaciente. Quero vencer, não só sobreviver. Não só ficar esperando. Não quero ser apenas competitiva. Mas vencer."

▴▴▴

Ao longo da história das guerras, batalhas foram vencidas e perdidas com base na capacidade de um líder para responder ao novo: novo território, novas táticas, nova tecnologia. Se você tentar vencer o novo com os métodos antigos, acabará sendo derrotado. Para vencer, será preciso usar o novo.

Repetidamente, vemos que dominar novas demandas exige ousadia e agilidade. Líderes que conseguem tirar empresas moribundas de suas zonas de conforto ainda podem sair triunfantes. Adoramos contar a história do agressivo recém-chegado que derruba o poderoso consolidado. A verdade é que empresas estabelecidas reagem com muito mais frequência do que admitem os criadores de mitos. Às vezes, basta um único golpe estratégico. Como veremos no próximo capítulo, uma guerra inteira pode ser vencida com a descoberta de um ponto fraco – a leve vulnerabilidade de um competidor –, atacando-o sem piedade.

6

EXPLORANDO VULNERABILIDADES

Na guerra, evite o que é forte e ataque o que é fraco.

– SUN TZU, *A arte da guerra*

Tudo é válido – no amor e na guerra de negócios. Empresas aparentemente invulneráveis podem ficar por um fio, seguras apenas enquanto ninguém notar esse fio. Algums oponentes, no entanto, têm um dom especial para detectar vulnerabilidades, seja um funcionário indispensável insatisfeito ou uma base de clientes frustrada, pronta para encontrar algo novo. Ao procurar uma fraqueza em seu concorrente, observe primeiro seus líderes. Os defeitos deles são suas maiores oportunidades.

Às vezes as guerras de negócios são vencidas com anos de paciência, esforço e estratégia. E às vezes são vencidas com um único golpe oportuno.

O IMPERADOR NÃO TEM FONES DE OUVIDO: BEATS BY DRE X MONSTER CABLE

Ano de 2008. Santa Monica, Califórnia. Quatro homens estão reunidos na sede da Interscope, a gravadora vanguardista que promove artistas como Tupac Shakur e Nine Inch Nails. De um lado da mesa estão Jimmy Iovine, cofundador da Interscope, e Andre Young, um rapper e produtor de hip-hop mundialmente famoso, mais conhecido como Dr. Dre. Do outro lado estão Noel e Kevin Lee, pai e filho. Noel é CEO e fundador da Monster, uma empresa conhecida por seus excelentes cabos de alto-falantes. Noel fez fortuna explorando uma fraqueza: o ego de seus clientes. Em seus esforços para serem vistos como ouvintes sofisticados, os clientes pagam mais pelos cabos de alto-falantes produzidos pela Monster, que não fazem diferença perceptível no som.

Mas Noel tem sua própria vulnerabilidade: seu filho, Kevin, que, ao contrário do pai, não é engenheiro nem empresário nato. Ele vem tentando deixar sua marca na empresa de Noel – e impressionar seu bem-sucedido pai – há quase 15 anos. Agora intermediou uma importante reunião com dois lendários titãs da indústria da música. Esse encontro representa a melhor chance de Kevin para ajudar a empresa e ganhar a aprovação de Noel.

Seis meses antes, Iovine e Dr. Dre haviam procurado a Monster para conversar sobre uma possível parceria para vender alto-falantes da marca. Noel os convenceu a tentar fones de ouvido. Mas como o negócio fracassou, Iovine e Dr. Dre abordaram outro fabricante. Agora, a Monster fora convidada a negociar novamente, e o motivo era claro. O lamentável resultado do trabalho do outro fabricante está na mesa diante deles: um par de fones de ouvido quadrados que parecem malfeitos, longe da aparência estilizada que Iovine e Dre estão buscando. E o *som* também não parece grande coisa. Para começar, os graves não são satisfatórios.

Noel Lee sabe que não deve dizer "Eu avisei" a homens como Iovine e Dre, mas as palavras estão estampadas em seu rosto. Para produzir um produto de áudio com apelo de massa, acredita ele, você vai precisar do inestimável conhecimento especializado da Monster.

Embora Iovine e Dre sejam megaprodutores, eles não entendem muito de eletrônicos de consumo. Esse é o campo de batalha da Monster, o que dá a Noel uma grande vantagem na negociação. O que Noel não percebe é que Dre e Iovine também notaram a vulnerabilidade *dele*: a injustificada confiança em seu filho. Na primeira vez, a ingenuidade e a ignorância de Kevin Lee arruinaram a negociação. Se Noel exigir que Kevin cuide da transação de novo, eles não terão alternativa a não ser negociar com ele. Afinal, eles são da indústria musical. Podem não conhecer eletrônica, mas com certeza sabem escrever um contrato unilateral.

▲▲▲

Os pais de Noel Lee, Chein-San e Sara, imigraram da China para os Estados Unidos em 1948. Chein-San era correspondente da Agência Central de Notícias da China, mas a revolução comunista chinesa levou a instituição a atravessar o Mar da China Meridional e se estabelecer em Taiwan. Poucos meses depois que ambos chegaram aos Estados Unidos, seu filho nasceu. Era dia de Natal, então o nome parecia óbvio.

Noel e suas quatro irmãs cresceram em San Francisco nas décadas de 1950 e 1960. Era uma época de enorme convulsão social e cultural. Por mais progressista que fosse a cidade, porém, velhos problemas permaneciam. "Durante minha infância", disse Lee, "as coisas eram difíceis, porque a discriminação contra os asiáticos era muito forte." Desde muito jovem, Lee desenvolveu um gosto musical extraordinariamente eclético. E também aprendeu a tocar bateria, mas nunca deixou a prática interferir em seus estudos. Foi um aluno excepcional e tinha uma ética de trabalho inflexível: "Trabalhe 24 horas por dia, sete dias por semana. Só durma quando estiver morto." Após se formar em engenharia mecânica pela Universidade Politécnica do Estado da Califórnia, ele foi contratado pelo Laboratório Nacional Lawrence Livermore, onde se dedicou aos lasers usados na fusão nuclear.

Engenharia de ponta em uma instituição de prestígio tem suas próprias recompensas, mas para Lee era apenas um bico. Casado e com um filho, ele gostava da estabilidade, mas, como muitos empresários natos, simplesmente não estava satisfeito com os desafios do emprego. À noite e nos fins de semana, ele tocava em uma banda asiática de folk rock chamada Asian Wood: "Covers da banda Crosby, Stills & Nash, camisas havaianas do mesmo tipo e calças boca de sino brancas", nas palavras de um jornalista. E como muitos amantes da música com experiência em tecnologia na época, quando não estava disparando lasers ou tocando bateria, Lee remexia em seu sistema estéreo de alta-fidelidade.

O salário de engenheiro de Lee lhe proporcionava componentes de alto-falante decentes, mas ele constatou que todos os sistemas estéreos compartilhavam uma vulnerabilidade crítica: os *cabos* entre os componentes. Na época, os sistemas de alto-falantes eram conectados com o mesmo cabo fino e barato usado em lâmpadas e outros aparelhos domésticos comuns. Quando o componente não vinha com os fios, como era habitual, as pessoas podiam simplesmente comprar um "fio de lâmpada" a 30 centavos de dólar o metro em alguma loja de ferragens e fixar, elas mesmas, os conectores necessários.

Engenheiro e amante de música, Lee achava que um fio barato prejudicava o som. Portanto, começou a fazer experiências para encontrar uma solução melhor. Noite após noite, ele retorcia e trançava fios de diferentes larguras e composições, ou os envolvia em diferentes tipos de isolamento, para ver se conseguia melhorar a fidelidade de seu sistema de som. A *Abertura 1812*, de Tchaikovsky, peça familiar a ele e com ampla faixa dinâmica, lhe servia como base para comparação sônica. Depois de pacientes experimentações, Lee acabou descobrindo que o cabo grosso de calibre 12 com uma porcentagem maior de cobre, após ser trançado e isolado adequadamente, melhorava notavelmente o som. Pelo menos, *ele* notava alguma diferença.

Antes que levasse essa descoberta adiante, um agente de viagens havaiano ofereceu à Asian Wood uma turnê mundial. Lee aproveitou a oportunidade. Sua decisão impulsiva de correr um risco como esse, apesar de ter uma família para sustentar, ilustra como ele estava ansioso para escapar da estagnação de seu trabalho diário. Noel Lee simplesmente não pretendia passar o restante da vida enclausurado em um laboratório.

Ele deixou então o emprego e levou a esposa e o filho para o Havaí, primeira parada da banda. Infelizmente, a "turnê mundial" foi cancelada depois de apenas duas semanas. Sem dinheiro para retornar, Lee passou 18 meses no Havaí, apresentando-se em shows locais, de modo a poder comprar três passagens de avião para São Francisco. Embora seus sonhos de estrelato tivessem que esperar, ele não se arrependeu da experiência. "Foi lá que aprendi a administrar um negócio", disse ele, "o negócio de lidar com desprezíveis proprietários de casas noturnas, que não me pagavam." Apesar da frustração da oportunidade perdida, Lee provou a si mesmo que poderia se virar sozinho, sem uma carreira tradicional. Não era tão confortável e seguro quanto um trabalho convencional, mas agora ele sabia que tinha estômago para ser um empresário. Em casa, Lee começou a embalar as bobinas do "Monster Cable" ("cabo monstro" – os fios eram monstruosamente grossos em comparação com um fio de lâmpada), que vendia de porta em porta. Para despertar interesse pelo novo produto, ele fazia demonstrações em feiras e lojas de aparelhos de som.

No início, o Monster Cable foi "uma solução para um problema que ninguém sabia que tinha", comentou ele mais tarde. Ou, como disse seu filho, Kevin, "uma cura para nenhuma doença". Em 1978, Lee alugou parte do estande de outra empresa na Consumer Electronics Show (CES), em Chicago, a feira comercial mais importante do setor. Para convencer os ouvintes do valor de seu produto, ele alternava entre um sistema com um fio de lâmpada e outro com o cabo Monster. Com essas demonstrações, Lee revelou uma compreensão fantástica da psicologia dos audiófilos. Se alguém *não conseguisse* notar nenhuma diferença no som, provavelmente não admitiria isso na frente de seus colegas. E se a diferença fosse óbvia para todos os outros?

No ano seguinte, Lee gastou 50 mil dólares de suas economias para garantir seu próprio estande na CES. Era uma aposta arriscada, mas valeu a pena: a Monster, sua empresa recém-criada, recebeu um pedido de 30 mil cabos. Com essa gigantesca encomenda em mãos, Lee fez um empréstimo comercial de 250 mil dólares, alugou uma fábrica nos arredores de San Francisco e se declarou o "Monstro Chefe" da nova empresa.

Lee sabia que os varejistas seriam a chave para colocar seu produto no maior número de mãos – e ouvidos – possível. Os cabos Monster eram uma perfeita compra por impulso. Os olhos dos clientes eram instantaneamente atraídos para aqueles conectores folheados a ouro. Ele melhorou ainda mais a aparência do produto com embalagens de luxo e mostruários elegantes para lojas. Em seguida, trabalhou agressivamente para colocar seus cabos em todos os lugares, desde lojas de aparelhos eletrônicos até grandes redes e lojas de departamentos. Ao fazer isso, Lee democratizou o mundo rarefeito da alta-fidelidade – agora qualquer um poderia comprar um equipamento de áudio dispendioso.

O momento era ideal para a Monster. O som de alta-fidelidade era o desejo de muitos no final dos anos 1970 e na década de 1980. No entanto, a maioria dos componentes de alto-falantes para audiófilos, como toca-discos e receptores de última geração, estava fora do alcance do consumidor médio. Alguém que talvez nunca junte os milhares de dólares necessários para a aquisição de um *subwoofer* top de linha, porém, pode ser persuadido a comprar um cabo premium pela pechincha de 1,80 dólar o metro. Em comparação com outros, os cabos Monster eram um luxo, mas em comparação com um novo alto-falante, eram baratíssimos. E quem sabe? Talvez um cabo sofisticado melhorasse o som daquele estéreo comum que você não tem como trocar por um melhor.

Embora um cabo de 30 dólares não multiplicasse o faturamento por si só, a margem de lucro bruto era de 45%, enquanto a da maioria dos produtos de áudio era de 30%. Isso contava para os varejistas. Eles também adoravam os cabos Monster porque não prejudicavam nenhum negócio existente. Se você não persuadisse um cliente a comprar um cabo premium, acabava dando a ele, por cortesia, um cabo de lâmpada. Nesse sentido, todos os cabos Monster que você vendia eram lucro. Para os audiófilos, por sua vez, os cabos eram um complemento natural para sistemas novos e dispendiosos – e, em relação à conta total, uma insignificância. Como disse o analista de tecnologia Martin Reynolds, se você vai gastar uma pequena fortuna em um aparelho de som, "vai querer economizar nos cabos?".

Os cabos de Lee melhoram de fato o som de um sistema estéreo de alta--fidelidade? Nas primeiras feiras de negócios, muitos ouvintes afirmavam com orgulho que conseguiam perceber a diferença. Com sua formação de músico e a atenção aos detalhes de um engenheiro, é possível que Lee tenha conseguido detectar uma diferença significativa. Mas a maioria das pessoas, mesmo os audiófilos, não consegue. "Ninguém jamais foi capaz de distinguir o cabo especial de um fio vagabundo", disse Tom Nousaine, editor técnico da revista *Sound & Vision,* que fez várias comparações ao longo dos anos. "O melhor lugar para comprar cabos de alto-falantes é a Home Depot (grande rede de insumos para o lar, inclusive material elétrico)." Cada vez mais, porém, os audiófilos pensavam o contrário. "Nós descomoditizamos um produto comum", comentou Lee mais tarde.

O lema de Lee desde o início era "ouvir para crer". No mercado dos audiófilos, as pessoas muitas vezes ouvem o que *esperam* ouvir. A aparência amplifica, e até supera, o desempenho real. O cabo Monster era visivelmente mais resistente do que os outros e ostentava conectores folheados a ouro. Seu *aspecto* dava a impressão de que deveria melhorar o som. Mas se você não percebesse a diferença, iria reclamar com o vendedor? E se melhorasse? E se a diferença fosse óbvia para todo mundo, menos para você? Reclame do cabo e todo mundo vai saber que seus ouvidos não estão tão afiados quanto você pensa.

Tendo passado um bom tempo nas trincheiras vendendo aparelhos de som, Lee sabia o que motivava os vendedores. E estabeleceu para eles programas especiais de treinamento, oferecendo incentivos atraentes, como férias pagas. Lee investia até 15% da receita bruta da empresa nesses esforços, muito mais do que na publicidade direta ao consumidor. Ele sabia o ponto exato do processo de compra em que os consumidores eram mais vulneráveis aos argumentos de venda e concentrou aí sua estratégia.

Sob a liderança de Lee, a Monster foi crescendo ao longo da década de 1980, à medida que encontrava mais e mais maneiras de estender a marca por toda a categoria de eletrônicos de consumo, lançando divisões como Monster Photo, Monster Game e Monster Computer. Para extrair até o último centavo dos clientes, ele até criou as Monster Mints (balas) – um último item para jogar no carrinho na fila do caixa. Em 1997, a receita anual da Monster era de 50 milhões de dólares e a empresa tinha 400 funcionários distribuídos entre seus escritórios na Califórnia e em Israel. Hoje, já diversificou seus produtos em mais de mil itens nas áreas de áudio, vídeo e jogos.

Com o reconhecimento do nome da Monster entre os audiófilos, tentar produzir os próprios componentes era algo que fazia sentido. Mas Lee esperou demais para expandir a marca dos cabos de alto-falantes para os alto-falantes. Uma mudança de hábito no setor de áudio já estava refazendo a indústria. A ascensão dos toca-fitas portáteis anunciou que a era dos sistemas estereofônicos multicomponentes de alta-fidelidade estava chegando ao fim. Um Sony Walkman não poderia substituir completamente o som de um sistema estéreo adequado – cada fita reproduzia apenas uma hora de música, e a qualidade do áudio não era comparável nem mesmo à dos toca-discos e alto-falantes mais básicos. Com o lançamento do iPod da Apple, em 2001, porém, tornou-se possível armazenar mil músicas e reproduzi-las com fidelidade digital. E cada nova iteração do iPod significava que os ouvintes podiam andar com cada vez mais músicas no bolso. As pessoas começaram então a "extrair" músicas de seus CDs e até mesmo a pirateá-las na internet. Para que precisariam daquele enorme sistema de alto-falantes e daquelas pilhas de discos e CDs ocupando espaço na sala? A escuta móvel estava substituindo rapidamente a escuta doméstica.

Assim, os alto-falantes da Monster, como todos os demais, foram perdendo terreno. Diante desse quadro, Noel Lee declarou: "Os grandes alto-falantes já eram. Não há como romantizar sua venda. Não se pode trazer os alto-falantes de volta porque seu tamanho físico e o espaço onde as pessoas escutam música são diametralmente opostos. Você não pode levar um alto-falante para a academia nem para o metrô." Mas isso não significava que as pessoas já não quisessem um áudio de alta qualidade. Lee deu uma olhada no iPod e, assim como fez com os sistemas de alto-falantes na década de 1970, identificou uma vulnerabilidade no aparelho: os icônicos fones de ouvido brancos. Da mesma maneira que os fabricantes de alto-falantes incluíam um "fio de lâmpada" grátis, mas de baixa qualidade, entre seus componentes premium, a Apple estava agregando fones de ouvido baratos e de som ruim aos seus dispositivos de última geração. De que servia um áudio cristalino se você ouvia as músicas com fones de ouvido minúsculos? Era uma vulnerabilidade que a Monster poderia explorar. Como disse Lee, "os fones de ouvido são os novos alto-falantes". Assim, a Monster começou a desenvolver sua própria linha de fones. Uma vez mais, Noel Lee venderia às pessoas algo que elas recebiam de graça.

A essa altura, Lee já estava preparando seu filho, Kevin, para um papel de liderança. Durante algum tempo, Noel colocou Kevin no comando de uma subsidiária da Monster que fabricava móveis projetados para esconder equipamentos de home theater – mesas que podiam conter *subwoofers*, sofás com almofadas que vibravam em sincronia com as explosões de um filme. Em 2006, Noel enviou Kevin para Los Angeles com a tarefa de convencer estrelas pop a lançar músicas no novo formato de áudio da Monster, uma alternativa de alta definição ao MP3. "Você tem que buscar Usher, Mary J. Blige, U2", disse ele ao filho. Não era pouca coisa, mas Kevin fez o trabalho de campo e, entre outros luminares, conseguiu se conectar com Jimmy Iovine, o produtor musical mais renomado e influente no negócio. Embora o novo formato de áudio da Monster tenha falhado, a inciativa levou Kevin a algo potencialmente mais valioso: uma reunião com o presidente da Interscope e seu parceiro, Dr. Dre.

▴▴▴

Se o rápido crescimento no download de músicas provocava ondas no mercado de eletrônicos de consumo, estava gerando também um avassalador tsunami na indústria musical. A pirataria era galopante, e até as vendas legítimas de música on-line corroíam os lucros totais – pela primeira vez, os consumidores podiam comprar somente as músicas que queriam de um álbum inteiro.

Além de ser membro fundador do grupo de rap N.W.A. e artista premiado com um disco de platina, Dr. Dre foi um dos produtores de maior sucesso na indústria musical durante duas décadas, superando megaestrelas como Eminem. Mas com a economia mudando tão rapidamente na indústria musical, o advogado de Dre o aconselhou a fazer publicidade de determinado tênis para ganhar algum dinheiro extra. Logo em seguida, o rapper encontrou seu velho amigo e sócio de negócios, Jimmy Iovine, na praia de Santa

Monica. A discussão se voltou para a publicidade e Dre disse as palavras hoje famosas: "Fodam-se os tênis, vamos fazer alto-falantes (*Fuck the sneakers, let's make speakers*)." Foi uma revelação. Se Dre conseguisse pôr seu nome em alguns alto-falantes sofisticados com grandes margens de lucro, ganharia muito mais dinheiro do que anunciando mercadorias. Mas quem de fato *fabricaria* esses alto-falantes? Quem entendia desse mercado? Quem conhecia os meandros dos equipamentos de áudio sofisticados?

Não muito tempo depois, ambos entraram em contato com Kevin Lee, o que parecia uma obra do destino. Havia anos a Monster utilizava o carisma das celebridades para impulsionar as vendas de seus produtos de áudio premium, montando eventos deslumbrantes, repletos de estrelas, na CES, a exposição internacional de eletrônicos de consumo, e até mesmo produzindo discos. A empresa seria o parceiro perfeito para ajudar dois homens com pouco conhecimento de eletrônicos de consumo a criar do zero uma nova marca de áudio.

Quando Noel Lee se encontrou com Iovine e Dre, já havia chegado à conclusão de que os alto-falantes eram um beco sem saída e os fones de ouvido eram o futuro. Mas o magnata e o músico precisavam ser persuadidos. "Eles não tinham ideia do motivo pelo qual as pessoas não queriam mais comprar alto-falantes", disse Lee. "Elas já tinham grandes alto-falantes." Lee então lhes explicou que fones de ouvido premium eram como alto-falantes de alta-fidelidade que você poderia colocar na cabeça e levar para qualquer lugar. Assim como os tênis de grife, eles também poderiam ser um produto cobiçado, o que faria com que pudessem ser vendidos por um preço mais alto do que realmente valiam – com o design certo e, claro, muitos endossos de celebridades. Eterno vendedor, Lee os levou a ouvir o protótipo produzido pela Monster. Dre ficou impressionado com o pesado som dos baixos. Convencidos, Iovine e Dre concordaram com o novo projeto.

Noel colocou Kevin à frente da negociação, jogando o pepino para o filho. Tal como o pai, Kevin jamais frequentara uma escola de negócios e não tinha nenhuma experiência real nessa área além de trabalhar na Monster. Mas ele não teria que se virar sozinho, como Noel. Agora contava com o apoio de Jimmy Iovine, empresário experiente e obstinado. Por mais ansioso que estivesse para fechar o negócio, no entanto, Kevin simplesmente não conseguia cobrir os custos de fabricação com a baixa quantia oferecida pela Interscope. A Monster tinha acabado de perder 50 milhões de dólares em seu fracassado empreendimento de alto-falantes, o que a obrigara a demitir 120 funcionários e mudar a fábrica para o México. A oferta agressiva da Interscope simplesmente não era viável. Mas Iovine e Dre estavam em vantagem. Na opinião deles, a Monster era um dos vários parceiros em potencial. Quando a Monster os pressionou por uma oferta melhor, Iovine ficou em silêncio. Mas logo em seguida ligou de volta para Kevin: "Detestamos fazer isso com você, mas vamos fechar o negócio com outra pessoa."

Seis meses depois, no entanto, como a escolha de Iovine não havia funcionado, os quatro homens voltaram a se encontrar. Iovine e Dre tinham criado um ótimo nome para a futura marca: Beats by Dre. Mas era tudo o que tinham para mostrar. Na mesa de Iovine estava o protótipo criado pelo concorrente da Monster. Era para ser um produto sintonizado com a moda, mas o design não estava certo. Se os fones de ouvido não ficassem bonitos nos usuários, as celebridades não os usariam e todo o esforço seria em vão. Além disso, não tinham um som muito bom, sobretudo na opinião abalizada de Noel. Dre, ele mesmo um audiófilo, deve ter concordado, caso contrário não teria voltado rastejando para a Monster.

Como era de esperar, Noel havia perdido o interesse na colaboração. Após ser rebaixado e, em seguida, descartado em favor de um concorrente, ele não estava muito entusiasmado. Mas Kevin continuava ansioso para tornar a parceria Beats-Monster uma realidade. Portanto, mais uma vez, Noel colocou Kevin à frente da negociação. Determinado a não deixar os esforços darem em nada, Kevin optou por uma manobra arriscada: iniciar o desenvolvimento dos produtos antes de firmar o acordo. "Na época, não sabíamos realmente o que iríamos fazer, nem em que faixas de preço, nem a que custo", disse Kevin mais tarde. Então, sem a aprovação de Noel, ele investiu milhões de dólares da Monster no desenvolvimento dos Beats by Dre, antes mesmo de fecharem o acordo com Dre e Iovine. E sua equipe na Monster desenvolveu dezenas de protótipos, incorporando o feedback de Dre e Iovine em iteração após iteração. Diante de um produto bem-acabado, pensava Kevin, seria impossível eles irem embora.

A certa altura, no entanto, a determinação cega de Kevin em fazer com que a parceria funcionasse foi substituída pelo pânico, quando ele percebeu que a Monster – já com diversas iterações e até iniciando a produção em massa – ainda não tinha um contrato assinado. "Era mais do que uma simples insubordinação", disse ele. "Eu já tinha milhões de dólares em estoque, perderia a confiança do meu pai. Ele iria me matar." Kevin sabia que precisava confessar, mas queria fazê-lo com o contrato assinado. Procurou então Dre e Iovine e apressou as negociações. Na ânsia de atenuar seu lapso inicial, ele negociou sozinho com Iovine e uma equipe de experientes advogados corporativos, que estavam mais do que dispostos a tirar o máximo proveito de sua pressa e seu desespero. Assim, antes que percebesse, Kevin assinou um acordo extraordinariamente complicado, com ramificações que ele não entendia.

No momento, porém, Kevin se sentia aliviado. Estava fora de perigo. O acordo tornava oficial a parceria entre a Monster e a Beats – seu pai provavelmente perdoaria a impetuosidade anterior. A Monster fabricaria e distribuiria os fones de ouvido. Iovine e Dre receberiam uma taxa de 19% nas vendas em troca de seu endosso, como celebridades, à marca Beats. O mais importante, no entanto, era que o acordo dava a Iovine e Dre a propriedade de todo o trabalho da Monster com a marca Beats. E também incluía uma cláusula de "mudança de controle": se outra entidade assumisse o comando da Beats, o contrato de fabricação e distribuição entre as duas marcas seria rescindido. Assim, a Beats ficaria livre para seguir seu próprio caminho sem precisar oferecer nenhuma compensação à Monster.

Embora hoje a maioria dos fãs da marca não saiba, os fones de ouvido Beats by Dre foram anunciados em 2008 como uma parceria com a Monster; nos primeiros modelos, havia até um pequeno logotipo da empresa abaixo do icônico B vermelho. Grandes (mas não muito grandes), brilhantes e coloridos, os novos fones de ouvido foram um sucesso entre os consumidores, um instantâneo símbolo de status, mesmo que os críticos os ridicularizassem como demasiadamente caros e pesados. Se os Beats eram ou não os melhores fones de ouvido em sua faixa de preço – ou pelo menos um bom investimento –, era algo secundário. Eles constituíam uma nova categoria: fones de ouvido como símbolos de status cultural. Isso ocorreu principalmente porque ninguém na área de eletrônicos de consumo tinha as conexões e o prestígio de Iovine e Dre, na sua condição de celebridades. "A Beats estava em todos os videoclipes", disse Kevin. A empresa chegou a produzir modelos exclusivos para estrelas do pop, como Lady Gaga e Justin Bieber. Noel Lee sabia exatamente como isso era valioso, pois criara a Monster usando o mesmo princípio: os clientes ouvem o que seus olhos e cérebros dizem que deveriam ouvir. Dizer a eles que estavam usando os melhores fones de ouvido do mundo aperfeiçoaria sua experiência subjetiva. E haveria melhor prova de que eram "os melhores fones de ouvido do mundo" do que ver todos os músicos ricos e famosos usá-los?

A estratégia funcionou. A Beats se tornou onipresente nas ruas da cidade aparentemente da noite para o dia. No seu primeiro ano, vendeu 400 mil fones de ouvido e gerou 200 milhões de dólares em receita, e o sucesso só cresceu a partir de então. Em 2011, impulsionada pela estratégia de contratar celebridades, a Beats faturou meio bilhão de dólares em vendas, capturando bem mais que a metade do mercado de fones de ouvido sofisticados. Parcerias com atletas como LeBron James levaram os fãs de esportes a também optar pela Beats. "Se você não tiver uma marca hoje", disse Lee, "você já era."

Na verdade, a Monster já era, mas por um motivo diferente: o contrato que Kevin Lee assinou sem a devida análise. Em agosto de 2011, Iovine e Dre venderam a participação de 51% na Beats para a HTC, uma empresa de eletrônicos de consumo sediada em Taiwan, por 309 milhões de dólares. De acordo com a incômoda cláusula de "mudança de controle", essa alteração na estrutura de propriedade encerrou imediatamente o contrato de fabricação e distribuição com a Monster. Quando a Beats foi embora, levou as patentes e os designs da Monster. Se isso já era penoso, as coisas ainda podiam piorar. Reescrevendo por completo a história, a Beats passou a negar que a Monster tivesse desempenhado qualquer papel no design de seus produtos, afirmando que a empresa apenas fornecera peças e materiais. (A Monster entregou sua documentação a um jornalista, inclusive documentos de projetos confidenciais, que sustentavam sua versão dos fatos.)

Mas Dre e Iovine ainda não haviam encerrado suas manobras. Tão logo a cláusula de "mudança de controle" entrou em vigor, eles rapidamente readquiriram da HTC o controle da Beats. Em seguida, concluíram o magistral estratagema: convenceram a Apple, em 2014, a comprar a Beats por 3,2 bilhões de dólares em dinheiro e ações, a maior aquisição na história da Apple. Graças à manobra com a HTC, todo o valor foi canalizado para Jimmy Iovine e Dre – que assim excluíram a Monster de um dos negócios mais lucrativos na história dos eletrônicos de consumo.

No início, Noel Lee deu uma conotação positiva às notícias. Sua reação imediata foi: "Que ótimo negócio para Jimmy e Dre!", disse ele. "Estamos muito felizes por eles terem recebido uma avaliação tão alta. Estou pensando no que isso significa para a avaliação da Monster." Porém, no fim das contas, Lee decidiu que não suportaria essa situação. Ele entrou com uma ação no tribunal estadual da Califórnia, acusando Dre e Iovine de roubar os direitos de design, fabricação e distribuição em favor da Beats, alterando deliberadamente a propriedade da empresa e acionando a cláusula que eliminou a Monster. De acordo com Lee, um membro do conselho de diretores da HTC admitiu que a compra da participação na Beats foi uma "farsa" realizada para tirar a Monster do negócio antes da transação com a Apple. Dre e Iovine buscavam a aquisição por parte da Apple já em 2011, mas queriam a propriedade total da empresa antes disso. No tribunal, a Beats apresentou um caso diferente: a Monster havia concordado com a cláusula de "mudança de controle" em troca de uma maior participação na receita. Sofrendo prejuízos com sua falida linha de alto-falantes e com o declínio do varejo tradicional, a empresa priorizara os ganhos de curto prazo. Agora estava pagando o preço. No fim, o tribunal deu ganho de causa à Beats – em última análise, Kevin Lee havia concordado com os termos do contrato, quer entendesse suas ramificações ou não. E a Monster foi condenada a pagar 17,5 milhões de dólares para cobrir os prejuízos e honorários advocatícios.

"Nós projetamos, construímos e comercializamos os fones de ouvido e não recebemos nenhum crédito", afirmou Lee. Além de reclamar a soma de nove dígitos à qual achava que a Monster fazia jus, Lee estava indignado com a constante afirmação de que sua empresa não tinha nada a ver com os então icônicos fones de ouvido. "Eles apagaram a Monster de uma grande história de negócios", disse ele. "Isso não está certo." Apesar do revés, no entanto, Noel Lee não havia desistido dos fones de ouvido. "Podemos ser a Apple do setor de fones de ouvido, com ou sem a Beats", declarou. Assim sendo, a Monster continuou a fabricar o produto, agora na linha Pure Monster Sound. Kevin, por sua vez, fundou com outros dois sócios uma nova empresa de fones de ouvido – a SOL Republic –, mas em 2017 vendeu sua participação e acabou voltando a trabalhar com o pai.

No fim, o explorador se tornou o explorado. "Sinto que não tivemos reconhecimento", disse Lee. "Fomos apagados da história da Beats. E fomos os fundadores. A maioria das pessoas ouviu apenas uma história unilateral e nem mesmo está ciente da participação da Monster." A empresa entrou em queda livre, pois as lojas físicas das quais dependia fecharam as portas. As vendas de seus produtos despencaram e a maior parte de sua força de trabalho foi dispensada na última década. Para a Monster, a parceria com a Beats representava uma ponte para o futuro do áudio premium. Quando essa ponte desabou, a empresa ficou sem opções atraentes, recorrendo a iniciativas precárias para sobreviver, como jogos de azar on-line e criptomoedas. Destemido, Noel Lee investiu sua fortuna pessoal na Monster, esperando mantê-la viva. "Devíamos ter encerrado o negócio", disse Kevin Lee. "Meu pai só se preocupa com a Monster. Ele basicamente reinvestiu na empresa os lucros que obteve com ela no passado." A única esperança agora é encontrar uma nova vulnerabilidade para explorar. O tempo dirá se um raio pode cair pela terceira vez.

VOANDO POR UMA LACUNA: SOUTHWEST AIRLINES X TODO MUNDO

O luxuoso St. Anthony Hotel, em San Antonio, Texas, já recebeu muitos hóspedes ilustres ao longo dos anos, inclusive pelo menos três presidentes – Franklin Delano Roosevelt, Eisenhower e Johnson. No entanto, nesta noite nenhum chefe de Estado está lá saboreando martínis. Esta noite, na primavera de 1966, dois homens bebem uísque no bar do hotel. Nenhum deles é muito conhecido, mas ambos pretendem alcançar patamares elevados.

Dos dois, Rollin King conseguiu chegar a outro patamar. Alguns anos antes, o investidor de 35 anos havia comprado o Wild Goose Flying Service, uma empresa que fretava aviões para que mandachuvas de San Antonio viajassem pelo Texas, sobretudo em expedições de caça. Renomeada como Southwest Airlines, a empresa faliu recentemente. King agora tem uma ideia melhor. Fumando um cigarro e bebendo seu habitual bourbon Wild Turkey, Herb Kelleher, embora cético, conclui que não custa nada ouvir o que King tem a dizer. Tecnicamente é o trabalho dele, já que é o advogado de King. E para manter o cliente feliz, um advogado não diz o que de fato pensa, se o que de fato pensa é que a ideia de seu cliente é "muito tola".

No papel, o negócio de fretes comprado por King parecia seguro. O Texas é o segundo maior estado depois do Alasca, com quase 700 mil quilômetros quadrados. Como na Califórnia, seus principais destinos são separados por vastas distâncias – ambiente ideal para um negócio de viagens aéreas intraestaduais. Mas a Southwest teve problemas, diz King. Por um lado, dependia de aviões lentos, movidos a hélices, em vez de jatos como os utilizados pelas grandes linhas aéreas comerciais. Na verdade, a empresa de fretes aéreos só fracassou *porque* era uma empresa de fretes aéreos. King acha que mirou muito baixo ao se concentrar em caçadores ricos. Por experiência própria, ele sabe como é terrível viajar entre as principais cidades do Texas em voos comerciais. Por conta dos regulamentos da aviação civil, não existe competição de qualquer espécie. Assim sendo, voos são cancelados, malas são perdidas e, o pior de tudo, os preços das passagens são exorbitantes. Um empresário como ele pode se dar ao luxo de voar a esses preços, mas milhões de texanos ficariam felizes se pudessem ir de Dallas a Houston, para visitar a família, ou de Houston a San Antonio, para ver o Álamo, numa viagem confiável e acessível. A demanda seria enorme se alguma empresa pudesse fornecer alternativas viáveis para esses trajetos.

O que King pretende construir, segundo diz, é uma companhia aérea completa, mas que voe apenas no "Triângulo do Texas": Dallas, San Antonio e Houston. (King mais tarde negou a história, frequentemente repetida, de que desenhou esse triângulo em um guardanapo.) Kelleher sorri com ar zombeteiro e volta a atenção para seu bourbon. Mas King insiste. Se a única vulnerabilidade das outras companhias aéreas fossem clientes insatisfeitos, o esquema não teria a menor chance. Afinal, o que ele e Kelleher sabem sobre viagens aéreas comerciais? Mas existe uma fragilidade maior a ser explorada. Uma lacuna no próprio sistema americano de viagens aéreas: *os regulamentos federais se aplicam a viagens interestaduais*. Se uma empresa voar apenas entre cidades no Texas, poderá operar como quiser, fora da jurisdição federal. E terá preços competitivos num mercado inacessível a qualquer outra empresa aérea.

Intrigado, Kelleher pousa seu bourbon na mesa. Um cara com quase nenhuma experiência no setor abrir uma companhia aérea parece loucura à primeira vista, mas talvez seja preciso pensar grande para que se possa explorar uma vulnerabilidade igualmente grande.

As outras companhias aéreas certamente não vão tolerar isso. Haverá uma gigantesca batalha judicial. Experiente advogado de defesa, Kelleher se sente entusiasmado com a ideia de uma boa briga, embora esse entusiasmo também possa ser atribuído ao Wild Turkey. De qualquer forma, os dois homens decidem seguir em frente para ver se a grande ideia dará certo.

▸▸▸

Há alguma ironia no fato de a Southwest Airlines ser uma das marcas mais queridas na indústria de viagens, pois desde sua fundação tem sido o concorrente mais feroz no setor – explorando impiedosamente as vulnerabilidades do mercado de aviação comercial. Ao longo do caminho, a Southwest sempre cultivou uma imagem de bondade e generosidade, tanto quanto qualquer empresa importante e altamente lucrativa poderia projetar. Mas como uma companhia aérea que alcançou seu sucesso de forma tão agressiva angariou para si uma reputação tão benévola, não só entre os clientes como também entre seus diligentes funcionários?

Assim como outra gigante famosa, agressiva e com extraordinário apelo de marca – a Amazon –, a Southwest fez isso pondo seus clientes acima de tudo. Por exemplo, enquanto as grandes empresas aéreas, uma após outra, começaram a cobrar taxas por malas despachadas, a Southwest continuou a permitir que cada cliente despachasse duas malas gratuitamente. Mas essa generosidade não foi totalmente altruísta. "Nossos competidores nos deram um presente", disse um executivo da Southwest. "Wall Street nos criticou por não cobrarmos taxas de bagagem. Então decidimos que, em vez de morder a isca e arrecadar 300 ou 400 milhões de dólares com essas taxas, deixaríamos isso para os outros caras e diríamos que a Southwest tem o melhor valor custo-benefício." Em vez de ceder à pressão dos investidores, a Southwest lançou uma nova campanha publicitária: "As malas voam de graça." A decisão e a campanha subsequente geraram 1 bilhão de dólares em novas receitas – mais que o dobro do que teriam rendido as taxas sobre as bagagens –, além de alguns pontos percentuais em participação no mercado.

Hoje, a Southwest domina as rotas no interior dos Estados Unidos, transportando mais passageiros do que qualquer outra companhia aérea. Em centenas dessas rotas, ela é a única opção disponível. Sua participação nas 100 rotas principais é de dois em cada três voos, proporção muito acima da média do setor. Embora tenha sempre se apresentado como uma pobrezinha – Davi contra Golias –, a Southwest há muito tempo é a companhia aérea mais popular dos Estados Unidos, e não chegou aí sendo boazinha. Nunca parou de explorar a vulnerabilidade que King encontrou nos regulamentos das companhias aéreas federais. E com determinação quase inigualável, explorou toda e qualquer vulnerabilidade que conseguisse encontrar em seus concorrentes. Como P. E. Moskowitz escreveu na revista *Skift*, do setor de viagens, "a Southwest encontra mercados, ocupa-os e, em seguida, exclui implacavelmente a concorrência, quer por meio de preços competitivos e benefícios para o cliente, quer por meio de ações judiciais".

"A Southwest obteve um enorme grau de sucesso porque foi a primeira a entrar nos mercados secundários. Depois, se espalhou como erva daninha", disse Henry Harteveldt, chefe de um grupo de pesquisas do setor de aviação civil. "Eles ocupam todos os portões dos aeroportos que utilizam e efetivamente impedem a entrada de outros concorrentes."

Mas em 1966, Herb Kelleher ficou intrigado com a ideia de King. Seu escritório de advocacia era respeitável, mas ele também tinha ambições maiores. Na verdade, viera ao Texas para concretizá-las. Assim como King, Kelleher não era originalmente do Estado da Estrela Solitária. Criado em Nova Jersey, estudou filosofia e literatura na Universidade Wesleyan antes de se formar como primeiro da turma na Escola de Direito da Universidade de Nova York. Após trabalhar como escriturário para um juiz da Suprema Corte de Nova Jersey, ele e sua esposa, Joan Negley Kelleher, se mudaram para o Texas, em 1962. Foi uma decisão importante para ambos. "Joan me apresentou ao Texas e eu... me apaixonei", disse ele mais tarde. A família de Joan era dona de uma das maiores fazendas do estado. "Joan nunca me incentivou a deixar Nova Jersey e ir para o Texas, mas, como sempre tive uma tendência para o empreendedorismo, cheguei em casa certa noite e disse: 'Quero me mudar para o Texas, porque acho que lá há mais oportunidades para um empresário.' Pequenas lágrimas escorreram pelo rosto dela e então viemos para o Texas." Kelleher queria construir algo grande e aquela oportunidade parecia cheia de potencial. Como advogado de Rollin King, no entanto, ele sabia que aquele não era o primeiro esquema descabido de seu cliente. O plano precisaria de um estudo cuidadoso. Um punhado de aviões não fazia uma companhia aérea.

A ideia de King não surgiu do nada. Seu banqueiro, John Parker, havia chamado sua atenção para uma companhia aérea da Califórnia que teve sucesso com um modelo semelhante, voando entre cidades dentro do estado para fugir às regulações federais. Estas entraram em vigor em 1938 com a criação do Conselho de Aeronáutica Civil, que tinha poder para regulamentar tarifas e rotas. Sob a jurisdição do CAB, um voo comercial entre Nova York e Chicago teria que custar o mesmo valor, independentemente da companhia aérea que a pessoa escolhesse ou da antecedência com que comprasse a passagem. Com essas regras, não havia incentivo para as companhias aéreas competirem em nada além de conforto e serviços. A minoria que podia pagar por uma viagem aérea – menos de um em cada cinco americanos já havia viajado de avião na época – escolhia a empresa com base no espaço para as pernas ou na qualidade da refeição, não no preço.

No dia seguinte à conversa movida a uísque no bar do hotel, Kelleher decidiu ajudar King em seu projeto. A primeira coisa a ser feita seria obter o financiamento. Kelleher voltou sua atenção para encontrar patrocinadores. Em questão de meses, o advogado – gregário e bem relacionado, as raízes de Joan Negley Kelleher no Texas eram profundas – arrecadou mais de meio milhão de dólares de alguns dos maiores proprietários de negócios e líderes políticos do estado. Constituindo a empresa em 1967 como Air Southwest, King logo recebeu a certificação da Texas Aeronautics Commission para operar voos intraestaduais. Até aí, tudo bem. Mas subitamente a start-up começou a sofrer fortes ventos contrários. Três concorrentes – Braniff International, Continental Airlines e Trans-Texas Airways – levaram a Southwest aos tribunais, argumentando que o mercado do Texas não poderia sustentar outra transportadora.

Durante três anos, Herb Kelleher respondeu a 31 processos judiciais contra a empresa, um ataque violento que o "deixou enfurecido". As outras companhias achavam que estavam intimidando a Southwest, mas seus ataques desproporcionais apenas fortaleciam o obstinado advogado de Nova Jersey. Era como algo saído de uma tragédia grega: ao tentar esmagar a Southwest antes que ela pudesse decolar, elas estavam criando uma ameaça futura. "A raiva pode ser um grande motivador", disse Kelleher. "Para mim, aquilo se tornou uma causa."

Com o capital inicial da Southwest sendo consumido por despesas legais, os diretores da empresa pressionaram King a abandonar o negócio. "Senhores, vamos disputar mais um round com eles", disse Kelleher em uma reunião do conselho, em 1969. "Vou continuar a representar a empresa no tribunal, adiar quaisquer taxas legais e pagar cada centavo das custas judiciais do meu próprio bolso." Em 1970, a Suprema Corte do Texas decidiu a favor da Southwest. Quando os oponentes apelaram, a Suprema Corte dos Estados Unidos se recusou a ouvir o caso. A vitória estava consagrada. Com essa prova de fogo, a Braniff e seus aliados fizeram um favor inestimável à Southwest, contribuindo para forjar a identidade da empresa, tanto na imprensa quanto dentro dos seus próprios quadros, como uma arrivista instável e indomável. (Mais tarde, o Departamento de Justiça indiciaria as outras companhias aéreas com acusações antitruste. Na visão do governo, os ataques legais à incipiente companhia aérea, combinados com táticas como boicote a fornecedores e bloqueio dos aviões nos postos de abastecimento, constituía um comportamento anticompetitivo.)

Com autorização para voar, a Southwest conseguiu constituir uma empresa aérea em apenas 120 dias. Mas ainda precisava de aviões, portões de aeroportos, combustível e, é claro, gente: mecânicos, comissários, pilotos. A posição mais importante que precisava preencher era a de CEO. King sempre teve a intenção de liderar a empresa, mas decidiu no último minuto que isso não seria justo com os investidores. Afinal, ele não tinha nenhuma experiência de trabalho numa grande companhia aérea, em qualquer cargo que fosse. Os diretores decidiram então contratar Lamar Muse, um veterano do setor de aviação civil. Ousado e autoconfiante, Muse trabalhara para várias companhias aéreas ao longo dos anos, inclusive a Trans-Texas, antes de se aposentar, aos 50 anos. Após a aposentadoria, no entanto, ele ficou irrequieto. Na verdade, ansiava por uma boa luta. O fato de Herb Kelleher ser seu fã não era nenhuma surpresa.

"Ele era exatamente a pessoa de que precisávamos", disse Kelleher sobre Muse. "Era duro e iconoclasta." Quando Muse assumiu o cargo de CEO em janeiro de 1971, a Southwest estava sufocando, com 142 dólares no banco e 80 mil dólares em contas não pagas. Ele investiu 50 mil dólares do próprio bolso na empresa e levantou outros 2 milhões de dólares para comprar aviões. Por acaso, a Boeing havia ficado com três unidades do 737-200 excedentes, por conta de superprodução em uma recente crise da indústria. Muse comprou os aviões com desconto, com a Boeing financiando 90% do negócio. A crise também havia inundado o mercado de trabalho com profissionais desempregados. Com isso, a Southwest conseguiu contratar alguns dos melhores. A sorte da empresa finalmente estava mudando.

Ou não. A Braniff e a Texas International conseguiram obter uma ordem de restrição de última hora para impedir a Southwest de decolar, mas Kelleher conseguiu convencer a Suprema Corte do Texas a ordenar ao juiz de primeira instância que não executasse a liminar. No dia seguinte, Muse chegou ao aeroporto Love Field, em Dallas, para supervisionar o voo inaugural. Kelleher deu ao novo CEO da Southwest alguns conselhos jurídicos sensatos para o caso de algum oficial de justiça chegar, apesar da ordem da Suprema Corte: "Passe por cima do filho da puta e deixe marcas de pneus no uniforme dele, se for preciso." Entretanto, nenhum oficial de justiça velhaco apareceu, e o primeiro voo da Southwest partiu de Dallas com os dois primeiros passageiros da empresa a bordo. No primeiro dia de operação, seus três aviões, quase todos vazios, foram de Dallas para San Antonio e de Dallas para Houston. (A perna do triângulo entre San Antonio e Houston foi inaugurada em novembro.)

O tamanho da resistência à pequena recém-chegada era uma indicação da extraordinária brecha de vulnerabilidade que King encontrara. Embora no início houvesse escassez de passageiros, tanto a Southwest quanto os concorrentes sabiam que seu potencial era enorme: a companhia era o único jogador em campo que não precisava seguir as mesmas regras. Ainda que o avião tenha pousado sem muitos passageiros pagantes, Kelleher disse mais tarde que seu melhor momento nos negócios foi "quando o primeiro avião da Southwest chegou, após quatro anos de litígios. Então fui até ele, beijei aquele bebê nos lábios e chorei".

Na época, as companhias aéreas partiam do pressuposto de que poucas pessoas viajariam de avião e concentravam seus esforços em capturar a maior fatia possível do pequeno bolo. Desde o início, porém, a Southwest foi atrás da parte não disputada do mercado: os milhões que dirigiam automóveis. "Fomos meio revolucionários", disse um executivo da empresa. "As viagens aéreas eram muito caras, estavam reservadas para a elite e eram organizadas, em grande parte, por agentes de viagens. Nós viramos esse modelo de cabeça para baixo."

Levar os clientes a experimentar uma nova marca de alguma coisa que já usam é simples. Entretanto, levá-los a experimentar um produto ou serviço pela primeira vez é um dos trabalhos mais difíceis nos negócios. Uma pessoa comum, no Texas, simplesmente não considerava a viagem aérea uma opção. Convencer as pessoas a voar, mesmo a preços baixos, provou ser mais difícil do que King havia previsto. Poucos meses depois de adquirir seu quarto Boeing 737-200, a Southwest foi forçada a vendê-lo para conseguir dinheiro.

Em vez de reduzir o número de voos, porém, a empresa descobriu como manter seus aviões no portão por apenas dez minutos em vez da meia hora habitual ou até mais. Usando o que se tornaria uma estratégia central, a Southwest abandonou os procedimentos-padrão do setor. Se a empresa não precisava obedecer aos mesmos regulamentos legais que regiam seus concorrentes, com certeza não teria de adotar os mesmos procedimentos de embarque. Assim, os aviões da Southwest começaram a se aproximar dos portões apenas o suficiente para poderem se afastar sem a necessidade de um reboque. Em vez de usar uma ponte para embarcar, os clientes faziam fila na pista e subiam a escada. Na verdade, os passageiros que iriam embarcar podiam até mesmo formar uma fila antes da chegada do avião e embarcar por uma porta enquanto os passageiros que desembarcavam utilizavam outra. Nesse ínterim, as malas eram descarregadas e carregadas, os sistemas, verificados, e o avião, reabastecido. A rotina de embarque da Southwest começou a se assemelhar mais ao trabalho de uma equipe de Fórmula 1 do que à operação-padrão de um voo comercial.

Desde aquela época, a Southwest sabia que a Braniff e a Continental não eram seus verdadeiros adversários: a Ford e a Chevy é que eram. O posicionamento eficaz envolve a compreensão de todo o espectro de opções do cliente, e para trajetos relativamente curtos a alternativa real para a maioria das pessoas era uma viagem longa, mas suportável. Para se posicionar contra essa opção, a Southwest teve que manter os custos baixos e remover do processo de voar todo atrito desnecessário. Pegar um avião nunca seria tão fácil quanto subir em um carro, mas a empresa poderia chegar bem perto disso se continuasse se livrando de tudo o que fosse desnecessário, desde taxas irritantes e atrasos a serviços não essenciais. As refeições foram substituídas por sacos de amendoim. As passagens eram apenas recibos de caixa registradora com os dizeres "Isto é uma passagem" impressos no verso. Os assentos eram distribuídos por ordem de chegada. Um só agente de embarque substituiu os três que eram o padrão.

Como enfrentou dificuldades no Aeroporto Intercontinental de Houston, a Southwest começou a operar a partir do Aeroporto Hobby, menor e mais antigo. As outras companhias aéreas haviam trocado o Hobby pelo Intercontinental, mais novo, em 1969; no entanto, embora vazio e antiquado, o Hobby era muito mais perto do centro da cidade, tornando os voos intraestaduais que saíam de lá uma opção muito mais competitiva. A mudança foi um grande sucesso e o número de passageiros dobrou. (A JetBlue exploraria uma vulnerabilidade semelhante décadas depois, voando a partir de aeroportos menores e menos usados, que muitos viajantes preferiam aos gigantescos e lotados aeroportos centrais que surgiram em cidades como Chicago e Nova York.) Quando a Braniff e a Texas International retransferiram alguns de seus voos para o Hobby, na tentativa de retomar o negócio, conseguiram apenas lembrar aos passageiros o motivo pelo qual eles preferiam a Southwest. Além das tarifas serem mais baixas, os aviões da empresa chegavam na hora e não havia espera no balcão de passagens. Não demorou muito para as outras companhias aéreas deixarem o Hobby com a Southwest. Em 1973, a nova empresa já era lucrativa.

Embora já não estivesse na equipe, Kelleher prestou um enorme serviço à Southwest graças ao seu extraordinário dom de detectar vulnerabilidades. Quando as cidades de Dallas e Fort Worth tentaram obrigar a empresa a se mudar para o novo aeroporto a meio caminho entre ambas, Kelleher as levou aos tribunais. Embora o Aeroporto Regional de Dallas/Fort Worth, como foi inicialmente chamado, seja enorme e moderno, o Love Field fica a apenas alguns minutos do centro de Dallas, assim como o Hobby fica bem próximo do centro de Houston. Uma mudança teria sido desastrosa para a Southwest – a viagem até o novo aeroporto demoraria mais que a maioria de seus voos. Na verdade, se a companhia tivesse sido forçada a operar a partir do DFW, é bem provável que tivesse falido.

Kelleher encontrou uma brecha nos regulamentos que permitiu a permanência da empresa nos aeroportos menores. Durante três anos, as duas cidades entraram com um processo após outro na tentativa de forçar a Southwest a sair de sua conveniente posição. Por fim, o caso chegou à Suprema Corte, onde Kelleher obteve a vitória definitiva. E o mais importante: o indomável espírito competitivo que ele exibiu ao lutar mais uma batalha assimétrica contra inimigos poderosos se tornou parte integrante da cultura da Southwest, inspirando seus funcionários e lhes incutindo orgulho e lealdade enormes. "A mentalidade de guerreiro, a própria luta para sobreviver", disse Colleen Barrett, advogada associada do escritório de Kelleher (e futura presidente da companhia), "foi o que criou realmente nossa cultura." A Southwest se tornou o tipo de empresa em que os funcionários fazem alegremente tudo o que for necessário para realizar o trabalho. Se um bilheteiro tiver de carregar uma bagagem para que o avião saia no horário, isso não será um problema.

Em 1978, o presidente Jimmy Carter desregulamentou as companhias aéreas, em grande parte por causa da Southwest. O fato de a nova empresa ter reduzido as tarifas para os consumidores e continuado a obter lucro em um setor que se debatia foi apresentado como um exemplo do potencial da desregulamentação para estimular a concorrência. Na realidade, porém, ocorreu o contrário. A década de 1980 assistiu a um enorme número de fusões, aquisições e falências no desregulamentado setor da aviação civil. Cento e sessenta e nove companhias aéreas desapareceram ou foram absorvidas por outras. Quando a poeira baixou, nove companhias compartilhavam 92% da receita doméstica.

Embora a proliferação prevista de operadoras concorrentes não tenha acontecido, a desregulamentação ajudou imensamente a Southwest. A empresa ficou livre para se expandir além do Texas. Em 1981, já operava em Chicago e em várias outras cidades. Nesse mesmo ano, Herb Kelleher se tornou CEO da companhia.

No novo cargo, Kelleher não viu necessidade de controlar sua personalidade efusiva nem seu comportamento às vezes escandaloso. Ele queria que a companhia aérea se destacasse, e uma companhia aérea inconformista precisava de um líder inconformista. Assim, continuou a fumar cinco maços de cigarros por dia, a beber bourbon Wild Turkey e a contar piadas sujas no trabalho. Chegou a trabalhar vestido de Elvis Presley ou Roy Orbison e cantar sucessos de ambos para os funcionários, ainda que sem afinação alguma. Quando a Southwest cunhou um slogan que soava muito semelhante ao de uma pequena companhia aérea local, Kelleher desafiou o CEO da outra empresa para uma queda de braço pública em vez de irem ao tribunal. Conhecido como "Duelo em Dallas", o espetáculo terminou com a derrota de Kelleher. Mesmo assim, o outro CEO concordou em permitir que a Southwest continuasse usando o slogan.

O princípio orientador de Kelleher, além da falta de decoro, era "democratizar os céus". Anos de batalhas jurídicas, antes e depois do primeiro voo da companhia, moldaram a identidade da empresa: a Southwest era uma pobrezinha que lutava pelos passageiros. Kelleher abraçou essa imagem. Enfrentaria a indústria e desafiaria suas convenções tanto nas grandes arenas quanto nas pequenas. Nas grandes, manteria os preços baixos. E nada de assentos reservados. Nas pequenas, comerciais malucos. Aeromoças usando shortinhos. Kelleher não se detinha diante de nada para distinguir a Southwest de seus arrogantes concorrentes. Esse espírito de liberdade e confiança também se aplicava à empresa. Os funcionários podiam usar jeans para trabalhar e eram livres para chamar o chefe de "Herb".

Apesar de suas travessuras e da atitude liberal, entretanto, Herb era incansável na busca do sucesso. Dormia quatro horas por noite e lia copiosamente, muitas vezes livros de história militar, dos quais tirava lições de liderança.

Nas palavras da revista *Inc.*, Kelleher comparava as primeiras batalhas da Southwest contra seus rivais à "ruinosa guerra de trincheiras da Primeira Guerra Mundial, um exagerado ataque frontal de forças que se reuniram contra a Southwest". Quando não estava lendo sobre estratégia, respondia semanalmente a centenas de cartas de clientes. Ele entendia que os líderes precisam ver de perto as batalhas se esperam explorar as vulnerabilidades de um inimigo – ou defender as próprias. Para isso, passava um dia a cada trimestre trabalhando na linha de frente, fosse servindo bebidas em um voo ou carregando malas. Precisava de uma perspectiva em primeira mão do negócio.

Kelleher adotava uma abordagem não convencional com relação às operações internas da empresa. Mantinha a hierarquia relativamente plana. Os líderes de departamento e até mesmo funcionários da linha de frente, como os agentes de embarque, tinham autonomia para tomar decisões que em sua opinião beneficiassem os clientes, sem ter de levá-las à alta administração para serem aprovadas. Para simplificar o treinamento dos funcionários e a manutenção das aeronaves, a Southwest utilizava apenas um tipo de avião: o Boeing 737.

O resultado? Nas palavras de um perfil de Kelleher escrito em 1992, "um passageiro pode simplesmente ir ao aeroporto, comprar uma passagem barata e pegar o próximo voo, que muitas vezes, como ele sabe, decolará em menos de uma hora. A cada dia, a Southwest voa 78 vezes entre Dallas e Houston, 46 vezes entre Phoenix e Los Angeles e 34 vezes entre Las Vegas e Phoenix. Na Southwest, o número médio de voos por portão, todos os dias, é de 10,5, enquanto a média da indústria é de 4,5 – menos da metade".

Embora o número de companhias aéreas em competição não tenha aumentado, conforme se pretendia, a desregulamentação ensejou um grande aumento nas viagens aéreas em geral. Muitas pessoas que nunca haviam viajado de avião começaram a voar periodicamente. Em 1993, a desregulamentação havia gerado um crescimento de 87% no número de passageiros dos voos domésticos. No entanto, apesar da concorrência reduzida e do aumento na demanda, as principais companhias lutavam ferrenhamente para se manter lucrativas. Como mercados difíceis e turbulentos são cheios de oportunidades para iniciantes, Kelleher avançou com calma, à medida que as maiores empresas recuavam. A Southwest "buscava mercados com preços superfaturados e serviços deploráveis", nas palavras de um executivo. Um mercado vulnerável era em geral uma cidade pequena com um aeroporto próximo ao centro da cidade e sem muitos congestionamentos de trânsito. Tão logo os portões do aeroporto estivessem disponíveis, a Southwest podia montar uma nova operação em menos de uma semana, muitas vezes capturando imediatamente um quarto do mercado. À medida que mais pessoas iam conhecendo a Southwest, a demanda reprimida crescia em todos os lugares onde a empresa ainda não operava. Uma demanda que sempre estivera lá, à espera de ser atendida no momento certo. Quando uma companhia aérea encolhia, como ocorreu com a USAir em 1991, na cidade de Sacramento, a Southwest entrava logo em seguida e dominava com rapidez as rotas disponíveis. Por meio dessa estratégia, Kelleher "literalmente levou as viagens aéreas às massas em uma escala antes inimaginável", disse Robert Mann, analista do setor.

Qual é a vantagem de se explorar uma vulnerabilidade? Em 1989, a Southwest atingiu 1 bilhão de dólares em receita. Em 1992, já empregava 9.500 pessoas e expandira sua frota para 124 aviões voando entre 34 aeroportos, principalmente nas regiões Sul, Sudoeste e Centro-Oeste. Em 27 desses aeroportos, a companhia era a líder no embarque de passageiros. E vinha sendo lucrativa havia 17 anos, apesar de suas tarifas mais baixas e de oferecer os melhores salários do setor.

"Nós formulamos deliberadamente uma política de distribuição geográfica", disse Kelleher. "Hoje você não conseguiria lutar contra nós, como ocorreu durante a guerra na Europa. Seria mais como a guerra no Pacífico. Você teria que conquistar o terreno palmo a palmo, palmeira por palmeira."

Em 1993, o Departamento de Transportes dos Estados Unidos identificou o que chamou de "Efeito Southwest". Os dados revelaram que quando a Southwest entrava em uma rota várias coisas aconteciam. Em primeiro lugar, mais passageiros começavam a voar nessa rota. Em segundo, se houvesse mais de um aeroporto em uma cidade, aquele que a Southwest *não* atendia perdia negócios. E em terceiro, as tarifas ao longo da rota caíam de modo generalizado, às vezes 100 dólares ou mais, à medida que as outras companhias aéreas baixavam seus preços para se manterem competitivas diante da Southwest. O que era inusitado na empresa em relação a esses concorrentes, e até mesmo a outras companhias aéreas de baixo custo, era que suas tarifas não serviam apenas para atrair passageiros, mas permaneciam baixas ao longo do tempo.

Em 1994, a revista *Fortune* estampou Kelleher na capa com o título: "Herb Kelleher – o melhor CEO dos Estados Unidos?" A Southwest se tornara "um fenômeno, um rolo compressor econômico que abalou o negócio de viagens aéreas domésticas e que se torna mais poderoso a cada semana". Nos quatro anos anteriores, grandes companhias aéreas, como a Delta, a United e a American, haviam perdido bilhões de dólares. Na verdade, o setor perdeu mais dinheiro entre 1990 e 1994 do que nas seis décadas anteriores. Ainda assim, a Southwest, ao atacar as vulnerabilidades que as concorrentes tinham, obteve lucros – embora nem sempre grandes. "Não ganhamos muito durante algum tempo", admitiu Kelleher. "Era como ser o cara mais alto em uma tribo de anões."

Em 2001, Herb Kelleher deixou o cargo, após duas décadas, como um dos CEOs mais pitorescos e bem-sucedidos da história. Hoje, a Southwest continua a confiar em sua estratégia principal: voos frequentes em rotas curtas e movimentadas entre as principais cidades, para manter os custos baixos. Embora as outras companhias aéreas tenham tido décadas para observar seu ágil oponente, elas ainda não identificaram uma vulnerabilidade que a Southwest não possa transformar em mais uma vantagem.

COMPRANDO COM ENTUSIASMO: O CATÁLOGO DE LILLIAN VERNON

Embora tenha apenas 5 anos, Lilli Menasche sente que há algo muito errado. Não é por causa dos ferimentos em seu irmão mais velho, Fred. Ele tem 9 anos. Meninos se machucam. São selvagens e imprudentes. Pelo menos é o que Lilli pensa. Não, a *casa* toda está com uma atmosfera diferente. A mãe e o pai discutem, sussurram rispidamente e, nervosos, olham pela janela, vigiando a rua. Hermann se mantém carrancudo o tempo todo. Erna não sai de perto de Fred, embora ele esteja se recuperando bem.

Por mais jovem que seja, Lilli entende que seus pais estão com medo. Apavorados. Algo terrível está para acontecer, mas ela não sabe o quê. Nem por quê. A família acabou de se mudar para este apartamento apertado depois de deixar sua espaçosa casa por motivos que não estão claros para ela. A menina sente que essa estabilidade também será passageira. O ano é 1933, o lugar é a Alemanha e a família Menasche é judia.

▲▲▲

Quando Adolf Hitler foi nomeado chanceler da Alemanha, os nazistas expulsaram a próspera família Menasche de sua mansão ajardinada na cidade de Leipzig e a transformaram em seu quartel-general. Hermann Menasche, um bem-sucedido fabricante de lingerie, sempre se sentira seguro na cosmopolita Leipzig, mas os tempos estavam mudando. Com Hitler no comando, Hermann sabia que não teria nenhuma chance com o governo alemão. Nem poderia esperar reembolso pelo confisco de sua casa. No entanto, sabia que tinha sorte pelo fato de sua esposa, Erna, e seus dois filhos, Fred e Lilli, não terem se machucado. A violência antissemita estava aumentando. As velhas regras da civilidade europeia oscilavam à beira do abismo.

Hermann se mudou com a família para um prédio de apartamentos próximo. Esperava que conseguissem passar despercebidos até a onda de antissemitismo diminuir. Era só uma questão de tempo até aquela histeria nazista arrefecer, acreditava ele. Foi quando um grupo jogou Fred, de 9 anos, escada abaixo, dentro do prédio em que moravam. As coisas tinham ido longe demais. Para proteger Fred de outros araques, Hermann foi com a família para Amsterdã, deixando para trás todo o seu patrimônio comercial. De lá, eles conseguiram emigrar para os Estados Unidos. Em 1937, a família Menasche se estabeleceu na cidade de Nova York. No Upper West Side, eles se viram entre milhares de outros refugiados – alemães e austríacos, judeus e gentios.

Embora na época tivesse apenas 5 anos, Lilli Menasche se lembraria bem da queda de Fred e suas consequências. A experiência lhe ensinou uma lição indelével sobre a necessidade de ação. Na vida, ninguém socorrerá você. Enfrente seus próprios problemas.

Hermann recomeçou sua vida no novo país. Empresário experiente, ele incutiu em Lillian (como ela era chamada nos Estados Unidos) uma forte ética de trabalho e a orientou nos negócios. Lillian e Fred o ajudavam no novo negócio, a fabricação de artigos de couro, como bolsas, carteiras e cintos. Aos 14 anos, Lillian percorria lojas de varejo em busca de bolsas de luxo que seu pai pudesse copiar e vender, com grande desconto, para lojas de departamentos. Uma estratégia que só funcionava se as pessoas quisessem comprá-las, é claro. Essas pesquisas aprimoraram o dom natural de Lillian para selecionar os produtos certos para imitar. Mais tarde, ela se referiu ao talento que desenvolveu como sua "Intuição de Ouro". As pesquisas que fazia para o pai a ensinaram a escolher as melhores bolsas.

Vimos anteriormente que o conhecimento especializado é tudo, seja na música, em namoros ou brinquedos. Para aproveitar uma oportunidade, é preciso conhecer seu mercado, perceber o que as pessoas querem e como fazem escolhas. Caminhar ao longo da Quinta Avenida espiando as vitrines das lojas foi o programa de pós-graduação de Lillian.

"Apesar do meu evidente interesse", escreveu ela mais tarde, "havia uma suposição tácita de que eu não seria uma mulher de negócios completa." A mãe de Lillian trabalhava ao lado do marido, enquanto a menina fazia compras, cozinhava e limpava a casa para a família. Mas fazia isso apenas por necessidade. Embora Hermann recebesse de bom grado a ajuda de Lillian, jamais a viu como sua sucessora. Em sua opinião, Fred assumiria o comando um dia. Lillian se casaria e constituiria uma família.

Lillian se casou com Sam Hochberg, filho de imigrantes poloneses, que administrava uma loja de roupas íntimas da família em Mount Vernon, Nova York. Ela continuou a trabalhar em meio período para complementar a renda do marido, mas quando ficou grávida do primeiro filho preparou-se para deixar o trabalho definitivamente. Isso foi em 1951, mais de uma década antes que Betty Friedan desencadeasse a segunda onda do feminismo com *A mística feminina*. O punhado de mulheres empresárias que havia então – que incluía Olive Ann Beech e, como veremos, Helena Rubinstein – era a exceção que confirmava a regra. Como as outras mulheres de sua geração, Lillian ficaria em casa, criaria os filhos e cuidaria dos afazeres domésticos, enquanto Sam gerava uma renda. Fazer o contrário, escreveu ela mais tarde, serviria como "um comentário embaraçoso sobre o poder aquisitivo de seu marido". Mas algo incomodava Lillian. Ela sabia o que a sociedade esperava, mas também sabia que o salário de seu marido não sustentaria um estilo de vida confortável. Para ela, não se tratava de política. Era simplesmente pragmática demais para deixar as coisas como estavam.

Sentada à mesa da cozinha enquanto esperava o bebê chegar, Lillian folheava revistas como *Seventeen* e *Glamour*, e fantasiava sobre o que poderia comprar, se pelo menos tivessem recursos. Por fim, percebeu que não se sentia feliz em ficar em casa, não quando tinha inteligência, habilidade e disciplina para ganhar o dinheiro extra de que a família precisava.

Os anúncios nas revistas enfatizaram o problema, mas também sugeriram uma possível solução. Trabalhar em um escritório não seria adequado para uma mulher grávida, mas ela poderia iniciar um negócio de mala direta a partir de sua mesa de fórmica amarela. Comprando artigos de couro com seu pai – em grande quantidade e a bom preço –, ela poderia revendê-los para as jovens leitoras da *Seventeen*. Mesmo 50 dólares a mais por semana fariam uma diferença real para a família. Quantas bolsas ela teria de vender para ganhar isso? Após alguns rápidos cálculos, Lillian decidiu que valeria a pena tentar.

Vender mercadorias era um negócio de família. Na casa de Menasche, havia "conversas constantes sobre remessas, pedidos, faturas: os detalhes do negócio", escreveu ela. "Eu ouvia e absorvia. Cada refeição era como uma aula." Mas ela sabia que seu bem mais valioso era sua Intuição de Ouro, que lhe informava com incrível precisão o que as mulheres comprariam. Colocar-se na mente de leitoras da *Seventeen,* como ela, acabou gerando uma ideia. Por que não ir além da simples revenda de produtos de couro? Enquanto esperava o bebê, Lillian tinha tempo de sobra à disposição. Poderia agregar valor – e justificar preços mais altos – monogramando cada item. A personalização, dizia-lhe sua Intuição de Ouro, exploraria uma vulnerabilidade nas ofertas dos grandes catálogos. Lillian poderia destacar seus produtos adicionando um toque pessoal.

Ela não dispunha de pesquisadores de mercado, mas conduzia pesquisas todos os dias na mesa de sua cozinha. Sabia que uma grande mudança havia acontecido. A década de 1950 marcou o início do consumismo em massa. Os trabalhadores gastavam a maior parte de seus rendimentos com casa, comida e outras necessidades, mas os americanos de classe média tinham agora – e cada vez mais – rendas discricionárias. Ao mesmo tempo, o retorno dos soldados após a guerra havia alijado da força de trabalho uma geração de mulheres. Mas, graças ao advento das máquinas de lavar louça, dos aspiradores de pó e outras conveniências modernas, manter uma casa já não exigia um trabalho exaustivo como antes. Milhões de esposas americanas entediadas agora tinham bastante tempo livre para pensar em como gastar o dinheiro extra. Produtos com seu monograma as ajudariam a se sentir especiais, únicas. E a inclusão do monograma no custo de cada item faria com que o toque personalizado parecesse menos perdulário. Os monogramas seriam um luxo *acessível*. Lillian sabia que mulheres como ela, folheando os anúncios em suas próprias mesas de fórmica, iriam adorá-los.

O jovem casal havia recebido 2 mil dólares como presente de casamento. Lillian convenceu Sam a investi-los no novo empreendimento, começando com um anúncio de 500 dólares na revista *Seventeen*: "Seja a PRIMEIRA a ostentar este visual personalizado em sua bolsa e seu cinto." Lillian esperava gerar 50 dólares extras por semana. A oferta – uma bolsa a 2,99 dólares e o cinto correspondente a 1,99 dólar, ambos com monograma – gerou 16 mil dólares em vendas nas primeiras seis semanas, um valor que cresceu para 32 mil dólares no final de 1951. Agora ela realmente teria que entregar os pedidos: 6.450 bolsas e cintos. Hermann lhe vendeu bolsas e cintos casados a 3 dólares o par. Ela então estampou o monograma em cada item e embalou os pedidos na mesa da cozinha. E assim, usando o nome da cidade em que ela residia, nasceu a Vernon Specialties. Seu filho nasceu logo depois e recebeu o nome de Fred, como o irmão dela.

Poucas semanas após o nascimento de Fred, Lillian voltou ao trabalho, publicando mais anúncios em mais revistas. Em 1954, as vendas atingiram 41 mil dólares, superando a renda de Sam na loja. Assim, mesmo relutando em desafiar o statu quo, ele decidiu trabalhar em casa com a esposa. Após verem a resposta a um pequeno catálogo de quatro páginas que haviam incluído nas entregas, eles criaram seu primeiro catálogo verdadeiro, que enviaram às 125 mil pessoas que já faziam parte de sua lista de clientes. Com centenas de acessórios, bugigangas e presentes personalizados, o sucesso do catálogo superou as expectativas de Lillian. E a empresa logo se expandiu para uma fábrica com 1.500 metros quadrados em New Rochelle, Nova York.

Na época, o setor de produtos personalizados quase não tinha concorrência. Um catálogo caríssimo como o distribuído pela Sears não ofereceria itens tão trabalhosos. O tamanho de um catálogo como esse era sua vulnerabilidade. Na próspera economia do pós-guerra, a Sears estava ocupada demais oferecendo bens produzidos em massa. Lillian explorou essa brecha e criou um nicho confortável para sua empresa. Em 1965, ela acrescentou seu primeiro nome à empresa, que passou a se chamar Lillian Vernon Corporation. (Em 1990, anos após se divorciar de Sam, ela adicionou Vernon ao próprio nome e passou a se chamar Lillian Vernon também.)

O catálogo de Lillian Vernon era repleto de artigos de couro, além de alfinetes, medalhões e outros acessórios. Os clientes podiam personalizar tudo. O apelo era inegável. As vendas atingiram 500 mil dólares em 1958, 1 milhão de dólares em 1970 e a partir daí só cresceram. Então, na década de 1980, surgiram duas novas e importantíssimas tecnologias. Graças à sua compreensão precisa do comportamento das clientes, Lillian logo percebeu seu potencial. Preparada pelos eventos dramáticos de sua infância para ações imediatas, ela agarrou a chance com força total.

As lojas vinham disponibilizando as chamadas "moedas de cobrança", que rastreavam o crédito dos clientes no comércio desde o século XIX. Mas o Bank of America foi a primeira instituição a oferecer, em 1958, um verdadeiro cartão de crédito, o "BankAmericard". O sistema fez sucesso e o conceito foi licenciado para outros bancos em todo o país. Em 1976, todos os licenciados se uniram sob uma única marca: Visa. Em seguida, surgiram cartões concorrentes, como American Express e MasterCard. Para os credores, os lucros de juros e multas por atraso eram suculentos demais para serem ignorados. Para os catálogos, os cartões de crédito significavam que os clientes agora poderiam comprar pelo telefone. Fazer com que os clientes ligassem, no entanto, era outra história. Naquela época, mesmo as ligações de um estado para outro podiam ser relativamente caras, enquanto o envio de um formulário de pedido pelo correio exigia apenas um carimbo. Em 1982, a AT&T lançou um novo sistema de ligação gratuita, mais acessível para empresas. Com isso, até mesmo uma empresa do tamanho da Lillian Vernon Corporation podia se dar ao luxo de possuir seu próprio número de telefone gratuito.

Lillian viu sua chance na convergência de ambas as tecnologias. Os cartões de crédito tornavam possível fazer os pedidos por telefone. E o número de telefone gratuito permitia até compras pequenas, como uma pulseira personalizada. Assim como a proximidade de um aeroporto fazia uma grande diferença nos trajetos curtos da Southwest, a simplificação de uma compra por impulso foi uma virada de jogo para o catálogo de Lillian Vernon. Completar um formulário, preencher um cheque, encontrar um envelope, colar um selo e enviar o pedido pelo correio dava aos clientes momentos adicionais para reconsiderar seu impulso. Um telefonema era quase imediato e removia dias de todo o processo. Agora, os clientes poderiam ir da página do catálogo à compra em questão de minutos, enquanto seus pedidos eram entregues mais rápido que nunca. Lillian não era do tipo que ficava parada diante de uma oportunidade. Apostando na novidade, ela investiu no processamento de cartões de crédito e em um novo número para a empresa: 1–800-LILLIAN.

Como ela havia previsto, essa combinação explosiva proporcionou um novo nível de crescimento para a empresa. Os anos 1980 representaram um enorme avanço para a Lillian Vernon Corporation, cuja lista de mala direta cresceu para 27 milhões de nomes. Em 1987, a LVC se tornou a primeira empresa fundada por uma mulher a ser listada na Bolsa de Valores de Nova York. No final daquela década, sua receita já ultrapassava 125 milhões. No auge, a empresa dispunha de nove catálogos e 15 lojas de varejo, gerando uma receita em torno de 300 milhões de dólares.

Como o catálogo de Lillian Vernon se tornou um acessório dos hábitos de compra norte-americanos? Contando com a singular determinação de Lillian Vernon, em primeiro lugar. Ela só iniciou o negócio para ganhar 50 dólares extras por semana – mas depois que experimentou o gosto do empreendedorismo, não havia como pará-la. (Seu filho, Fred, deixou a empresa quando ficou claro que sua mãe não tinha interesse em lhe entregar as rédeas tão cedo.) Embora não tivesse nenhum treinamento formal em negócios, Lillian dispunha da ética de trabalho que lhe foi incutida por seu pai. Ela também tinha uma noção pragmática de negócios que desenvolveu ao trabalhar no varejo desde jovem. E aprimorou seu Instinto de Ouro ao longo dos anos, frequentando feiras e exposições de joias, sempre em busca de algo novo para gravar, estampar ou bordar. Lillian também costumava observar quais vitrines de loja chamavam mais a atenção dos compradores. Fazia qualquer coisa para enxergar melhor as preferências de seus clientes.

O catálogo de Lillian Vernon também teve sucesso porque ela detectou uma vulnerabilidade na empresa que era o Golias dos catálogos: a Sears, Roebuck & Company. Em alguns períodos de sua história, era possível comprar qualquer coisa de seu gigantesco acervo, desde um colar de pérolas a uma casa pré-fabricada. O catálogo da Sears era dominante por ter tudo para todo mundo. Para encontrar um nicho à sua sombra, Lillian Vernon concentrou a atenção em uma geração de mulheres americanas que ela compreendia intimamente, em função de seu conhecimento especializado. Lillian sabia que elas queriam se sentir especiais num momento em que a sociedade desejava que elas fossem vistas, mas não ouvidas. O que faria com que *ela* se sentisse especial? O que tornaria um catálogo prazeroso para *ela*? Inovações, como catálogos sazonais para os principais feriados, e brindes acompanhando as compras surgiram desse intenso foco em suas clientes. A Vernon tinha até uma política de devolução vitalícia para cada item. Uma década depois de comprar uma embalagem de pó compacto com monograma, a cliente ainda poderia devolvê-la com reembolso total. Era uma oferta como nenhuma outra, de um catálogo como nenhum outro – e que só existia porque, na mesma situação, ela também se sentiria compelida a comprar.

Lillian Vernon reconhecia o próprio valor para a marca. Seus clientes podiam se identificar com ela porque ela era um deles. Muito depois de se tornar diretora de uma enorme corporação, ela fazia questão de selecionar pessoalmente cada item que aparecia em seus catálogos, além de estampar sua imagem nas capas. E sempre incluía uma carta pessoal aos clientes. "Quero que os clientes me conheçam e se relacionem comigo como pessoa", escreveu ela, "e entendam que minha empresa é um reflexo de mim mesma." O catálogo de Lillian Vernon *era* Lillian Vernon. Não por acaso ela mudou seu sobrenome para que correspondesse ao da empresa.

▲▲▲

Líderes experientes esperam pacientemente (e às vezes com impaciência) por uma abertura. Então atacam com todas as forças. À medida que treinam seu olhar para detectar as vulnerabilidades dos outros, eles aprendem a fechar os olhos, tornando-se cautelosos, humildes e frugais para não serem vítimas dos mesmos estratagemas. Como escreveu Sun Tzu, "o lutador habilidoso se coloca em uma posição que torna a derrota impossível e não perde o momento de derrotar o inimigo". Os líderes neste capítulo observaram seus concorrentes e suas indústrias cuidadosamente, preparando seus estratagemas e organizando suas forças... até chegar o momento certo.

É possível, claro, ir longe demais na tentativa de explorar as vulnerabilidades de um concorrente. Alguns líderes buscam vantagens de formas antiéticas – ou mesmo ilegais. No próximo capítulo, veremos as consequências de passar dos limites em busca de lucros e participação no mercado.

7

TRUQUES SUJOS

> Há uma estação adequada para realizar ataques com fogo
> e dias especiais para iniciar uma conflagração.
>
> – SUN TZU, *A arte da guerra*

Uma guerra de negócios, mesmo de pouca importância, pode parecer uma luta de vida ou morte para os envolvidos. A história demonstra que não há linha que certos líderes não cruzem para obter alguma vantagem para sua empresa. Neste capítulo, veremos algumas das táticas mais descaradas utilizadas para derrubar rivais odiados. Truques sujos às vezes resultam em escândalos e têm até consequências legais, mas no calor da batalha é fácil perder de vista o quadro geral.

Sun Tzu defendia fortemente o uso de engodos implacáveis. A seus olhos, o verdadeiro pecado era o desperdício acarretado por uma batalha prolongada, que deixasse ambos os lados enfraquecidos. O melhor era sempre encerrar as hostilidades de modo rápido e decisivo. Um truque sujo supera a destruição mutuamente garantida. "Se seu oponente tiver um temperamento colérico, procure irritá-lo", escreveu ele. "Finja ser fraco, e ele pode se tornar arrogante. Se ele está relaxando, não lhe dê descanso. Se as forças dele estão unidas, tente separá-las. Ataque o inimigo onde ele não esteja resguardado, apareça onde você não é esperado." Faça o que for preciso para conquistar a vitória.

É melhor vencer uma guerra de negócios com manobras astutas, mas que não cheguem a caracterizar um comportamento criminoso – grandes líderes instintivamente batem forte, mas evitam golpes baixos.

SONHE ALTO:
EDIFÍCIO CHRYSLER X WALL STREET 40

H. Craig Severance se sente triunfante. Após uma feroz batalha pública, o famoso arquiteto venceu seu ex-parceiro, William Van Alen, na disputa para construir a estrutura mais alta do mundo. Seu arranha-céu neogótico de 71 andares, bem no centro do coração financeiro de uma das cidades mais importantes do mundo, agora está pronto. A competição entre Severance e Van Alen foi diferente de tudo na história da cidade, pois cada arquiteto tentou desesperadamente obter um pouco mais de altura do que o rival. Uma altura de 283 metros, no entanto, não deixa margem para contestação: o nº 40 da Wall Street não fica atrás de nenhuma outra estrutura.

Sorrindo para si mesmo, Severance olha por uma janela voltada para o norte. E fica de queixo caído. O que é aquela... coisa se erguendo da cúpula do Edifício Chrysler, de Van Alen? Do jeito que brilha ao sol, não poderia ser...

▶▶▶

Os anos entre 1928 e 1933 marcaram uma nova era na arquitetura americana. Tendo acabado de ultrapassar Londres como área metropolitana mais populosa do mundo, a cidade de Nova York transformou todo o seu horizonte em pouco tempo. Em um espaço de cinco anos, a Big Apple se tornou o lar de uma série de edifícios históricos: o New York Life Building, o nº 30 da Rockefeller Plaza, o nº 40 da Wall Street e o Chrysler Building, entre outros. Mesmo com as fortunas do país implodindo na Grande Depressão, alguns de seus edifícios mais icônicos foram erguidos nesse período, aumentando a reputação de seus arquitetos.

O esforço é sempre recompensado, mas a história revela que poucos chegam ao topo – os mais ricos, os mais poderosos ou, nesse caso, os projetistas dos prédios mais altos – jogando totalmente limpo. Para obter conquistas no palco do mundo, as regras às vezes são alteradas, se não quebradas. A sabedoria de um líder está em identificar quais regras podem ser mudadas e até que ponto. O próprio Sun Tzu atribuía grande importância ao engodo. "Quando somos capazes de atacar, devemos parecer incapazes", escreveu ele. "Ao usar nossas forças, devemos parecer inativos; quando estamos perto, devemos levar o inimigo a acreditar que estamos longe; quando longe, devemos levá-lo a acreditar que estamos perto." A própria arquitetura é a arte de enganar, de fazer com que um edifício – e, muitas vezes, o negócio que representa – pareça mais grandioso do que realmente é. Quando se trata de engodo arquitetônico, poucos foram mais astutos que William Van Alen, o visionário por trás do famoso Edifício Chrysler, de Nova York.

Quase um século depois de ter sido construído, o arranha-céu art déco de 77 andares, no cruzamento da Rua 42 com a Avenida Lexington, em Manhattan, continua se destacando – é tão icônico quanto o Empire State Building, nas proximidades. Embora a silhueta da cidade de Nova York apresente hoje muitos edifícios mais altos, apenas o Empire State pode se comparar em elegância e estilo ao Chrysler Building.

Graças a uma economia em expansão, a cidade de Nova York se tornou um centro global da indústria e das finanças na virada do século XX. Como resultado, Manhattan ficou abarrotada de milionários. Esses novos ricaços adquiriam grandes terrenos de primeira linha e neles construíam monumentos cada vez mais altos – para suas empresas e para os próprios egos. Em 1908, o edifício Singer chegou a 187 metros. No ano seguinte, a Met Life Tower atingiu 210 metros. Então, a partir de 1913, no nº 233 da Avenida Broadway, o Edifício Woolworth reinou, supremo, com seus 241 metros. No início da década de 1920, esse edifício, inspirado numa catedral, era quase uma provocação destinada a encabular os empresários americanos de então. Quem reuniria o talento e os recursos necessários para superá-lo?

▲▲▲

William H. Reynolds não era só um senador do estado de Nova York mas também um empresário de sucesso no ramo imobiliário. Reynolds incorporara centenas de propriedades na cidade, inclusive a maior parte de bairros inteiros do Brooklyn, como Prospect Heights e Borough Park. O grande feito de Reynolds, no entanto, foi a Dreamland, um parque de diversões opulento e elegante em Coney Island. Além das montanhas-russas usuais, a Dreamland possuía um domador de leões, uma recriação realista dos Alpes suíços (com gelo seco para simular brisas frescas), uma imitação dos canais venezianos com gôndolas reais e um luxuoso salão de baile com 2.300 metros quadrados. Para completar, havia uma torre com 114 metros de altura cravejada com milhares de lâmpadas elétricas. Enquanto esteve de pé, a torre da Dreamland dominou a paisagem de Coney Island, oferecendo vistas espetaculares da cidade aos visitantes que pegavam o elevador até o topo. O incêndio da Dreamland, em 1911, foi um grande golpe para Reynolds. O incorporador decidiu então construir algo ainda mais alto que sua torre perdida: um majestoso prédio de escritórios em Manhattan.

Mas onde ficaria? Reynolds sabia que um prédio de grande altura exigiria um terreno enorme. Quanto maior a estrutura, maior deve ser a área ocupada. O local teria que ser selecionado com cuidado. Reynolds precisava de um bairro em Manhattan não exatamente de primeira linha, mas em crescimento, para uma construção muito alta. Assim, escolheu o Midtown East. Durante anos, essa área próxima ao Grand Central Terminal esteve moribunda, atravessada por trilhos elevados e pontilhada de pátios ferroviários. Mas à medida que a demanda por espaços comerciais e residenciais na ilha começou a crescer, toda a infraestrutura desagradável passou a ser deslocada. Quando Reynolds começou a procurar um terreno amplo e acessível, a Lexington Avenue passava por um "renascimento", nas palavras do *The New York Times*. As opressivas ferrovias elevadas estavam sendo removidas, setor por setor, expondo ao sol quarteirões inteiros e convidando quem tivesse antevisão e recursos a reinventar ruas anteriormente pouco convidativas. Depois de tanto tempo adormecido no escuro, o Midtown East finalmente voltava à vida.

Em 1921, Reynolds alugou um terreno na Lexington entre as ruas 42 e 43. O Chanin Building e o Commodore Hotel eram apenas alguns dos projetos modernos inaugurados na área quando Reynolds contratou um jovem arquiteto em ascensão que conhecia do Brooklyn, William Van Alen, para projetar sua torre. Na época, graças às novas técnicas de construção totalmente em aço, os arranha-céus estavam na moda. A tecnologia aprimorada somada a uma economia florescente e uma desenfreada especulação imobiliária criava condições perfeitas para um surto de construções verticais. Em 1928, Van Alen apresentou projetos para um edifício de escritórios com 65 andares que, atingindo 200 metros de altura, seria 2,5 metros mais alto que o Edifício Woolworth – o campeão à época. De acordo com o *The New York Times*, o projeto de 12 milhões de dólares seria a âncora para um "novo e mais interessante centro de negócios" entre o bairro de Murray Hill, ao sul, e a área do Grand Central Terminal, ao norte. Havia outros inúmeros projetos em andamento. A Lexington Avenue estava prestes a se tornar a "Broadway do lado leste".

Van Alen fazia parte de uma nova onda de arquitetos modernistas. Anteriormente, ele e seu parceiro mais conservador, H. Craig Severance, haviam projetado vários edifícios juntos. Porém, quando o crédito por um projeto de sucesso foi atribuído apenas a Van Alen nas publicações especializadas, os dois encerraram a parceria em termos não muito amigáveis. Van Alen, por sua vez, ficou empolgado – finalmente estava livre para satisfazer todas as suas tendências modernistas. Como muitos de seus colegas, ele se cansara das antigas convenções da arquitetura tradicional. Van Alen valorizava projetos simplificados que aproveitavam ao máximo as técnicas e os materiais de construção mais recentes. "Ao projetar um arranha-céu", disse ele, "não há precedentes a serem seguidos, pois estamos usando um novo material estrutural, o aço, que foi desenvolvido nos Estados Unidos e é diferente em todos os aspectos da alvenaria, usada nas construções do passado."

Van Alen era um arquiteto brilhante, enquanto Severance sempre fora mais ligado à parte comercial. Como os custos dos projetos de Van Alen, cada vez mais ambiciosos, não paravam de aumentar, Reynolds concluiu que não tinha estômago para o jogo dos arranha-céus. Foi quando soube que Walter P. Chrysler, proprietário da terceira maior montadora de automóveis americana, queria construir uma nova sede em Midtown. Rapidamente, Reynolds vendeu para Chrysler a concessão do lote, os serviços de Van Alen e o projeto da torre por insignificantes 2 milhões de dólares.

Se Van Alen ficou frustrado com a falta de visão de Reynolds, deve ter ficado encantado ao conhecer Chrysler – no início. Engenheiro, o magnata dos automóveis tinha um olhar aguçado para detalhes, mesmo em uma área muito fora de sua especialidade, como a arquitetura. Assim, começou a enviar a Van Alen centenas de revisões, deixando claro a cada etapa que dinheiro não seria um problema. Mas o Edifício Chrysler precisaria ser mais que simplesmente alto e funcional. Teria de incorporar o estilo característico e a engenharia dos veículos Chrysler.

Por fim, Chrysler e Van Alen chegaram a um acordo sobre o projeto: seria uma torre afunilada de 77 andares, no estilo art déco, com uma ampla coroa eriçada de dardejantes raios triangulares, evocando o diadema da Estátua da Liberdade. Van Alen encontrou maneiras engenhosas de integrar no arcabouço do prédio elementos decorativos inspirados na Chrysler: frisos de calota, gárgulas de aço inoxidável e águias semelhantes a enfeites de capô. Por dentro, o prédio estabeleceria um novo padrão de opulência corporativa, como mármore marroquino vermelho, murais e 32 elevadores revestidos com madeiras exóticas. E o luxo final: o Edifício Chrysler seria o primeiro arranha-céu totalmente climatizado. Oferecendo muito mais espaço do que qualquer empresa americana poderia usar para sua sede, o prédio alugaria grande parte de seus quase 112 mil metros quadrados para outras empresas, como a Texaco e a Time Inc. Entre o 66º e o 68º andares, Van Alen instalou o Cloud Club (clube das nuvens), uma sala de jantar privada, com um bar clandestino, destinada a hospedar as reuniões dos executivos da Texaco. O clube oferecia elegantes armários de madeira para os sócios e até uma barbearia. Em tudo e por tudo, o Edifício Chrysler seria diferente de qualquer outro.

Em 19 de setembro de 1928, os trabalhadores iniciaram a construção do que se tornaria o edifício mais alto do mundo. Concretizar o projeto ambicioso de Van Alen teria sido impossível se Nova York não tivesse se tornado um destino global para trabalhadores qualificados em busca de uma vida melhor. Esse fluxo constante de imigração supria os milhares de rebitadores, instaladores de andaimes e pedreiros necessários à construção de um edifício em escala colossal sem qualquer equipamento de segurança. Nos anos seguintes, eles martelariam 400 mil rebites e colocariam à mão quase 4 milhões de tijolos sem o uso de arneses.

Enquanto isso, na Wall Street, entre as ruas Nassau e William, o ex-parceiro de Van Alen, H. Craig Severance, também tinha um arranha-céu para construir. O Manhattan Company, banco centenário, o havia contratado para erguer sua nova sede, na Wall Street 40. Em março de 1929, foi anunciado que Severance projetaria para o local um prédio de escritórios com 47 andares. Esse projeto foi rapidamente revisado para 60 andares, o que ainda o deixaria menor que o Edifício Woolworth, de 241 metros, sem falar do Edifício Chrysler, de Van Alen, ainda em construção. Mas os banqueiros que financiavam o edifício não estavam dispostos a enterrar uma fortuna no *segundo* edifício mais alto da cidade. Portanto, em abril Severance aumentou a aposta, obtendo aprovação para uma altura final de 283 metros. Confiante, ele declarou vitória.

A construção do Wall Street 40 foi iniciada em maio de 1929. Começava então a "corrida para o céu", como a imprensa apelidou a disputa. A guerra entre Van Alen e Severance acendeu a imaginação de um país otimista, que se encontrava em uma trajetória de crescimento aparentemente ilimitada. Van Alen, por sua vez, não tinha intenção de perder a corrida, principalmente para seu antigo parceiro. Ansioso, observava o trabalho na Wall Street 40 progredir a um ritmo extraordinário. Em função do cronograma apertado, as fundações do edifício estavam sendo lançadas simultaneamente à demolição de prédios menores do lote. Três turnos de trabalhadores mantinham o local ativo da manhã à noite.

Para o deleite de Severance, o arranha-céu de 283 metros na Wall Street 40 foi concluído em 1º de maio de 1930. Isso significava um triunfo profundamente gratificante para ele, após anos à sombra de Van Alen. Com seu telhado 281 metros acima da calçada, o Chrysler Building simplesmente não tinha como competir. Esses 2 metros de diferença significavam tudo.

Então, em 27 de maio de 1930, William Van Alen revelou um dos maiores engodos da arquitetura moderna e da guerra entre empresas. Em segredo, ele havia projetado e garantido aprovação para uma torre de aço inoxidável de 54 metros a ser embutida na cúpula do Edifício Chrysler. Suas quatro partes foram trazidas em sigilo para dentro do prédio e ali montadas. Depois que a altura final do Wall Street 40 foi irrevogavelmente estabelecida, Van Alen desferiu seu golpe de mestre. "O sinal foi dado", escreveu Van Alen no Architectural Forum, "e a torre emergiu gradualmente do topo da cúpula como uma borboleta de seu casulo. Em cerca de 90 minutos, foi firmemente rebitada em sua posição – a mais alta peça de aço estacionária no mundo." Com sua torre, o Edifício Chrysler atingiu 319 metros. Em menos de duas horas, tornou-se o prédio mais alto do mundo. E o mais importante: subiu 40 metros acima de seu rival de 283 metros, na Wall Street 40. "Jogue iscas para atrair o inimigo", escreveu Sun Tzu. "Finja desordem e o esmague."

Van Alen venceu Severance para sempre, mas seu triunfo durou pouco. O Empire State Building ultrapassou a altura do Chrysler Building apenas 11 meses depois. (Na verdade, os construtores do Empire State Building deliberadamente aumentaram a altura do prédio em mais 61 metros após a proeza de Van Alen. O patrocinador do edifício, John J. Raskob, temia que Chrysler pudesse "armar outro truque, como esconder uma vara no pináculo e então erguê-la no último minuto".)

Independentemente disso, Van Alen deu a vitória a Chrysler. No entanto, como prova de sua incompetência como empresário, ele jamais se preocupara em firmar um contrato formal com o cliente. Não havia acertado nem mesmo uma taxa final pelo trabalho. Ao término da construção, Van Alen pediu o valor padrão na época de 6% do custo do edifício, que fora 14 milhões de dólares. Ou seja, 840 mil dólares. Chrysler, que alegremente não poupou despesas na construção do prédio, considerou o pedido ultrajante. Quando o magnata se recusou a pagar, o caso foi aos tribunais. Embora Van Alen tenha vencido a batalha, o litígio o levou a perder a guerra, assustando clientes em potencial – que já eram poucos, por conta da Grande Depressão. E o arquiteto vitorioso acabou se tornando professor de escultura.

Embora Walter Chrysler tenha reivindicado a cobertura para si e instalado um showroom da Chrysler no primeiro andar, a Chrysler Corporation nunca mudou de fato sua sede para o edifício. Walter pagou o prédio do próprio bolso para garantir que seus filhos um dia pudessem herdá-lo. Apenas dez anos após o término da construção, foi exatamente o que aconteceu. Depois que os herdeiros da Chrysler o venderam, em 1947, o prédio, reduzido pela concorrência, mas inigualável em elegância e beleza, passou por várias mãos, enquanto a situação da cidade oscilava entre altos e baixos. Como foi adicionado ao Registro Nacional de Locais Históricos e declarado um marco nacional, o futuro desse fruto de um ardil está garantido. Quando o Museu dos Arranha-Céus, de Nova York, pediu a arquitetos, críticos, engenheiros e historiadores que escolhessem suas torres favoritas, o Chrysler Building foi o primeiro colocado.

OS OLHOS DE QUEM VÊ: HELENA RUBINSTEIN

Já se passaram meses desde que Helena Rubinstein chegou à pequena cidade rural de Coleraine, Austrália. Ela não está onde esperava aos 24 anos, mas pouca coisa correu conforme o planejado desde que fugiu de um casamento arranjado na Polônia.

Nascida Chaja Rubinstein, ela é a mais velha de oito irmãs em uma família judia ortodoxa. Seus pais são donos de uma loja de ferragens no gueto judeu de Cracóvia. Para eles, o futuro de Chaja estava decidido desde que ela nascera: ter muitos filhos e administrar a casa de seu futuro marido.

Mas Chaja não tinha intenção de se casar com o homem, bem mais velho, escolhido por seus pais. Rebelando-se – não só contra o casamento, mas contra todas as pequenas e rígidas expectativas que os pais tinham com relação a ela –, Chaja saiu de casa. Inicialmente, foi morar com uma tia, em Viena, e agora está na casa de seu tio Bernard, na cidade de Coleraine, Austrália. Lá, Chaja se tornou Helena. Ela mal fala inglês, mas conseguiu um lugar estável para ficar, enquanto constrói uma vida nova para si mesma.

Rubinstein não se adapta a esse país seco e ensolarado. Nem quer. Perto dos moradores de pele curtida, sua cútis impecável logo a distingue como estrangeira. Como suas irmãs, Rubinstein sempre evitou o ar livre e cuida primorosamente de sua pele. Na bagagem, ela trouxe outro segredo: um estoque de potes que contêm um creme à base de lanolina, feito por um parente na Polônia. A substância cerosa deixa sua pele com uma aparência tão lisa, hidratada e macia como no dia em que deixou a Cracóvia, mesmo nas adversas condições locais.

As mulheres da região perguntam a Helena sobre seus segredos de beleza, cheias de curiosidade e inveja. Isso deixa Rubinstein pensativa. Se ela conseguir persuadi-las a experimentar o creme, pode ser que a fabricação de produtos para a pele se torne uma atividade lucrativa. Talvez até mesmo um negócio. Tudo o que ela precisa para reproduzir a receita de seu parente é um suprimento constante de lanolina, que ali deve ser muito fácil de encontrar. Por sorte, a lanolina vem das ovelhas. E se há uma coisa que a sonolenta Coleraine tem, são ovelhas: 75 milhões de merinos. É quase como se sua ideia estivesse destinada a se realizar.

Com as instruções corretas, a esposa de cada agricultor no país poderia replicar o creme "milagroso" de Rubinstein. Mas, mesmo em sua tenra idade, ela entende que a beleza depende do glamour – e de uma pitada de mistério.

O que elas não sabem não lhes fará mal...

▲▲▲

Um bom mágico precisa compreender a psicologia humana. Para iludir as pessoas, é necessário conhecer suas deficiências e seus preconceitos. E quando se tratava de perceber como as pessoas pensam, Helena Rubinstein era mais que uma ilusionista – era uma autêntica feiticeira.

Primeira milionária que se fez sozinha nos tempos modernos, Rubinstein usou sua compreensão extraordinária e instintiva das fraquezas humanas para construir um vasto império de cosméticos – e para travar uma guerra contra Elizabeth Arden, uma rival muito semelhante. O conflito rancoroso de uma década entre essas duas ferozes empreendedoras imigrantes mudaria a forma de o mundo enxergar a beleza. "No início do século XIX", disse Geoff Jones, professor da Escola de Negócios de Harvard, "o que as pessoas consideravam lindo ou bonito variava enormemente no mundo inteiro. Já no século XX, o que consideram bonito se tornou incrivelmente homogeneizado. Pessoas como Helena Rubinstein são atores centrais nessa transformação do conceito de beleza."

Em 1902, após se estabelecer em Coleraine, Rubinstein abriu um salão de beleza para vender seu creme. Logo desenvolveu outros produtos: pós, loções e até maquiagem. Na época, maquiagem era algo usado apenas por atrizes e prostitutas. Rubinstein procurou remover esse estigma tornando culturalmente aceitável que qualquer mulher mascarasse suas falhas. Conseguiu isso adicionando benefícios secundários aos produtos. Se um batom contivesse um protetor de pele, por exemplo, qualquer mulher respeitável poderia justificar o uso do produto para evitar rachaduras nos lábios. E já que você está usando batom, por que não experimenta um pouco de rouge? Injeções de botox e colágeno, para não falar em cirurgias plásticas seguras e eficazes, só estariam disponíveis décadas mais tarde. Bálsamos, pomadas e unguentos de eficácia questionável eram as únicas opções para quem desejava uma pele mais saudável e com aparência mais jovem, e a maquiagem era a única opção para esconder falhas. Rubinstein não via razão para limitar esse artifício ao palco. Ou ao bordel.

Na promoção de seus produtos, no entanto, a jovem empreendedora polonesa demonstrou um talento para o exagero que beirava o engodo total. Embora o envelhecimento e os danos à pele sejam fatos da vida, Rubinstein entendeu que a beleza é um jogo de percepção. Um pouco de lanolina poderia melhorar a pele de uma cliente, mas não faria milagres. O importante, porém, era o que uma mulher *pensava* sobre a própria aparência – e essa percepção era maleável. Independentemente do que estivesse vendendo, o primeiro objetivo de Rubinstein era fazer com que suas clientes se sentissem bonitas.

O preço premium é uma estratégia de negócios enganosa que tira proveito de um viés cognitivo comum. Em áreas em que os resultados são subjetivos e difíceis de medir – moda, entretenimento, arte ou, sim, cosméticos –, cobrar um preço mais alto do que o justificado pelos custos pode aumentar o valor percebido do produto. Helena Rubinstein era mestre nessa tática. Ela entendeu que dois frascos de creme facial podem ter a mesma aparência e hidratar igualmente bem, mas se um deles tivesse um preço cinco vezes maior, os consumidores presumiriam que era, de algum modo, cinco vezes melhor, mesmo que as alegações fossem vagas ou de verificação impossível. Quando uma mulher australiana aplicava o creme de Rubinstein em suas bochechas ressecadas pelo sol, o efeito hidratante era real, mas sua potência e sua durabilidade eram corroboradas mais por seu alto preço do que por qualquer diferença visível no espelho.

É claro que as mulheres de Coleraine não teriam ficado felizes se soubessem que a jovem imigrante estava vendendo a elas potes da malcheirosa gordura produzida pelas próprias ovelhas que criavam. Portanto, o primeiro truque de Rubinstein foi disfarçar o odor da lanolina, usando ervas e extratos, como lavanda e casca de pinheiro. Dando um passo adiante, ela afirmou que essas ervas, de resto comuns, haviam sido obtidas "nas montanhas dos Cárpatos" por certo "Dr. Lykuski, famoso especialista em peles", personagem fictício que Rubinstein usou e embelezou por décadas. Esses e outros toques emprestavam credibilidade às alegações e estimulavam a imaginação de suas clientes rurais. Rubinstein batizou seu produto de "Crème Valaze" – sendo que *valaze*, segundo ela, significava "presente do céu" em húngaro. (Em Coleraine, aparentemente, não havia dicionários do húngaro para o inglês que pudessem revelar que a palavra era tão fictícia quanto o Dr. Lykuski.) Rubinstein prometia que o creme "melhoraria a pior pele em um mês", eliminando "sardas, rugas, palidez, queimaduras de sol, cravos, acnes, aspereza e todas as manchas e erupções da pele". Hoje, sabemos que afirmações duvidosas e táticas enganosas são inevitáveis em cosméticos de luxo – na verdade, em produtos de luxo de modo geral –, mas na época Rubinstein estava criando seu próprio manual. Como ela disse mais tarde a sua secretária particular: "Uma boa publicidade não precisa de muitos fatos!"

Após um desentendimento com seu tio Bernard, Rubinstein se mudou para Melbourne, capital do estado de Victoria, a maior cidade da Austrália na época. Ela sabia que aquela cidade rica representava um mercado muito melhor para produtos premium, mas os bancos não emprestariam a uma mulher os fundos necessários para expandir um negócio. Assim, para pagar as contas, Rubinstein conseguiu um emprego de garçonete num salão de chá enquanto traçava uma estratégia. Foi lá que conheceu James Henry Thompson, gerente da distribuidora de chá Robur Tea Company. Foi ele quem provavelmente lhe proporcionou o capital inicial para abrir uma pequena loja, deu conselhos sobre negócios e a ajudou a escrever anúncios em inglês. (Rubinstein mais tarde retribuiu o favor incluindo anúncios do Robur Tea em seus livretos com conselhos de beleza.)

Agora dona do próprio salão, Rubinstein começou a se apresentar como uma especialista em beleza que podia "diagnosticar" a pele e definir um "tratamento" adequado. Foi Rubinstein quem introduziu a noção, hoje comum, de que as pessoas têm diferentes tipos de pele "problemática" – oleosa, seca e assim por diante –, cada qual exigindo um tratamento diferenciado. Ingredientes supostamente exóticos e um ar de perícia médica convenciam as mulheres a pagar 6 xelins pelo creme de 10 pence de Rubinstein – um aumento de quase oito vezes. Na realidade, Rubinstein adquiria seus produtos da Felton, Grimwade & Company, um atacadista de Melbourne que os produzia de acordo com receitas relativamente padronizadas para a época. Era a história que importava, não os ingredientes.

No ano seguinte, Rubinstein abriu um salão maior e mais elegante na Collins Street, o destino de Melbourne para compras sofisticadas, dando início a um período de rápida expansão. Em 1905, sua irmã Ceska e sua prima Lola – que agora, como Rubinstein, se apresentavam como especialistas vienenses em beleza – assumiram o controle da loja da Collins Street para que Rubinstein pudesse abrir uma em Sydney e outra na Nova Zelândia. Por volta dessa época, Rubinstein conheceu o jornalista polono-americano Edward William Titus, também judeu. Em 1908, os dois se casaram, mudaram-se para Londres e abriram mais uma loja.

Titus provou ser um talentoso profissional de marketing, escrevendo anonimamente uma série de livretos intitulada *A beleza em construção*, a qual solidificou a imagem de Rubinstein como pesquisadora intrépida, que usava métodos científicos para desenvolver tratamentos de beleza eficazes. Em 1909, Rubinstein abriu um salão em Paris, para onde o casal se mudou após o nascimento de seus dois filhos, deixando outra irmã Rubinstein cuidando do salão de Londres. Helena e Edward rapidamente se firmaram na sociedade parisiense, dando festas glamorosas e ombreando com a elite.

Ao contrário das outras cidades onde Helena estabelecera suas lojas, Paris já contava com um movimentado mercado de cosméticos de luxo. Para dar a si mesma e a seus produtos um ar de requinte, de modo a se harmonizar com o ambiente, Rubinstein fazia questão de ser chamada de "Madame" por seus funcionários e até por conhecidos pessoais. Para consolidar ainda mais seu status de especialista, ela consultava dermatologistas e depois adaptava livremente suas descobertas, apoiando-se na frase "beleza como ciência" para transmitir a noção de que suas afirmações eram baseadas em pesquisas médicas. Os materiais promocionais mostravam Rubinstein trabalhando com afinco em um laboratório, trajando um jaleco branco. Ninguém precisa ser atriz para vestir uma fantasia.

Além de cosméticos, os salões de Rubinstein vendiam uma variedade cada vez maior de tratamentos de beleza, desde os relativamente inócuos (eletrólise, massagem facial e "oxilação", para ajudar a pele a respirar) até os potencialmente perigosos (poderosos depilatórios químicos, injeções de parafina para preencher rugas e tratamentos "eletrotônicos", que aplicavam choques nos músculos faciais, de modo a fortalecê-los e melhorar a aparência). Fundamental em toda essa pseudociência era a ideia de que a idade não era realmente algo fixo. Com a ciência, o relógio poderia ser parado e até mesmo recuado – pelo menos em relação à aparência. (Mentir sobre a idade, como Rubinstein fez a partir dos 20 e poucos anos, também ajudaria.) As mulheres já não precisariam se resignar a perder a aparência jovem à medida que envelheciam, caso estivessem dispostas a se esforçar. E tivessem dinheiro.

"Não existem mulheres feias", disse Rubinstein. "Apenas preguiçosas."

Em 1914, o casamento de Rubinstein estava desmoronando por causa do comportamento mulherengo de Tito. Quando eclodiu a Primeira Guerra Mundial, ela colocou sua irmã Pauline no comando do salão de Paris e deixou a Europa para estabelecer uma rede de salões de beleza na cidade de Nova York. (Helena e Tito se separariam legalmente em 1916, embora ela continuasse a contar com os conselhos dele nos anos seguintes.)

Cada salão americano era projetado para estabelecer as credenciais da marca Helena Rubinstein: decoração luxuosa, arte vanguardista – com obras de pintores como Joan Miró e Salvador Dalí – e até restaurantes e ginásios. Para expandir sua estratégia de preços premium, Rubinstein precisava replicar os elementos que haviam tornado seus salões europeus tão bem-sucedidos. Isso significava promover sua marca em todas as lojas. Já sem parentes para administrar seus salões, Rubinstein investiu pesado no treinamento das vendedoras para que usassem a mesma terminologia e as mesmas técnicas de venda em todas as unidades. Ela entendia que cada uma das funcionárias era uma embaixadora da marca. Assim, todas usavam uniformes brancos para sustentar sua credibilidade como esteticistas.

Começando com a Maison de Beauté Valaze, na Rua 49 Leste, em Manhattan, outros salões rapidamente se sucederam em São Francisco, Filadélfia e Nova Orleans, e assim Rubinstein construiu as bases de um império americano. Para evitar a necessidade de importações, ela fundou a Helena Rubinstein Beauty Products Manufacturing Company, em 1916, que fabricava os produtos vendidos não só em seus salões de beleza como também em farmácias e lojas de departamento por todo o país. (No típico estilo Rubinstein, ela continuou a alegar que os produtos vinham "direto de Paris".) Além disso, Helena passou a se apresentar como russa, já que Viena carregava agora uma conotação negativa, depois que a Áustria se tornara aliada da Alemanha na Grande Guerra.

Em 1926, Rubinstein incorporou os negócios americanos e, dois anos depois, vendeu grande parte de suas ações para o Lehman Brothers, por 7,3 milhões de dólares. O momento não poderia ter sido melhor. Nove meses mais tarde, o mercado de ações entrou em colapso, pulverizando grande parte do valor da rede. Em 1931, Rubinstein recomprou o controle de sua empresa, obtendo um lucro enorme no processo.

Enquanto levava os negócios americanos a patamares ainda maiores nas décadas após a Depressão, Rubinstein percebeu que, na sua idade, não tinha mais a credibilidade instantânea proporcionada por uma pele impecável. As fotos publicitárias eram cuidadosamente retocadas para disfarçar sua aparência, mas isso provocava um choque nas clientes quando ela fazia viagens publicitárias. Rubinstein resolveu o problema pedindo que mulheres mais jovens – como sua sobrinha, Mala – adotassem seu sobrenome e assumissem a publicidade cara a cara da marca.

Somente no final dos anos 1930 Rubinstein sentiu alguma pressão regulatória contra suas alegações exageradas. O American Food, Drug & Cosmetic Act, de 1938 (lei que regulamentava a publicidade de alimentos, remédios e cosméticos), forçou Rubinstein a baixar o tom de sua publicidade. Àquela altura, porém, ela já havia consolidado com sucesso uma marca na qual milhões de mulheres em todo o mundo confiavam. Cinco fábricas produziam produtos comercializados em 6 mil pontos de venda, que incluíam 27 salões Helena Rubinstein, em algumas das principais cidades do mundo, de Melbourne a Milão. No fim, já não importava se seus produtos removiam rugas e manchas com a eficácia que ela sempre alegou. Em última análise, os bálsamos, pomadas e loções de Rubinstein, sem falar em todos os seus tratamentos clinicamente questionáveis, ofereciam algo que não podia ser quantificado por qualquer estudo de pesquisa.

Rubinstein costumava cruzar o Atlântico de navio para administrar os dois hemisférios de seu império. Em 1938, em uma dessas viagens, a empresária, então com 68 anos, conheceu Artchil Gourielli-Tchkonia, um pretenso príncipe georgiano 23 anos mais jovem. Os dois se casaram. Rubinstein não examinou os papéis do rapaz. Sabia, por experiência própria, que uma ilusão podia tornar uma pessoa genuinamente feliz. Ela até criou uma linha de produtos e fragrâncias masculinos com o nome de seu amado marido.

Os dois viveram juntos por mais de uma década, até a morte do príncipe, por ataque cardíaco, em 1955. Rubinstein morreu em 1965, com 94 anos. Na época, possuía salões e fábricas em 15 países e uma propriedade de mais de 100 milhões de dólares. Hoje, a indústria global de cosméticos, que ela ajudou a gerar, vale mais de meio trilhão de dólares.

CRIANDO UM INFERNO: SUN-MAID X MÁFIA DAS PASSAS

O ano é 2018 e Harry Overly está voltando para casa, ansioso para ver a esposa após um longo dia de trabalho. O momento é muito especial: ela está no terceiro trimestre de gravidez. Overly anda animado com seu novo cargo, embora desejasse que fosse um pouco menos estressante. Mais de um século depois que a Sun-Maid foi fundada como uma cooperativa de produtores de uvas-passas em Fresno, Califórnia, e redondezas, ele foi nomeado CEO da empresa. Após alguns meses, está começando, finalmente, a se estabelecer no cargo. Mas não tem sido fácil. Overly achava que conhecia por dentro e por fora o negócio de alimentos embalados. Ele ocupou cargos em diversas empresas, como a Kraft, a Wrigley e até a Bertolli, uma produtora de azeite. Mas na Sun-Maid, Overly descobriu que as passas, embora pequenas e marrons, não se parecem em nada com azeitonas. Não chegam nem perto.

Quase imediatamente após assumir a direção da Sun-Maid, com a missão de trazer as passas para a era moderna, outros participantes da indústria de uvas-passas pressionaram Overly para que participasse de um conluio ilegal.

Longe de ser uma nova tática, esse tipo de negociação nos bastidores há muito faz parte da indústria de passas na Califórnia. Pelo menos é o que Overly está começando a perceber. Na verdade, embora no início tenha achado graça, ele começa a acreditar nos boatos sobre a "máfia das passas". Trata-se de algo, no mínimo, perturbador.

De qualquer forma, isso é assunto para se pensar amanhã. Nessa noite, sua esposa merece toda a atenção.

Overly para na garagem de sua nova casa, sai do carro e caminha até a varanda. Lá, encontra um bilhete enfiado numa fresta da porta da frente. Tomado de uma súbita apreensão, ele o arranca, abre e lê:

"Você não pode fugir."

Calmamente, Overly dobra o bilhete. Outro homem poderia aproveitar a oportunidade, pegar a família e tentar a sorte num negócio diferente: laranjas, talvez, ou alimentos congelados. Ele não. Ele está lá para salvar as uvas-passas e não permitirá que algumas ameaças covardes se interponham em seu caminho.

Dito isso, agora ele, definitivamente, vai instalar um sistema de segurança.

▴▴▴

As táticas mais agressivas são por vezes empregadas nos campos de batalha mais inesperados. Vejamos o negócio das passas. Poucos doces são mais humildes que a uva seca. Pequenas, escuras e enrugadas, as passas adicionam um toque de doçura aos cereais ou iogurtes e proporcionam uma agradável mastigação em um biscoito de aveia ou um sorvete de passas ao rum. No entanto, batalhas sangrentas foram travadas por sua causa. Às vezes, a palavra "guerra" em uma batalha entre empresas não é simples metáfora. Historicamente, a indústria de passas é uma das mais violentas dos Estados Unidos. Táticas ilegais são comuns nesse segmento há mais de um século.

Muitos imigrantes foram para o oeste dos Estados Unidos durante o século XIX em busca de ouro, mas os agricultores, principalmente os do Mediterrâneo, sabiam onde estava a verdadeira riqueza da Califórnia. Os longos e secos verões do Vale Central o tornavam ideal para o cultivo de frutas que jamais floresceriam na maior parte do país. Com irrigação suficiente, toda a região poderia se tornar fértil e exuberante, com o potencial de abastecer a nação inteira com laranjas, amêndoas e uvas. A Primeira Ferrovia Transcontinental, concluída em 1869, levou para a Califórnia um grande número de imigrantes do leste e permitiu que esses novos produtores rapidamente distribuíssem seus produtos por todo o país. Em 1872, a ferrovia Central Pacific foi estendida até o vale de San Joaquin, onde os fazendeiros inundaram algumas áreas e fizeram experiências com diferentes cultivos, de modo a descobrir quais espécies poderiam crescer ali e ainda suportar a calorenta viagem para o leste. Em 1873, um agricultor chamado Francis Eisen plantou 10 hectares de uvas moscatel a leste de Fresno. Descobriu então que a área era ideal não só para o cultivo de uvas como também para secá-las ao sol. Poucos anos depois, ele começou a despachar, pela ferrovia, caixas de passas para todo o país. Em 1903, a produção da Califórnia já atingia 54,5 mil toneladas por ano.

O problema para os produtores da Califórnia era que levar seus produtos aos mercados do meio-oeste e da costa leste custava caro. Inovações como vagões de trem refrigerados e conservantes químicos tornaram a viagem viável para cultivos mais delicados, mas montar e manter a infraestrutura necessária não saía barato. Mesmo que os agricultores pudessem pagar pelo investimento, as flutuações nos preços das safras tornavam os lucros imprevisíveis. Para que as novas fazendas prosperassem, os agricultores precisariam cooperar uns com os outros, de modo a definir preços e regular o fornecimento.

Aqui entram as cooperativas agrícolas, como a Sunkist, que representava os produtores de frutas cítricas, e a Blue Diamond, que representava os produtores de amêndoas. No modelo que adotavam, agricultores individuais lhes davam permissão para negociar em seu nome os preços de determinada safra. Quando a participação dos produtores era suficiente, a cooperativa tinha poder de barganha para estabelecer preços mais altos. Essa abordagem dá a cada agricultor um melhor retorno e justifica os riscos e custos do cultivo de frutas a serem vendidas em todo o país. O modelo cooperativo seria essencial para que a agricultura da Califórnia se tornasse economicamente viável.

De todas essas cooperativas californianas, a mais agressiva e monopolista era a Sun-Maid. Constituída em 1912 como California Associated Raisin Company, representava 85% dos produtores de passas do estado durante a década de 1920, quando mudou seu nome para Sun-Maid Growers of California.

Uma cooperativa agrícola funciona apenas quando um número suficiente de produtores participa dela, de forma a garantir poder de negociação com os compradores. Mas quando existe uma cooperativa alguns agricultores podem, potencialmente, ganhar mais dinheiro se tornando independentes. Depois que a cooperativa, controlando a oferta, realiza o árduo trabalho de estabelecer preços altos para o produto, o operador desonesto pode capturar uma grande fatia do mercado, ludibriando os demais. Em economia, isso é conhecido como "problema do carona". Nos negócios, porém, não há recurso legal se algumas maçãs podres não colaborarem. Se alguns produtores de passas se recusassem a entrar na cooperativa, a Sun-Maid teria que confiar em seu poder de persuasão para conquistá-los. Infelizmente, quando a persuasão falhava, não havia alternativa. Pelo menos uma boa alternativa.

No início, a Sun-Maid usou pressão social para engrossar suas fileiras: desfiles e publicidade em cidades do Vale Central. O dia 30 de abril se tornou o Dia da Passa. A cooperativa chegou a lançar sua própria revista. Fez tudo o que era necessário para criar uma impressão de envolvimento maciço. Mas como essa abordagem não obteve participação total, os produtores usaram uma nova tática: intimidação violenta. Toda a indústria de uvas-passas estava concentrada em algumas centenas de quilômetros quadrados, em um vale com escassez de água. Em pouco tempo, grupos dos chamados "atacantes noturnos" começaram a invadir as lavouras de seus vizinhos sob o manto da escuridão, destruindo videiras, atirando em casas e até forçando agricultores a assinar contratos sob coação. Um fazendeiro gravemente machucado espalhou o próprio sangue no acordo que estava sendo forçado a assinar, prevendo – corretamente, como foi constatado – que isso invalidaria o contrato em um tribunal.

A Sun-Maid nunca participava dos ataques diretamente, apenas encorajava militantes a se unirem contra seus vizinhos não cooperativados. No envolvimento em truques sujos, uma negativa plausível é fundamental. Em 1915, a cooperativa anunciou que "todos os contratos assinados... por meio de qualquer tipo de intimidação ou violência empregada por uma turba será devolvido ao assinante". Isso não impediu os atacantes noturnos de prosseguirem seu trabalho, tacitamente encorajados pela própria Sun-Maid, mesmo quando ela declarava ao público suas nobres intenções. As autoridades locais, porém, fechavam os olhos. Muitos dos fazendeiros não cooperativados eram japoneses, armênios ou mexicanos, enquanto a Sun-Maid era dirigida por homens brancos poderosos, com importantes conexões no Vale Central. Alimentada por violentas agressões e estimulada pelo racismo, a Sun-Maid se tornou o maior monopólio do estado.

No início dos anos 1920, superadas as distrações da Grande Guerra, o governo federal finalmente interveio. O Departamento de Justiça investigou a indústria de passas e descobriu uma "regra da máfia" quando chegava a hora de os fazendeiros assinarem contratos de participação. Em 1922, o Congresso aprovou uma legislação regulando cooperativas agrícolas como a Sun-Maid, mas a lei evitou entrar no mérito dos preços, exigindo apenas que fossem "justos e razoáveis". Embora o secretário da Agricultura, teoricamente, tivesse autoridade para decidir sobre a questão, nunca usou esse poder ao longo do século, desde a aprovação da lei.

Nas décadas que se seguiram à retirada dos atacantes da noite, a Sun-Maid se tornou respeitável aos olhos do público. Os desenhos animados imensamente populares e lúdicos dos anos 1980 – com as Passas Dançantes da Califórnia cantando a conhecida canção *I Heard It through the Grapevine* ("eu soube pelas fofocas", na tradução correta; "eu soube pela *videira*", em tradução literal) – conquistaram para as passas um lugar na cultura pop e revigoraram as vendas, que estavam em queda. Nos bastidores, porém, pouco foi feito para mudar a cultura implacável da própria indústria. A Sun-Maid se recusou a permitir que outras marcas usassem as passas dançantes em suas embalagens, embora a campanha publicitária tivesse sido financiada pela indústria como um todo. Como a marca Sun-Maid se beneficiava desproporcionalmente dos comerciais, a indústria acabou optando por encerrar a campanha, embora fosse um grande sucesso.

Hoje, a Sun-Maid é propriedade de 850 famílias que cultivam um total de 20 mil hectares no centro da Califórnia. Juntas, elas representam cerca de 40% da indústria americana de uvas-passas, produzindo em média 90 mil toneladas do produto por ano. Enquanto isso, o compromisso da cooperativa com a negação permanece inabalável. Embora tenha reconhecido os "muitos eventos infelizes que ocorreram na agricultura e em outras indústrias em desenvolvimento" no início do século XX, a Sun Maid insiste em afirmar que "não há nenhum registro de envolvimento, tolerância ou encorajamento da empresa nessas táticas coercitivas". Ainda assim, de acordo com fontes internas, a indústria de uvas-passas – com um faturamento de meio bilhão de dólares – continua violenta e coercitiva.

Em 2017, a Sun-Maid trouxe Harry Overly, de 38 anos, um veterano em marcas de alimentos, para ser seu novo CEO. A ideia era sacudir com sangue novo uma indústria claustrofóbica, mas Overly ficou chocado com a cultura no mínimo inusitada que encontrou. E quando se negou a participar do conluio ilegal com outros integrantes da indústria, o clima se tornou imediatamente hostil. Ficou claro que os produtores de uvas-passas jogavam pesado.

"O que descobri rapidamente foi que aquela não era uma indústria interessada em aumentar o tamanho do bolo", disse Overly ao *The New York Times*. "Era uma indústria em que as pessoas tentam descobrir como roubar fatias das tortas dos outros." Enquanto isso, a demanda por passas vem caindo desde que as Passas Dançantes da Califórnia saíram do ar. A área dedicada à uva sem sementes Thompson, variedade usada para fazer a maioria das passas, caiu pela metade entre o ano 2000 e os dias de hoje.

Para trazer as passas de volta a uma nova geração de consumidores, Overly procurou baixar o preço. Mas esse plano o colocou em conflito direto com a Raisin Bargaining Association (associação comercial de passas), ou RBA, que tem a Sun-Maid como principal membro. Apesar da queda na demanda, os líderes da RBA queriam *aumentar* os preços – uma medida absurda que, na opinião de Overly, não teria nenhuma chance de ser bem-sucedida. Quando as negociações fracassaram, o novo CEO retirou a Sun-Maid da associação. Pouco depois, Overly e sua família foram intimidados. Após a nota ameaçadora ter sido deixada em sua porta, Overly implementou medidas de segurança para proteger tanto sua casa quanto o suprimento de passas da Sun-Maid. Ameaças de queimar toda a safra também foram feitas.

Até hoje, não se sabe ao certo quem estaria por trás da intimidação contra Harry Overly, mas não há dúvida de que a chamada máfia das passas está bem viva no Vale Central.

▲▲▲

Truques. Mentiras. Até violência. Quando as apostas são altas o bastante, alguns líderes recorrerão a qualquer arma em seu arsenal para derrotar os inimigos e garantir o futuro de sua empresa. Embora possa haver constrangimento público ou mesmo consequências legais, o governo não lida com irregularidades corporativas tão severamente quanto pune crimes individuais – sobretudo quando o trapaceiro é uma empresa americana de sucesso. Regulamentos novos e bem-intencionados podem descartar uma tática particularmente desagradável no futuro, mas raras vezes a parte ofensora é forçada a devolver o que ganhou de forma ilícita. Assim, a cultura do engodo permanece. Certos líderes estão sempre em busca de novos estratagemas. Não deve ser surpresa que truques sujos sejam usados em todos os setores e por líderes que jamais adotariam um comportamento antiético em suas vidas pessoais. Tudo se justifica na guerra dos negócios.

Existem algumas lutas, no entanto, que não podem ser vencidas no campo de batalha, pelo menos não por meios tradicionais. Essas guerras não são travadas em um dia, mas ao longo de semanas, meses ou anos. E são vencidas por empresas que conquistam o carinho e o respeito de seus clientes e, igualmente importante, dos próprios funcionários. Conquiste corações e mentes, e você vencerá a guerra sem disparar nenhum tiro.

8

CONQUISTANDO CORAÇÕES E MENTES

> Vencerá aquele cujo exército for animado pelo mesmo espírito em todas as suas fileiras.
>
> – SUN TZU, *A arte da guerra*

Marketing, publicidade, relações públicas. As empresas que elaboram mensagens persuasivas – e captam a atenção das pessoas por tempo suficiente para que sejam ouvidas – têm uma vantagem incomparável no mercado.

Todo negócio usa persuasão. Até mesmo o fato de renunciar à publicidade convencional, como faz a Zara, envia uma mensagem poderosa. Os consumidores não podem deixar de presumir que uma empresa corajosa a ponto de ignorar a publicidade deve ser boa o bastante para vender apenas na base do boca a boca.

Para que essa estratégia funcione a longo prazo, evidentemente, é preciso um produto excepcional.

Uma excelente execução, de fato, torna qualquer mensagem mais fácil. Como vimos várias vezes, ser o primeiro não faz mal nenhum, mas é melhor ser o melhor. Quando se trata de comunicação, um produto familiar com benefícios claros também ajuda. Quanto menos explicações tiverem que ser dadas aos consumidores, mais fácil será criar e divulgar uma mensagem simples. Vender um produto cujos benefícios são difíceis de apreender requer um verdadeiro domínio da persuasão. Como Helena Rubinstein, você terá que contar uma história e tanto para infundir uma atmosfera mística promissora em um novo e misterioso tratamento de spa.

Como veremos neste capítulo, o melhor marketing é oferecer a seus clientes, e *também* a seus funcionários, um produto em que eles possam acreditar e deixar que eles compartilhem essa crença com outras pessoas.

FORJANDO VERDADEIROS ENTUSIASTAS: PATAGONIA

É um dia espetacular de verão em 1970 no alto do El Capitan, uma formação rochosa vertical do Parque Nacional de Yosemite. Apesar do bom tempo, no entanto, o montanhista Yvon Chouinard está desgostoso. E furioso.

Enquanto se aproxima do topo do El Capitan, Chouinard pensa que deveria estar na maior alegria. Sua nova empresa, a Chouinard Equipment, tornou-se a maior fornecedora de artigos para escalada nos Estados Unidos. A competição na categoria é fraca, o trabalho é satisfatório e as pessoas são maravilhosas. Na verdade, muitos de seus funcionários eram seus companheiros de escalada. Além disso, onde mais um CEO poderia passar um dia escalando rochedos e chamar isso de "trabalho"?

Mesmo assim, Chouinard se sente péssimo. Enquanto martela mais um dos pitons de aço fabricados por sua empresa em uma frágil rachadura na face da rocha, ele não pode deixar de notar as muitas cavidades e rachaduras por toda parte. As pequenas peças metálicas usadas pelos montanhistas para segurar suas cordas degradaram a face do El Capitan em um período relativamente curto. Chouinard subiu por essa rota há apenas alguns verões, antes que sua empresa decolasse de verdade, e a face estava intocada. Agora está desfigurada e ele sabe exatamente a quem deve culpar: a si mesmo.

A escalada em rocha era algo mais ou menos novo nos Estados Unidos quando Yvon fundou a Chouinard Equipment, há mais de uma década. Esse rápido crescimento foi em parte impulsionado por seus próprios produtos. Chouinard só iniciou o negócio para apoiar seu estilo de vida ao ar livre e estender seu amor à natureza a outras pessoas. Se a natureza está sendo prejudicada pelas atividades capitalistas dele, a ironia não poderia ser maior.

Segurando-se com as pontas dos dedos a centenas de metros do solo, Chouinard cogita interromper por completo a produção de pitons, embora essa seja a fonte de receita mais importante da empresa. Mas ele sabe que não pode desfazer o que já foi feito. Se parar de fazer pitons, os montanhistas irão comprá-los de outra pessoa.

E se eles não precisassem mais dos pitons?

Chouinard sabe que alguns montanhistas britânicos ancoram suas cordas prendendo cunhas – lascas de alumínio de uma variedade de tamanhos – nas fendas existentes em vez de cravar pitons. As cunhas podem ser removidas e reutilizadas sem causar danos à rocha. A maioria dos montanhistas as evita, pois são consideradas inseguras em comparação com os pitons. Mas Chouinard é um ferreiro engenhoso e tem um profundo conhecimento especializado. Com algum esforço, ele tem certeza de que pode fazer cunhas resistentes e confiáveis. Mas como poderia convencer milhares de montanhistas no mundo inteiro a confiar em uma tecnologia diferente – e arriscar suas vidas – apenas para preservar algumas rochas? Como poderia levá-los a amar um paredão de granito tanto quanto ele?

Enquanto se anima diante do desafio, Chouinard continua a subida. Sua empresa lançará um catálogo completo dentro em breve. Se ele deseja que seus clientes avaliem algo novo, talvez essa seja a oportunidade de convencê-los.

▲▲▲

Algumas das empresas mais bem-sucedidas e resilientes prosperam estabelecendo um vínculo duradouro com os consumidores, uma conexão construída sobre o valor consistente de seus produtos e a comunicação coerente de seus valores. Líderes e profissionais de marketing talentosos começam seu trabalho a partir da própria empresa, conquistando primeiro seus funcionários. Uma vez que os indivíduos que fabricam seus produtos se tornam verdadeiros entusiastas, os clientes também serão envolvidos – e podem se tornar a melhor força de vendas.

Inspirar esse tipo de compromisso nos funcionários exige um líder cujos valores transcendam a busca de lucro. Quando o produto é mais que apenas um produto, quando o trabalho que você faz está a serviço de uma visão mais ampla, as pessoas certas o seguirão para qualquer lugar.

Por décadas, Yvon Chouinard, fundador iconoclasta da Patagonia, definiu tendências na indústria de vestuário outdoor mediante repetidas escolhas conscientes, mas inconvenientes: na aquisição de materiais, na fabricação dos produtos e na comunicação com os consumidores. Essa rígida insistência em não só sinalizar virtude como também assumir responsabilidades criou uma marca sem paralelo em relação à confiança dos consumidores.

Chouinard explicou essa filosofia em seu livro, hoje clássico, *Let My People Go Surfing* (Deixem minha gente surfar), uma obra-prima em mensagens corporativas:

Nosso esforço promocional é simples: dizer às pessoas quem somos. Não precisamos criar um personagem fictício, como o Homem de Marlboro, nem uma falsa campanha de interesse responsável, como a publicidade "nós concordamos", da Chevron. Escrever ficção é muito mais difícil do que escrever não ficção. A ficção requer criatividade e imaginação. A não ficção lida com verdades simples... A imagem da Patagonia surge diretamente dos valores, atividades ao ar livre e paixões de seus fundadores e funcionários. Embora tenha aspectos práticos e identificáveis, não pode ser transformada em uma fórmula. Na verdade, como sua imagem depende muito de sua autenticidade, uma fórmula a destruiria. Ironicamente, parte da autenticidade da Patagonia reside na falta de preocupação com a imagem.

▴▴▴

Nascido em 9 de novembro de 1938, em Lisbon, no estado americano do Maine, Yvon Chouinard cresceu querendo ser caçador de peles. Ou qualquer outra coisa que lhe permitisse passar o dia ao ar livre, de preferência trabalhando com as mãos. O pai de Chouinard, um canadense durão da província de Quebec, exercia diversos ofícios – carpintaria, eletricidade, encanamento –, e, além de ensiná-los a seu filho, incutiu em Yvon um profundo apreço pelo trabalho árduo e de qualidade.

A cidade de Lisbon tinha muitas famílias franco-canadenses, e Chouinard frequentou uma escola católica de língua francesa até os sete anos. Assim, falava pouco inglês em casa ou na escola, o que lhe causou problemas quando sua família se mudou para a Califórnia, na esperança de que o ar seco pudesse melhorar a asma de seu pai. Em Burbank, Yvon foi colocado em uma escola pública, onde sofria constantes bullyings. Seus novos colegas consideravam "Yvon" um nome de menina. Ainda aprendendo inglês, Chouinard também enfrentou dificuldades de aprendizado, exceto nas aulas de oficina.

Com uma educação assim, não é de surpreender que Chouinard tenha desenvolvido uma forte propensão à independência. Ele costumava ir de bicicleta até o rio Los Angeles e outros oásis naturais da paisagem urbana, onde pescava, capturava lagostins e até caçava coelhos com arco e flecha. Sentia um desejo ardente de excursionar sozinho, mas à medida que seu inglês foi melhorando ele começou a se relacionar com outros "desajustados". E até ajudou a fundar o Southern California Falconry Club para treinar falcões e gaviões para caçadas. (Em uma prévia de seu interesse pelo ativismo, ele e o clube contribuíram para a aprovação dos primeiros regulamentos de falcoaria no estado.) Um dos associados do clube ensinou Chouinard a descer penhascos de rapel para chegar a ninhos de falcões e capturar filhotes, que mais tarde seriam treinados. O rapel fascinou Chouinard imediatamente. No início, ele o executava de forma simples, enrolando uma corda nos quadris e nos ombros para controlar a descida. Mas certo dia, ainda adolescente, despencou de um penhasco sem equipamento de proteção e quase morreu. Isso o levou a aplicar suas habilidades mecânicas ao problema e confeccionar, em couro, suas próprias roupas para o esporte.

O rapel o levou à escalada. Aos 16 anos, Chouinard escalou Gannett Peak, a montanha mais alta do Wyoming. Ele passou o restante daquele verão, e vários seguintes, sozinho nos montes Tetons, desenvolvendo suas habilidades para a escalada. "Agora, olhando para trás, para aquelas primeiras tentativas de escalar", escreveu ele mais tarde, "às vezes acho que foi um milagre eu ter sobrevivido."

Chouinard conheceu outros entusiastas do montanhismo por intermédio do Sierra Club e logo se viu no Parque Nacional de Yosemite, diante de encostas rochosas nunca antes escaladas. Para estar entre os primeiros a subi-las, ele precisaria do material apropriado. Assim, comprou uma forja a carvão usada, uma bigorna e ferramentas diversas, e aprendeu sozinho o ofício de ferreiro. Começou então a forjar em aço seus próprios pitons de escalada. Lentamente, foi desenvolvendo um negócio modesto, que sustentava sua vida de montanhista.

Durante anos, Chouinard confeccionava equipamentos no inverno e viajava para escalar no restante do ano. Dormia ao ar livre e ganhava dinheiro vendendo apetrechos que levava no próprio carro. Como seus lucros em geral mal chegavam a 1 dólar por dia, ele complementava sua dieta caçando esquilos, perdizes e porcos-espinhos. Enquanto isso, suas leituras a respeito de John Muir, cofundador do Sierra Club, Ralph Waldo Emerson e outros transcendentalistas americanos moldou seu pensamento. O fato de a escalada não servir a nenhum propósito útil e não gerar qualquer valor econômico o deixava feliz. Ele começou a desprezar a cultura do consumo. Seu plano era passar o resto da vida vivendo da terra. A ferraria seria somente um meio para um fim. Chouinard confeccionava equipamentos de escalada num galpão em Burbank, cidade-satélite da grande Los Angeles. Foi lá que ele produziu seu primeiro "catálogo": uma única página de ofertas com a importante advertência de que ninguém deveria esperar uma entrega imediata durante a temporada de escaladas. Em 1964, ele e seus novos amigos escalaram pela primeira vez o Paredão do El Capitan.

Chouinard pode ter sido ambivalente a respeito do consumo, mas os montanhistas não o eram a respeito dos produtos que ele fabricava. Graças à influência do pai, ele dava grande importância ao artesanato. Seu equipamento não era apenas bem-feito, mas cuidadosamente projetado por alguém que passou muito tempo fazendo escaladas pioneiras. Os produtos eram os melhores embaixadores de Chouinard – e não precisavam de publicidade.

Mas, com o aumento da demanda, a forja à mão de cada peça se tornou impossível. Então Chouinard contratou funcionários e aumentou a produção por meio de maquinários mais sofisticados e linhas de montagem. Em 1966, ele mudou a operação para Ventura, Califórnia, para ter mais acesso ao surfe, outro passatempo favorito, e passou a década seguinte refinando seus produtos para que fossem mais fortes, mais leves e mais simples. Como ele e seus funcionários usavam os próprios produtos, o controle de qualidade era uma questão de vida ou morte.

Anos de inovações contínuas e incrementais resultaram em uma linha de produtos distinta e memorável. "Na base de um paredão de montanha", explicou Chouinard, "era fácil localizar as ferramentas feitas pela Chouinard Equipment. As nossas se destacavam porque tinham linhas mais limpas." Os montanhistas gostavam dos equipamentos funcionais, mas elegantes, que viam outros montanhistas usando, e então viajavam até a fábrica para comprá-los diretamente. Por fim, os pedidos começaram a chegar por atacado. Com a popularidade da Chouinard Equipment em alta, a venda de equipamentos na parte de trás do carro não seria mais possível. A empresa abriu então uma loja de varejo e passou até a exportar para outros países. As vendas dobravam ano após ano, mas Chouinard continuou a considerar a operação uma forma de cobrir suas despesas de subsistência para que ele continuasse a fazer escaladas.

Em 1970, a Chouinard Equipment havia se tornado a maior fornecedora de ferragens para montanhismo nos Estados Unidos. Apesar do crescimento desenfreado da empresa, no entanto, os lucros reais se mantinham pequenos. Os constantes ajustes de Chouinard em seus projetos levavam ferramentas e matrizes caras, destinadas a durar três anos ou mais, a ser descartadas após um ano. Mas Chouinard tinha preocupações maiores que suas margens de lucro: todas aquelas escaladas estavam enchendo as faces rochosas de novos buracos e rachaduras. Quando ele viu como uma rota do El Capitan, antes intocada, havia se degradado, seu horror lhe incutiu a determinação de corrigir o problema de uma vez por todas.

Alguns montanhistas britânicos usavam cunhas – lascas de alumínio que enfiavam nas fendas existentes – em vez de pitons. Mas essas cunhas não eram confiáveis. Nenhum dos escaladores que Chouinard conhecia se arriscaria a usá-las. Ele então desenvolveu uma cunha aprimorada, mais segura, que apresentou em seu primeiro catálogo completo. Porém, para que as cunhas fossem adotadas em massa, seria preciso mais que uma descrição no catálogo de vendas.

Moldar a opinião pública é um ofício, assim como a ferraria. Como ferreiro, Chouinard poderia forjar uma arma tão facilmente quanto uma peça de equipamento para escalada. Da mesma forma, a publicidade conduzida eticamente pode se tornar uma ferramenta para o bem. Por mais cauteloso que fosse com a prática capitalista, Chouinard sabia que seu catálogo representava uma oportunidade ideal para conquistar os milhares de indivíduos que passaram a amar seus produtos – e a confiar em sua habilidade. Mudar de pitons para cunhas beneficiaria a todos, mas exigiria um comportamento coletivo e altruísta por um bem maior. A regulamentação do governo não faria com que isso acontecesse. Como Chouinard disse mais tarde: "Você tem que mudar primeiro os consumidores, depois as corporações os seguirão e o governo seguirá as corporações." Embora seu projeto resolvesse os problemas de segurança das cunhas existentes, Chouinard sabia que os montanhistas, em sua maioria, iriam preferir naturalmente a ferramenta com a qual estavam familiarizados. Para que correr o risco de mudar? Seria necessária uma obra-prima de persuasão para abrir uma brecha no hábito há muito estabelecido de fixar, com segurança, pitons de aço na rocha.

O primeiro catálogo completo de Chouinard se iniciava com um extraordinário ensaio de 14 páginas escrito por Doug Robinson, conhecido montanhista, que introduziu um novo termo, "escalada limpa":

> Limpa porque a rocha não é alterada pelo montanhista que passa. Limpa porque nada é martelado para entrar na rocha e, em seguida, martelado para sair, deixando a rocha lanhada e a experiência do montanhista seguinte menos natural. Limpa porque a proteção do montanhista deixa

poucos vestígios de sua subida. Uma escalada limpa é subir a rocha sem modificá-la; o que representa, para o homem natural, um passo a mais na direção da escalada orgânica.

Embora o ensaio não fosse de Chouinard, refletia sua filosofia central. Em vez de "escrever textos que apelem à vaidade, ganância ou culpa", sua empresa se limitaria a "fatos e filosofia". Ao solicitar o ensaio e colocá-lo no topo de seu catálogo, Yvon Chouinard redefiniu a ética da escalada para uma geração de montanhistas – e percorreu um longo caminho no sentido de preservar suas amadas faces rochosas para as gerações futuras. Em poucos meses, as vendas de pitons caíram e a demanda por cunhas disparou.

É claro que as cunhas jamais teriam decolado se não fossem significativas, relevantes e dignas da atenção dos montanhistas. "É fácil promover um produto revolucionário, pois não existe concorrência e há ótimas histórias para contar", escreveu Chouinard. "Quando um produto é difícil de promover, é porque, provavelmente, não é diferente do produto de ninguém, e é possível que nem devesse estar sendo fabricado."

▸▸▸

Em 1972, a Chouinard Equipment já vendia quase todos os itens que um montanhista pudesse precisar numa escalada: não só todo tipo de ferragens como também calças, camisas, chapéus, luvas e mochilas com finalidades específicas. Para fazer frente ao aumento da produção, a empresa expandiu suas instalações, ocupando uma fábrica ao lado. À medida que as roupas foram se tornando uma parte maior do negócio, sobretudo em termos de lucros, surgiu a questão de um nome separado para a linha. A Chouinard Equipment era uma marca estabelecida entre os montanhistas, mas Yvon esperava ir além do montanhismo e se dedicar a outras atividades ao ar livre. Não fazia sentido associar uma linha de roupas tão estreitamente a uma linha de ferragens. O nome Patagonia foi escolhido porque, nas palavras em um catálogo que publicou depois, evocava "visões românticas de geleiras caindo em fiordes, picos irregulares varridos pelo vento, gaúchos e condores".

Na década de 1980, com a Patagonia diversificando sua linha de produtos em novas áreas e criando soluções de ponta para os problemas básicos do frio, do calor e da umidade, as vendas quintuplicaram – de 20 milhões de dólares para 100 milhões. Relativamente desinteressado das armadilhas da riqueza, Chouinard continuou a reinvestir os lucros na empresa.

Mas justamente quando crescia em um ritmo fantástico, a Patagonia quase encalhou. Uma demanda aparentemente interminável acarretou um crescimento imprudente e, na recessão de 1991, as vendas da empresa cresceram "apenas" 20%, muito abaixo das expectativas. Chouinard foi forçado a despedir um quinto da força de trabalho – inclusive muitos amigos e parentes dos funcionários que ficaram. A crise o forçou a fazer um balanço do negócio que havia construído quase a contragosto. E ele não gostou de tudo o que viu:

> Nossa empresa havia excedido seus recursos e limitações; nós nos tornamos dependentes, assim como a economia mundial, de um crescimento que não podíamos sustentar. Mas, sendo uma pequena empresa, não podíamos ignorar o problema e esperar que desaparecesse. Fomos forçados a repensar nossas prioridades e instituir novas práticas. Tínhamos que começar a quebrar as regras.

A Patagonia tomou várias medidas de ordem prática para corrigir seus procedimentos financeiros, mas igualmente significativos foram os acampamentos de uma semana que Chouinard começou a organizar com seus funcionários. Reunindo um grupo após outro, ele lhes ensinava a ética e os valores da empresa, que, tendo ele como único proprietário, eram sua ética e seus valores:

> Percebo agora que o que eu estava tentando fazer era incutir na minha empresa, em um momento crítico, lições que eu já havia aprendido como indivíduo e como montanhista, surfista, remador de caiaque e praticante da pesca com mosca. Sempre tentei viver minha vida de modo bastante simples e, em 1991, de acordo com o que aprendi sobre o estado do meio ambiente, comecei a comer mais abaixo na cadeia alimentar e a reduzir meu consumo de bens materiais.

A persuasão nem sempre pode ser direcionada para fora, sobretudo numa empresa grande e em rápido crescimento. É inevitável que sua cultura mude à medida que alguns funcionários a deixam e outros os substituem. Sem um esforço contínuo, qualquer organização perderá, aos poucos, a sincronia com sua missão e seus ideais originais. Chouinard decidiu que não permitiria que isso ocorresse. Não queria apenas dirigir um negócio que pudesse contribuir com dinheiro para causas ambientais. Queria "criar na Patagonia um modelo que outras empresas pudessem adotar em suas próprias pesquisas de gestão ambiental e sustentabilidade". O que não poderia acontecer se seus próprios funcionários não estivessem em total alinhamento com o propósito da empresa.

Levar os funcionários "altamente individualistas" da Patagonia a trabalhar em prol de uma causa comum sempre foi um desafio para Chouinard. "Ou eles precisam ser convencidos de que o que estão sendo solicitados a fazer é certo ou têm de ver por si mesmos o que é certo", escreveu ele. "Alguns indivíduos independentes, até chegar o momento em que 'entendam' alguma coisa, ou que esta se torne 'ideia deles', se recusarão abertamente a fazer um trabalho. Ou, pior, você obterá uma resposta passivo-agressiva e pensará que o trabalho será feito, mas no fim a pessoa simplesmente não o fará – em uma forma educada, mas cara, de recusa." As palestras no acampamento foram uma forma de resolver esse problema.

Superadas as demissões e com um novo foco no crescimento responsável, a Patagonia deu uma reviravolta em suas finanças. Na década de 1990, a empresa prosperou, porém – dessa vez deliberadamente – não mais em ritmo vertiginoso. De modo a limpar cada centímetro de sua cadeia de suprimentos, Chouinard mudou de estratégia: adotou completamente o uso de fibras orgânicas e materiais sintéticos reciclados, reduziu o uso de produtos químicos tóxicos e se certificou de que seus fornecedores aderiam a práticas humanas de trabalho. Cada uma dessas mudanças acarretou consideráveis custos adicionais. Se não fossem seus esforços pacientes e contínuos de persuasão interna, Chouinard teria tido muito mais dificuldade em motivar seus funcionários e direcionar a energia necessária para enfrentar esses desafios numa empresa grande como a Patagonia.

O algodão, por exemplo, representava um papel importante dentro da Patagonia, por conta das emissões de gases do efeito estufa e do uso de pesticidas. Mas mudar para cultivos orgânicos não seria apenas mais caro – o algodão orgânico trazia uma série de novos problemas. Por um lado, os corretores não armazenavam quantidades suficientes do material para atender à demanda da Patagonia; isso significava que a empresa teria que comprar diretamente de agricultores individuais e, em seguida, certificar todos os lotes como orgânicos. Por outro lado, o algodão orgânico, ao contrário do tipo convencional, chegava pegajoso por conta da secreção de pulgões. Como resultado, os fiandeiros se opunham a processá-lo em suas máquinas. (Um dos fornecedores da empresa acabou encontrando uma solução inteligente: congelar o algodão.) Em 1996, a empresa adotou o algodão orgânico com sucesso em todas as suas linhas de produção.

A cada nova complicação, os funcionários da maioria das empresas criariam obstáculos para evitar aborrecimentos. Alinhar uma organização inteira em torno do alcance de objetivos múltiplos, complexos e difíceis como esse, e sem conexão direta com os resultados financeiros da empresa, é um feito extraordinário de persuasão por si só. Embora Yvon Chouinard seja um bom ferreiro, seu real talento sempre foi forjar verdadeiros entusiastas.

Ao longo dos anos, os catálogos da Patagonia serviram como um modelo de persuasão, expondo diretamente aos consumidores a filosofia ambiental de Chouinard e cimentando a reputação de autenticidade da marca, o que, por sua vez, impulsionava as vendas. As fotos internas são fundamentais para a eficácia de um catálogo. Os primeiros catálogos apresentavam fotos espontâneas de amigos – não havia orçamento para a contratação de modelos profissionais. Mas essas fotos não contavam uma história, e sem história a mensagem já nascia morta. Portanto, Chouinard decidiu recorrer a fotos de clientes reais usando produtos reais. O realismo se mostrou atraente e provocativo: "A foto de um montanhista conhecido em uma escalada real, exibindo um pouco de pele, pode ser muito mais sexy que a foto de uma modelo nova-iorquina desconhecida posando de montanhista. Além disso, é mais honesta, e honestidade é o que buscamos em nosso marketing e em nossas fotografias." Com o tempo, a ideia de usar clientes reais em situações reais acabou se tornando um padrão na indústria de roupas para atividades ao ar livre.

Ao longo de tudo isso, os ensaios persuasivos nunca cessaram. Desde que conseguiu convencer os montanhistas a trocar os pitons por cunhas, os catálogos da Patagonia têm procurado educar os clientes – introduzindo o conceito de camadas para que eles se mantenham aquecidos e secos sem excesso de peso, por exemplo, ou recomendando o uso de materiais sintéticos para a remoção do suor do corpo antes que congelem. Além de impulsionar as vendas de produtos específicos, os ensaios trazem benefícios positivos para o mundo natural. Isso garantiu à empresa uma enorme credibilidade, que ao longo dos anos foi tornando suas mensagens cada vez mais atrativas para os consumidores.

Essa reputação contribuiu para que a Patagonia conquistasse apoio para uma série de batalhas ambientais, como campanhas pela restauração de rios ou contra organismos geneticamente modificados. Nesta última, o anúncio da Patagonia estampou um título simples, mas poderoso: "O que uma empresa de roupas para atividades ao ar livre sabe sobre alimentos geneticamente modificados? Não o suficiente, assim como você." Quando a defesa de uma causa se encaixa nas ofertas da empresa, ela não deve hesitar em aproveitá-la para impulsionar suas vendas. Sempre reforçando o significado da causa.

Relações públicas são uma ferramenta incrivelmente poderosa para qualquer negócio, mas é preciso que haja uma mensagem além do desejo de vender produtos. Quando desenvolveu uma malha feita de garrafas de plástico recicladas, a Patagonia gerou cerca de 5 milhões de dólares em noticiário gratuito. "Nossa abordagem de relações públicas é agressiva: se temos algum ângulo jornalístico, nós o usamos", escreveu Chouinard. "Trabalhamos muito para levar nossas histórias aos repórteres, seja sobre novos produtos, nosso posicionamento em questões ambientais ou nosso programa de proteção à criança. Mas não produzimos reluzentes kits de relações públicas nem damos festas para a imprensa em feiras de negócios. Acreditamos que a melhor forma de ser notícia é ter algo a dizer."

Ao contrário da Zara, a Patagonia faz propaganda, mas geralmente direciona menos de 1% das vendas para isso – muito menos que a maioria das empresas de artigos para camping ou de roupas em geral. Mas em 2011 a empresa tentou uma abordagem contrária à publicidade que nem mesmo a Zara arriscaria: "É Black Friday, o dia no ano em que o varejo muda de vermelho para preto e começa a ganhar dinheiro de verdade", estampava o anúncio de página inteira no *The New York Times*. "Mas a Black Friday e a cultura de consumo que reflete põem a economia dos sistemas naturais, que sustentam todas as formas de vida, firmemente no vermelho." Sob o título em negrito, uma advertência: "Não compre esta jaqueta", acima de uma foto em preto e branco de um casaco da Patagonia com zíper. A intenção de Chouinard era categórica. No maior dia de vendas no varejo do ano, ele estimulava os consumidores a consertar, reutilizar e reciclar suas roupas velhas.

A empresa apoiou a campanha com uma ação concreta: ofereceu-se para reciclar qualquer produto que tivesse fabricado. Como os consumidores não aderiram à oferta em quantidade suficiente, a Patagonia abriu a maior oficina de conserto de roupas da América do Norte. Para implementá-la, treinou funcionários do varejo para fazer reparos básicos nas lojas e mudou sua política de modo a permitir que os clientes fizessem consertos sem anular a garantia do produto. Ele também criou um programa de trocas no qual roupas indesejadas eram limpas e revendidas. "Como o preço desses itens é menor que nossos preços normais", escreveu Chouinard, "mais pessoas podem comprá-los; assim, podemos evitar a compra de roupas de menor qualidade, que em pouco tempo, provavelmente, acabariam em um aterro sanitário."

Quando a publicidade gerada pela campanha aumentou as vendas em 30% com relação ao ano anterior, Chouinard não se preocupou. E garantiu aos funcionários que o aumento se devia a novos clientes curiosos, que teriam comprado roupas de qualidade inferior produzidas por outros fabricantes, não a clientes da Patagonia que tinham ignorado o aviso urgente da empresa.

Enquanto a maioria das empresas usa a persuasão para maximizar os lucros, as mais bem-sucedidas o fazem com uma ambição maior em mente. O som da persuasão conduzida por um propósito ecoa mais longe. Os esforços de comunicação do próprio Chouinard incluem não só as palestras de seus funcionários como também livros e vídeos. Qualquer coisa para divulgar a filosofia da Patagonia. No entanto, apesar de todos os esforços para mudar a opinião pública, Chouinard reconhece que nenhuma empresa pode fazer muita coisa. "Sustentabilidade não existe", disse ele ao *The Guardian*. "O melhor que podemos fazer é causar o mínimo de danos."

Yvon Chouinard tem feito muito para preservar a beleza natural, além de divulgar sua importância. Desde 1986, a Patagonia vem doando 1% de suas vendas, ou 10% de seus lucros antes dos impostos – o que for maior –, para causas ambientais. Em 2002, Chouinard foi cofundador da 1% For the Planet (1% para o planeta), uma organização de empresas e indivíduos comprometidos em fazer o mesmo. Até agora, o grupo já doou 250 milhões de dólares para causas ambientais de base, dos quais 90 milhões vieram da Patagonia. Em 2013, Chouinard fundou a Tin Shed Ventures, uma empresa de capital de risco que oferece financiamento inicial a start-ups voltadas para problemas ambientais e sociais. Apesar de todos os esforços para desacelerar seu crescimento, a Patagonia alcançou 800 milhões de dólares de receita em 2019.

PROPAGANDA FESTIVA: BROWNIE WISE X TUPPERWARE

É um dia de verão excepcionalmente frio em 1948. A Segunda Guerra Mundial terminou e os Estados Unidos começam a se firmar como nova superpotência global. Após anos de racionamento durante a guerra, os americanos finalmente têm algum dinheiro sobrando para gastar.

Assim, o clima está radiante em Westfield, Massachusetts. A Stanley Home Products, fabricante de esfregões, escovas, detergentes e ceras para pisos, está realizando sua convenção anual de vendas. Revendedores da Stanley em todo o país se dirigem à cidade para a ocasião. Um deles, uma mulher divorciada com um filho chamada Brownie Wise, está vindo de trem da cidade de Detroit. Ela não consegue conter sua empolgação. Para Wise, a convenção desse ano será o ponto alto de muito trabalho árduo e planejamento cuidadoso.

Para a Stanley, a peregrinação à sede representa uma oportunidade de motivar e inspirar uma força de vendas como nenhuma outra. Por um lado, os vendedores da marca são principalmente mulheres, o que é incomum por si só. Por outro lado, todas trabalham em suas casas. Na verdade, a convenção será a única ocasião em que a maioria delas verá o interior de uma instalação da Stanley. A empresa vende seus produtos de um modo novo e revolucionário: o modelo da festa em casa.

Uma vendedora da Stanley reúne clientes, principalmente mulheres, na casa de uma vizinha para demonstrar a eficácia de cada produto na limpeza de manchas. Elas realizam jogos, saboreiam ponche e, como se isso estivesse em segundo plano, compram produtos. As revendedoras vendem esfregões, mas também vendem sonhos: se persuadir uma participante a também se tornar vendedora, a recrutadora ganhará um percentual nas vendas da nova integrante.

Para as donas de casa, essas demonstrações em clima de festa são uma bem-vinda distração das responsabilidades domésticas, uma oportunidade de sair de casa e confraternizar sob o pretexto de fazer algumas compras. Para a empresa, trata-se de uma forma poderosa de vender produtos que não costumam ter um público cativo e receptivo. Para as vendedoras, as festas são um trabalho árduo que exige, em partes iguais, confiança, charme, empatia e humor. Além de energia – muita energia – para carregar caixas de material de limpeza para dentro e para fora de casa e fazer um show solo noite após noite.

Para quem domina esse modelo de negócio, no entanto, a atividade representa uma rara oportunidade de gerar renda num momento em que as mulheres são pressionadas a abrir espaço no mercado de trabalho para os soldados que retornam da guerra. As vendedoras recebem um presente por hospedar a festa e um percentual sobre cada venda realizada. As mais bem-sucedidas podem subir na hierarquia, recrutando e motivando equipes de vendedoras para cobrir áreas cada vez maiores – uma pirâmide em constante expansão, que beneficia ao máximo as que estão no topo.

Olhando pela janela do trem quando entra na estação Westfield, Wise não pode deixar de sorrir. Apenas um ano antes, ela trabalhava duro como secretária, lutando para pagar suas contas e as do filho, após se divorciar do marido violento e alcoólatra. Agora está galgando postos em uma empresa de vanguarda. Wise tem convicção de que a venda em casa representa o futuro. Seu potencial vai muito além dos esfregões. Graças em parte às inovações tecnológicas do período da guerra, produtos genuinamente novos estão aparecendo nas lojas de varejo por toda a parte. Uma abordagem prática se faz necessária para demonstrar a utilidade dos produtos "milagrosos" e dos novos dispositivos que economizam trabalho. Wise pode sentir isso em seus ossos. Com esse conceito, a Stanley descobriu uma mina de ouro. E Wise está se destacando como vendedora nata, líder talentosa e comunicadora brilhante. Com uma impressionante combinação de motivação, inspiração e incentivos inteligentes, Wise recrutou e treinou uma excelente equipe de vendedoras.

No fundo, Brownie Wise é uma pregadora. Seu rebanho: esposas do pós-guerra insatisfeitas com a vida doméstica dos subúrbios. Seus sermões: a liturgia da ambição americana. A viagem de hoje representa apenas mais um passo no caminho para a fama e a glória que Wise imagina para si mesma desde jovem. Na verdade, ela acredita de coração no poder dos desejos: visualize uma coisa com bastante força e, com certeza, ela se tornará realidade. Durante meses, ela visualizou a si mesma persuadindo o fundador da Stanley, Frank Stanley Beveridge, a lhe dar um cargo de gerência. Seus números são fantásticos. Suas vendedoras a amam. Beveridge seria tolo se não a colocasse na gerência. Ela tem tudo para fazer da Stanley um fenômeno.

Infelizmente, embora Beveridge seja moderno em relação ao marketing, suas atitudes em outras áreas são típicas dos homens americanos do pós-guerra.

Quando Wise o aborda na convenção, mal consegue falar algumas palavras antes de ser interrompida: "Não perca seu tempo", retruca Beveridge. "A gerência não é lugar para uma mulher."

Desanimada, Wise força um sorriso. Caminhando em meio às atividades da convenção, como jogos de festa, demonstrações de produtos e discursos motivacionais, ela lentamente abandona sua visão de futura executiva da Stanley. Na longa viagem de volta a Detroit, reflete em silêncio. É somente quando sua mãe e seu filho de 10 anos a recepcionam na porta de casa que ela faz – para eles e para si mesma – um voto solene: com todo o poder de sua ambição e sua motivação, ela encontrará um novo objetivo, outro desejo.

"Vou mostrar a ele."

As lições que aprendeu na Stanley – para persuadir, inspirar e encantar as consumidoras – a conduzirão pelo caminho da fama e da glória. Ela só precisará encontrar um produto digno de seus poderes. Wise ainda não sabe, mas esse produto já está nas prateleiras, e quase totalmente ignorado. Um produto milagroso precisando de um profeta: Tupperware.

▲▲▲

A mulher que se tornaria uma formadora de opinião e influenciadora de milhões de mulheres americanas, muito antes de a TV lançar nomes como Martha Stewart e Oprah Winfrey, cresceu sob a influência de modelos femininos fortes. Brownie Mae Humphrey nasceu em 25 de maio de 1913, na zona rural de Buford, Geórgia. Sua mãe, Rose, fazia chapéus em uma fábrica próxima, algo incomum numa época em que as mães sulistas deviam deixar o emprego quando tivessem filhos. Após se tornar organizadora do sindicato dos fabricantes de chapéus, Rose começou a viajar pelo país fazendo palestras para os trabalhadores – o que a levava a passar muito tempo fora de casa. Quando o pai de Brownie, Jerome, um encanador, divorciou-se de Rose alguns anos depois de seu envolvimento com o sindicato, ela começou a passar meses com a tia, uma costureira residente na vizinha Atlanta. Ou com a avó, uma mulher enérgica que criou sete filhos sozinha depois que seu marido faleceu. Mais tarde, Brownie creditou à avó as lições que recebeu sobre "o evangelho da coragem", a disposição para tomar o destino nas próprias mãos.

Charmosa, ambiciosa e talentosa, Humphrey era boa aluna, mas seus interesses estavam em outro lugar: redação, ilustração, moda, *pessoas*. Abandonando a escola após a oitava série, ela se juntou à mãe em seus deslocamentos e às vezes fazia palestras em comícios sindicais. Era um trabalho fascinante, mas também perigoso: os fura-greves não hesitavam em usar de violência contra os líderes sindicais. A experiência ensinou Humphrey a falar confiantemente na frente de multidões, e também a cativar as mulheres. Afinal, aderir ao sindicato e apoiá-lo era do interesse delas, embora os benefícios não fossem óbvios. Humphrey precisava explicar as vantagens e minimizar os riscos para motivar suas ouvintes. Convencer o outro a fazer o que é certo é uma arte, e Humphrey logo a dominou. Ela "impressionava as pessoas", escreveu Bob Kealing em *Tupperware Unsealed* (Tupperware revelada). "Elas ficavam surpresas com a capacidade de alguém tão jovem de fazer discursos como se fosse um pastor."

Em 1936, Humphrey conheceu Robert Wise, um rústico executivo da Ford, e se apaixonou. Eles se casaram no mesmo ano e se estabeleceram em Detroit, perto da sede da Ford. Dois anos depois, tiveram um filho, Jerry. Rose, mãe de Brownie, juntou-se a eles no Michigan para ajudar a cuidar do bebê. Infelizmente, Robert se revelou um beberrão violento e abusivo. Em 1941, Brownie se divorciou, mas manteve o sobrenome do ex-marido. Mudou-se então com o filho e a mãe para a cidade de Dearborn, nas proximidades, para recomeçarem a vida.

A urgente necessidade de Wise de ganhar dinheiro coincidiu com o ataque a Pearl Harbor. Com os Estados Unidos em guerra, as mulheres subitamente se tornaram necessárias à força de trabalho. Wise conseguiu um emprego como secretária numa fábrica de bombardeiros da Marinha. Quando não estava datilografando ou anotando cartas, ela escrevia por conta própria, primeiro em diários e depois para o público. Começou então a colaborar em uma coluna de conselhos do *Detroit News*, com o pseudônimo de "Hibiscus". Ao contrário de Wise, Hibiscus tinha um marido amoroso e uma bela casa. Em suas colunas, encorajava suas correspondentes enquanto relembrava com ternura a própria infância perfeita. Em contraste com Wise, Hibiscus havia crescido em uma plantação no Mississippi, onde era atendida por criados e não tinha qualquer preocupação no mundo. Em vez de usar "Hibiscus" como uma fuga da realidade, Wise parecia buscar inspiração nessas fábulas. A coluna foi sua primeira incursão em um cenário mais esperançoso do futuro. Mais tarde, ela advogou esse tipo de visualização criativa, que chamava de expectativa otimista. Foi uma ideia que se tornaria central na sua filosofia de vendas, uma ferramenta que ela usou para motivar a si mesma e outros ao longo de sua carreira. A expectativa otimista acabou preparando Wise para o momento em que a prosperidade realmente chegou.

Em 1947, ela encomendou um kit da Stanley Home Products na esperança de, em seu tempo livre, complementar sua renda de secretária vendendo produtos da empresa. Uma revendedora da Stanley que batera à sua porta fizera um discurso de vendas tão ruim que ela concluiu na hora que podia fazer melhor. O kit trazia conselhos sobre como falar em público, mas Wise não precisava deles, graças a seus dias no sindicato. O trabalho se encaixava perfeitamente em suas aptidões.

Frank Stanley Beveridge, fundador de Stanley, começou como vendedor de porta em porta da Fuller Brush antes de abrir a própria empresa. Foi o primeiro empresário a criar um negócio no modelo da festa em casa – inspirado em um de seus vendedores que se cansou de levar produtos de casa em casa, fazendo demonstrações para um só indivíduo. No intuito de potencializar seus esforços, o intrépido vendedor passou a organizar demonstrações em grupo – festas em casa. Depois, oferecendo produtos gratuitos ou com descontos, recrutava clientes para atuarem como anfitriões. Um anfitrião convidava seus vizinhos para uma demonstração – e alguma confraternização – e depois limpava a casa com produtos da Stanley. Essa simples mudança de uma para várias pessoas aumentou drasticamente as vendas. A pressão social provou ser uma poderosa alavanca de persuasão. Como Wise escreveria mais tarde em um manual de vendas: "O espírito de compra é contagioso. É um fato comprovado que você venderá mais para UM GRUPO de 15 mulheres do que para cada uma delas individualmente."

Beveridge se convenceu do valor da nova estratégia e levou a equipe de vendas a adotá-la. Os homens alistaram suas esposas no esforço e, com o tempo, cada vez mais clientes, sobretudo mulheres, se tornaram vendedoras. Stanley criou um modelo em que os revendedores recrutavam as próprias equipes, ganhando descontos cada vez maiores para que pudessem lucrar com o que compravam e repassavam. Dessa forma, a empresa cobria áreas cada vez maiores de território sem necessidade de uma dispendiosa estrutura de gestão. Do ponto de vista da empresa, os produtos praticamente se vendiam.

Stanley oferecia a seus revendedores não apenas produtos com descontos mas também um fluxo constante de motivação e educação em vendas. Wise absorvia os conselhos como uma esponja, desde "Crie o hábito de se interessar por outras pessoas" até "Trate cada pessoa que encontrar como se ela fosse um mensageiro do céu". Em 1949, Wise já havia recrutado sua própria equipe de 19 revendedoras e provado ser uma líder incomparável. Até começou a escrever um boletim semanal para motivá-las, uma versão de sua velha coluna de conselhos: "Como vendedora, você precisa de mais festas, semanas mais ocupadas e lucros mais gordos... senão você é parte do problema."

Wise sabia que encontrara seu nicho. Trabalhava obstinadamente para distinguir e incentivar suas melhores vendedoras e as elogiava por sua capacidade de "vender sonhos", enquanto instava as retardatárias a se tornarem "dinâmicas". Tudo o que fosse necessário para aumentar as vendas. Wise tinha todo o conhecimento especializado de que precisava: tendo estado na posição delas não muito tempo atrás, sabia exatamente como pensavam e o que mais as motivaria. Sabia que aquelas mulheres buscavam reconhecimento, não apenas uma renda extra. A vida doméstica não era só tediosa, era também subestimada pelos cônjuges e pela sociedade em geral. Quer precisassem mesmo do dinheiro ou não, suas revendedoras queriam sentir que tinham um propósito, que eram boas em alguma coisa significativa. Para lhes dar esse propósito, Wise trabalhava incansavelmente no sentido de ajudá-las a criar a imagem de um futuro mais brilhante: "Metade de saber o que você quer é saber do que deve desistir antes de conseguir o que quer", escreveu ela. Não importava se elas queriam "um novo casaco de peles, outro cômodo adicionado à casa ou um carro novo", mas, sim, o fato de desejarem ativamente algo mais, o que a própria Wise nunca deixou de fazer.

Mas todo esse desejo não foi suficiente para persuadir Beveridge a apostar em Wise quando a chance apareceu. Foi quando um revendedor de sua equipe, Gary McDonald, um dos raros rapazes que vendia os produtos Stanley, viu por acaso um lojista demonstrar uma nova linha de recipientes de plástico chamada Tupperware. Observando o entusiasmo da cliente crescer à medida que cada característica do produto era revelada, ele se convenceu de que a Tupperware se adequava perfeitamente ao modelo da festa em casa. Levou então algumas tigelas de plástico para Wise examinar. Recém-chegada da convenção anual de vendas, onde ouvira a dolorosa recusa de Beveridge, ela estava pronta para seguir um novo caminho. A Tupperware lhe ofereceu um.

▲▲▲

Calvo, rude e reservado, Earl Tupper era um candidato improvável para inspirar legiões de clientes dedicados. Autodidata e extremamente inteligente, ele não suportava tolos e era rápido em punir funcionários que oferecessem menos que pronta e inquestionável obediência. Mas Tupper conhecia plásticos, e plásticos eram o futuro.

Após a Grande Depressão levar à falência seu negócio de paisagismo, Tupper conseguiu um emprego no departamento de pesquisas e desenvolvimento da divisão de plásticos de última geração da DuPont. Um ano mais tarde, ele deixou a DuPont e abriu a própria empresa. Trabalhando 22 horas por dia, parando apenas para comer e dormir numa cama de lona em sua fábrica, Tupper desenvolveu uma série de novos produtos com o material. Quando a guerra começou, ele estava perfeitamente posicionado para lucrar com suas pesquisas. A Tupper Plastics começou a produzir componentes de plástico para tudo, desde máscaras de gás a jipes, de modo a suprir o esforço de guerra. Com pouco mais de 30 anos, Tupper se tornara milionário praticamente da noite para o dia. Após a guerra, no entanto, ele não conseguia obter resina plástica suficiente para atender à produção da empresa. O único material que seus fornecedores tinham em grandes quantidades era o polietileno, um resíduo de plástico oleoso e fedorento, sem qualquer aplicação comercial conhecida. Intrigado, Tupper começou a fazer experiências com o material. Por fim, concentrando-se em determinada combinação de temperatura e pressão, formou um plástico durável e flexível, diferente de qualquer outro no mercado. Inodoro, seguro e resistente a ácidos, como suco de limão e vinagre, o novo plástico seria ideal para armazenar alimentos, percebeu Tupper. Assim nasceu a Tupperware.

A Tupperware decolou rapidamente, com pedidos em massa de outras empresas – fabricou dezenas de milhares de cigarreiras de plástico para a Camel, por exemplo. Mas em 1949 ficou claro que a empresa precisava de um novo rumo. As vendas no varejo marcavam passo e um catálogo ilustrado de pedidos pelo correio fracassou. Os recipientes de plástico com tampa hermética não eram apenas um produto novo: pertenciam a uma categoria totalmente nova. As vitrines das lojas não eram suficientes: uma pilha sem graça de tigelas e tampas não informava as vantagens do produto. Não estava claro, de modo algum, que você poderia encher de sopa um pote Tupperware, fechá-lo bem e deixá-lo cair no chão sem derramar nada. Nem era intuitiva a necessidade de deixar os recipientes "arrotarem" para criar um vácuo e "bloquear o frescor". As pessoas estavam acostumadas a armazenar comida em latas de metal ou potes de cerâmica. Não seria suficiente explicar como o polietileno era flexível e resiliente, em comparação com os outros plásticos, nem prometer que sua comida seria mantida fresca. Os clientes precisavam ver e sentir o Tupperware em ação.

Foi quando Tupper notou a demanda crescente em Detroit, onde Brownie Wise e sua equipe de vendedoras estavam comprando grandes quantidades diretamente na Tupperware e revendendo. As festas caseiras configuravam uma situação perfeita para destacar os benefícios do novo produto. As vantagens eram visíveis, táteis. Para a Stanley, uma vendedora poderia deliberadamente derramar algo no chão da cliente e em seguida limpá-lo. Para a Tupperware, as vendedoras de Wise enchiam um recipiente com algum líquido, fechavam-no com firmeza e o arremessavam no outro lado da cozinha da cliente. Grande risco, grande recompensa quando o recipiente não derramava nem uma gota. As festas da Tupperware promovidas por Wise eram pequenos shows de mágica que se traduziam em vendas fantásticas.

Quando Earl Tupper percebeu o que estava acontecendo em Detroit, Wise já possuía um estoque tão grande de produtos da Tupperware que tivera que tirá-lo de casa e armazená-lo em um depósito. Naquele ano, ela investira mais de 100 mil dólares em Tupperwares para abastecer suas revendedoras, o equivalente a mais de 1 milhão de dólares hoje. A Tupper Corporation não podia ignorar esses números. Wise vendia mais produtos que as maiores lojas de departamentos do país.

Ao contrário de Beveridge, Earl Tupper era perfeitamente aberto à presença de mulheres na administração da empresa. Simplesmente queria a melhor pessoa para o trabalho e acreditava que Wise seria a contratação perfeita. Assim, um representante seu foi até ela com uma proposta. Tupper sabia que seus produtos estavam sendo revendidos em festas caseiras por todo o país, mas não tinha experiência prática para organizar e mobilizar esses esforços. Wise estaria disposta a supervisionar um território novo e maior, e *realmente* desenvolvê-lo? Em caso afirmativo, o que ela acharia de todo o estado da Flórida?

Em 1950, Wise se mudou para Kissimmee, no centro da Flórida, com sua mãe e Jerry, então com 11 anos. Após abrir uma loja com uma ampla fachada, ela começou a trabalhar no recrutamento de revendedoras locais. Primeiro criou um manual explicando o produto, o modelo de vendas em festas domésticas e sua filosofia; depois deu início a sessões de treinamento semanais com suas revendedoras. Wise sabia o papel que o talento desempenhava no volume de vendas – embora pudesse ter passado mais tempo recrutando revendedoras, seria mais eficiente investir a maior parte de seus esforços no desenvolvimento daquelas que já reunira. "Gostaria de registrar", escreveu ela, "que uma demonstradora bem treinada superará duas ou até três vendedoras que recebem algumas amostras, um tapinha nas costas, uma lista de preços e são postas para trabalhar."

Na realidade, as verdadeiras "clientes" de Wise eram as revendedoras de sua equipe. Sua arma secreta era a capacidade de se comunicar com elas, seja para lhes passar ensinamentos, seja para motivá-las. Era uma arte que ela começara a dominar na adolescência, em comícios sindicais, e que havia aprimorado na redação de conselhos sob o pseudônimo "Hibiscus". Articular uma imagem convincente de sucesso que atraísse as pessoas era o verdadeiro talento de Wise. "Este plano se revelou um tremendo e lucrativo sucesso em outros estados", escreveu ela em seu manual de vendas, "e, com a cooperação de vocês, alcançaremos o mesmo sucesso aqui." A Flórida estava à espera delas.

Só que não estava. Outros revendedores da Tupperware já haviam reivindicado parte do estado, e, apesar de Tupper decidir as disputas territoriais em favor de Wise, a empresa se mostrou incapaz de resolver a situação. Na verdade, problemas semelhantes estavam surgindo em todo o país. A força do modelo de festas em casa estava se tornando uma fraqueza – agora que as revendedoras haviam percebido os lucros em potencial dos produtos da Tupperware, a falta de uma hierarquia clara estava provocando acirrados conflitos e rivalidades.

Para resolver o problema, a empresa criou um departamento para classificar seus revendedores em gerentes de área, gerentes de sucursal, gerentes distritais e gerentes de unidade, até chegar aos revendedores individuais. A Divisão de Anfitriãs prometeu resolver as disputas territoriais, mas no final Wise ficou com apenas parte da Flórida, não com todo o estado, como haviam prometido. Ainda assim, ela podia ver para que lado o vento estava soprando e decidiu cooperar. No antigo sistema, não haveria um futuro brilhante para ninguém – Tupperware, vendedoras ou ela mesma. A organização hierárquica tinha potencial.

Infelizmente, o homem que Tupper colocou no comando da Divisão de Anfitriãs administrou tão mal o negócio que as vendedoras de Wise não receberam suas comissões no fim do ano – o que a obrigou a pagá-las do próprio bolso. Pior ainda: as remessas do produto sofriam atrasos ou eram extraviadas. Em março de 1951, quando as vendedoras de sua equipe, cuidadosamente recrutadas e treinadas, começaram a deixar o negócio por pura frustração, Wise ligou para a sede e exigiu falar com Earl Tupper. Ele atendeu a ligação – afinal de contas, Wise era a maior distribuidora de seu produto no país – e ouviu de Wise, sem meias-palavras, exatamente o que ela pensava de sua liderança. Depois que Wise apontou os muitos erros da empresa e cobrou apoio imediato, Tupper desligou o telefone e começou a retificar a situação. Ao perceber que não conseguiria consertar tudo o que havia de errado na Divisão de Anfitriãs, ele achou que já era hora de conhecer Brownie Wise pessoalmente.

No mês seguinte, em uma conferência de vendas da empresa, Earl Tupper a conheceu. Lá, Wise e as outras gerentes convenceram-no a encerrar as vendas no varejo e os showrooms. A partir de então, a empresa passou a comercializar e vender seus produtos exclusivamente por meio de festas caseiras. E para liderar a nova divisão de festas caseiras da Tupperware, Tupper nomeou Brownie Wise como gerente geral de vendas. Ela se tornou uma das poucas mulheres a ocupar um cargo de alta gerência nos Estados Unidos. Tupper sabia que Wise tinha o conjunto de habilidades necessário para liderar seu novo exército de vendas.

"Você fala muito e todo mundo escuta", disse ele.

Como prometera, Tupper retirou a Tupperware do mercado de varejo, depositando o futuro do produto e da própria empresa nas mãos das promotoras de festas caseiras – lideradas por Wise. Essa confiança foi bem retribuída. Em pouco tempo, as vendas da Tupperware dispararam. Em setembro daquele ano, o conselho da empresa nomeou Wise vice-presidente. Frank Stanley Beveridge estava totalmente errado. As mulheres, afinal de contas, tinham lugar na administração.

O tempo que Wise passou fazendo discursos em comícios sindicais lhe foi muito útil quando chegou a hora de se dirigir a centenas e depois a milhares de revendedoras da Tupperware nos grandes eventos da empresa. Ela era uma líder inata, sentia-se à vontade em qualquer contexto e ficava mais do que feliz em medir forças com gerentes homens que se ressentiam de sua autoridade – até quando ela exortava as vendedoras a usar delicadas técnicas de venda e persuasão feminina para vender mais produtos da Tupperware. Wise percebeu que a chave para o crescimento da empresa era identificar as técnicas de venda mais bem-sucedidas, refiná-las e, em seguida, disseminá-las para as revendedoras domésticas de todo o país. E mesmo enquanto ainda se adaptava aos desafios de liderar uma organização de vendas nacional, ela encontrava tempo para escrever, editar e ilustrar seu boletim informativo, agora com o objetivo de unir toda a força de vendas.

Wise contribuiu para o estabelecimento da cultura energética e competitiva da Tupperware; e isso, por sua vez, teve um impacto notável em todas as empresas orientadas para vendas que vieram depois. Sob a liderança de Wise, os incentivos eram de importância primordial. As vendedoras de maior sucesso eram convidadas para uma convenção anual de quatro dias realizada no quartel-general de vendas da Tupperware, na Flórida. Lá, participavam de palestras motivacionais e se encontravam com outras vendedoras top. As festividades promovidas por Wise eram mirabolantes, com jogos cujos prêmios variavam de eletrodomésticos a viagens e até lanchas a motor. O objetivo das festas e de todos os incentivos extras para as vendedoras da Tupperware era dar a cada uma um bom motivo para continuar aumentando seus números, mesmo enquanto realizavam o trabalho, em tempo integral, de dona de casa e mãe. "Construa as pessoas", dizia Wise, "e elas construirão o negócio." E construíram. Em 1952, a empresa crescia a passos largos. O salário de Wise era superior a 20 mil dólares (equivalente a 215 mil dólares hoje), o maior que ela já havia ganhado. Como prova de gratidão, a empresa comprou uma mansão para ela na Flórida, próxima ao novo quartel-general de vendas.

Embora Tupper tivesse escrito cartas elogiando Wise pela reviravolta e respeitasse profundamente seu dinamismo – em 1953, chegou a comprar um cavalo para ela –, a relação deles azedou quando a estrela de Wise ameaçou eclipsar o próprio produto. Ela estava estabelecendo um nome para si mesma, que transcendia sua função na Tupperware, e frequentemente aparecia em revistas, jornais e, às vezes, na televisão. Em 17 de abril de 1954, tornou-se a primeira mulher a aparecer na capa da *BusinessWeek*. O artigo atribuía às suas técnicas grande parte do crédito pelo sucesso da Tupperware, não a Tupper... nem a seu revolucionário produto. Embora Tupper se sentisse mais feliz longe dos holofotes, ele achava que a Tupperware deveria estar sempre em primeiro lugar. Depois que o artigo foi publicado, ele escreveu uma nota para Wise: "Boa executiva como você é, ainda gosto mais das fotos... com os TUPPERWARES!"

Apesar de sua mente aberta quando se tratava da participação das mulheres nos negócios, Tupper era arrogante e egoísta, não gostava de ser corrigido ou superado por qualquer subordinado – o que ele via como deslealdade. Por sua vez, Wise achava que conhecia os clientes da Tupperware melhor que Tupper, e era rápida em apontar isso quando acreditava que ele havia cometido um erro. Quando Tupper pensou em voltar às lojas de departamentos para vender uma nova linha da Tupperware, Wise lhe enviou uma carta severa, defendendo o modelo das festas em casa: "A demonstradora doméstica comum não sabe como o produto vendido nas lojas vende pouco", escreveu Wise. "Portanto, o fato de nossos produtos estarem à venda em uma loja derruba o ponto alto da apresentação dos produtos da Tupperware, ou seja, o fato de serem vendidos exclusivamente no modelo de festas em casa. Os produtos da Tupperware precisam ser demonstrados."

Quer Wise estivesse certa sobre o perigo das vendas no varejo, quer não, sua franqueza impressionava Tupper de modo diferente, agora que ela era sua funcionária, não mais uma distribuidora independente. Houve então uma troca de cartas raivosas. A certa altura, Tupper deixou de atender as ligações de Wise.

Em 1958, Wise era uma celebridade genuína da mídia, uma influenciadora muito antes da criação do Instagram. Graças a essa influência, a empresa tinha mais de 10 mil revendedoras e faturava milhões em vendas. Mas Tupper estava farto do negócio que fundara, talvez porque não parecia mais pertencer realmente a ele. Porém, para vender a empresa, ele precisava separar Brownie Wise da marca que ela ajudara a criar. "Ela foi demitida", disse ele à equipe, "e quero que tudo o que estiver relacionado a ela desapareça." Como nunca recebera ações da Tupper Corporation, Wise saiu com quase nada. Uma feroz batalha legal lhe rendeu apenas um ano de salário. Logo depois, Tupper vendeu sua empresa por 16 milhões, divorciou-se de sua esposa e comprou uma ilha na América Central.

Embora tivesse iniciado várias novas empresas depois disso, Wise jamais recuperou a notoriedade nem alcançou um grau semelhante de sucesso. Apenas viveu uma vida tranquila, com seu filho e seus cavalos. Ao longo dos anos, entretanto, ela pode ter sentido alguma satisfação ao ver a empresa que ajudara a construir praticar os métodos que ela desenvolvera, aumentando continuamente seu exército de donas de casa catequistas e conquistando os corações e mentes dos clientes com suas técnicas inovadoras de persuasão. Wise realizara seu sonho, embora finalmente tenha sido obrigada a acordar. Suas ideias ajudaram inúmeras outras mulheres a viver os próprios sonhos. A Tupperware passou a ser vendida em mais de uma centena de países, e vendedoras ambiciosas ainda dão festas da Tupperware no mundo inteiro.

CONQUISTANDO CORAÇÕES, MENTES E ESTÔMAGOS: FLOCOS DE MILHO KELLOGG'S

A Times Square fica na junção da Broadway com a Sétima Avenida, em Manhattan. Conhecido como "Encruzilhada do Mundo", esse pequeno trecho de quarteirões da cidade tem sido coberto de ponta a ponta (e de cima a baixo) com anúncios – cartazes, letreiros de neon e agora enormes telas brilhantes – por bem mais de 100 anos. Em 1904, a praça foi renomeada em função do *The New York Times*, quando o jornal mudou seus escritórios para a extremidade sul da Broadway com a Rua 42. O *Times* se deslocou para oeste, mas a Times Square continua sendo o primeiro e mais importante lugar se você for uma empresa que busca uma plataforma para chamar a atenção do mundo. Sede dos maiores e mais importantes palcos teatrais da cidade de Nova York, a Times Square, por si só, é um palco sem paralelo no planeta.

O ano é 1912. Will Keith Kellogg, CEO da Kellogg Company, está à procura de um palco. W.K., como é conhecido, acredita firmemente na importância do palco certo. À distância, ele observou seu irmão, o famoso especialista em saúde John Harvey Kellogg, tornar-se um nome conhecido por meio de cuidadosa e incessante autopromoção no circuito mundial de palestras. Após romper os laços com seu irmão difícil e abrir uma empresa para vender o cereal que ambos haviam criado, o modesto Will encampou o poder da promoção.

No extremo norte da Times Square, na Rua 48, onde a Broadway e a Sétima Avenida se cruzam, fica o Edifício Mecca, o ícone mais invisível da época. Sua fachada é continuamente oculta por anúncios de todas as formas, tamanhos e cores. O prédio – que acabaria sendo demolido em 2004 – desempenha um papel proeminente em quase todos os filmes e fotos feitos na Times Square, mesmo com sua estrutura permanecendo invisível.

Hoje, Will pretende superar todos os esforços anteriores. Literalmente. Ele assinou um contrato de arrendamento por cinco anos para uso do topo do prédio e está prestes a iniciar a construção do que será o maior letreiro elétrico do mundo. Durante o restante do ano, 18 homens construirão um altar de 80 toneladas no topo do Mecca para os flocos de milho Kellogg's. Com 32 metros de largura e 24 metros de altura, a placa, de 40 mil dólares, mostrará o rosto de um menino e uma caixa de cereal, cada qual com 12 metros de altura, dispostos respectivamente acima e abaixo da característica assinatura em vermelho de Will, a mesma que está estampada na frente de todas as caixas de cereais de sua empresa, como uma garantia de frescor e qualidade.

Quando o menino franzir a testa, letras elétricas mostrarão: "QUERO FLOCOS DE MILHO TORRADOS KELLOGG'S." Quando o menino sorrir, uma nova mensagem aparecerá: "GANHEI FLOCOS DE MILHO TORRADOS KELLOGG'S."

Olhando para a ilha de Manhattan do topo do Edifício Mecca, W. K. Kellogg não pode deixar de perceber a ironia. Ele nunca se considerou um comunicador. O irmão é quem sempre fala, mandando Will fazer o trabalho sujo enquanto posa para a imprensa vestido de branco com aquela ridícula cacatua no ombro. Mas estes são a empresa e o produto de Will, e ele quer que o mundo saiba disso.

▲▲▲

À medida que a produção de carne crescia nos Estados Unidos, durante o século XIX, o mesmo acontecia com o tamanho e o valor alimentício do café da manhã americano. Os prósperos europeus, afinal de contas, não começavam o dia com uma humilde tigela de mingau. Sentavam-se diante de grandes e nutritivos bufês que tinham de tudo, desde presunto e salsichas a iguarias como língua defumada. Conforme a prosperidade da América aumentava, crescia também o apetite de sua classe média por cafés da manhã exuberantes, que compreendiam diversas carnes curadas e salgadas, travessas de ovos e montes de batatas fritas. O destino manifesto (a crença em que o povo dos Estados Unidos foi eleito por Deus para comandar o mundo) certamente abria o apetite.

Com fartos cafés da manhã se tornando a norma nacional, uma reação adversa era inevitável. Entre as novas denominações protestantes que apareciam no país em meados do século XIX, uma se destacava por se concentrar nas implicações religiosas dos maus hábitos alimentares: os adventistas do sétimo dia.

Nascido em 7 de abril de 1860, em Battle Creek, Michigan, Will Keith Kellogg foi criado na Igreja Adventista do Sétimo Dia, que recentemente estabelecera sua sede em Battle Creek. Os adventistas acreditavam na celebração do Sabbath aos sábados e defendiam uma vida saudável. Seu credo advogava uma estrita dieta vegetariana e abstinência de cafeína, tabaco e álcool. Will aderiu aos princípios adventistas durante toda a sua vida, embora tenha relaxado na dieta anos mais tarde.

Com a Segunda Vinda (de Cristo) iminente, o pai de Will, um fabricante de vassouras, não valorizava muito a educação. "Meu pai", escreveu Will, "não exigia que eu frequentasse a escola regularmente." Portanto, não importava que os professores de Will o vissem como taciturno e "apalermado". Na verdade, Will era dotado de uma mente brilhante, mas tinha problemas dentários que o levavam a sorrir muito pouco e uma miopia não diagnosticada que tornava difícil para ele tanto ver o quadro-negro quanto interpretar as emoções dos colegas. Após a sexta série, ele deixou a escola e foi fazer vassouras, como o pai. Depois de algum tempo, começou a viajar até a vizinha Kalamazoo para estudar escrituração, contabilidade e outras ciências atreladas a negócios. Em contrapartida, seu irmão mais velho, John Harvey Kellogg, era tão precoce que a liderança da igreja o preparou desde muito jovem para um papel de destaque entre os adventistas do sétimo dia. Ainda adolescente, John, ou J. H., já editava o boletim adventista, *The Health Reformer* (O reformador da saúde), além de escrever longos e lúcidos ensaios defendendo a seita e suas práticas. Mais tarde, John se formou em medicina no Bellevue Hospital Medical College, em Nova York, e se tornou cirurgião.

Em 1876, John voltou para casa e assumiu a administração do Western Health Reform Institute, uma estância estabelecida em torno dos princípios dietéticos dos adventistas. A fundadora e profetisa da seita, Ellen White, dizia que esses princípios haviam sido divinamente inspirados, mas sabia que a experiência e a autoridade médica de John ofereceriam um importante contraponto científico às suas afirmações religiosas. Sob a liderança de John, o instituto, rebatizado como Battle Creek Sanitarium (Sanatório de Battle Creek), tornou-se famoso em todo o mundo por seus métodos revolucionários para que as pessoas "aprendessem a ficar bem". Spa, hotel e "universidade da saúde", o "San", como era chamado, floresceu sob a liderança de Kellogg, passando em seu auge de 100 pacientes de cada vez a mais de 7 mil.

O San acabou se tornando um destino para todos, desde pessoas desesperadas, com todas as aflições imagináveis, a ricos e famosos que precisavam de um descanso: o presidente Harding, Henry Ford e Amelia Earhart, entre outros personagens notáveis da época, passaram algum tempo lá.

O vasto complexo de edifícios do San oferecia de tudo a esses pacientes, desde "cultura física" – exercícios – a massagens e tratamentos de ponta, como eletroterapia. Em última análise, o sucesso do San foi impulsionado pelo brilho de John como comunicador. Além de tratar pacientes e dar palestras, ele escreveu muitos livros sobre vida saudável que venderam milhões de cópias. Embora algumas de suas declarações médicas fossem questionáveis – ele desencorajava o sexo por qualquer outro motivo que não fosse a procriação e considerava o vinagre "um veneno, não um alimento" –, a passagem do tempo validou muitas delas, desde os perigos de fumar até a importância do trato digestivo para a saúde geral, um precursor da ênfase atual no "microbioma intestinal".

Em 1880, John percebeu que escrever livros, dar palestras ao redor do mundo, publicar uma revista de saúde, dirigir empresas que vendiam máquinas de exercícios e outros produtos para o "bem-estar", além de atender pacientes, lhe deixava pouco tempo para dirigir o instituto. Nessa mesma época, o tímido e taciturno Will – prestes a se casar e precisando comprar uma casa – procurava um emprego estável que não envolvesse o tédio de fazer vassouras. John concluiu então que, como contador treinado, o irmão seria o gerente ideal para as diversas atividades do San. Quando John o consultou, Will aceitou o trabalho. Na verdade, ele se acostumara durante a infância a fazer o que seu irmão mais velho mandava. Agora, isso incluía chamar John de "Dr. Kellogg". Will era um "lacaio ideal" (era dessa forma triste que ele se referia a si mesmo). Trabalhava 80 horas ou mais por semana e não só executava incontáveis tarefas administrativas como também cuidava da manutenção das vastas instalações.

A carga de trabalho era cruel, mas foi o modo aviltante como John tratava Will que o levou ao limite. Basicamente, Will dirigia o instituto em troca de "muito pouco dinheiro e nenhuma glória", como disse mais tarde. Nem depois de rotular a si mesmo como intelectual público – vestindo-se de branco e carregando uma cacatua no ombro enquanto se reunia com celebridades e cortejava a imprensa – John reconheceu o papel de seu irmão com um título oficial; o trabalho de Will era dirigir o San anonimamente. Andando de bicicleta entre compromissos no grande campus do San, o Dr. Kellogg exigia que Will corresse ao seu lado com um bloco de notas e uma caneta, já que poderia ter alguma ideia ao longo do caminho. Para culminar, John se referia a Will como "vadio".

John Harvey Kellogg estava muito à frente de seu tempo ao enfatizar a saúde digestiva. Defensor do que chamou de "vida biológica", ele condenava alimentos picantes, salgados e gordurosos, e dizia que o consumo de ovos e laticínios devia ser reduzido ao mínimo. Na época, uma das queixas de saúde mais comuns nos Estados Unidos era a "dispepsia", palavra que se refere a indigestão, constipação e outros problemas digestivos. Kellogg presumiu, corretamente, que a onda de queixas era causada pela pesada dieta americana. Como remédio, prescrevia a seus pacientes uma dieta pobre em proteínas e gorduras. Tendo feito um estudo com gorilas em cativeiro, Kellogg também acreditava que os humanos deveriam evacuar quatro ou cinco vezes por dia. Assim, além de extremamente leves, as refeições no San eram riquíssimas em fibras, sendo complementadas por frequentes enemas para manter limpo o trato digestivo.

No café da manhã, Kellogg servia a seus pacientes biscoitos duros e secos, sem leite ou mesmo água, para estimular as glândulas salivares. Quando uma mulher quebrou a dentadura tentando comer um biscoito, Kellogg começou a realizar experiências. Fez então uma massa de farinha de trigo, aveia e fubá, e a assou em altas temperaturas para quebrar o amido em açúcar, mais facilmente digerível, ou dextrose, processo que ele apelidou de "dextrinização". Após esfarelar os pães e assar as migalhas, Kellogg obteve seu primeiro produto de sucesso: granula, que viria a ser alterado para "granola", de modo a evitar um processo judicial por conta de outro cereal com o mesmo nome.

A granola se tornou um produto indispensável no café da manhã do San, e ficou tão popular entre os pacientes que Will montou uma loja perto da sala de jantar, onde eles podiam comprar caixas do produto e levá-las para casa. Como os donos das instalações não tinham interesse em vender alimentos saudáveis, John e Will fundaram um serviço de reembolso postal para manter os ex-pacientes abastecidos com o produto, que vendiam a 30 centavos de dólar o quilo. Em 1889, já despachavam duas toneladas de granola por semana.

Em 1883, John montou uma cozinha onde ele, sua esposa, Ella, e Will podiam testar novos alimentos. Os três experimentaram muitas combinações diferentes de grãos e métodos de preparação antes de tropeçar em outra receita promissora. Após abrir a massa de trigo fervida o mais finamente possível, eles raspavam pequenos flocos com uma faca e os assavam até que se tornassem "pequenos pedaços de torrada". O Dr. Kellogg afirmou mais tarde que o processo final para fazer cereais em flocos veio a ele em um sonho. Na verdade, um lote de massa crua, que fora esquecido durante a noite, fermentou e formou bolor antes de ser descoberto. Após ser fervida e laminada, segundo John, "a massa saiu na forma de flocos grandes e finos, com cada grão de trigo formando um único floco!". Quando esses flocos foram assados, ficaram crocantes e deliciosos. Aproveitando o feliz acidente, Will realizou outros experimentos para aperfeiçoar o processo de preparação, fazendo anotações cuidadosas sobre cada lote em um caderno de laboratório. Mais tarde, seus funcionários se lembrariam de que W. K. Kellogg tinha um "julgamento infalível" para discernir as amostras mais promissoras de um novo produto em desenvolvimento.

Os pacientes do San ficaram entusiasmados com a nova oferta. John patenteou o processo de fabricação de cereais em flocos em maio de 1895, sabiamente garantindo na patente flocos feitos com outros grãos além do trigo. Como era de esperar, ele deixou o nome de seu irmão fora da patente, apesar do inegável envolvimento de Will no processo. Naquele verão, os irmãos Kellogg apresentaram os flocos de trigo, que o Dr. Kellogg chamou de "Granose", em um evento adventista do sétimo dia realizado no San. Foi o primeiro esforço de marketing que fizeram para valer. A Sanitas Nut Food Company, serviço de reembolso postal que eles tinham, vendia caixas com 300 gramas de Granose a 15 centavos de dólar cada, e logo teve que contratar mais funcionários para atender à demanda. No primeiro ano de produção, 50 toneladas de Granose foram vendidos ao todo.

Enquanto isso, Will continuou fazendo experimentos com a receita, eventualmente substituindo o trigo pelo milho, em 1898. Os flocos de milho se mostraram ainda mais populares. Naquele ano, Will transferiu a produção do cereal para um prédio de dois andares na cidade, de forma a expandir a produção. Trabalhando 120 horas por semana, Will dirigia a nova fábrica – que permanecia em operação 24 horas por dia para atender à demanda – ao mesmo tempo que cumpria todas as suas tarefas regulares no San e administrava os outros negócios do irmão. Ele enxergava um grande potencial nos flocos de milho, para além dos consumidores formados pelos adventistas do sétimo dia e pelos ex-internos do sanatório. Como John costumava dizer, americanos em todas as partes estavam adoecendo em função de seus pesados e gordurosos desjejuns. Além disso, como o ritmo de vida acelerara por conta da Revolução Industrial, cada vez menos pessoas tinham tempo para preparar um lanche todas as manhãs. Precisavam sair para trabalhar. Os flocos de milho seriam uma alternativa mais saudável e conveniente para milhões de americanos.

Embora tivesse mais de 40 anos, Will ainda era um homem pobre. J. H. fizera fortuna e não tinha interesse em colocá-la em risco – nem sua reputação médica – tentando expandir a Sanitas. "Achei que era importante não fazer nada que pudesse afetar as pessoas, mesmo as mais sensíveis", testemunhou ele mais tarde, sob juramento, "nem dar qualquer motivo para alguém pensar que fui movido por questões comerciais ou financeiras." Will não tinha problemas em admitir que *era* movido por interesses comerciais ou financeiros. Ele pediu com insistência ao irmão que anunciasse o cereal nacionalmente e o vendesse em mercearias, mas John se recusou. Ressentido, Will continuou a trabalhar para o irmão, mesmo quando imitadores, atraídos pelo sucesso da Granose, se mudaram para Battle Creek e abriram empresas de fabricação de cereais. Os funcionários do San vendiam as receitas dos Kellogg, quando não fabricavam o cereal eles mesmos. Com enorme sucesso, C. W. Post, um ex-paciente, lançou no mercado seu próprio cereal matinal, o Grape-Nuts (uva-nozes). Feito sem uva nem nozes, o Grape-Nuts era simplesmente a receita de granola de J. H. Kellogg com adição de açúcar. Anos antes, Post trabalhara na cozinha do San para pagar sua internação. Na época, contra a vontade de Will, John não fazia segredo de seu processo. Quando Post saiu, levou todas as receitas com ele. Agora, a Postum Cereal Company (que mais tarde se tornaria a General Foods) ganhava milhões de dólares por ano vendendo o Grape-Nuts, bem como o Postum, um substituto do café à base de grãos de J. H. Kellogg. A Postum foi a mais bem-sucedida das mais de 100 novas empresas de cereais que se instalaram em Battle Creek entre 1888 e 1905.

Nesse momento, Will decidiu finalmente que já estava farto. Se John não aproveitava a oportunidade, ele o faria. Apesar de amargurado, Will percebeu que tinha uma vantagem importante, já que administrara o Sanatório de Battle Creek e outros empreendimentos de John por mais de duas décadas. Estava, portanto, intimamente familiarizado com todos os aspectos da operação de um negócio. Além disso, fizera um cuidadoso estudo das últimas ideias e técnicas de gestão e as usara para administrar as coisas do modo mais eficiente e lucrativo possível. Talvez por isso, pacientes e ex-pacientes do San também confiaram em Will e o ajudaram a levantar 200 mil dólares para compor o capital inicial.

Em junho de 1905, Will se ofereceu para comprar do irmão os direitos sobre o cereal. John concordou – na época, precisava urgentemente de dinheiro para manter seus outros negócios. Assim, em janeiro de 1906 os irmãos assinaram o acordo. Will renunciou a seus diversos cargos e, em 19 de fevereiro daquele ano, fundou a Battle Creek Toasted Corn Flake Company.

Logo no início, ele adicionou sua própria assinatura ao design da caixa, embora o produto ainda se chamasse "Sanitas Toasted Corn Flakes". Queria diferenciar completamente o Corn Flakes "original" de seus muitos imitadores, o que significava vinculá-lo ao famoso nome Kellogg. Como era de esperar, C. W. Post copiou os flocos de milho (que chamou de Post Toasties) assim que chegaram ao mercado, ganhando milhões a mais com outro produto plagiado. Durante toda a vida, Will sempre levou muito a sério a confiança de seus clientes. Assim, foi estabelecendo padrões cada vez mais altos para a produção de seus cereais, padrões que influenciariam de forma duradoura a florescente indústria de alimentos manufaturados dos Estados Unidos. Essa confiança seria fundamental para distinguir seus produtos dos muitos imitadores de Battle Creek – e, por fim, do mundo inteiro –, em sua maioria inescrupulosos. Além disso, Will via sua assinatura como uma garantia de qualidade e frescor. Hoje, a conhecida assinatura vermelha com o nome Kellogg ainda aparece em quase todos os produtos fabricados pela empresa.

No verão de 1907, enquanto John estava no exterior, Will agarrou outra oportunidade: a Battle Creek Toasted Corn Flake Company se tornou a Kellogg Toasted Corn Flake Company. Da mesma forma, os Sanitas Toasted Corn Flakes se tornaram os Kellogg's Toasted Corn Flakes. Will sabia que John faria objeções às mudanças quando voltasse, mas se sentia confiante em poder vencê-lo caso a disputa chegasse a um processo. (No fim, o litígio entre os irmãos sobre o produto e seu nome se arrastaria por mais de uma década, terminando em 1920 com a vitória difícil, mas decisiva de Will.) De qualquer forma, era hora de anunciar a nova marca.

Will criara anúncios e brochuras para o San no passado, portanto tinha alguma experiência em publicidade. No início, ele veiculou alguns pequenos anúncios em Dayton, Ohio, e enviou representantes de porta em porta com amostras grátis, mas rapidamente percebeu que estava pensando muito pequeno. A Kellogg's não ganharia o país conquistando uma cidade de cada vez. Ele precisaria apostar alto para catapultar seus flocos de milho para o patamar nacional. A Kellogg's Toasted Corn Flakes precisava de atenção. Muita atenção, e logo.

Então decidiu investir seu capital restante em um anúncio de página inteira na revista *The Ladies' Home Journal*, que alcançava mais de 1 milhão de mulheres em todo o país. Para um risco desse porte, ele sabia que seria necessária uma campanha de altíssimo padrão. Então se voltou para seu amigo íntimo Arch Shaw, um empresário brilhante que contribuíra para a criação do campo de estudos de administração na Escola de Negócios de Harvard. Kellogg e Shaw se conheceram em 1897, quando Shaw vendeu a Will um sistema de contabilidade para que ele controlasse melhor os negócios do irmão. Os dois se tornaram amigos. Muito depois de fundar a empresa, Kellogg ainda recorria frequentemente a Shaw para obter conselhos e assistência. Mas em 1906 não tinha capital suficiente para pagar o amigo. Sabiamente, Shaw aceitou ações da empresa, o que acabou por torná-lo rico.

A campanha de Shaw, uma aula magistral de psicologia do consumidor, trouxe resultados ao alavancar a verdade. O anúncio começava assim: "Este anúncio viola todas as regras da boa publicidade." Ele explicou que, como a empresa era nova, seus flocos de milho não estavam disponíveis na maioria dos supermercados. Como ainda não tinha força de vendas, a empresa daria um "suprimento sazonal" de seu produto para qualquer pessoa disposta a exigir que o dono da mercearia local mantivesse o cereal em estoque.

A campanha funcionou. Quase da noite para o dia, as donas de casa americanas se tornaram o exército de vendas não remunerado de Will, levando seus cupons para mercearias e exigindo seus cereais grátis. Em resposta a esse crescimento repentino da demanda, mercearias em todo o país começaram a vender os produtos de Will. Ao final do primeiro ano, a empresa havia comercializado quase 180 mil caixas. Will estava gastando dinheiro emprestado, o equivalente a milhões de dólares em anúncios, mas o sucesso fazia com que o risco valesse a pena. Com a publicidade funcionando, ele precisava manter a pressão. Em 1907, fez uma nova campanha na cidade de Nova York, anunciando que "quarta-feira é o 'Dia da Piscadela'". Ele incitava as donas de casa a "piscar para o dono da mercearia e ver o que você ganha". O que elas conseguiam, se piscassem em uma quarta-feira, era uma caixa grátis de flocos de milho Kellogg's. Apesar de sua rigorosa educação religiosa, ou talvez por causa dela, Will sabia como um pouco de humor mundano pode chamar atenção. "Essa propaganda vai despertar a curiosidade de toda a cidade", previu ele. A campanha levou as vendas a aumentar quinze vezes somente em Nova York. Em 1909, a empresa já estava produzindo 120 mil caixas de flocos de milho por dia. Nesse mesmo ano, Will mandou imprimir no verso das caixas de cereais cupons que as crianças podiam recortar e enviar pelo correio, para receberem um livro de atividades colorido. Como esse truque deu certo, ele decidiu dispensar o incômodo de enviar brindes pelo correio e começou a incluir brinquedos grátis dentro da caixa. Eram botões, anéis, quebra-cabeças e jogos que custavam dinheiro para serem produzidos, mas na verdade saíam mais baratos que o volume de cereais que substituíam. Os brindes grátis dentro das caixas encantavam as crianças e aumentavam os lucros.

Enfim fora da sombra do irmão, W. K. Kellogg prosperou. Como líder empresarial, provou ser ousado e decidido – em nítido contraste com o menino acanhado que as pessoas haviam conhecido na infância. Para inovar mais que a concorrência, ele trabalhava sem descanso, refinando continuamente as receitas e desenvolvendo outras de sucesso, como os Rice Krispies (flocos de arroz). E aplicava a conduta sistemática que mantivera o San funcionando sem problemas durante tantos anos, não só na produção como também na publicidade dos produtos, em que sua abordagem era sempre maior e melhor. Desde seu primeiro ano de operação, Will jamais poupou despesas, erguendo milhares de outdoors em todo o país.

Em 1912, ele assinou um contrato de arrendamento de cinco anos do telhado do Edifício Mecca, na Broadway. Nesse local proeminente, instalou a maior placa elétrica já construída. Com mais de 30 metros de largura, o rosto sorridente de um menino e sua própria assinatura em vermelho, a estrutura de 80 toneladas custou o equivalente a 1 milhão de dólares. Só naquele ano, ele gastou 1 milhão de dólares com anúncios em quase todas as revistas e jornais do país, atingindo mais de 18 milhões de pessoas. Até a história do anúncio no Mecca ele transformou em publicidade. A essa altura, os anúncios da Kellogg's eram ilustrados pelos principais artistas do país e se tornavam famosos por seus slogans cativantes. Também exibiam mascotes (personagens com traços de cartum) ligados à marca, que apareciam igualmente nas seções de quadrinhos dos jornais.

Em 1930, a Kellogg já se tornara a maior fabricante mundial de cereais matinais. À medida que a Grande Depressão piorava, Will dobrava a aposta na publicidade, tal como fizera em crises econômicas anteriores – e o produto prosperava. Para ajudar a manter os residentes de Battle Creek empregados, ele reduziu a jornada de trabalho para seis horas e acrescentou um quarto turno para incorporar mais trabalhadores à folha de pagamento. Também iniciou a construção de novas instalações em uma área de 4 hectares, a fim de criar mais empregos.

Em 27 de abril de 1931, a Kellogg Company realizou um evento em Battle Creek para comemorar seu 25º aniversário e homenagear seu fundador. "A Kellogg Company", disse o senador James J. Davis, da Pensilvânia, um dos convidados importantes, "oferece um dos exemplos mais notáveis, em nosso país, da verdade fundamental de que o verdadeiro segredo do sucesso duradouro nos negócios está na contribuição feita para melhorar as condições de todo o nosso povo." O presidente da Kellogg, Lewis Brown, apontou para outra verdade: "O sr. Kellogg gastou o último dólar de seu capital inicial em jornais", disse ele, "e no quarto de século decorrido desde então gastou cerca de 25 milhões de dólares nessa forma de publicidade." Na opinião de Brown, a saúde e a longevidade da empresa se resumem a esse extraordinário compromisso com a comunicação. "A política desta empresa", continuou ele, "tem sido aumentar os gastos com publicidade, especialmente durante períodos de depressão generalizada, pois descobrimos que lutar pelas vendas traz vendas. Alguns de nossos melhores ganhos foram registrados nos anos 1907-08, 1921 e 1930." Na verdade, entre 1906 e 1939, Will gastou quase 100 milhões de dólares – o equivalente a quase 2 bilhões de dólares hoje – em publicidade. Na década de 1930, mais dinheiro começou a ser investido em uma nova forma de publicidade lançada pela Kellogg Company: programas de rádio para crianças. O investimento incansável de W. K. Kellogg para captar a atenção dos consumidores americanos nos momentos bons e ruins valeu a pena muitas vezes, tornando a empresa uma gigante americana na área dos alimentos manufaturados.

Embora agressivo nos negócios, Will jamais se interessou particularmente por riqueza ou status. Alinhado com suas crenças religiosas, ele criou a Fundação Kellogg, em 1934, com grande parte de sua fortuna: 66 milhões de dólares em ações da Kellogg Company, o equivalente a 1 bilhão de dólares hoje. Míope desde a infância, Will não teve o problema diagnosticado até a idade adulta, e essa foi uma das razões pelas quais ele teve dificuldades na escola. Ele também perdeu a maioria dos dentes em função de tratamentos inadequados e por isso raramente sorria. Se tivesse recebido ajuda, poderia ter crescido sem ter sido taciturno ou "tapado". Portanto, sua fundação se concentrou, entre outras coisas, em oferecer cuidados dentários e oftalmológicos às crianças.

Em 1939, W. K. Kellogg se afastou do controle ativo de sua empresa, deixando as operações do dia a dia para outras pessoas pela primeira vez desde 1906. O San, que pelejava para atrair pacientes em um clima econômico que se deteriorava, acabou sendo vendido. J. H. Kellogg mudou suas operações para um prédio menor. Em 1943, John escreveu um sincero pedido de desculpas, com sete páginas, a seu irmão, mas não o enviou e acabou morrendo naquele mesmo ano. Will recebeu a carta algum tempo depois e ficou satisfeito em saber que John o havia abençoado antes de partir.

Em 1951, W. K. Kellogg morreu em Battle Creek, aos 91 anos. Em seus últimos anos, ele acabou perdendo a maior parte de sua visão para o glaucoma. Na aposentadoria, um de seus passatempos favoritos era se sentar no estacionamento ao lado de sua fábrica para ouvir o barulho das máquinas e se deleitar com o cheiro de cereal torrado.

Atualmente, embora o Sanatório de Battle Creek e as filosofias de saúde de seu fundador tenham sido esquecidos, as pessoas comem mais de 100 bilhões de tigelas de flocos de milho Kellogg's todos os anos, sem saber que o cereal iniciou sua história como uma moda passageira no século XIX. Na verdade, J. H. Kellogg e mesmo W. K. Kellogg ficariam decepcionados se soubessem que a maioria dos produtos da Kellogg Company hoje contêm muito mais açúcar do que Will teria ousado adicionar quando se viu livre do controle do irmão. Muitos especialistas em saúde acham que cereais como Sugar Frosted Flakes (agora simplesmente Frosted Flakes) e Sugar Smacks (agora Honey Smacks) – ambos introduzidos logo após a morte de Will – contribuíram para a atual crise de obesidade em crianças.

Nos últimos anos, a Kellogg Company tentou se adaptar às novas tendências de saúde. Em 2017, por exemplo, adquiriu por mais de meio bilhão de dólares a RXBAR, fabricante de uma barra nutricional da moda, com foco na saúde. O sucesso dessa marca – impulsionado pela ideia de colocar na frente da embalagem sua curta lista de ingredientes naturais – contribuiu para fortalecer a Kellogg contra a popularidade decrescente dos alimentos altamente processados e com muitos carboidratos destinados a serem consumidos no café da manhã. O tempo dirá se as alegações de saúde feitas pela RXBAR serão confirmadas. Enquanto isso, está claro que os clientes ainda se deixam seduzir pela publicidade da Kellogg Company. Anualmente a empresa gera, em vendas líquidas, mais de 13 bilhões de dólares em todo o mundo.

▴▴▴

Conquistar a lealdade de clientes e funcionários por meio de mensagens convincentes fortalece a posição de uma empresa a qualquer momento, mas a persuasão é mais eficiente quando as coisas vão mal.

Como vimos em cada uma dessas histórias, uma comunicação poderosa é um componente fundamental da característica mais procurada por qualquer organização: a resiliência. Um ótimo trimestre não significa nada se você for à falência no trimestre seguinte. Patagonia, Tupperware e Kellogg resistiram a tempos difíceis não por causa do sucesso de qualquer produto, mas graças ao uso perspicaz e persistente da publicidade, do marketing e de relações públicas. Independentemente de momentos bons ou ruins, essas empresas nunca pararam de falar.

Outros fatores também desempenham um papel importante nessa permanência, é claro. Existe uma arte na resiliência. No próximo capítulo, veremos por que algumas organizações resistem enquanto outras afundam nas tempestades.

9

RESILIÊNCIA

> Assim como a água não mantém uma forma constante,
> na guerra não existem condições constantes.
>
> – SUN TZU, *A arte da guerra*

O sucesso de qualquer negócio está sujeito a todos os tipos de forças externas. Modismos vêm e vão. Mercados sobem e descem. Economias crescem e se deterioram. Às vezes, as condições são tão favoráveis que parece impossível que uma empresa vá à falência, não importa quão mal administrada ela seja. Os líderes estão sempre respondendo a ameaças externas, que estão fora de seu controle. E de repente, uma ou duas vezes em uma geração, uma adversidade ainda maior varre o planeta – uma guerra, uma pandemia, uma mudança política – e não deixa nada intato em seu rastro.

Mas o fracasso em face da volatilidade política ou econômica não é inevitável. As empresas mais bem geridas do mundo têm vitórias e fracassos em momentos bons e maus, mas muitas vezes resistem, e até prosperam, em períodos de grandes mudanças. Mesmo com os incríveis transtornos provocados pela pandemia do novo coronavírus, vimos como algumas se sustentaram reduzindo riscos e aproveitando oportunidades, ao mesmo tempo que outras simplesmente soçobraram. Quais são as características das organizações resilientes e de seus líderes? Por que certas empresas saem da adversidade mais fortes, ao passo que outras murcham, com seus líderes gritando desculpas enquanto seus negócios afundam?

Neste capítulo, procuraremos pistas da natureza e das origens da resiliência em momentos de recessão, guerra e outras condições externas que estão fora do controle de qualquer líder. A história revela que há negócios a serem feitos mesmo nos piores cenários.

CORRA COM O QUE VOCÊ TEM: ADIDAS

No antigo galpão que sua mãe usava como lavanderia, Adi Dassler observa ansiosamente Josef "Sepp" Erhardt, seu primeiro e único funcionário, subir em uma grande estrutura de vigas que sustenta uma velha bicicleta, cujos pedais estão presos a uma tina por cintos de couro retirados do lixo. Embora pareça uma versão século XIX de uma bicicleta Peloton, é na verdade uma sovadora de couro improvisada. Adquirir uma sovadora industrial está fora de questão para o jovem Adi. Mesmo que pudesse comprá-la, a eletricidade da cidade não é confiável. Desde o final da Grande Guerra, a Alemanha tem encontrado dificuldade para atender às necessidades de seus cidadãos, mesmo as mais básicas. Adi simplesmente *não tem como* fabricar os sapatos esportivos que imaginou a menos que disponha de couro macio e sovado. Porém, com um pouco de improviso, ele acha que pode ter resolvido o problema. O moinho de couro movido a pedal é um projeto seu. Caso alguma coisa se quebre ou Sepp se machuque, Adi só poderá culpar a si mesmo. *Se isso não funcionar*, pensa ele, *não sei bem o que funcionará*. Seu embrionário negócio de calçados está rodando naquela bicicleta.

Cuidadosamente, Sepp pressiona um pedal e depois o outro. O que resta da roda da bicicleta começa a girar. A sovadora improvisada de Dassler logo está em ritmo acelerado. Pedaços de couro – alguns retirados de bolsas de água e de capacetes abandonados nos campos de batalha próximos – rolam para a frente e para trás enquanto Sepp pedala cada vez mais rápido.

A droga da coisa funciona!

Dassler, que iria passar por mais um conflito mundial antes de fundar a gigante de roupas esportivas Adidas, pede a Sepp que continue pedalando. À medida que o couro rola, vai se tornando mais macio e mais fácil de ser trabalhado. Em breve, estará pronto para ser modelado e costurado. Uma sovadora elétrica seria melhor, mas, com os destroços da derrota alemã ainda ao seu redor, a bicicleta tem que servir.

Por enquanto.

▲▲▲

Herzogenaurach é uma pequena cidade no norte da Baviera, na Alemanha. Hoje é mais famosa como a cidade natal de não uma, mas duas grandes empresas de produtos esportivos: Adidas e Puma. Seus fundadores, e rivais, eram na verdade irmãos: Adi e Rudi Dassler.

Em 1914, a Europa entrou em guerra. Dois dos quatro rapazes Dassler, Fritz e Rudolf, conhecido como Rudi, foram imediatamente recrutados pelo Exército alemão e enviados para o front. Embora a maioria dos alemães esperasse que o conflito terminasse rapidamente, os irmãos Dassler passaram quatro longos anos nas trincheiras. No último ano da guerra, Adolf, ou Adi, que ainda não tinha 18 anos, também foi convocado. Quando os três soldados voltaram para casa, em Herzogenaurach, a mãe deles já havia fechado seu negócio, uma lavanderia. As pessoas não podiam mais se dar ao luxo de enviar as roupas para serem lavadas.

Adi concluiu um estágio numa padaria, mas decidiu não se tornar padeiro, mesmo após tanto trabalho. Estava interessado em calçados. Uma ideia nova o consumia: os sapatos esportivos poderiam ser adaptados às necessidades únicas de cada esporte. Sendo atleta poliesportivo e filho de um sapateiro, Adi estava numa posição privilegiada para perceber isso – e agir.

Ansioso para testar sua ideia, ele se instalou no antigo galpão que a mãe usava como lavanderia. No início, apenas consertava sapatos para ganhar dinheiro. Na situação econômica do país, muitos moradores da cidade não podiam comprar calçados novos. Embora consertar sapatos fosse fácil para Adi, confeccionar novos, mais que aptidão, exigiria materiais e equipamentos que não seriam encontrados com facilidade na empobrecida Alemanha do pós-guerra. Era um período de inflação galopante. Garantir uma linha de crédito em um banco estava fora de questão.

Adi desviou sua atenção do que não tinha – energia confiável, suprimentos adequados, maquinário moderno, acesso a empréstimos bancários – para o que tinha. Examinando os destroços da guerra, percebeu que alguns poderiam se tornar matéria-prima. Intrepidamente, começou a vasculhar os campos de batalha próximos em busca de qualquer coisa útil. Capacetes, bolsas e paraquedas se tornaram material para os novos designs de Adi.

"Desenvolver calçados era seu hobby, não seu trabalho", disse mais tarde sua futura esposa, Käthe. "Ele fazia isso de modo muito científico." Sozinho em seu laboratório improvisado de calçados, Dassler concebia e testava soluções para problemas que encontrara como atleta em seus amados eventos de atletismo. Em primeiro lugar, ele queria melhorar a tração dos solados. Para isso, precisaria de um ferreiro. Pediu então a seu amigo de infância Fritz Zehlein, para forjar pregos que ele pudesse enfiar nas solas. Adicionar pregos para aumentar a tração não era uma ideia nova, embora Dassler tenha obtido uma patente para um forro especial que adicionou ao interior dos sapatos. Na década de 1890, a fábrica inglesa Foster & Sons, mais tarde absorvida pela Reebok, foi a primeira empresa a adicionar pinos aos calçados de corrida. (A Adidas adquiriu a Reebok em 2005.) A contribuição de Dassler foi a ideia de adaptar os pinos e outras modificações no design dos sapatos para atender às necessidades específicas de cada esporte. Por meio de tentativas e erros, e contando com Fritz para forjar pinos com diferentes designs, Adi desenvolveu sapatos para corredores de longa distância, velocistas e saltadores. Ele também criou uma chuteira de couro com travas de metal embutidas nas solas. (Pontas afiadas, naturalmente, não teriam lugar em um campo de futebol.)

Em 1923, Rudi, irmão de Adi, abandonou seus planos de se tornar policial para também ingressar no negócio de calçados. Adi, o inventor, trabalhava discretamente em sua loja enquanto Rudi, o tagarela, promovia o negócio. No ano seguinte, ambos fundaram uma empresa de calçados esportivos: Gebrüder Dassler (irmãos Dassler). Para gerar vendas, os irmãos enviavam amostras do trabalho de Adi para o crescente número de clubes esportivos da região. Esportes e ciências eram obsessões nacionais na República de Weimar. Os modelos ousados e experimentais de Adi captavam o clima de um país que perseguia a modernidade e a renovação. Em 1925, uma dúzia de empregados seus produzia 50 pares de sapatos por dia, principalmente com travas, para a prática de futebol, e com pinos, para corrida. Com o tempo, ficou claro que a Gebrüder Dassler resistira tanto às próprias dores do crescimento quanto ao mal-estar do pós-guerra. O espaço da lavanderia já não era adequado. Assim, no ano seguinte, os irmãos transferiram suas operações para um galpão próximo à estação ferroviária, onde instalaram novo maquinário e contrataram mais trabalhadores. Os 50 pares por dia se transformaram em 100.

Um dos pontos fortes do equipamento esportivo enquanto negócio é sua visibilidade. A marca de calçados escolhida por um atleta nunca poderá ser segredo comercial. Adi não demorou a perceber que não poderia haver melhor propaganda para seus calçados do que colocá-los nos pés de um vencedor. Mas havia mais em sua ideia pioneira de patrocínios esportivos do que publicidade gratuita. Ele queria provar que o par de calçados certo, especificamente adaptado às necessidades de uma modalidade, melhoraria o desempenho do atleta. A única forma de fazer isso seria convencer os melhores atletas a testá-los. Nos níveis mais altos, a vitória pode ser determinada pelo menor dos fatores. Se os calçados que ele fabricava pudessem melhorar o desempenho de um corredor em alguns segundos, por exemplo, eles poderiam determinar o vencedor da prova.

Adi levou seus calçados com pinos para os Jogos Olímpicos de Verão de 1928, em Amsterdã. Lá conheceu Lina Radke, uma atleta feminina pioneira. Impressionado com o design cuidadoso de Adi, inspirado em seu próprio conhecimento especializado no atletismo, Radke concordou em usar seus calçados quando competisse nos 800 metros. Ela venceu o evento, conquistando a primeira medalha de ouro olímpica da Alemanha no atletismo. Além de ser uma vitória para os Gebrüder Dassler, esse resultado foi também uma validação das teorias de Adi acerca de como melhorar o desempenho esportivo com calçados especiais. O recorde mundial que Radke estabeleceu em Amsterdã duraria até 1944.

O sucesso de Radke usando os sapatos de Adi Dassler naturalmente chamou a atenção de outras pessoas no establishment atlético alemão. Um dos personagens-chave que ficou intrigado com o produto foi Josef Waitzer, que competira em quatro eventos de atletismo nos Jogos Olímpicos de Verão de 1912, em Estocolmo, antes de se tornar treinador. Em 1928, após ter escrito diversos livros sobre treinamento esportivo, ele foi nomeado treinador da equipe alemã de atletismo olímpico. Quando ouviu falar da Gebrüder Dassler, Waitzer viajou para Herzogenaurach a fim de visitar a fábrica. Unidos pela obsessão comum com o desempenho atlético, ele e Adi Dassler rapidamente se tornaram amigos. Essa amizade veio a calhar: Waitzer se tornou consultor da empresa, levando conhecimentos técnicos vitais que só alguém com experiência no circuito mundial de atletismo poderia oferecer. Ele também contribuiu para que mais atletas alemães usassem calçados da Gebrüder Dassler em eventos de atletismo. E, sempre que ocorriam, ele oferecia a Adi um feedback detalhado do desempenho de seus modelos, para que ele pudesse aperfeiçoá-los.

O pai de Adi Dassler dera ao filho uma base sólida no ofício de sapateiro. Mas, para levar seu conjunto de habilidades a um nível mais alto, Adi precisaria de treinamento avançado. Assim, em 1932, ele se matriculou numa escola técnica em Pirmasens, cidade próxima à fronteira da Alemanha com a França, famosa por sua indústria de calçados. Lá se apaixonou por Katharina "Käthe" Martz, filha de um instrutor. Em 1934, os dois se casaram. Käthe era ousada e assertiva, características que salvariam o negócio de Adi mais de uma vez. Os dois teriam cinco filhos.

Enquanto isso, outra mudança radical varria a Alemanha e a Europa. O nacional-socialismo estava em ascensão. Fritz, Adi e Rudi Dassler se filiaram ao Partido Nazista em 1933. O novo chanceler da Alemanha, Adolf Hitler, tinha a ambição de provar a superioridade dos atletas arianos. Entre os irmãos, enquanto Rudi era o maior simpatizante da ideologia nazista, Adi acreditava que a obsessão de Hitler por competições atléticas poderia beneficiar seus negócios. Além disso, recusar-se a entrar no partido poria em risco as operações da Gebrüder Dassler. Logo Adi já estava fornecendo calçados para clubes esportivos da Juventude Hitlerista e treinando jovens atletas.

Em 1936, Berlim sediou as Olimpíadas. Era uma chance para a nova Alemanha de Hitler demonstrar seu poder no cenário global. O relacionamento próximo que Dassler tinha com Josef Waitzer garantiu que muitos esportistas alemães de atletismo usassem seus calçados no evento. Mas Adi estava de olho em um atleta de outro país.

Na época, o corredor americano Jesse Owens já era um astro internacional. Ainda no ensino médio, seu tempo na corrida de 100 jardas (91,44 metros, prova que deixou de figurar no calendário esportivo) havia igualado o recorde mundial. No Big Ten Meet (competição interuniversitária dos Estados Unidos) de 1935, Owens bateu três recordes mundiais e alcançou um quarto. Convencer o atleta a usar sapatos Gebrüder Dassler catapultaria a marca para o primeiro plano internacional. O que Hitler diria sobre sapatos alemães serem usados por um atleta negro era um risco que Adi estava disposto a correr. O único problema era que ele não conhecia Owens nem falava inglês.

Sem opção, Adi se encontrou com ele na Vila Olímpica e lhe entregou um par de sapatos, como cortesia. Leves, de cabedal baixo e com seis pinos cuidadosamente dispostos, os sapatos devem ter impressionado Owens. Talvez a própria experiência do atleta, que havia trabalhado em uma sapataria, o tenha ajudado a apreciar a habilidade de Dassler. De qualquer forma, no episódio que se tornou o primeiro patrocínio de um atleta negro, Owens usou os sapatos alemães nos 100 metros rasos, prova em que conquistou a medalha de ouro. Em seguida, ele derrotou o astro alemão do atletismo Carl "Luz" Long, quebrando um recorde pessoal no processo. Ao todo, Owens ganhou quatro medalhas de ouro. Foi uma vitória impressionante para os Estados Unidos. E para a Gebrüder Dassler.

O efeito no negócio foi imediato. Como Adi previra, a escolha do calçado feita por Owens, no momento em que dominava os Jogos Olímpicos, gerou uma enorme demanda internacional pelos calçados Gebrüder Dassler. Não demorou para os irmãos terem que abrir uma segunda fábrica para dar conta da demanda adicional. A essa altura, mais de 100 funcionários confeccionavam sapatos projetados por Adi para atender às necessidades específicas de 11 esportes. Mas a associação de Dassler com a vitória de Owens teria uma consequência ainda maior mais tarde.

Embora os primeiros anos após a Grande Guerra tenham sido difíceis, quase tudo que os irmãos Dassler tentavam desde a fundação da empresa parecia funcionar. As condições na Alemanha, obcecada por esportes e design, eram ótimas para uma empresa de calçados esportivos que adotava uma abordagem científica para melhorar o desempenho dos atletas. E agora, com várias medalhas olímpicas concedidas a atletas que usavam calçados Gebrüder Dassler – sete de ouro, cinco de prata e cinco de bronze –, além de dois recordes mundiais e três olímpicos, Adi tinha toda a validação de que precisava: usar os sapatos corretos era importante.

Três anos após as Olimpíadas, no entanto, Hitler invadiu a Polônia, iniciando um conflito mundial que abalaria o statu quo mais uma vez. Nada é mais prejudicial para uma guerra de negócios do que uma guerra propriamente dita. Teria a Gebrüder Dassler resiliência para suportar o que Joseph Goebbels, ministro da Propaganda de Hitler, chamaria de "guerra total"?

▲▲▲

No início da Segunda Guerra Mundial, o governo alemão permitiu que a Gebrüder Dassler operasse com capacidade reduzida: menos funcionários e suprimentos limitados. Os irmãos fecharam a segunda fábrica. Restrições como essas eram familiares a Adi, que improvisava com muito menos quando iniciou suas atividades no galpão que abrigava a lavanderia de sua mãe. Após um ano de guerra, no entanto, ele foi recrutado como técnico de rádio. Adi podia trabalhar com muito pouco, mas sua ausência tornaria a improvisação impossível. No entanto, talvez por conta de suas conexões com o Partido Nazista, ele foi qualificado como essencial para o negócio e rapidamente mandado para casa. Sua empresa obteve um contrato para produzir mais de 10 mil pares de sapatos, a serem encaminhados ao Exército alemão.

Esse golpe de sorte enfureceu Rudi. Como irmão mais velho, ele se ressentia do fato de Adi ser fundamental para as operações da empresa. Rudi sentia que a atenção que destinava às finanças era subvalorizada e que o irmão não teria coragem para dirigir a Gebrüder Dassler em sua ausência. O fato de ele viver às turras com Käthe, a assertiva esposa de Adi, agravou mais ainda a situação. Exacerbadas pela proximidade – os irmãos e suas famílias moravam na mesma casa com os pais –, as tensões entre ambos aumentaram.

E transbordaram quando em 1943 o próprio Rudolf foi convocado, mesmo tendo lutado por quatro longos anos na Primeira Guerra Mundial. Ele culpou o irmão – claramente fora escolhido para compensar a liberação antecipada de Adi. Da Polônia, onde estava, Rudi escreveu uma carta amarga: "Não hesitarei em pedir o fechamento da fábrica para que você seja forçado a assumir uma ocupação que lhe permitirá brincar de líder e, como esportista de primeira classe, carregar uma arma."

Rudi cumpriu sua palavra, usando ativamente os contatos que tinha no Exército alemão para tirar o irmão do controle da fábrica. Em outubro daquele mesmo ano, o governo nazista obrigou a Gebrüder Dassler a produzir armas e outros materiais bélicos. Adi suspeitou de que essa intervenção fosse o resultado dos esforços de Rudi para fazê-lo ser recrutado, de modo a provar que ele não era indispensável à condução do negócio.

As costureiras da fábrica passaram então a soldar miras e escudos nas primitivas bazucas alemãs, o que as transformou em cópias baratas das bazucas americanas – mas notavelmente eficazes na destruição de tanques aliados. Embora tenham chegado tarde demais para mudar o curso da guerra, as armas despertaram a atenção das vitoriosas tropas americanas, que chegaram a Herzogenaurach em abril de 1945. Enquanto seus tanques cercavam a fábrica e os soldados discutiam se deveriam reduzi-la a escombros, Käthe Dassler se aproximou deles corajosamente. Explicou então aos americanos que as bazucas haviam sido produzidas sob coação e que os irmãos não desejavam nada além de voltar a fabricar calçados. Na verdade, acrescentou ela, fora aquela fábrica que havia confeccionado os sapatos usados por Jesse Owens em 1936.

Graças à corajosa intervenção de Käthe, a Gebrüder Dassler foi poupada. Soldados americanos estacionados em uma base aérea próxima logo se tornaram clientes ávidos da fábrica, fazendo grandes pedidos de sapatos para basquete e beisebol. Oficiais americanos estacionados na casa dos Dassler após a guerra também ajudavam a empresa a obter os suprimentos necessários, como borracha de jangadas e lonas de tendas, para reiniciar a produção.

Em um esforço para evitar a repetição dos erros do Tratado de Versalhes, assinado após a Primeira Guerra Mundial, os americanos estavam ansiosos para reanimar a economia alemã, o que envolvia ajudar empresas como a Gebrüder Dassler a decolar. Assim, Adi Dassler se viu usando de novo sua engenhosidade para reaproveitar materiais de guerra. Mas havia à frente outro desafio à sua resiliência. Embora a empresa viesse a resistir, ainda que de forma diferente, o relacionamento entre os irmãos não sobreviveria.

A estreita associação dos dois irmãos com os nazistas os deixou vulneráveis sob o novo regime. Após a guerra, Rudi foi mantido em um campo para prisioneiros de guerra alemães, onde ficou paranoico com a possibilidade de Adi estar tentando ativamente mantê-lo trancado. Os investigadores americanos de fato suspeitavam que Rudi ajudava a Gestapo, em parte porque Adi lhes contara que ele trabalhava para a polícia secreta nazista no escritório de Nuremberg – fato que Rudi negava com veemência. Apesar das suspeitas, no entanto, os americanos estavam lidando com centenas de milhares desses casos obscuros, e simplesmente não tinham recursos suficientes para resolver todas as reivindicações e contestações. Portanto, em 31 de julho de 1946, eles libertaram os prisioneiros que não fossem considerados uma ameaça à segurança, inclusive Rudolf Dassler. Ao todo, ele havia passado um ano sob custódia americana.

Enquanto isso, o próprio Adi foi classificado como um ativo colaborador nazista, status que o impedia de possuir um negócio. Mas funcionários e residentes de Herzogenaurach o defenderam. O prefeito de um vilarejo próximo, que era metade judeu, testemunhou que Adi o alertara de sua prisão iminente pela Gestapo e o havia abrigado em sua casa. "O esporte era o único tipo de política que contava para ele", disse outra testemunha. Graças a essas defesas vigorosas, Adi foi reclassificado como "seguidor", uma acusação mais leve que envolvia multa e liberdade condicional, e foi autorizado a reassumir a propriedade da empresa.

Quando Rudi finalmente voltou para sua casa compartilhada em Herzogenaurach, a desavença entre os irmãos se intensificou. Ressentido por Adi ter saído ileso, Rudi disse ao comitê de desnazificação que o irmão, ativamente e sozinho, havia instigado a fabricação de armas na fábrica. E também o acusou de organizar discursos políticos em suas instalações. Furiosa, Käthe pulou em defesa do marido: "Os discursos proferidos dentro e fora da fábrica devem ser atribuídos a Rudolf Dassler", escreveu ela em um comunicado ao comitê, "como qualquer funcionário da fábrica pode confirmar." A defesa de Käthe, combinada com os depoimentos de muitos cidadãos em favor de Adi, tiveram mais peso do que a já suspeita denúncia de Rudolf. Adolf foi reclassificado mais uma vez e inocentado de todas as acusações.

Com a separação entre os irmãos, agora irrevogável, Rudolf Dassler se mudou com a esposa e os filhos para uma casa no outro lado do rio. Após dividir os bens, os irmãos decidiram seguir cada um seu caminho nos negócios. Rudi reabriu a segunda fábrica, que estava fechada, e fundou ali sua própria empresa de calçados, que mais tarde se tornaria a Puma. Um terço dos funcionários seguiu Rudi para o novo negócio e o restante ficou com Adi, que chamou sua nova empresa de Addas, uma abreviação de Adi Dassler. Quando tentou registrar o nome, porém, descobriu que ele já era usado por uma empresa de calçados infantis. Então decidiu rebatizá-la como Adidas. Certa vez, para dar mais estabilidade a um par de chuteiras, Adi acrescentou três tiras paralelas nas laterais do calçado. Achou o design elegante e o adotou como marca registrada da empresa.

Surpreendentemente, a Adidas e a Puma se tornaram gigantes internacionais na fabricação de equipamentos esportivos. Käthe se tornou sócia de Adi, em substituição a Rudi. Como ela dirigia o negócio com extraordinária competência, Adi ficou livre para se dedicar totalmente aos projetos, desenvolvendo calçados para tenistas, esgrimistas, esquiadores, boxeadores, jogadores de boliche e outros esportistas. Ao longo da vida, ele adquiriu o hábito de se reunir com atletas do mundo inteiro para discutir problemas específicos que estivessem enfrentando, antes de conceber formas inovadoras para lidar com essas questões.

Na década de 1960, a Adidas havia se tornado a maior fabricante mundial de calçados esportivos. As 16 fábricas da empresa produziam 22 mil pares por dia. Apesar de sua riqueza e seu sucesso, entretanto, Adi Dassler manteve o compromisso de criar novos designs, procurando adaptar seus calçados rigorosamente às necessidades únicas de cada esporte. Algumas de suas inovações mais importantes incluem travas de rosca para chuteiras, solas de náilon para reduzir o peso do calçado e pinos substituíveis para atletas de corrida.

Rudolf Dassler faleceu em dezembro de 1975. Adolf o seguiu três anos depois. Os dois irmãos nunca se reconciliaram. Käthe dirigiu a Adidas sozinha durante vários anos, até seu filho, Horst, assumir as rédeas da empresa, na década de 1980. Käthe morreu em 1984.

A resiliência abrange vários traços: capacidade para se recuperar, assim como coragem e humildade para fazê-lo. Também requer engenhosidade. Nenhum negócio desfruta de condições perfeitas por muito tempo. Como líder, você sempre será solicitado a se contentar com menos e a atuar em seu nível mais alto sem nada além do que tiver à mão. E a se virar com o que tem.

NUNCA PARE DE ANUNCIAR: WRIGLEY X RECESSÃO

É 1907 e William Wrigley Jr. pode ter dado um passo maior do que a perna.

Se a nova campanha publicitária falhar, não será por causa do produto. Chicletes feitos com frutas suculentas e hortelã podem ser encontrados presos às solas dos pedestres por toda a cidade de Chicago, e cada vez mais em outras cidades no restante do país. Quando experimentam a goma de mascar, as pessoas adoram. Mastigar chicletes e mastigar Wrigley, especificamente, tornaram-se um novo e saudável passatempo do novo século. Alguns indivíduos estão até preferindo chicletes a cigarros. Hortelã fresca, extratos de frutas, açúcar e uma embalagem selada para manter o frescor: Wrigley valoriza a qualidade e acredita que isso distingue seu produto das alternativas rançosas e insípidas que competem pelo maxilar americano.

No entanto, já enterrou 100 mil dólares em publicidade na cidade de Nova York – pôsteres, letreiros de neon, outdoors – sem qualquer resultado. E por duas vezes. Todo esse dinheiro quase não fez efeito no mercado mais importante do país. "Foi dinheiro jogado fora", disse Wrigley mais tarde. Mesmo assim, ele está pronto para o terceiro round.

Wrigley sabe que, se tiver sucesso lá, poderá conquistar o mercado americano. E se ele tiver sucesso nos Estados Unidos, terá uma boa chance de se destacar no outro lado do Atlântico, onde mascar chiclete ainda é visto como mau hábito. Trata-se de uma grande aposta com um retorno potencial muito maior. Depois que suas duas primeiras tentativas de ganhar a Big Apple fracassaram, ele duvidou de si mesmo. Onde falhara sua extraordinária intuição para a psicologia do consumidor? No texto? Nas ilustrações? Na distribuição? Talvez fosse hora de desistir de suas grandes ambições, concentrar todos os seus esforços na área de Chicago e deixar o mercado nacional para marcas como Beeman's e Chiclets. Seus principais concorrentes se uniram contra ele quando Wrigley se recusou a participar do truste monopolista. Achou que poderia enfrentá-los sozinho. Agora, por conta de sua ambição e seu orgulho, estava quase sem dinheiro.

Porém, com o tempo, Wrigley chegou à conclusão de que os anúncios eram bons. Sempre pôde contar com seus instintos nessa área – ele sabe como os clientes pensam. Apenas subestimou o tamanho do desafio. Os tempos têm sido difíceis, e Nova York se encontra numa situação de pânico financeiro. A bolsa de valores está em queda livre. Há uma corrida aos bancos. Empresas vão à falência a torto e a direito. Wrigley, como o país, está simplesmente remando contra a maré.

Quando jovem, Wrigley decidiu, com um amigo, fazer fortuna com mineração. Na longa viagem para o oeste, ele observava com fascínio os bombeiros despejarem carvão na fornalha do trem. Subindo a colina, eles tinham que fazer isso a cada 15 segundos apenas para manter o trem em movimento. Se diminuíssem o ritmo por um momento, a enorme besta de ferro começava a deslizar para trás.

Se Wrigley quiser perseverar enquanto empresas maiores desmoronam, nunca poderá parar de anunciar. Se parar de alimentar a fornalha, não vai apenas deslizar para trás – vai rolar de volta ao ponto de partida. Na verdade, o chiclete é o produto ideal numa recessão: um hábito nervoso para pessoas nervosas. Mas, quando estão estressadas, as pessoas se distraem facilmente, são inconstantes. Precisam ser lembradas o tempo todo de como um chiclete de hortelã Wrigley pode ser refrescante – e acessível – naquele exato momento.

E, psicologia à parte, o espaço publicitário é muito mais barato durante uma crise financeira. Com o dinheiro que está gastando, ele conseguiria iluminar a cidade inteira.

▲▲▲

Hoje você provavelmente reconhece a palavra Wrigley como o nome dos chicletes característicos e antiquados fabricados pela empresa. E se for um fã de beisebol, logo pensará em Wrigley Field, a casa dos Chicago Cubs. Em seu apogeu, no entanto, o nome de William Wrigley Jr. era sinônimo de resiliência, de seguir em frente enquanto outros recuavam. Wrigley sobreviveu a uma infância extremamente difícil apenas para suportar não só uma, mas duas crises econômicas, que derrubaram concorrentes poderosos. Como seu chiclete – feito de chicle, não de cera ou seiva de árvore –, ele aguentava impactos repetidos sem se desfazer. Wrigley conseguiu isso, em parte, reinventando a publicidade e o marketing direto no século XX. "Não importa a situação de um negócio", disse ele a seu filho, Philip K. Wrigley, que ampliou com sucesso seu legado, "nunca pare de anunciar." Ele também perseverou exibindo uma extraordinária flexibilidade. Muito antes de o Vale de Santa Clara ser rebatizado por conta dos chips de silício que lá seriam projetados, William Wrigley Jr. já dominava a área.

Nascido na Filadélfia em 1861, numa grande família de quacres, William Wrigley Jr. acabou sendo expulso da escola por traquinagem e foi trabalhar na fábrica do pai. Lá, passava dez horas por dia remexendo tonéis de Sabão Mineral para Limpeza Profunda Wrigley's. Irrequieto demais para esse tipo de trabalho, William, então com 13 anos, implorou pela oportunidade de se tornar caixeiro-viajante. Surpreendentemente, seu pai concordou – o filho parecia ter mais idade do que realmente tinha. Assim, William Jr. passou os quatro anos seguintes conduzindo uma carroça puxada por uma parelha de cavalos pelos estados de Nova York e Pensilvânia, e pela região da Nova Inglaterra. Convencer comerciantes a comprar engradados de sabão proporcionou ao adolescente Wrigley uma base inestimável de persuasão, a arte de realizar vendas. Pelo restante da vida, ele ensinaria a seus funcionários as lições que aprendeu na estrada: seja gentil, paciente e consciencioso. E sempre se preocupe com o outro cara, pois ele precisa ganhar a vida também.

De volta à Filadélfia, Wrigley continuou vendendo o sabão do pai. Em 1885, aos 23 anos, ele se casou. Seis anos depois, mudou-se com a esposa e a filha recém-nascida para Chicago, no intuito de abrir uma filial do negócio. Com nada além de 32 dólares no bolso e, nas palavras do *The New York Times*, "coragem, espírito empreendedor e um otimismo que nunca lhe faltou", Wrigley começou a fazer fortuna.

A resiliência requer uma compreensão profunda do comportamento do cliente. As pessoas ainda precisam de coisas quando os tempos estão ruins. Só que são coisas diferentes e de modos diferentes. Dê a elas o que querem da maneira que querem ou saia do caminho. Em psicologia, a capacidade de avaliar como os pensamentos, crenças e emoções de outra pessoa podem diferir dos nossos, de ver o mundo através dos olhos de outra pessoa, é chamada de "teoria da mente". Nem todo mundo é bom nisso. Líderes de sucesso que fracassam em tempos ruins tendem a não ter empatia para perceber como a mentalidade do cliente muda quando as coisas estão difíceis. Irrefreáveis quando os tempos são bons, eles caem na rotina quando o contexto piora e depois se perguntam, impotentes, por que a fórmula vitoriosa não funciona mais. William Wrigley Jr. sobreviveu graças à sua coragem, instilada por uma formação difícil, e à sua empatia, aguçada por anos como vendedor ambulante. Ele sempre foi movido pela pergunta que deveria mover todos os líderes: o que os consumidores querem *agora*?

Quando os comerciantes se recusaram a estocar o Sabão Mineral para Limpeza Profunda Wrigley's alegando que as margens de lucro do produto eram muito baixas, Wrigley convenceu seu pai a dobrar o preço de varejo, passando a cobrar 10 centavos de dólar a caixa. Isso aumentou as margens de lucro, mas ele sabia que havia algo mais na hesitação dos comerciantes do que lucros baixos. Até aqueles comerciantes da cidade grande, com experiência em negócios, eram gente e "todo mundo gosta de algo a mais a troco de nada". Ele decidiu também oferecer aos varejistas um "prêmio" para que estocassem o sabão. Apesar de todo o jargão de marketing, os donos de mercearias e outros comerciantes sabiam que sabão era sabão, basicamente uma mercadoria. Mas se comprassem uma caixa do Sabão Mineral para Limpeza Profunda Wrigley's, eles ganhariam – gratuitamente – um guarda-chuva vermelho. O guarda-chuva era barato, claro, e a tinta vermelha saía na chuva. Mas o que eles poderiam esperar de um guarda-chuva grátis?

O sabão não havia mudado, mas a experiência de comprá-lo mudara. O efeito daqueles guarda-chuvas baratos nas vendas da empresa foi significativo o suficiente para que Wrigley investisse mais pesadamente na ideia de um prêmio. Em parte, isso o libertaria do controle do pai. Ele então separou seu negócio da Wrigley Manufacturing Company e se tornou um atacadista independente de sabão. Wrigley jamais se importou realmente com um produto em particular, mesmo que na caixa estivesse o nome de sua família. Passara demasiado tempo mexendo aquelas cubas fumegantes, quando criança, para sentir um afeto especial pelo sabão. A seu ver, tudo se resumia ao cliente.

Para impulsionar as vendas, Wrigley começou a testar diferentes prêmios para os varejistas. Acabou optando pelo fermento em pó. Mas em 1892 o fermento em pó havia se tornado ainda mais popular que o sabão. Com agilidade, Wrigley trocou de produto e passou a vender o fermento em pó, demonstrando uma flexibilidade estratégica que se tornaria sua marca registrada. O fermento em pó precisaria agora de seu próprio prêmio, algo barato e atraente; um pequeno "algo mais" para inclinar levemente os comerciantes na direção de seu produto. Wrigley se colocou na pele de um comerciante atarefado, andando de um lado para outro numa loja quente e superlotada, fazendo inventários e se defendendo de ladrões. Parecia estressante. O que poderia diminuir seu estresse?

▲▲▲

Os seres humanos mascam gomas há milênios, seja para refrescar o hálito, matar a sede, manter o estado de alerta ou evitar a fome. A prática era comum em diversas civilizações. DNA humano foi identificado em cascas de bétula com 5 mil anos de idade e marcas de dentes ainda visíveis. Os antigos gregos mascavam uma goma feita com resina de aroeira. Na China, as pessoas mascavam raiz de ginseng. No sul da Ásia, nozes de bétel são mascadas há milhares de anos. Em partes do Novo Mundo, os nativos americanos mastigavam seiva de abeto, hábito que alguns colonos europeus adotaram na Nova Inglaterra.

Na década de 1840, um homem chamado John Curtis construiu no Maine a primeira fábrica de chicletes feitos com seiva de abeto, e o produto se popularizou. Mas a seiva do abeto tinha problemas – o gosto não era muito bom, na melhor das hipóteses, e ficava quebradiça ao ser mascada. Como a adição de cera de parafina a tornava mais elástica, a seiva com cera se tornou a goma de mascar favorita dos americanos. Certo dia, Wrigley resolveu comprar algumas caixas daquela coisa para distribuí-la como brinde, pois mascar chicletes era um hábito nervoso e os lojistas eram muito nervosos. Sua intuição se revelou correta. Na verdade, à medida que o negócio crescia, Wrigley foi percebendo que a goma se tornava mais popular que o fermento em pó, tal como ocorrera antes, quando o fermento eclipsara o sabão. Portanto

– uma vez mais e acompanhando as preferências dos clientes –, Wrigley fez do brinde o produto. O freguês é quem manda.

Como ficou demonstrado no caso do sabão, Wrigley era relativamente indiferente ao produto em si. Suas duas primeiras marcas foram criadas por seu fornecedor de goma de mascar: Vassar, para mulheres, e Lotta, para os demais. "Qualquer um pode fazer chiclete", disse Wrigley. "O truque é vendê-lo." O interesse obsessivo de Wrigley era a psicologia do consumidor americano, não a química alimentar. Só que aquela goma de mascar perdia o sabor muito rapidamente; até se desintegrava enquanto a pessoa mascava. Wrigley achou que um produto com tanto potencial merecia um pouco mais de atenção. Após pesquisar as alternativas, ele pediu a seu fornecedor que usasse chicle em vez de combinar seiva e cera. Um látex natural extraído do tronco do sapotizeiro, árvore nativa da América Central e do México, o chicle era popular entre os astecas e os maias. Proporcionando uma mastigação mais duradoura e saborosa do que a seiva, o chicle vinha aos poucos ganhando terreno, graças a novas marcas populares, como o Chiclets. Em 1893, Wrigley lançou duas novas marcas de chiclete que seriam duradouras: Juicy Fruit e Wrigley's Spearmint. Os extratos de frutas do Juicy Fruit conservavam o sabor particularmente bem, e a menta funcionava como um poderoso refrescante do hálito. Os novos sabores se tornaram tão populares que Wrigley abandonou de vez o Lotta e o Vassar. Com as questões referentes ao produto resolvidas no momento, o principal problema passou a ser a concorrência.

Em 1899, seis outros fabricantes de gomas de mascar convidaram Wrigley para se juntar a eles em um truste. Trabalhando juntos, eles teriam mais influência sobre os varejistas e mais controle sobre os preços e suprimentos. Quando Wrigley se recusou a participar desse esforço monopolista, viu-se em guerra contra todos os concorrentes ao mesmo tempo. Para sobreviver, ele sabia que precisaria da lealdade e do afeto dos merceeiros. Eram eles que decidiam quais gomas de mascar estocariam e com que destaque seriam posicionadas na loja. Mais uma vez, Wrigley aproveitou sua extraordinária capacidade para teorizar sobre a mente. Se o produto agora era o chiclete, chegara a hora de oferecer um novo prêmio. Assim, ele começou a dar presentes sofisticados, escolhidos especialmente para agradar comerciantes: balanças, moedores de café, caixas registradoras. Esses incentivos impulsionaram as vendas e convenceram os varejistas reticentes a colocar os mostruários de Wrigley à vista dos clientes. Infelizmente, a margem de lucro dos chicletes era tão pequena que ele perdia dinheiro. Em vez de jogar dinheiro fora, Wrigley decidiu tentar uma nova abordagem, algo tão pioneiro quanto os prêmios haviam sido. Na virada do século, isso significava recorrer à nova ciência da publicidade.

Os seres humanos anunciam seus produtos desde tempos antigos. Cartazes de papiro decoravam as paredes do antigo Egito. Na China, impressos anunciando lojas locais datam da dinastia Song. Com a Revolução Industrial, a publicidade evoluiu. Enquanto o comércio e a competição explodiam, o mesmo acontecia com a sofisticação e a magnitude da publicidade, que ao longo do caminho adquiriu as características de uma ciência psicológica. Os novos anúncios penetravam cada vez mais incisivamente nos domínios da persuasão e da manipulação, ao passo que a intensa concorrência levava as empresas a fazerem mais que apenas listar os atributos de seus produtos. Era uma arte que Wrigley nascera para dominar.

Incapaz de se proteger do truste dos chicletes apenas com prêmios, Wrigley começou a anunciar seu produto nos jornais e nas vitrines das lojas de Chicago. Coloridos, ágeis e memoráveis, seus anúncios prometiam não só um contraponto refrescante ao tabaco como também um remédio imbatível para azia, flatulência e, é claro, mau hálito. Os anúncios chamaram a atenção dos consumidores e os lucros da Wrigley finalmente começaram a crescer. Cada vez mais confiante em sua estratégia, ele decidiu fazer uma aposta maior em 1902, gastando 100 mil dólares em anúncios na cidade de Nova York. Para seu desgosto, no entanto, nada aconteceu.

Após perder tanto dinheiro, muitos empreendedores desistiriam da expansão. Mas Wrigley sabia que seus anúncios funcionavam, pois davam certo em Chicago e em outros lugares. A chave para o crescimento era "dizer rapidamente e dizer sempre". Ele apenas subestimara a amplitude desse desafio na Big Apple. Então tentou outra vez, investindo mais 100 mil dólares em anúncios na cidade de Nova York. Novamente, não fez a menor diferença. De alguma forma, essa segunda falha apenas o estimulou a "recuperar os 200 mil dólares perdidos".

Um provérbio japonês diz: "Caia sete vezes, levante-se oito." É o cerne da resiliência. Por experiência própria, Wrigley sabia que os anúncios vendiam chicletes. Os gastos poderiam ter sido insuficientes, os pôsteres poderiam precisar de ajustes, mas a estratégia em si era sólida. Ele não tinha intenção de desistir. Só precisava manter seu negócio e aguardar o momento certo.

Foi quando ocorreu o pânico financeiro de 1907.

"Tudo estava estagnado e todos estavam se retraindo, sobretudo na publicidade", lembrou mais tarde. "Achei que era a hora certa para uma grande campanha nacional." Wrigley retornou à cidade de Nova York com um empréstimo de 250 mil dólares. Como a demanda era baixa, esse dinheiro pôde comprar bem mais que 1 milhão de dólares em espaço publicitário. Placas de neon anunciando os chicletes Wrigley foram espalhadas por toda a cidade e, finalmente, por todo o país. Dessa vez, a enxurrada de anúncios, ampliada pela recessão, foi suficiente para capturar 60% do mercado de chicletes.

Wrigley enviava de graça, para varejistas em dificuldades, cupons que podiam ser trocados por caixas de chicletes. Uma vez mais, quem não gostava de "algo grátis"? Quando esses varejistas enviavam seus cupons aos distribuidores da Wrigley para obter suas caixas gratuitas, isso dava a esses distribuidores a oportunidade perfeita para desenvolver um relacionamento com eles. Por sua própria experiência como caixeiro-viajante, Wrigley sabia como esses relacionamentos eram importantes.

Graças a seus esforços ousados e sustentados para fazer sua empresa crescer mesmo com a economia encolhendo, os chicletes da Wrigley se tornaram os mais populares do país, quebrando para sempre o monopólio. Por volta de 1910, as vendas haviam saltado de 170 mil dólares para 3 milhões de dólares, e o Spearmint se tornou a marca mais vendida do país. Em 1911, Wrigley comprou seu fornecedor de chicletes, trazendo a fabricação para dentro da empresa. Com a magnitude que havia alcançado, a integração vertical fazia muito sentido. Três anos depois, ele lançou o chiclete Doublemint, oferecendo "sabor de menta com força dupla e embrulhado duas vezes – sempre fresco e limpo".

O sucesso de Wrigley na terceira rodada de publicidade em Nova York moldou sua estratégia para o futuro. Qualquer um poderia colocar um invólucro num pedaço de chicle aromatizado, mas a associação espontânea a determinado produto é tudo em compras por impulso, como no caso do chiclete. "Publicidade é como dirigir um trem", disse ele. "É preciso continuar colocando carvão na máquina. Quando você para de pôr carvão na caldeira, o fogo se apaga. O trem funcionará com seu próprio impulso durante algum tempo, mas gradualmente irá desacelerar e parar." Em 1915, Wrigley levou esse pensamento à sua conclusão lógica, enviando pelo correio quatro chicletes de hortelã para cada casa na lista telefônica dos Estados Unidos, mais de 1,5 milhão de pacotes ao todo. Ele também investiu pesado em outras proezas, como uma fileira de 117 outdoors, com 800 metros de comprimento, ao longo da ferrovia Trenton-Atlantic City, em Nova Jersey. Parar de anunciar, jamais.

Em 1919, a Wrigley abriu o capital da empresa. A essa altura, a Wm. Wrigley Jr. Company empregava 1.200 pessoas e produzia 40 milhões de chicletes por dia. De acordo com a filosofia da empresa, 4 milhões de dólares eram atirados a cada ano na caldeira da publicidade. "Dizem que nossas quatro fábricas produzem chicletes suficientes, a cada dia, para cobrir de Nova York a Galveston e quase atravessar o Golfo do México só com os tabletes enfileirados", afirmou Wrigley, que já havia acumulado uma fortuna estimada em 50 milhões de dólares. Os chicletes da Wrigley eram mascados em todo o mundo. E os invólucros eram impressos em 37 idiomas.

Wrigley sempre entendeu a importância do fator surpresa para captar a atenção de um público inconstante. Ninguém jamais esperaria receber um pacote de chicletes grátis pelo correio. Isso era o que dava ao fato seu valor extraordinário. Quando o icônico Edifício Wrigley – um prédio de escritórios de 20 andares, ao norte do Rio Chicago, o primeiro com ar-condicionado na cidade – começou a tomar forma, Wrigley explicou seu pensamento a um repórter: "Você encontrou meu nome em algum lugar deste edifício?", perguntou. "Você encontrou alguma menção ao Spearmint nas paredes externas? Quando eu comecei a construir isto, as pessoas achavam que eu colocaria meu nome em letras grandes o bastante para serem vistas a quilômetros de distância... Na verdade, era melhor anunciar que eu não colocaria meu nome no prédio. As pessoas falam mais sobre isso. É a coisa inusitada, que ninguém esperava que eu fizesse."

Mesmo enquanto a empresa prosperava, Wrigley mantinha o pé no acelerador. "Não existe uma empresa tão bem-sucedida que não precise fazer propaganda", disse ele. "Bebês que nunca ouviram falar de você nascem todos os dias e as pessoas que um dia o conheceram se esquecem de você, se não fizer com que se lembrem do seu nome constantemente."

Em 1925, William Wrigley Jr. passou as operações do dia a dia para seu filho, Philip, e voltou a maior parte de sua atenção para o beisebol. Em 1916, ele comprou uma participação minoritária no Chicago Cubs, com 50 mil dólares de seus ganhos com os chicletes. Em 1921, se tornou o proprietário majoritário da equipe, na qual passou a investir milhões. Wrigley mantinha o estádio dos Cubs com a mesma dedicação que tinha por suas próprias fábricas – lendárias pela rigorosa limpeza. Ele chegava a usar um par de luvas brancas que deslizava ao longo das grades para verificar se havia sujeira. Aplicava em relação aos Cubs a mesma filosofia que funcionava tão bem com os chicletes, permitindo que as estações de rádio cobrissem os jogos do time por taxas mínimas, mesmo se a cobertura fosse transmitida simultaneamente em várias estações. Em 1925, os jogos do Cubs eram uma presença constante nas rádios.

Embora Philip estivesse agora no comando, William Wrigley Jr. sempre manteve um interesse ativo no negócio – o que foi fácil no início, pois os loucos anos 1920 eram bons para chiclete e os negócios triplicaram nesse período. Uma quinta-feira, 24 de outubro de 1929 – que passou à história como a Quinta-Feira Negra –, encerrou essa década de crescimento exuberante. No mesmo mês de outubro, em meio à pior quebra do mercado de ações na história americana, uma foto de William Wrigley foi capa da revista *Time*. Porém, por mais infeliz que tenha sido o momento, a foto se mostrou adequada. O consumo de chicletes se revelou resiliente o bastante para aumentar mesmo durante a Grande Depressão. O lucro líquido da Wrigley foi de 12,2 milhões de dólares em 1930 – em conformidade com a taxa de crescimento anterior da empresa. "As pessoas mastigam com mais força quando estão tristes", declarou Wrigley.

Flexível quando as condições mudavam, determinado quando pioravam, a resiliência de Wrigley não foi um acidente fortuito. Ele não hesitou em substituir o sabão pelo fermento em pó quando este se mostrou mais lucrativo que aquele; e não hesitou em substituir o fermento em pó pelos chicletes nas mesmas circunstâncias. Ao longo do caminho, ele nunca parou de investir na empresa. Quando o pânico financeiro de 1907 convenceu os concorrentes de Wrigley a se esconderem para sobreviver à crise, ele fez um empréstimo de 250 mil dólares e investiu tudo em publicidade, então baratíssima, cobrindo de neon a cidade de Nova York.

William Wringley via tudo como um recurso a ser administrado com cuidado, por isso exigia elevados padrões de limpeza e organização em todos os seus escritórios e fábricas. Além dos seus negócios, ele investia em outras empresas. Quando o cenário piorava, como ocorreu diversas vezes ao longo de sua vida, ele aumentava os investimentos. Por exemplo, quando o proprietário dos Cubs, Charles Weeghman, passou por dificuldades financeiras, Wrigley lhe emprestou dinheiro para sobreviver – retendo como garantia as ações dos Cubs em poder de Weeghman. Em 1918 – com seus restaurantes duramente atingidos pela epidemia de gripe –, Weeghman já havia trocado a maior parte de suas ações por novos empréstimos. Assim, Wrigley não demorou a assumir o controle total do time. Da mesma forma, quando os preços do trigo e do algodão despencaram, em 1931, Wrigley anunciou que aceitaria essas mercadorias como pagamento pelos produtos da Wrigley. Ele entendia que a sobrevivência dependia de "colocar carvão na caldeira".

William Wrigley Jr. faleceu em 26 de janeiro de 1932, aos 70 anos. Nesse dia, suas fábricas em todo o mundo foram temporariamente fechadas. Seu obituário destacou o fato notável de ele ter gastado 100 milhões de dólares em publicidade, uma soma surpreendente, que equivale a quase 2 bilhões de dólares hoje. Foi provavelmente o maior anunciante de um único produto em sua época. Tributos de líderes políticos, jogadores de beisebol, financistas e fabricantes chegaram de todas as partes. Em sua longa e ocupada vida, Wrigley investiu em "beisebol, mineração de carvão, transportes, indústria cinematográfica, pecuária e hotéis", segundo o *The New York Times*. Foi "uma perda nacional", disse o primeiro governador do Arizona, George W. P. Hunt. "Quase todas as suas muitas empresas envolviam desenvolvimentos pioneiros." Wrigley foi enterrado num sarcófago personalizado em sua amada Ilha de Santa Catalina.

Em 2008, a Wm. Wrigley Jr. Company, a maior fabricante de chicletes do mundo, foi vendida à Mars Inc., à vista, por 23 bilhões de dólares. Hoje a empresa fornece metade das gomas de mascar vendidas nos Estados Unidos e na Europa.

E pensar que Wrigley, certa vez, distribuiu o produto de graça.

UM NÍVEL ACIMA:
A NINTENDO GANHA OS ESTADOS UNIDOS

Outubro de 1985. Início da temporada de compras natalinas nos Estados Unidos em seu epicentro: a FAO Schwarz, famosa meca dos brinquedos em Manhattan. Do lado de fora, usando jalecos vermelhos, os icônicos soldados de brinquedo montam guarda. Apesar da forte segurança, no entanto, uma equipe de funcionários da Nintendo se infiltrou na loja. Como quase todos os outros varejistas americanos, a FAO Schwarz fez o possível para rechaçar a empresa japonesa e seu novo console de videogame, o Nintendo Entertainment System (NES). Isso porque o mercado americano de videogames está praticamente falido. Em função de uma enxurrada de jogos falsificados, de qualidade inferior e até impossíveis de serem jogados, as crianças deram as costas aos consoles de videogames da Atari e da Coleco, antes dominantes. Mas a Nintendo fez uma oferta irrecusável à loja: reembolso total para cada produto não vendido. A empresa se dispôs até a demonstrar os jogos aos clientes. Mesmo agora, com a indústria americana de videogames no fundo do poço, é um negócio bom demais para ser ignorado. Afinal, estavam ainda no Dia de Ação de Graças. Se o NES fracassar, o espaço poderá ser preenchido até o Natal com Barbie Dream Houses.

Os funcionários da Nintendo of America que abrem caixas no fundo da loja estão exaustos. Com falta de pessoal e sobrecarregados, eles têm trabalhado sem parar num armazém imundo e infestado de ratos na cidade de Hackensack, Nova Jersey, preparando-se para o teste de lançamento do console em centenas de lojas de brinquedos em Nova York. Se tiver sucesso lá, a Nintendo pretende lançar o console em todo o país. Mas as perspectivas para a empresa e para sua subsidiária americana são sombrias. No início da semana, ambas investiram tudo o que tinham em uma festa de lançamento glamorosa e chamativa numa boate da moda em Nova York. Lá, os jornalistas encontraram unidades de demonstração, versões prateadas do robô de brinquedo que vinha com o console e um robô gigante no centro do local. Apesar do open bar, isca quase imbatível para jornalistas entediados, quase ninguém apareceu. A depender da mídia americana, os videogames estavam extintos.

A FAO Schwarz separou uma área de demonstração com 4,5 metros quadrados para a Nintendo apresentar seu produto a algumas das crianças de 10 anos mais antenadas do país. Gail Tilden, gerente de publicidade da Nintendo, observa ansiosamente crianças e adultos irem até a área de exibição para darem uma chance a jogos como o Gyromite (protagonizado pelo robô) e o Duck Hunt (com uma arma sensível à luz). É tudo um pouco de camuflagem. Por meio dos acessórios coloridos e do carregamento frontal, semelhante ao de um videocassete, a Nintendo espera esmaecer os limites entre um console de videogame, um sistema de entretenimento, um computador de família e um brinquedo.

A camuflagem é necessária, mas Tilden não pode deixar de estremecer quando as pessoas tentam brincar com o lento e pesado robô.

"Que coisa mais chata", pensa ela.

Apesar do decepcionante robô, a Nintendo não demorou muito para fazer sua primeira venda nos Estados Unidos. Um homem entra na loja e, sem parar para testar o modelo, pega um console e todos os 15 jogos disponíveis nas prateleiras. A equipe da loja o observava ansiosamente enquanto ele se dirige ao caixa. Só depois que sai da loja é que alguém informa que ele trabalha para um concorrente japonês.

Desanimada, mas decidida, Tilden e seus colegas voltam ao trabalho de convencer a América de que o videogame ainda sobrevive.

▲▲▲

Há décadas, os fabricantes de consoles tentam dominar o mercado de jogos domésticos agrupando os mais avançados componentes disponíveis nos menores e mais elegantes gabinetes. Eles diferenciam seus dispositivos pelo tamanho e pelo escopo de suas bibliotecas de jogos, pois, além dos jogos em si, não há muito para os distinguir, uma vez que são basicamente computadores de jogos prontos para uso. Como resultado, as empresas dominantes trabalham para garantir o acesso a jogos de sucesso, mesmo que essa exclusividade exija a compra de um estúdio inteiro, como a Microsoft fez em 2020, quando gastou 7,5 bilhões de dólares para adquirir a controladora da Bethesda – desenvolvedora de populares franquias de jogos, como Fallout e The Elder Scrolls –, para reforçar sua nova linha de consoles Xbox.

Em meio a toda essa disputa, a Nintendo, do Japão, se destaca. Seus dispositivos raramente usam componentes de ponta, pois a empresa prefere trabalhar com o que é barato e abundante, mantendo os preços baixos – tanto para que suas plataformas sejam acessíveis a novos jogadores quanto para poder arriscar mais na criatividade. Na década de 1980, o designer Gunpei Yokoi construiu o revolucionário dispositivo de bolso Game & Watch em torno de telas LCD, o qual se tornou acessível graças ao boom da calculadora de bolso. Em vez de perseguir as melhores especificações da indústria, a Nintendo aplica engenhosidade à mecânica dos jogos. Alcançar momentaneamente a melhor taxa de quadros de animação da indústria é menos importante para a empresa do que confeccionar uma arma que permita atirar em inimigos na tela (o Zapper), um controle que traduza os movimentos do jogador em ação no jogo (o Wii), ou um dispositivo que mostre gráficos tridimensionais sem o uso de óculos especiais (o 3DS). A resiliência da Nintendo decorre de uma estratégia de diversidade. Apostar continuamente em novas ideias – no design dos consoles, no estilo dos jogos, no marketing e em quase todos os outros aspectos de seus negócios – significa que a empresa de modo geral está bem posicionada para prosperar diante do inesperado.

Quando a pandemia do novo coronavírus surgiu em 2020, os observadores da indústria perguntaram a si mesmos se as dezenas de milhões de americanos em lockdown iriam preferir o Xbox da Microsoft ao PlayStation da Sony para se distrair dentro de casa. Para a surpresa quase universal, foi o console Switch, exclusivo da Nintendo, que capturou a maior parte desse público recém-cativo, estabelecendo recordes de vendas de hardware e superando seus rivais mais poderosos. O Switch, que possui controladores sensíveis ao movimento, como o Wii, e permite uma transição perfeita de jogos móveis de TV em tela grande, não é tão poderoso quanto os consoles concorrentes. Não recebe os melhores e mais recentes lançamentos de videogames AAA, nem atiradores militares ultrarrealistas, nem as franquias esportivas repletas de celebridades. Ou só os recebe muito depois de seus rivais. Mas oferece acesso a seu próprio universo exclusivo e colorido de personagens icônicos, como Mario, Link e Donkey Kong. Jogadores mais radicais podem ter zombado da Nintendo, mas em um momento incerto foi seu mais novo lançamento, a série Animal Crossing – uma franquia boba, mas reconfortante, desenvolvida pela Nintendo –, que se tornou um fenômeno internacional durante a crise, levando o Switch à hegemonia.

Embora hoje seja sinônimo de videogames, a Nintendo abriu suas portas em 1889, 69 anos antes do primeiro videogame. E obteve algumas de suas maiores vitórias em tempos de turbulência: guerras, pânico nas bolsas, pandemias. Seu compromisso com a criatividade e a experimentação, em vez da cega perseguição às tendências do mercado, tornou-a uma das empresas mais resistentes a recessões no mundo.

▲▲▲

Fundada na cidade de Kyoto, no Japão, a Nintendo iniciou suas atividades como fabricante de cartas para jogos de azar feitas à mão, conhecidas como *hanafuda*. Embora a palavra "Nintendo" seja frequentemente interpretada como "deixe a sorte para o céu", seu fundador, Fusajiro Yamauchi, pode ter feito uma referência velada aos *yakuza*, membros do crime organizado no Japão, que jogavam com *hanafuda*. De qualquer forma, as verdadeiras intenções de Yamauchi se perderam na história. O que não é surpresa, considerando a longevidade da empresa – que iniciou suas atividades no século XIX, como alguns poucos gigantes corporativos contemporâneos.

Nos negócios, a diversificação cuidadosa cria resiliência. Expandir a variedade de produtos e serviços para atender a mais necessidades e atrair clientes contribui para proteger a empresa contra a volatilidade em qualquer área. Um líder pode ter um palpite sobre o potencial de um produto, mas nada é certo quando se trata de prever seu sucesso ou antecipar novos desafios. Diversificar pode mitigar riscos e alavancar o poder da sorte. Priorizar muitas pequenas apostas em vez de algumas grandes faz sentido, especialmente em setores movidos por novidades, como o entretenimento, onde uma pequena aposta pode proporcionar uma grande recompensa.

Em 1963, a Nintendo iniciou uma campanha de diversificação de extraordinária amplitude. Esse novo rumo foi liderado por Hiroshi Yamauchi, bisneto do fundador da empresa. Após sofrer um derrame, Sekiryo Kaneda – avô de Hiroshi e segundo presidente da Nintendo – pediu a Hiroshi que largasse a faculdade e assumisse o negócio. Hiroshi concordou, mas, por conta de sua juventude e sua inexperiência em gestão, muitos funcionários ficaram descontentes com ele, questionaram sua autoridade e entraram em greve. Demonstrando o que se tornaria sua truculência característica, ele despediu "qualquer um que pudesse se opor a ele", inclusive um primo.

Hiroshi Yamauchi não tinha interesse em conquistar o apoio da velha guarda. Queria sacudir as estruturas e colocar a Nintendo no caminho de um rápido crescimento. Como o mercado de *hanafuda* era limitado a jogadores homens e mais velhos, ele modificou as cartas para o estilo ocidental, revestiu-as de plástico e as comercializou como um passatempo familiar. E até comprou os direitos de uso para colocar no verso personagens da Disney. Esse primeiro esforço de diversificação quase dobrou os lucros da companhia em um único ano. Em seguida, Yamauchi abriu o capital da empresa.

Em 1963, as tentativas de Yamauchi de diversificar as ofertas da Nintendo se tornaram mais ambiciosas. Após uma visita aos humildes escritórios e à pequena fábrica da United States Playing Card Company – a maior fabricante de cartas de jogos na época –, Yamauchi concluiu que o setor não tinha potencial suficiente para o que ele almejava para a Nintendo, mesmo que algum dia pudesse dominá-lo. Introduziu então na empresa uma série de novos empreendimentos: arroz instantâneo, canetas esferográficas, um serviço de táxi, fotocopiadoras, aspiradores de pó e até um "hotel do amor", estabelecimento pago por hora e popular no Japão. "Ele não estava interessado em se especializar", observou mais tarde Masayuki Uemura, o designer do Nintendo Entertainment System. "Estava interessado mesmo em novas tendências."

Porém, como Yamauchi logo percebeu, a diversificação efetiva envolve mais que apenas diversidade – é preciso haver uma estratégia abrangente que una as apostas. Mas ele não tinha nenhum plano concreto além do desejo de colocar seus ovos em mais de uma cesta. Como resultado, a Nintendo chegou à beira da falência. Para diversificar com sucesso, Yamauchi viu que teria de seguir direções que alavancassem os pontos fortes da empresa. O maior deles era seu sistema de distribuição, poderoso e abrangente. A Nintendo podia enviar produtos de maneira rápida e eficiente para lojas de departamentos e lojas de brinquedos em todo o país. Dessa perspectiva, brinquedos e jogos eram as áreas óbvias para diversificação e crescimento.

Em 1964, a Nintendo lançou seu primeiro brinquedo, o Rabbit Coaster, uma pista de plástico na qual as crianças podiam brincar deslizando cápsulas para apostar corrida. Outros brinquedos se seguiram. Esses esforços iniciais obtiveram sucesso suficiente para encorajar a iteração e o aperfeiçoamento: o Rabbit Coaster foi transformado no New Rabbit Coaster, mais elaborado, e depois no temático Captain Ultra Coaster. Foi quando Yamauchi descobriu Gunpei Yokoi, contratado para fazer a manutenção das máquinas de impressão de cartões, brincando no chão da fábrica com uma garra de madeira extensível, que ele mesmo projetara. Intimou então Yokoi a transformar a garra em um brinquedo de plástico que a Nintendo pudesse colocar nas prateleiras ainda naquele Natal. O resultado, o Ultra Hand, vendeu o surpreendente total de 1,2 milhão de unidades. Aposta pequena, grande recompensa. Posteriormente, Yamauchi promoveu Yokoi ao cargo de responsável pela pesquisa e pelo desenvolvimento de novos brinquedos.

Com o crescente destaque do Japão em produtos eletrônicos, Yamauchi sabia que brinquedos e jogos constituíam uma área de oportunidade. Assim, a empresa criou uma arma de brinquedo sensível à luz, a Beam Gun (pistola de luz), que evoluiu para uma simulação de tiro interativa do tamanho de uma sala. A Nintendo gastou bilhões de ienes convertendo pistas de boliche em todo o país no que chamou de Laser Clay Shooting System (sistema de tiro em argila a laser), demonstrando o tipo de flexibilidade estratégica então associada ao Vale do Silício. Embora não fosse inventor, Yamauchi tinha entusiasmo por experiências em muitas áreas diferentes, usando tudo o que fosse barato e estivesse disponível. Se a iniciativa se mostrasse promissora, ele avançava.

Embora seja um ponto forte quando as condições são favoráveis, a flexibilidade mostra seu verdadeiro valor quando a situação é crítica. Mesmo com a popularidade do Laser Clay Shooting System crescendo rapidamente, as encomendas se acumulando e uma fábrica dedicada operando 24 horas por dia, um fator fora do controle de Yamauchi acabou se tornando uma ameaça não só para o jogo, mas para a Nintendo como um todo: a crise do petróleo de 1973, que atingiu o Japão de modo particularmente duro e forçou o cancelamento de quase todos os pedidos do Laser Clay. Foi quando os lucros da Nintendo caíram pela metade e Yamauchi descobriu, de repente, que sua empresa tinha uma dívida de 5 bilhões de ienes num país à beira da recessão.

Com determinação de ferro, Yamauchi reformulou o sistema e criou um jogo independente destinado aos fliperamas que surgiam em todo o país. Embora eletromecânico e não um software, o sistema Mini Laser Clay permitia que vários jogos de tiro fossem instalados no mesmo gabinete. Isso evitava que os proprietários de fliperamas tivessem que comprar um hardware novo – e caro – para cada jogo e proporcionava à Nintendo uma vantagem sobre a concorrência. Ao longo da década de 1970, a empresa lançou mais jogos para o sistema, como Wild Gunman e Duck Hunt, injetando, com cada um deles, vida nova no sistema Mini Laser Clay. Para Yamauchi, foi o vislumbre de um novo e promissor modelo de negócios.

Em 1978, a Nintendo obteve sucesso com um jogo de fliperama baseado em um software chamado Radar Scope. Dois anos depois, Yamauchi encarregou Minoru Arakawa, seu genro, de abrir a Nintendo of America, de modo a distribuir o Radar Scope nos Estados Unidos. Yamauchi via um grande potencial no crescente mercado americano de fliperamas. Para a Nintendo, a expansão internacional poderia ser outra forma de diversificação, outro caminho para a resiliência. Quando um país está em baixa, outro pode estar em alta. É mais seguro contar com ambos.

Em tecnologia, no entanto, o momento certo é tudo. O Radar Scope já tinha um ano quando a subsidiária americana da Nintendo abriu suas portas. Problemas de produção e transporte aumentaram o atraso. Assim, no momento em que um ambicioso pedido de 3 mil unidades chegou ao armazém da empresa, os fliperamas se recusaram a comprar o que parecia ser mais um clone surrado do Space Invaders. Arakawa conseguiu vender apenas mil gabinetes de Radar Scope antes de esgotar suas opções.

Ele estava em uma situação difícil. Não queria decepcionar o sogro, mas os gabinetes restantes do brinquedo simplesmente não estavam sendo vendidos. Sem alternativa, ele sugeriu que Yamauchi reutilizasse a estratégia que salvara o Mini Laser Clay: instalar um novo jogo nos gabinetes antigos. Yamauchi decidiu que a jogada de Arakawa valia um pequeno risco. Em vez de ocupar algum dos principais designers da empresa, ele abriu o projeto para uma competição interna. Um novo artista da equipe, Shigeru Miyamoto, sem qualquer experiência em design de jogos, apresentou diversas ideias para a substituição do Radar Scope. Então, sob a supervisão de Yokoi, acabou sendo encarregado do projeto.

Embora tivesse ingressado na empresa havia pouco tempo, Miyamoto não tinha vergonha de admitir que não estava muito impressionado com seus produtos nem com os videogames, de modo geral. Ele era mais um fã dos Beatles do que um frequentador de fliperamas. Embora Miyamoto jamais tivesse projetado um jogo, Yamauchi percebeu que o jovem era criativo e tinha uma clara sensibilidade estética. Por sua vez, Miyamoto acreditava que havia uma abertura no mercado para algo novo: a narrativa. Um jogo com uma história, com começo, meio e fim compreensíveis. Em vez de um vilão de desenho animado, ele queria mostrar um antagonista simpático, com motivações claras.

Yamauchi, por sua vez, não tinha interesse em videogames. Para ele, eram apenas um produto, como arroz instantâneo ou canetas esferográficas. No entanto, percebeu que substituir um jogo batido por uma ligeira variação seria colocar mais um ovo na mesma cesta. Por mais arriscado que possa ter parecido, contratar um inconformista inexperiente como Miyamoto para salvar a Nintendo of America foi um movimento inteligente. Se o jovem artista pudesse oferecer algo *novo* à empresa, certamente faria sucesso; e o que precisavam para expandir seu portfólio era de novidades. Assim, Miyamoto foi liberado para seguir um rumo totalmente diferente, contanto que a solução funcionasse nos gabinetes encalhados do Radar Scope.

No início, Miyamoto pensou em usar personagens da história em quadrinhos *Popeye*. Imaginou um jogo dramatizando a disputa entre Popeye e Brutus pelo afeto de Olívia Palito. Ao perceber que a Nintendo precisaria adquirir os direitos desses personagens, Miyamoto projetou outros três: "Jumpman" tentaria resgatar sua namorada de um macaco furioso, que Miyamoto chamou de Donkey Kong – "Donkey", no sentido de teimosia, e "Kong", uma referência a *King Kong*, filme de 1933. Ao Jumpman ele deu um chapéu (para evitar a animação do cabelo) e um bigode (com apenas alguns pixels para trabalhar, já que, de qualquer forma, todas as tentativas para animar uma boca fariam com que ela parecesse um bigode). Lentamente, um novo tipo de videogame foi tomando forma.

Depois que as 20 mil linhas do código de Donkey Kong foram incorporadas em kits de conversão especiais e enviadas para os Estados Unidos, Arakawa e o restante da pequena equipe da Nintendo of America as instalaram meticulosamente nos gabinetes não utilizados do Radar Scope, além de modificar a arte deles. Isso tudo durante um verão extraordinariamente quente. No meio desse laborioso processo, Mario Segale, o senhorio bigodudo que era proprietário do imóvel que ocupavam, gritou alguma coisa para Arakawa a respeito do aluguel atrasado. A equipe não pôde deixar de notar certa semelhança física com o Jumpman, e o personagem foi rebatizado. Donkey Kong se tornou o videogame mais vendido da indústria em 1981, e Jumpman, agora Mario, tornou-se o mascote da Nintendo.

Os fliperamas eram lucrativos, mas Yamauchi decidiu apostar em um console doméstico nos moldes do imensamente popular Atari 2600. Embora seus concorrentes estivessem otimistas, ele sabia que não havia como prever quanto tempo o fenômeno dos fliperamas iria durar. Em 1981, tarde da noite, Yamauchi chamou Masayuki Uemura, um de seus chefes de P&D, e, sem preâmbulos, lhe apresentou um dificílimo desafio em três partes: criar um console que aceitasse cartuchos de jogos intercambiáveis, jogasse em um nível que não se tornasse obsoleto por um ano ou mais e custasse substancialmente menos que qualquer console concorrente. Resiliência por meio da diversificação.

"Ele sempre gostou de me ligar depois de tomar alguns drinques", Uemura lembrou mais tarde, "então não pensei muito nisso. Eu apenas disse: 'Claro, chefe', e desliguei." Na manhã seguinte, no entanto, um Yamauchi sóbrio se aproximou de Uemura à sua mesa. "Aquele assunto sobre o qual conversamos

– você já está trabalhando nele?" Uemura percebeu então que o chefe tinha falado sério.

Ele passou seis meses analisando a concorrência: "Comprei todos os tipos de consoles, desmontei-os e os estudei, peça por peça." Fazer a engenharia reversa dos dispositivos não era uma tarefa fácil. "Pedi a um fabricante de semicondutores que dissolvesse a cobertura plástica dos chips até expor a base", disse ele. "Tirei fotos, ampliei-as e observei o circuito para entendê-lo. Eu tinha alguma experiência com jogos de fliperama e logo percebi que nada do que estava vendo me ajudaria no projeto de um novo sistema doméstico... Era tudo antiquado."

Sem opção a não ser começar do zero, Uemura superou o desafio de Yamauchi ao modo típico da Nintendo: inovando com componentes baratos e disponíveis. Essa abordagem mantém baixos os custos dos materiais e permite à empresa cobrar preços mais acessíveis aos consumidores, ao mesmo tempo que mantém os riscos em um nível administrável. O sucesso com o sistema Laser Clay ensinou à Nintendo a mesma lição que a Gillette aprendeu com suas navalhas e lâminas. O lucro, se houvesse, seria com os jogos, não com os consoles.

Em 15 de julho de 1983, a Nintendo lançou o Family Computer, ou Famicom. Graças em grande parte ao seu preço baixo – menos da metade do que custavam os consoles concorrentes na época –, a Nintendo vendeu meio milhão de unidades nos primeiros dois meses. O preço mantinha os lucros em um patamar mínimo, mas isso fazia parte da estratégia. Em setembro de 1985, a Nintendo lançou o Super Mario Bros. para o Famicom, uma continuação do Mario Bros., o hit dos fliperamas produzidos pela empresa. Ambos eram estrelados pelo colérico senhorio da Nintendo of America. Na época, os videogames caseiros de sucesso eram vendidos na casa dos milhares de unidades. O Super Mario Bros., que definiu uma era, venderia milhões, não só recuperando todo o lucro perdido nos Famicoms como também gerando mais vendas de Famicoms, por conta da própria popularidade.

Na opinião de Yamauchi, era o momento certo de usar sua subsidiária americana para levar o Famicom ao Ocidente. Uma visão profundamente não convencional, mas que representava perfeitamente sua abordagem: alcançar a resiliência por meio da diversificação. Nos anos de 1983 e 1984, ocorreu um colapso quase total no mercado americano de videogames. No Japão, eles chamaram essa quebra de Atari Shock, mas na verdade todos os segmentos da indústria americana de videogames foram afetados. Em 1985, a indústria já estava em queda livre. Um excesso infinito de jogos e consoles de baixa qualidade havia cobrado seu preço: as crianças americanas estavam fartas de desperdiçar dinheiro em jogos ruins. "Esses jogos são muito chatos", disse um menino de 12 anos ao *The New York Times*. "São todos iguais. Você mata os invasores e pronto. Chato." O jogo E.T., O Extraterrestre, lançado em seis semanas para que a Atari pudesse pegar a temporada de férias de 1982, era tão impossível de se jogar que a empresa enterrou um grande número de cartuchos não vendidos no deserto do Novo México, sob uma camada de concreto.

A retração custou aos fabricantes centenas de milhões de dólares. Milhares de trabalhadores perderam seus empregos. Aos olhos dos varejistas, isso significava que a moda dos videogames havia passado. Como disse o presidente de uma rede: "É apenas um produto que atingiu seu limite." Da mesma forma, centenas de fliperamas fecharam em todo o país. Como um operador de fliperama afirmou ao *Times*: "São muitas máquinas correndo atrás de poucas moedas."

O líder da Nintendo, no entanto, enxergava o cenário de modo diferente: para ele, o crash significava que o mercado estava preparado para inovações. Para ideias verdadeiramente novas. Para o tipo de problema que a Nintendo era boa em resolver: quando os jogadores se cansaram de tiroteios, a empresa teve sucesso com um triângulo amoroso que envolvia um macaco e um encanador. Mas Yamauchi sabia que o Famicom teria que manter altos padrões para evitar o destino da Atari. Algo difícil, pois seria preciso que outras empresas desenvolvessem jogos para o console da Nintendo, assegurando aos usuários uma biblioteca de opções robusta. Uma abordagem que havia arruinado a Atari – quando a empresa se abriu para desenvolvedores terceirizados, o mercado logo ficou saturado com jogos de péssima qualidade, inclusive alguns que eram essencialmente anúncios interativos, como o Kool-Aid Man e o Pepsi Invaders. Para superar esse problema, Yamauchi criou um programa de licenciamento inovador chamado Selo de Qualidade da Nintendo. Graças a um chip especial embutido no Famicom, apenas jogos autorizados funcionariam no dispositivo. Os desenvolvedores terceirizados teriam que atender aos rígidos padrões de qualidade da Nintendo se quisessem produzir jogos para o novo console, e estariam limitados a dois títulos por ano. Qualidade em vez de quantidade – quer gostassem ou não.

Com a confiança dos consumidores em baixa, a Nintendo tomou outra decisão ousada: falar a verdade. Em nítido contraste com seus concorrentes, decidiu usar apenas representações precisas dos jogos em suas capas. "Havia uma promessa exagerada nos jogos que foram lançados antes", lembrou Gail Tilden, gerente de publicidade da Nintendo na época. "O consumidor podia ver alguns belos desenhos nas capas, ou uma imagem fotográfica de pessoas jogando tênis, mas o jogo era apenas uma versão melhorada do Pong." Em vez de se arriscar a decepcionar consumidores já cansados, a Nintendo decidiu definir as expectativas com precisão no ato da compra.

Por mais lucrativo que fosse o mercado japonês, os Estados Unidos – com o dobro da população e vasta influência cultural sobre o restante do mundo – representavam uma ordem de magnitude potencialmente maior. Mas antes de começar a atrair o público, a Nintendo teria de conquistar os varejistas americanos, que na época, em sua maioria, estavam convencidos de que jogar videogames em casa era moda passageira. Para derrubar o preconceito, a Nintendo mudou o design do produto. No Japão, o Famicom parecia o que era: um console de videogame doméstico, muito semelhante aos consoles Atari e Coleco ainda empilhados nos estoques de muitas lojas americanas. Para o mercado dos Estados Unidos, a Nintendo teria que se diferenciar à primeira vista. Voltou então sua atenção para os dispositivos domésticos de mídia – na época, os videocassetes estavam se tornando uma presença comum nas salas de estar americanas. Usando a mesma linha de design, a Nintendo criou uma nova forma para o Famicom, que os funcionários apelidaram de "lancheira". Eles também removeram o slot onde era inserido o cartucho, antes na parte superior, para a frente do console. Em seguida, trocaram o branco e o vermelho do Famicom por uma combinação de cinza, preto e vermelho, considerada mais sóbria. Cantos retos substituíram os cantos arredondados. Assim, o alegre Famicom se tornou o elegante Nintendo Entertainment System.

Imaginando que o redesenho, por si só, talvez não fosse suficiente para conquistar os céticos – Yamauchi nunca tentava uma única solução quando ainda havia outras –, a publicidade da Nintendo destacou o Robot Operating Buddy, ou R.O.B., um robô de plástico que podia obedecer aos comandos de certos jogos. A esperança era que o R.O.B. levasse os varejistas a ver o sistema como um brinquedo semelhante a populares figuras de ação, como os Transformers e o Voltron, não como mais um badalado videogame destinado a ser enterrado no deserto do Novo México. Na prática, o robô, excessivamente lento, e seus jogos sem graça desanimaram as crianças e foram logo descontinuados. Mas seu efeito de camuflagem foi inegável. A Nintendo também incluiu no console a Beam Gun, rebatizada como "Zapper" e desenvolvida na mesma linha que a pistola de luz original da Nintendo.

"Os Estados Unidos adoram armas", declarou mais tarde Uemura, o projetista do Famicom.

Se pretendia conquistar os americanos, Yamauchi precisaria provar a viabilidade do Famicom no Ocidente sem qualquer sombra de dúvida. Em vez de arriscar o destino da empresa num lançamento nacional, ele mandou a equipe da Nintendo of America testar o produto em Nova York. Se conquistasse a simpatia das entediadas e cínicas crianças da Big Apple, o produto funcionaria em qualquer lugar do país. O problema era que os varejistas da cidade estavam tão pessimistas em relação aos videogames quanto os de qualquer outro lugar. E não se impressionavam com o fato de, no Japão, as crianças costumarem acampar em frente às lojas para comprar os últimos jogos do Famicom. Sem opção, Minoru Arakawa, superintendente da Nintendo of America, fez uma proposta às lojas: vender todos os consoles possíveis, obtendo reembolso total dos que sobrassem. Ele também informou que a empresa se encarregaria de instalar os mostruários e fazer as demonstrações do produto. O único risco que os varejistas correriam seria perder espaço nas prateleiras. Era uma oferta absurdamente generosa, mas as lojas não aceitariam menos.

Em outubro de 1985, a Nintendo colocou o Nintendo Entertainment System em centenas de lojas na cidade de Nova York e cercanias. A pequena equipe da subsidiária teve que correr contra o relógio para montar os displays e fazer as demonstrações dos jogos. No período de feriados do final do ano, a empresa vendeu cerca de metade do estoque. Não foi um sucesso extraordinário, mas os números convenceram Yamauchi a continuar apostando no consumidor americano. Vender 50 mil unidades em um mercado já saturado de consoles indicava algo de que ele sempre suspeitara: as crianças ainda adoravam jogos eletrônicos. Apenas queriam jogos bons.

No início do ano seguinte, a empresa se expandiu para Los Angeles, Chicago e São Francisco. Nos feriados de 1986, o impulso cresceu e a Nintendo começou a embutir seu novo sucesso, o Super Mario Bros., no próprio sistema. Essa decisão deu início a um enorme aumento nas vendas: agora, eram as lâminas que estavam vendendo o barbeador. E o Nintendo Entertainment

System logo estava superando seus concorrentes numa proporção de dez para um. Em 1987, já era o brinquedo mais vendido nos Estados Unidos, com 3 milhões de unidades comercializadas. Um dos novos jogos, *The Legend of Zelda*, tornou-se o primeiro jogo não embutido em um console (como fora o Super Mario Bros.) a vender 1 milhão de cópias.

Hiroshi Yamauchi foi presidente da Nintendo por mais de cinco décadas. Durante seu mandato, ele passou a acreditar com convicção na primazia dos artistas, mesmo daqueles que, como Shigeru Miyamoto, não tinham nenhuma experiência técnica antes de projetar seu primeiro jogo. "Um homem comum", disse Yamauchi, "não consegue desenvolver bons jogos, por mais que tente. Apenas um punhado de pessoas, neste mundo, tem capacidade para desenvolver jogos que todo mundo quer. São essas as pessoas que queremos na Nintendo." A extraordinária resiliência criativa da Nintendo, assim como sua produção consistente e excelente ao longo dos anos, pode ser atribuída a uma estratégia de diversificação. Yamauchi estabeleceu três unidades separadas de P&D, inundou-as com recursos e depois as colocou umas contra as outras para que produzissem grandes feitos de programação e engenharia e exercessem seu poder criativo.

Durante todo o tempo que passou no comando da Nintendo, Yamauchi jamais desenvolveu qualquer interesse pessoal nos produtos de sua empresa. Mesmo enquanto cada vez mais adultos descobriam as alegrias oferecidas pelos videogames da Nintendo, Yamauchi só jogava Go, o tradicional jogo chinês de estratégia, tão antigo quanto *A arte da guerra*. Nesse jogo, Yamauchi era muito, muito bom. "Somente os melhores táticos podem esperar ir além do Q10, a 'faixa preta' do Go", explicou a revista *Next Generation* em um perfil. "Yamauchi é um mestre do sétimo *Dan*, e seu estilo de jogo tem sido descrito como enérgico, agressivo, aberto, flexível na defesa e irrefreável diante de uma fraqueza." Nessa descrição podemos ver tudo o que transformou a Nintendo numa força dominante.

Em 2002, Yamauchi abdicou do cargo de presidente da empresa, mas continuou como diretor do conselho de administração. Em 2005, ele se aposentou. Suas ações da Nintendo o tornaram um dos homens mais ricos do Japão e lhe permitiram doar bilhões de ienes a um centro para tratamento de câncer na cidade de Quioto. Ele morreu em 2013, aos 85 anos.

Até hoje, a Nintendo já vendeu cerca de 5 bilhões de videogames e mais de 750 milhões de sistemas, do Famicom ao Nintendo Switch. Ao longo de décadas, a empresa percorreu um longo caminho a partir de um simples baralho, e os personagens que criou – Mario, Donkey Kong, Princesa Zelda e muitos outros – se tornaram ícones internacionais. Mas, em última análise, sua resiliência não se deve ao fato de fabricar videogames, mas a seus engenhosos esforços no sentido da diversificação, de sempre apostar em novas ideias, tanto no design e no estilo dos jogos quanto na aparência do console, de um modo que nenhum de seus concorrentes teria coragem de imitar. Quando a indústria começa a andar, a Nintendo já está correndo.

Repetidas vezes, Hiroshi Yamauchi levou sua empresa a correr riscos significativos, mas administráveis até encontrar alguma coisa com verdadeiro potencial. Então a elevava até os mais altos padrões de qualidade. Se há uma receita de resiliência melhor do que essa, ainda não foi encontrada.

▲▲▲

"Ninguém aprende a andar seguindo regras", escreveu Sir Richard Branson, fundador da Virgin. "A gente aprende a caminhar caminhando e caindo." As empresas resilientes não têm medo de cair. Na verdade, se não tropeçam de vez em quando, sabem que não estão correndo riscos suficientes. O medo de errar mata uma empresa mais depressa do que qualquer fracasso.

Em tempos difíceis, o instinto é se entrincheirar e jogar de forma segura. No entanto, como vimos neste capítulo, grandes líderes continuam a fazer apostas, tanto nos tempos bons quanto nos tempos ruins. Isso acontece porque eles mantêm um olho no futuro enquanto lidam com os perigos no presente. Esses líderes mitigam os riscos mantendo suas apostas tão baixas quanto possível, mas *nunca* permitem que condições adversas – problemas industriais, recessão econômica e até guerra – retardem o ritmo das inovações. Então, quando uma aposta se mostra promissora, eles investem tudo o que a empresa tem. Sabem que prudência e frugalidade não os salvarão. Venda ou morra.

Não existem atalhos. Comece já, não quando o caminho ficar mais fácil. O desenvolvimento de grandes produtos leva tempo – não se pode começar mais tarde, quando os recursos estiverem menos escassos. Inúmeras empresas faliram porque investiram dinheiro em um problema que só poderia ser resolvido se tivesse sido enfrentado antes. Se você esperar pela época favorável para construir o futuro de sua empresa, simplesmente não terá futuro.

CONCLUSÃO

> Se você olhar com atenção, verá que muitos sucessos instantâneos demoraram a acontecer.
>
> – *Steve Jobs*

Em meio a uma batalha, até os generais podem não saber com certeza quem está vencendo nem por quê. Como escreveu Carl von Clausewitz, o grande estrategista militar prussiano: "A guerra é o reino da incerteza; três quartos dos fatores nos quais baseamos nossas decisões estão envolvidos em um nevoeiro de maior ou menor incerteza." É o "nevoeiro da guerra". Na hora em que a batalha está acontecendo, é quase impossível avaliar a verdadeira situação, muito menos aprender alguma coisa com ela. Entretanto, todas as guerras empresariais acabam chegando ao fim. Um novo equilíbrio é estabelecido. As paixões esfriam e personagens-chave assumem novos papéis ou se aposentam. Lentamente, os fatos emergem: decisões tomadas, ações realizadas, efeitos avaliados. É quando os líderes esclarecidos podem aproveitar o que se tornou história para extrair lições úteis para o futuro.

Da estratégia ao posicionamento e aos truques sujos, cada capítulo de *A arte da guerra nos negócios* seguiu um tema, abordando as vitórias e os fracassos de extraordinárias jornadas empreendedoras. Mas existem elementos comuns que podem ser encontrados ao longo deste livro. Considerando a amplitude da história dos negócios em toda a sua notável extensão, é digno de nota que os vencedores obtêm êxito por meios surpreendentemente semelhantes. Esta obra nos oferece uma oportunidade incomum de comparar e contrastar diferentes exemplos de sucesso em indústrias ao longo de épocas históricas. O que podemos aprender com essa visão geral de lideranças?

Bons líderes são espertos. Desde cedo eles parecem perceber intuitivamente que "todas as guerras são baseadas em engodos", como afirmou Sun Tzu. De fato, a intuição desempenha um papel por demais consistente. Nas 27 histórias deste livro, poucos combatentes tinham algum treinamento formal em negócios. Alguns aprenderam a fazer balanços, a conduzir um acordo difícil com um dos pais, como fez Lillian Vernon. Outros, como Henry Ford, levados pela necessidade, inventaram um método de gestão apenas para perseguir seu sonho com mais eficácia. Seja no campo de batalha de chicletes ou de cosméticos, no entanto, eles confiavam extraordinariamente na própria intuição quando se tratava de tomar decisões importantes. Isso era necessário, pois a maioria deles estava abrindo novos caminhos, criando empresas em torno de novas tecnologias – guitarras elétricas, computadores, namoros on-line – para as quais não havia nenhum manual. Em um ambiente pouco familiar e imprevisível, um líder que confia em sua intuição o bastante para agir decisivamente na ausência de perspectivas claras tem uma nítida vantagem.

A capacidade de aprender com os fracassos e se recuperar é uma qualidade intrínseca aos líderes resilientes. Em contraste com as histórias de indivíduos que fazem sucesso da noite para o dia, esses líderes geralmente amargam mais fracassos que sucessos. De volta ao campo de batalha várias vezes, eles aprenderam a ser humildes – e perseveraram. Ganhando ou perdendo, avançaram apaixonadamente de uma batalha para outra, sempre com os olhos no horizonte. Sun Tzu escreveu: "Se a vitória demorar a ser obtida, as armas dos homens perderão o gume e seu ardor arrefecerá." Nada é mais prejudicial do que uma guerra prolongada. Líderes inteligentes ponderam as questões, mas agem decisivamente assim que a ponderação termina. Os retratados neste livro compartilham o gosto pelo risco, uma disposição para apostar tanto sua segurança quanto sua reputação em uma única decisão, e não somente uma vez, mas repetidamente. Não há outro modo de ganhar uma guerra.

Grandes líderes empresariais conhecem seus negócios, por dentro e por fora. "Se você conhece o inimigo e conhece a si mesmo", disse Sun Tzu, "não precisa temer o resultado de uma centena de batalhas." Isso nem sempre significa que gostam do produto ou que o usam, é claro. Olive Ann Beech nunca aprendeu a voar. Hiroshi Yamauchi nunca jogou videogame. Mas todos tinham uma curiosidade insaciável a respeito de seus negócios, clientes e concorrentes.

Por mais importantes que sejam a experiência e o conhecimento especializado, entretanto, às vezes é a simples determinação de vencer a qualquer custo de um Herb Kelleher ou de uma Ruth Handler que leva à vitória. Como disse Thomas Edison: "Muitos fracassos que acontecem são de pessoas que não perceberam como estavam perto do sucesso quando desistiram." Talvez a chave para vencer uma guerra de negócios seja a *falta* de visão. Algumas pessoas simplesmente não conseguiam imaginar outra opção para montar seus negócios. Em situações em que a maioria de nós acabaria cedendo e se candidatando a um emprego, ou indo em busca de um diploma, esses líderes parecem cegos para a possibilidade de um fracasso duradouro. Alguém como Ray Kroc jamais deixaria de procurar a próxima oportunidade empresarial, ainda que quisesse.

A história demonstra que nenhuma vitória é definitiva. Nenhuma guerra de negócios é de fato vencida. O melhor que qualquer empresa pode esperar é uma trégua, uma época dourada de lucros e produtividade. Mais cedo ou mais tarde, novos competidores entrarão em campo e novas linhas de batalha serão traçadas. Às vezes, o próprio campo muda, e todos os competidores têm que lutar ao mesmo tempo. Uma empresa é basicamente um *processo* que transforma esforço e outros recursos em dinheiro, seja fabricando carros com tamanho e desempenho superiores (GM) ou promovendo encontros (Bumble). Quando um empresário cria um negócio, sintoniza esse processo na frequência do mercado da mesma forma que se sintoniza um rádio antigo na melhor estação. (Foi o grande rival de Thomas Edison, George Westinghouse, que teve a ideia de criar uma estação comercial para ajudar a vender seus rádios. Em 2 de novembro de 1920, a KDKA, de Westinghouse, fez a primeira transmissão comercial. Quando a KDKA anunciou os resultados da corrida presidencial entre Warren Harding e James Cox antes que os ouvintes recebessem seus jornais matinais, o mundo passou por mais um abalo sísmico impulsionado por uma guerra empresarial.)

Ajustar um negócio na frequência certa é um feito de disciplina e engenhosidade, como vimos em todos os capítulos deste livro. Mas a frequência sempre muda. Quando o mundo muda e os negócios não, a guerra termina. Se um líder resiste teimosamente à necessidade de alterar uma fórmula bem-sucedida que já não funciona mais, a empresa definha ou implode totalmente. Enquanto isso, outros estarão à espreita, trabalhando, ajustando, ouvindo...

Como sociedade, veneramos os empresários, e por boas razões. O empreendedorismo é um caminho de sucesso que está aberto a todos: mulheres em uma sociedade patriarcal (Kiran Mazumdar-Shaw), imigrantes em um novo país (Yvon Chouinard) ou ambas as coisas (Helena Rubinstein). As empresas enfrentam recessões (Wrigley) e guerras (Adidas). Em grande ou pequena escala, os empresários transformam o mundo. Em sua busca de predominância, eles mudam, quase acidentalmente, a forma como trabalhamos, brincamos, comemos e nos vestimos. Os negócios são uma força da natureza e não há como medir seu impacto final.

Assim como os líderes militares modernos ainda buscam inspiração em *A arte da guerra*, muitas ideias de negócios encontradas neste livro resistiram ao tempo. A descomoditização de uma commodity, de Noel Lee. Os lemas "Nunca pare de anunciar", de William Wrigley Jr., e "Chega de carros ruins", de Mary Barra. A diversificação de Hiroshi Yamauchi por meio de pequenas apostas – e até hotéis do amor. Mas imitar uma estratégia, por si só, não é garantia de êxito. O sucesso a longo prazo de nossos maiores líderes empresariais muitas vezes envolve mais fracassos, no curto prazo, do que podemos perceber. Para vencer uma guerra, você precisa ganhar batalhas, mas também precisa estar disposto a perder e aprender com seus erros. O que os vencedores fazem é continuar ajustando, continuar tentando. Como disse Thomas J. Watson, da IBM, o sucesso é simples: "Dobre sua taxa de fracassos. Você está pensando no fracasso como inimigo do sucesso. Mas não é bem assim. Você pode ficar desanimado com o fracasso ou pode aprender com ele, então vá em frente e cometa erros. Faça tudo o que puder."

Os empreendedores fazem experimentos o tempo todo, como Earl Tupper fez com o plástico até encontrar um tipo de plástico oleoso que pudesse transformar em um negócio lucrativo. Ao longo da história, tendemos a nos concentrar nos experimentos bem-sucedidos, mas um exame mais atento nos mostra empreendedores que mudaram constantemente – William Wrigley: do sabão ao fermento em pó, do fermento em pó ao chiclete; Hiroshi Yamauchi: de cartas a brinquedos, de brinquedos a videogames. Embora diferentes em aspectos importantes, os empreendedores de sucesso compartilham a flexibilidade, a disposição e a capacidade de ir em direção ao mercado em vez de esperar que o mercado venha até eles.

▲▲▲

O que essa grande jornada por algumas das maiores guerras de negócios do passado até nossos dias nos ensina? Acima de tudo, que períodos de grandes mudanças são inevitáveis, e que são tão previsíveis em sua regularidade quanto inesperados e surpreendentes no momento em que ocorrem. Como os bons líderes sabem, a próxima onda de ruptura está sempre prestes a estourar na praia. Guerras de negócios não são travadas apenas contra concorrentes – às vezes, todo o ambiente parece conspirar contra você. Como vimos em muitos casos, cataclismos generalizados são o teste decisivo. Quase qualquer empresa é capaz de se manter à tona em águas calmas. Um mercado aquecido pode ocultar um crescimento lento, uma gestão desleixada ou uma visão distorcida. Grandes acontecimentos políticos e econômicos, entretanto, varrem os retardatários. As fachadas desmoronam e a verdade sobre a resiliência do negócio aparece. Empresas construídas sobre fundações fracas desabam. As que oferecem com eficiência produtos e serviços excepcionais prosperam – mesmo nos piores momentos.

A diferença se resume à liderança. Grandes líderes conduzem suas empresas em meio às tribulações que assolam seus concorrentes: recessões, guerras, pandemias. Seus negócios não saem do furacão arrasados, mas transformados, ou até mesmo revigorados. Pense em Olive Ann Beech realizando uma reunião de diretoria em sua cama de hospital prestes a dar à luz, com o marido em coma e a Segunda Guerra Mundial devastando a Europa. Graças à sua liderança altruísta e determinada, a Beech Aircraft se adaptou às necessidades da guerra e se readaptou quando a paz retornou. Todos nós devemos nos esforçar para alcançar essa combinação de humildade e determinação, essa disposição de atender às demandas do momento à medida que aparecem, sem pensar em nossos egos. No fim das contas, essa é a verdadeira arte da guerra nos negócios.

AGRADECIMENTOS

Como apresentador do podcast *Business Wars* (Guerras comerciais), cobrimos mais de 40 guerras em quase todos os setores, algumas remotas, como a de Hearst x Pulitzer, há 130 anos, outras mais recentes, como a rivalidade entre Amazon e Walmart contra o pano de fundo da pandemia global de covid-19. Nem o podcast nem este livro teriam sido possíveis sem o esforço de muitas pessoas.

Em primeiro lugar, agradeço muito ao pessoal do Wondery, por oferecer seu discernimento, suas sugestões e seu apoio durante todo o processo. Mais importante, quero agradecer a Hernan Lopez, fundador e CEO do Wondery e criador do *Business Wars,* por me dar a incrível oportunidade, três anos atrás, de compartilhar essas histórias com o mundo. Por mais que tenha gostado de aprender sobre alguns dos maiores empreendedores de todos os tempos, considero um enorme privilégio trabalhar com um deles, pois Hernan está construindo uma das grandes "casas de podcasting". Sua paixão pelo ofício, pelas pessoas que nele trabalham e pela arte de contar histórias envolventes é inspiradora para mim e para muitas outras pessoas. Agradeço também a Hernan pela ideia de usar *A arte da guerra*, de Sun Tzu, como estrutura para as histórias e lições deste livro. Meus agradecimentos especiais também à diretora de operações do Wondery, Jen Sargent, ao diretor de conteúdo, Marshall Lewy, e à vice-presidente da Current Series, Jenny Lower Beckman, que trabalharam horas extras para editar e moldar essas histórias.

Este livro não teria sido possível sem a equipe de produção do podcast *Business Wars*, cujos episódios foram a inspiração para a obra: a produtora sênior (talentosa parceira de longa data), Karen Lowe, a produtora, Emily Frost, e o designer de som, Kyle Randall. A habilidade e a sutileza dessa equipe me trouxeram bem-estar semana após semana, e seu humor infalível é sinônimo de diversão.

Nossos redatores são os heróis anônimos do *Business Wars*. Suas enormes habilidades em pesquisa e narrativa nos permitem transportar ouvintes de Wall Street ao Velho Oeste. Meus agradecimentos especiais a Tristan Donovan, nosso mais talentoso redator, bem como a A. J. Baime, Barbara Bogaev, Peter Gilstrap, Joseph Guinto, Dade Hayes, Andy Hermann, Elizabeth Kaye, Gina Keating, Kevin Maney, Joseph Menn, Michael Canyon Meyer, Jeff Pearlman, Adam Penenberg, Austen Rachlis, Natalie Robehmed, Matthew Shaer e Reed Tucker.

Agradeço ao meu editor na HarperCollins, Hollis Heimbouch, por sua edição astuta e cuidadosa, e a David Moldawer, cuja ajuda na edição deste livro foi inestimável. É um eufemismo dizer que não poderíamos ter feito isso sem eles. Obrigado à equipe do Wondery na agência de talentos UTA: Jeremy Zimmer, Peter Benedeck, Oren Rosenbaum, Jed Baker, Kellen Alberstone e, especialmente, a Albert Lee, Pilar Queen e Meredith Miller, que contribuíram para que a ideia deste livro se tornasse realidade.

Meus agradecimentos especiais à minha linda e talentosa esposa e parceira de toda a vida, Emily, que conspirou com a já mencionada Sra. Lowe, porque queria que eu fizesse um teste para "um novo podcast de negócios". Agradeço também a Atticus e Magnolia por me inspirarem a me tornar um melhor contador de histórias ao longo das muitas noites em que pratico enquanto os ponho na cama. Eles são um público difícil de agradar.

Minha mais profunda gratidão vai para nossos ouvintes, que nos convidam para suas vidas, assim como os próprios guerreiros dos negócios – os empresários, executivos e funcionários da linha de frente com os quais aprendemos tantas lições.

BIBLIOGRAFIA

As histórias em *A arte da guerra nos negócios* têm como base uma ampla variedade de fontes: perfis em livros e revistas, relatos contemporâneos publicados na imprensa e depoimentos dos próprios combatentes. Os empresários e aqueles que escrevem sobre eles têm uma tendência a mitificar. Portanto, assim como no podcast *Business Wars*, procuramos verificar os fatos de múltiplos ângulos, de modo a nos aproximarmos da verdade – e das lições que dela podemos tirar – o máximo possível.

As principais fontes de cada capítulo são relacionadas a seguir para os leitores que quiserem investigar melhor os assuntos. Neste livro, apenas arranhamos a superfície do que pode ser aprendido com os titânicos confrontos empresariais.

HENRY FORD PENSA GRANDE: O MODELO T

American National Biography. "Ford, Henry (1863-1947), Automobile Manufacturer". Disponível em <bit.ly/3AyhlH8>, acesso em 27 ago. 2020.

"Henry Ford Test-Drives His 'Quadricycle'". History.com. Disponível em <www.history.com/this-day-in-history/henry-ford-test-drives-his-quadricycle>, acesso em 27 ago. 2020.

Ford, Henry. *My Life and Work*. Kindle. Digireads.com Publishing, 2009.

Goldstone, Lawrence. *Drive! Henry Ford, George Selden, and the Race to Invent the Auto Age*. Kindle. Nova York: Ballantine, 2016.

Snow, Richard F. *I Invented the Modern Age: The Rise of Henry Ford*. Kindle. Nova York: Scribner, 2013.

CONSTRUINDO A CASA DOS SONHOS: BARBIE E A MATTEL

"Barbie: History & Facts". *Encyclopaedia Britannica.* Disponível em <www.britannica.com/topic/Barbie>, acesso em 28 ago. 2020.

Bellis, Mary. "Biography of Ruth Handler, Inventor of Barbie Dolls". ThoughtCo., 28 jan. 2020. Disponível em <www.thoughtco.com/history-of-barbie-dolls-1991344>, acesso em 28 ago. 2020.

Encyclopaedia Britannica. "Ruth Mosko Handler: American Businesswoman". Disponível em <www.britannica.com/biography/Ruth-Mosko-Handler>, acesso em 28 ago. 2020.

Garcia-Rios, Patricia. "Gamblers", *They Made America.* PBS, 2004. Disponível em <www.pbs.org/wgbh/theymadeamerica/filmmore/s3_pt.html>, acesso em 28 ago. 2020.

Gerber, Robin. *Barbie & Ruth: A história da mulher que criou a boneca mais famosa do mundo e fundou a maior empresa do século XX.* Rio de Janeiro: Ediouro, 2009.

Handler, Ruth; Shannon, Jacqueline. *Dream Doll: The Ruth Handler Story.* Stamford, CT: Longmeadow Press, 1994.

Jewish Women's Archive, "Ruth Mosko Handler". Disponível em <jwa.org/encyclopedia/article/handler-ruth-mosko>, acesso em 29 ago. 2020.

Johnson, Judy M. "The History of Paper Dolls". *The Original Paper Doll Artists Guild*, 1999. Atualizado em dezembro de 2005. Disponível em <www.opdag.com/history.html>, acesso em 28 ago. 2020.

"Who Made America? Innovators – Ruth Handler". PBS. Disponível em <www.pbs.org/wgbh/theymadeamerica/whomade/handler_hi.html>, acesso em 28 ago. 2020.

Winters, Claire. "Ruth Handler and Her Barbie Refashioned Toy Industry". *Investor's Business Daily*, 23 set. 2016. Disponível em <www.investors.com/news/management/leaders-and-success/ruth-handler-and-her-barbie-refashioned-mattel-and-the-toy-industry/>, acesso em 28 ago. 2020.

Woo, Elaine. "Barbie Doll Creator Ruth Handler Dies". *The Washington Post*, 29 abr. 2002. Disponível em <wapo.st/3r1b3wH>, acesso em 28 ago. 2020.

TAXA ATRASADA: BLOCKBUSTER X NETFLIX

Baine, Wallace. "The Untold Netflix Origin Story of Santa Cruz". *Good Times*, 19 nov. 2019. Disponível em <goodtimes.sc/cover-stories/netflix-origin-story/>, acesso em 28 ago. 2020.

Castillo, Michelle. "Reed Hastings' Story about the Founding of Netflix Has Changed Several Times". CNBC, 23 maio 2017. Disponível em <www.cnbc.com/2017/05/23/netflix-ceo-reed-hastings-on-how-the-company-was-born.html>, acesso em 28 ago. 2020.

Christensen, Clayton. *O dilema da inovação: Quando as novas tecnologias levam empresas ao fracasso*. São Paulo: M. Books, 2012.

Dash, Eric; Fabrikant, Geraldine. "Payout Is Set by Blockbuster to Viacom". *The New York Times*, 19 jun. 2004. Disponível em <www.nytimes.com/2004/06/19/business/payout-is-set-by-blockbuster-to-viacom.html>, acesso em 28 ago. 2020.

Dowd, Maureen. "Reed Hastings Had Us All Staying Home Before We Had To". *The New York Times*, 4 set. 2020. Disponível em <www.nytimes.com/2020/09/04/style/reed-hastings-netflix-interview.html>.

Gallo, Carmine. "Netflix's Co-Founder Reveals One Essential Skill Entrepreneurs Must Build to Motivate Teams". *Forbes*, 12 dez. 2019. Disponível em < www.forbes.com/sites/carminegallo/2019/12/12/netflixs-co-founder-reveals-one-essential-skill-entrepreneurs-must-build-to-motivate-teams/>.

Keating, Gina. *Netflixed: The Epic Battle for America's Eyeballs*. Nova York: Portfolio/Penguin, 2013.

Levin, Sam. "Netflix Co-Founder: 'Blockbuster Laughed at Us… Now There's One Left.'". *The Guardian*, 14 set. 2019. Disponível em <www.theguardian.com/media/2019/sep/14/netflix-marc-randolph-founder-blockbuster>, acesso em 28 ago. 2020.

McFadden, Christopher. "The Fascinating History of Netflix". *Interesting Engineering*, 4 jul. 2020. Disponível em < interestingengineering.com/the-fascinating-history-of-netflix>, acesso em 28 ago. 2020.

Randolph, Marc. *That Will Never Work: The Birth of Netflix and the Amazing Life of an Idea*. Kindle. Nova York: Little, Brown, 2019.

Schorn, Daniel. "The Brain Behind Netflix". *CBS News*, 1 dez. 2006. Disponível em <www.cbsnews.com/news/the-brain-behind-netflix/>, acesso em 28 ago. 2020.

Sperling, Nicole. "Long Before 'Netflix and Chill,' He Was the Netflix C.E.O". *The New York Times*, 15 set. 2019. Disponível em <www.nytimes.com/2019/09/15/business/media/netflix-chief-executive-reed-hastings-marc-randolph.html>, acesso em 28 ago. 2020.

O CIRCUITO DE FEEDBACK: GIBSON X FENDER

Port, Ian S. *The Birth of Loud: Leo Fender, Les Paul, and the Guitar-Pioneering Rivalry That Shaped Rock 'n' Roll*. Nova York: Scribner, 2019.

Tolinski, Brad; Di Perna, Alan. *Play It Loud: An Epic History of the Style, Sound, and Revolution of the Electric Guitar*. Kindle. Nova York: Doubleday, 2016.

DESLIZE PARA A DIREITA: BUMBLE X TINDER

Alter, Charlotte. "Whitney Wolfe Wants to Beat Tinder at Its Own Game". *Time*, 15 maio 2015. Disponível em <time.com/3851583/bumble-whitney-wolfe/>, acesso em 28 ago. 2020.

Bennett, Jessica. "With Her Dating App, Women Are in Control". *The New York Times*, 18 mar. 2017. Disponível em <www.nytimes.com/2017/03/18/fashion/bumble-feminist-dating-app-whitney-wolfe.html>, acesso em 28 ago. 2020.

Crook, Jordan. "Burned". TechCrunch (blog), 9 jul. 2014. Disponível em <social.techcrunch.com/2014/07/09/whitney-wolfe-vs-tinder/>.

Ellis-Petersen, Hannah. "WLTM Bumble-A Dating App Where Women Call the Shots". *The Guardian*, 12 abr. 2015. Disponível em <www.theguardian.com/technology/2015/apr/12/bumble-dating-app-women-call-shots-whitney-wolfe>, acesso em 28 ago. 2020.

Ensor, Josie. "Tinder Co-Founder Whitney Wolfe: 'The Word 'Feminist' Seemed to Put Guys Off, but Now I Realise, Who Cares?'". *The Telegraph*, 23 maio 2015. Disponível em <www.telegraph.co.uk/women/womens-business/11616130/Tinder-co-founder-Whitney-Wolfe-The-word-feminist-seemed-to-put-guys--off-but-now-I-realise-who-cares.html>, acesso em 28 ago. 2020.

FitzSimons, Amanda. "Whitney Wolfe Helped Women Score Dates. Now She Wants to Get Them Their Dream Job". *Elle*, dezembro de 2017. Disponível em

<www.elle.com/culture/tech/a13121013/bumble-app-december-2017>, acesso em 28 ago. 2020.

Gross, Elana Lyn. "Bumble Launched a New Initiative to Support a Cause Whenever a Woman Makes the First Move". *Forbes*, 10 maio 2019. Disponível em <www.forbes.com/sites/elanagross/2019/05/10/bumble-moves-making-impact/>, acesso em 28 ago. 2020.

Hicks, Marie. "Computer Love: Replicating Social Order through Early Computer Dating Systems". *Ada: A Journal of Gender, New Media, and Technology*, n. 10, 31 out. 2016. Disponível em <adanewmedia.org/2016/10/issue10-hicks/>, acesso em 28 ago. 2020.

Hirschfeld, Hilary. "SMU Senior Whitney Wolfe Launches Second Business, Clothing Line Tender Heart". The Daily Campus (blog), 3 nov. 2010. Disponível em <www.smudailycampus.com/news/smu-senior-whitney-wolfe-launches-second-business-clothing-line-tender-heart>, acesso em 28 ago. 2020.

Kosoff, Maya. "The 30 Most Important Women Under 30 in Tech". *Business Insider*, 16 set. 2014. Disponível em <www.businessinsider.com/30-most-important-women-under-30-in-tech-2014-2014-8>, acesso em 28 ago. 2020.

Langley, Edwina. "Whitney Wolfe: The Woman Who Took Tinder to Court – and Came Back Fighting". *Grazia*, 3 ago. 2016. Disponível em <graziadaily.co.uk/life/real-life/whitney-wolfe-tinder-bumble/>, acesso em 28 ago. 2020.

Langmuir, Molly. "Meet ELLE's 2016 Women in Tech". *Elle*, 13 maio 2016. Disponível em <www.elle.com/culture/tech/a35725/women-in-tech-2016/>, acesso em 28 ago. 2020.

Lunden, Ingrid. "Andrey Andreev Sells Stake in Bumble Owner to Blackstone, Whitney Wolfe Herd Now CEO of $3B Dating Apps Business". TechCrunch (blog), 8 nov. 2019. Disponível em <social.techcrunch.com/2019/11/08/badoos-andrey-andreev-sells-his-stake-in-bumble-to-blackstone-valuing-the-dating-app-at-3b/>, acesso em 28 ago. 2020.

Macon, Alexandra. "Bumble Founder Whitney Wolfe's Whirlwind Wedding Was a True Celebration of Southern Italy". *Vogue*, 5 out. 2017. Disponível em <www.vogue.com/article/bumble-founder-whitney-wolfe-michael-herd-positano-wedding>, acesso em 28 ago. 2020.

Maheshwari, Sapna; Van Dyke, Michelle Broder. "Former Executive Suing Tinder for Sexual Harassment Drops Her Case". *BuzzFeed News*, 1 jul. 2014. Disponível em < www.buzzfeednews.com/article/sapna/tinder-sued-for-sexual-harassment>, acesso em 28 ago. 2020.

O'Connor, Clare. "Billion-Dollar Bumble: How Whitney Wolfe Herd Built America's Fastest-Growing Dating App". *Forbes*, 12 dez. 2017. Disponível em <www.forbes.com/sites/clareoconnor/2017/11/14/billion-dollar-bumble-how-whitney-wolfe-herd-built-americas-fastest-growing-dating-app/>, acesso em 28 ago. 2020.

Perez, Sarah. "Bumble Is Taking Match Group to Court, Says It's Pursuing an IPO". TechCrunch (blog), 24 set. 2018. Disponível em <social.techcrunch.com/2018/09/24/bumble-serves-countersuit-to-match-group-says-its-pursuing-an-ipo/>, acesso em 28 ago. 2020.

Raz, Guy. "Bumble: Whitney Wolfe. How I Built This with Guy Raz". *How I Built This with Guy Raz*, 16 out. 2017. Disponível em < www.npr.org/2017/11/29/557437086/bumble-whitney-wolfe>, acesso em 6 maio 2020.

Sarkeesian, Anita. "Whitney Wolfe Herd: The World's 100 Most Influential People". *Time*, 2018. Disponível em <time.com/collection/most-inluential-people-2018/5217594/whitney-wolfe-herd/>, acesso em 28 ago. 2020.

Shah, Vikas S. "A Conversation with Bumble Founder & CEO, Whitney Wolfe Herd". *Thought Economics*, 2 jul. 2019. Disponível em <thoughteconomics.com/whitney-wolfe-herd/>, acesso em 28 ago. 2020.

Slater, Dan. "The Social Network: The Prequel". *GQ*, 28 jan. 2011. Disponível em <www.gq.com/story/social-network-prequel-online-dating>, acesso em 28 ago. 2020.

Tait, Amelia. "Swipe Right for Equality: How Bumble Is Taking On Sexism". *Wired UK*, 30 ago. 2017. Disponível em <www.wired.co.uk/article/bumble-whitney-wolfe-sexism-tinder-app>, acesso em 28 ago. 2020.

Tepper, Fitz. "Bumble Launches BFF, a Feature to Find New Friends". TechCrunch (blog), 4 mar. 2016. Disponível em <social.techcrunch.com/2016/03/04/bumble-launches-bff-a-feature-to-find-new-friends/>, acesso em 28 ago. 2020.

Valby, Karen. "Bumble's CEO Takes Aim at LinkedIn". *Fast Company*, 28 ago. 2017. Disponível em <www.fastcompany.com/40456526/bumbles-ceo-takes-aim-at-linkedin>, acesso em 28 ago. 2020.

Witt, Emily. "Love Me Tinder". *GQ*, 11 fev. 2014. Disponível em <www.gq.com/story/tinder-online-dating-sex-app>, acesso em 28 ago. 2020.

Yang, Melissah. "Sean Rad Is Out as Tinder CEO". *Los Angeles Business Journal*, 4 nov. 2014. Disponível em <labusinessjournal.com/news/2014/nov/04/sean-rad-out-tinder-ceo/>, acesso em 28 ago. 2020.

Yang, Melissah. "Tinder Co-Founder Resigns, but CEO to Stay On". *Los Angeles Business Journal*, 9 set. 2014. Disponível em <labusinessjournal.com/news/2014/sep/09/tinder-co-founder-resigns-ceo-stay/>, acesso em 28 ago. 2020.

O CÉREBRO ELETRÔNICO:
IBM X UNIVAC

Alfred, Randy. "Nov. 4, 1952: Univac Gets Election Right, but CBS Balks". *Wired*, 4 nov. 2008. Disponível em <www.wired.com/2010/11/1104cbs-tv-univac-election>, acesso em 27 jan. 2022.

Engineering and Technology History Wiki. "UNIVAC and the 1952 Presidential Election – Engineering and Technology History Wiki", novembro de 2012. Disponível em <ethw.org/UNIVAC_and_the_1952_Presidential_Election>, acesso em 27 jan. 2022.

Garcia-Rios, Patricia. "Gamblers". *They Made America*. PBS, 2004. Disponível em <www.pbs.org/wgbh/theymadeamerica/filmmore/s3_pt.html>, acesso em 28 ago. 2020.

Henn, Steve. "The Night a Computer Predicted the Next President". *All Tech Considered*, NPR.org, 31 out. 2012. Disponível em <www.npr.org/sections/alltechconsidered/2012/10/31/163951263/the-night-a-computer-predicted-the-next-president>, acesso em 25 fev. 2020.

"The Night a UNIVAC Computer Predicted The Next President: Nov. 4, 1952". Nova York: CBS News, 1952. Disponível em <www.youtube.com/watch?v=-nHov1Atrjzk>, acesso em 27 jan. 2022.

Pelkey, James. "The Entrance of IBM-1952". *History of Computer Communications*, 2007. Disponível em <www.historyofcomputercommunications.info/supporting-documents/a.3-the-entrance-of-ibm-1952.html>, acesso em 27 jan. 2022.

Satell, Greg. "Take a Long Look at IBM and You'll Understand the Importance of Focus". *Forbes*, 10 jan. 2016. Disponível em <www.forbes.com/sites/gregsatell/2016/01/10/take-a-long-look-at-ibm-and-youll-understand-the-importance-of-focus>, acesso em 27 jan. 2022.

Watson Jr., Thomas J. "The Greatest Capitalist in History". *Fortune*, 31 ago. 1987. Disponível em <archive.fortune.com/magazines/fortune/fortune_archive/1987/08/31/69488/index.htm>, acesso em 27 jan. 2022.

Watson Jr., Thomas J.; Petre, Peter. *Father, Son & Co.: My Life at IBM and Beyond*. Kindle. Nova York: Bantam Books, 2000.

TECENDO UMA TEIA EMARANHADA: CRIANDO O MOSAIC E NETSCAPE X MICROSOFT

Berners-Lee, Tim. "A Brief History of the Web". Disponível em <www.w3.org/DesignIssues/TimBook-old/History.html>, acesso em 28 ago. 2020.

_____. "The WorldWideWeb Browser". Disponível em <www.w3.org/People/Berners-Lee/WorldWideWeb.html>, acesso em 1 mar. 2020.

Bort, Julie. "Marc Andreessen Gets All the Credit for Inventing the Browser but This Is the Guy Who Did 'All the Hard Programming'". *Business Insider*, 13 maio 2014. Disponível em <www.businessinsider.in/marc-andreessen-gets-all-the-credit-for-inventing-the-browser-but-this-is-the-guy-who-did-all-the-hard-programming/articleshow/35044058.cms>, acesso em 28 ago. 2020.

Campbell, W. Joseph. "Microsoft Warns Netscape in Prelude to the 'Browser War' of 1995-98". The 1995 Blog (blog), 20 jun. 2015. Disponível em <1995blog.com/2015/06/20/microsoft-warns-netscape-in-prelude-to-the-browser-war-of-1995-98>, acesso em 28 ago. 2020.

_____. "The 'Netscape Moment,' 20 Years On". The 1995 Blog (blog), 2 ago. 2015. Disponível em <1995blog.com/2015/08/02/the-netscape-moment-20-years-on>, acesso em 28 ago. 2020.

Crockford on JavaScript. Volume 1: *The Early Years*, 10 set. 2011. Disponível em <www.youtube.com/watch?v=JxAXlJEmNMg>, acesso em 28 ago. 2020.

Gates, Bill. "The Internet Tidal Wave". *Wired*, 26 maio 1995. Disponível em <www.wired.com/2010/05/0526bill-gates-internet-memo>, acesso em 28 ago. 2020.

History-Computer. "Mosaic Browser – History of the NCSA Mosaic Internet Web Browser". Disponível em <history-computer.com/Internet/Conquering/Mosaic.html>, acesso em 3 mar. 2020.

Kleinrock, Leonard. "Opinion: 50 Years Ago, I Helped Invent the Internet. How Did It Go So Wrong?". *The Los Angeles Times*, 29 out. 2019. Disponível em <www.latimes.com/opinion/story/2019-10-29/internet-50th-anniversary-ucla-kleinrock>, acesso em 28 ago. 2020.

Lacy, Sarah. "Risky Business – Interview with Marc Andreessen". Startups.com, 28 out. 2018. Disponível em <www.startups.com/library/expert-advice/marc-andreessen>, acesso em 28 ago. 2020.

Lashinsky, Adam. "Remembering Netscape: The Birth of the Web". *Fortune*, 25 jul. 2005. Disponível em <money.cnn.com/magazines/fortune/fortune_archive/2005/07/25/8266639>, acesso em 28 ago. 2020.

Lee, Timothy B. "The Internet, Explained". *Vox*, 16 jun. 2014. Disponível em <www.vox.com/2014/6/16/18076282/the-internet>, acesso em 28 ago. 2020.

Markoff, John. "A Free and Simple Computer Link". *The New York Times*, 8 dez. 1993. Disponível em <www.nytimes.com/1993/12/08/business/business-technology-a-free-and-simple-computer-link.html>, acesso em 28 ago. 2020.

McCullough, Brian. *How the Internet Happened: From Netscape to the iPhone*. Kindle. Nova York: Liveright, 2018.

Weber, Marc. "Happy 25th Birthday to the World Wide Web!". Computer History Museum, 11 mar. 2014. Disponível em <computerhistory.org/blog/happy-25th-birthday-to-the-world-wide-web>, acesso em 28 ago. 2020.

Wilson, Brian. "Browser History: Mosaic". Index DOT Html/Css, 2005 1996. Disponível em <www.blooberry.com/indexdot/history/mosaic.htm>, acesso em 28 ago. 2020.

Zuckerman, Laurence. "With Internet Cachet, Not Profit, a New Stock Is Wall St.'s Darling". *The New York Times*, 10 ago. 1995. Disponível em <www.nytimes.com/1995/08/10/us/with-internet-cachet-not-profit-a-new-stock-is-wall-st-s-darling.html>, acesso em 28 ago. 2020.

MOLHO SECRETO: RAY KROC X MCDONALD'S

Herman, Mario L. "A Brief History of Franchising". *The Franchisee's Lawyer*. Disponível em <www.franchise-law.com/franchise-law-overview/a-brief-history-of-franchising.shtml>, acesso em 26 mar. 2020.

Kroc, Ray. *Grinding It Out: The Making of McDonald's*. Kindle. Chicago: St. Martin's Griffin, 2016.

Libava, Joel. "The History of Franchising as We Know It". Bplans Blog, 17 dez. 2013. Disponível em <articles.bplans.com/the-history-of-franchising-as-we-know-it>, acesso em 28 ago. 2020.

Maister, David. "Strategy Means Saying 'No.'" DavidMaister.com, 2006. Disponível em <davidmaister.com/articles/strategy-means-saying-no>, acesso em 28 ago. 2020.

Pipes, Kerry. "History of Franchising: Franchising in the 1800's". Franchising.com. Disponível em <www.franchising.com/franchiseguide/the_history_of_franchising_part_one.html>, acesso em 14 set. 2020.

_____. "History of Franchising: Franchising in the Modern Age". Franchising.com. Disponível em <www.franchising.com/guides/history_of_franchising_part_two.html>, acesso em 26 mar. 2020.

Seid, Michael. "The History of Franchising". *The Balance Small Business*, 25 jun. 2019. Disponível em <www.thebalancesmb.com/the-history-of-franchising-1350455>, acesso em 28 ago. 2020.

Shane, Scott A. *From Ice Cream to the Internet: Using Franchising to Drive the Growth and Profits of Your Company*. Upper Saddle River, NJ: Pearson/Prentice Hall, 2005. Disponível em <www.informit.com/articles/article.aspx?p=360649&seqNum=2>, acesso em 28 ago. 2020.

A POSIÇÃO NO BOLSO: IPHONE X BLACKBERRY

Appolonia, Alexandra. "How BlackBerry Went from Controlling the Smart-phone Market to a Phone of the Past". *Business Insider*, 21 nov. 2019. Disponível em <www.businessinsider.com/blackberry-smartphone-rise-fall-mobile-failure-innovate-2019-11>, acesso em 28 ago. 2020.

Avery, Simon. "Two Universes: Apple vs. RIM". *Globe and Mail*, 19 ago. 2009. Disponível em <www.theglobeandmail.com/technology/globe-on-technology/two-universes-apple-vs-rim/article788996>, acesso em 28 ago. 2020.

Bond, Allison. "Why Do Doctors Still Use Pagers?". *Slate*, 12 fev. 2016. Disponível em <slate.com/technology/2016/02/why-do-doctors-still-use-pagers.html>, acesso em 28 ago. 2020.

Breen, Christopher. "Remembering Macworld Expo: Why We Went to the Greatest Trade Show on Earth". *Macworld*, 14 out. 2014. Disponível em <www.macworld.com/article/2833713/remembering-macworld-expo.html>, acesso em 28 ago. 2020.

Dalrymple, Jim. "Apple vs. RIM: Who Sells More Smartphones?" *The Loop*, 25 abr. 2011. Disponível em <www.loopinsight.com/2011/04/25/apple-vs-rim--who-sells-more-smartphones>, acesso em 28 ago. 2020.

Haslam, Karen. "iPhone vs. BlackBerry: Is Apple's Battle with RIM Won?" Channel Daily News (blog), abr. 2012. Disponível em <channeldailynews.com/news/iphone-vs-blackberry-is-apples-battle-with-rim-won/13001>, acesso em 28 ago. 2020.

Isaacson, Walter. *Steve Jobs*. Kindle. Nova York: Simon & Schuster, 2011.

Jobs, Steve. "Steve Jobs iPhone 2007 Presentation, 2007". *Singju Post*, 4 jul. 2014. Disponível em <singjupost.com/steve-jobs-iphone-2007-presentation-full-transcript>, acesso em 28 ago. 2020.

Levy, Carmi. "RIM vs. Apple: Now It's Personal". *Toronto Star*, 22 out. 2010. Disponível em <www.thestar.com/business/2010/10/22/rim_vs_apple_now_its_personal.html>, acesso em 28 ago. 2020.

Looper, Christian de. "This Was BlackBerry's Reaction When the First iPhone Came Out". *Tech Times*, 26 maio 2015. Disponível em <www.techtimes.com/articles/55370/20150526/reaction-blackberry-when-first-iphone-came-out.htm>, acesso em 28 ago. 2020.

Marlow, Iain. "In Motion: Jim Balsillie's Life after RIM". *Globe and Mail*, 14 fev. 2013. Disponível em <www.theglobeandmail.com/globe-investor/in-motion-jim-balsillies-life-after-rim/article8709333>, acesso em 28 ago. 2020.

McNish, Jacquie; Silcoff, Sean. *Losing the Signal: The Untold Story Behind the Extraordinary Rise and Spectacular Fall of BlackBerry*. Kindle. Nova York: Flatiron Books, 2015.

Megna, Michelle. "RIM CEO: 'We're Not Taking Our Foot off the Gas.'". InternetNews.com, 19 jun. 2009. Disponível em <www.internetnews.com/mobility/article.php/3826041>, acesso em 28 ago. 2020.

_____. "RIM vs. Apple: Can RIM Stay Strong?" *Datamation*, 26 out. 2009. Disponível em <www.datamation.com/mowi/article.php/3845461/RIM-vs-Apple-Can-RIM-Stay-Strong.htm>, acesso em 28 ago. 2020.

Olson, Parmy. "BlackBerry's Famous Last Words at 2007 iPhone Launch: 'We'll Be Fine.'". *Forbes*, 26 maio 2015. Disponível em <www.forbes.com/sites/parmyolson/2015/05/26/blackberry-iphone-book>, acesso em 28 ago. 2020.

Pogue, David. "No Keyboard? And You Call This a BlackBerry?" *The New York Times*, 26 nov. 2008. Disponível em <www.nytimes.com/2008/11/27/technology/personaltech/27pogue.html>, acesso em 28 ago. 2020.

Ries, Al; Trout, Jack. *Posicionamento: A batalha por sua mente*. São Paulo: Makron Books, 2009.

Schonfeld, Erick. "Apple vs. RIM: Study Shows iPhone More Reliable than Blackberry". *Seeking Alpha*, 7 nov. 2008. Disponível em <seekingalpha.com/article/104779-apple-vs-rim-study-shows-iphone-more-reliable-than-blackberry>, acesso em 28 ago. 2020.

Segan, Sascha. "The Evolution of the BlackBerry, from 957 to Z10". PCMag.com, 28 jan. 2013. Disponível em <www.pcmag.com/news/the-evolution-of-the-blackberry-from-957-to-z10>, acesso em 28 ago. 2020.

Silver, Curtis. "Great Geek Debates: iPhone vs. Blackberry". *Wired*, 11 ago. 2009. Disponível em <www.wired.com/2009/08/great-geek-debates-iphone-vs-blackberry>, acesso em 28 ago. 2020.

Woyke, Elizabeth. "A Brief History of the BlackBerry". *Forbes*, 17 ago. 2009. Disponível em <www.forbes.com/2009/08/17/rim-apple-sweeny-intelligent-technology-blackberry.html>, acesso em 28 ago. 2020.

A BEBIDA VENCEDORA: BIOCON

Agnihotri, Aastha. "Behind This Successful Woman Is a Man – Kiran Mazumdar-Shaw Reveals How Her Husband Helped Grow Biocon". CNBC TV18, 26 dez. 2019. Disponível em <www.cnbctvl8.com/entrepreneurship/behind-this-successful-woman-is-a-man-kiran-mazumdar-shaw-reveals-how-her-husband-helped-grow-biocon-3835671.htm>, acesso em 28 ago. 2020.

Armstrong, Lance. "Kiran Mazumdar-Shaw". *Time*, 29 abr. 2010. Disponível em <content.time.com/time/specials/packages/article/0,28804,1984685_1984949_1985233,00.html>, acesso em 28 ago. 2020.

Hashmi, Sameer. "'They Were Not Comfortable about Hiring a Woman.'". *BBC News*, 24 set. 2018. Disponível em <www.bbc.com/news/business-45547352>, acesso em 28 ago. 2020.

Kim, W. Chan Kim; Mauborgne, Renée. *A estratégia do oceano azul*. Rio de Janeiro: Sextante, 2018.

Mazumdar-Shaw, Kiran. "Delivering Affordable Innovation through Scientific Excellence". Kiran Mazumdar Shaw: My Thoughts and Expressions (blog), 19 abr. 2017. Disponível em <kiranmazumdarshaw.blogspot.com/2017/04/delivering-affordable-innovation.html>, acesso em 28 ago. 2020.

_____. "From Brewing to Biologics: Kiran Mazumdar-Shaw in Conversation with Catherine Jewell, Communications Division, WIPO".

Kiran Mazumdar-Shaw (blog), 8 maio 2018. Disponível em <kiranshaw.blog/2018/05/08/from-brewing-to-biologics-kiran-mazumdar-shaw-in-conversation-with-catherine-jewell-communications-division-wipo>, acesso em 28 ago. 2020.

_____. "The Giving Pledge Letter by Kiran Mazumdar-Shaw Displayed at the Smithsoman National Museum of American History". Kiran Mazumdar-Shaw (blog), 23 dez. 2019. Disponível em <kiranshaw.blog/2019/12/23/the-giving-pledge-letter-by-kiran-mazumdar-shaw-displayed-at-the-smithsonian-national-museum-of-american-history>, acesso em 28 ago. 2020.

_____. "India Can Deliver Affordable Innovation to the World: Kiran". *Economic Times*, 2 jan. 2009. Disponível em <economictimes.indiatimes.com/india-can-deliver-affordable-innovation-to-the-world-kiran-mazumdar-shaw/articleshow/3924777.cms>, acesso em 28 ago. 2020.

_____. "Leveraging Affordable Innovation to Tackle India's Healthcare Challenge". *IIMB Management Review* 30, n. 1, 1 mar. 2018, p. 37-50. Disponível em <doi.org/10.1016/j.iimb.2017.11.003>, acesso em 28 ago. 2020.

Morrow, Thomas; Felcone, Linda. "Defining the Difference: What Makes Biologics Unique". *Biotechnology Healthcare* 1, n. 4, setembro de 2004, p. 24-29.

Singh, Seema. *Mythbreaker: Kiran Mazumdar-Shaw and the Story of Indian Biotech*. Kindle. Collins Business India, 2016.

Weidmann, Bhavana. "Healthcare Innovation: An Interview with Dr. Kiran Mazumdar-Shaw". *Scitable by Nature Education*, 4 jan. 2014. Disponível em <www.nature.com/scitable/blog/the-success-code/healthcare_innovation_an_interview_with>, acesso em 28 ago. 2020.

"What Are 'Biologics'? Questions and Answers". *FDA*, 6 fev. 2018. Disponível em <www.fda.gov/about-fda/center-biologics-evaluation-and-research-cber/what-are-biologics-questions-and-answers>, acesso em 28 ago. 2020.

DOMÍNIO DO AR:
BEECH AIRCRAFT X VENTOS CONTRÁRIOS

Farney, Dennis. *The Barnstormer and the Lady: Aviation Legends Walter and Olive Ann Beech*. Kindle. Wichita, KS: Rockhill Books, 2011.

Hess, Susan. "Olive Ann and Walter H. Beech: Partners in Aviation". Biblioteca da Universidade Estadual de Wichita. Disponível em <specialcollections.wichita.edu/exhibits/beech/exhibita.html>, acesso em 4 abr. 2020.

National Aeronautic Association. "Wright Bros. 1980–1989 Recipients". Disponível em <naa.aero/awards/awards-and-trophies/wright-brothers-memorial-trophy/wright-bros-1980-1989-winners>, acesso em 4 abr. 2020.

National Aviation Hall of Fame. "Beech, Olive". Disponível em <www.nationalaviation.org/our-enshrinees/beech-olive>, acesso em 6 abr. 2020.

Onkst, David H. "The Major Trophy Races of the Golden Age of Air Racing". U.S. Centennial of Flight Commission. Disponível em <www.centennialofflight.net/essay/Explorers_Record_Setters_and_Daredevils/trophies/EX10.htm>, acesso em 4 abr. 2020.

Stanwick, Dave. "Olive Ann Beech: Queen of the Aircraft Industry". Archbridge Institute (blog), 15 maio 2018. Disponível em <www.archbridgeinstitute.org/2018/05/15/olive-ann-beech-queen-of-the-aircraft-industry>, acesso em 28 ago. 2020.

Swopes, Brian R. "5 September 1949". *This Day in Aviation*, 5 set. 2020. Disponível em <www.thisdayinaviation.com/tag/bill-odom>, acesso em 28 ago. 2020.

CERVEJAS LIGHT: ANHEUSER-BUSCH X MILLER

Backer, Bill. *The Care and Feeding of Ideas*. Nova York: Times Books, 1993.

Brooks, Erik. "Born in Chicago, Raised in Milwaukee: A New Look at the Origins of Miller Lite". *Molson Coors Beer & Beyond*, 8 out. 2018. Disponível em <www.molsoncoorsblog.com/features/born-chicago-raised-milwaukee-new-look-origins-miller-lite>, acesso em 28 ago. 2020.

Day, Sherri. "John A. Murphy, 72, Creator of Brands at Miller Brewing". *The New York Times*, 19 jun. 2002. Disponível em <www.nytimes.com/2002/06/19/business/john-a-murphy-72-creator-of-brands-at-miller-brewing.html>, acesso em 28 ago. 2020.

Knoedelseder, William. *Bitter Brew: The Rise and Fall of Anheuser-Busch and America's Kings of Beer*. Kindle. Nova York: Harper Business, 2014.

Rosenthal, Phil. "The Ad That Made Schlitz Infamous". *Chicago Tribune*, 6 abr. 2008. Disponível em <www.chicagotribune.com/news/ct-xpm-2008-04-06-0804040774-story.html>, acesso em 28 ago. 2020.

MODA RÁPIDA:
H&M X ZARA

Benson, Beth Rodgers. "The Magnificent Architectural Restorations of Retailer Zara". *Curbed*, 10 jan. 2013. Disponível em <www.curbed.com/2013/1/10/10287018/the-magnificent-architectural-restorations-of-retailer-zara>, acesso em 28 ago. 2020.

Blakemore, Erin. "The Gibson Girls: The Kardashians of the Early 1900s". *Mental Floss*, 17 set. 2014. Disponível em <www.mentalfloss.com/article/58591/gibson-girls-kardashians-early-1900s>, acesso em 28 ago. 2020.

Bulo, Kate. "The Gibson Girl: The Turn of the Century's 'Ideal' Woman, Independent and Feminine". Vintage News (blog), 1 mar. 2018. Disponível em <www.thevintagenews.com/2018/03/01/gibson-girl>, acesso em 28 ago. 2020.

Frayer, Lauren. "The Reclusive Spanish Billionaire Behind Zara's Fast Fashion Empire". NPR.org, *All Things Considered*, 12 mar. 2013. Disponível em <www.npr.org/2013/03/12/173461375/the-recluse-spanish-billionaire-behind-zaras-fast-fashion-empire>, acesso em 28 ago. 2020.

Funding Universe. "Industria de Diseño Textil S.A. History". Disponível em <www.fundinguniverse.com/company-histories/industria-de-dise%C3%B1o-textil-s-a-history>, acesso em 28 ago. 2020.

Hanbury, Mary. "Karl Lagerfeld Once Worked with H&M to Make Fashion More Approachable, but He Said He Was Ultimately Let Down by the Giant Retailer". *Business Insider*, 19 fev. 2019. Disponível em <www.businessinsider.com/karl-lagerfeld-hm-collaboration-letdown-2019-2>, acesso em 28 ago. 2020.

H&M Group. "The History of H&M Group". Disponível em <hmgroup.com/about-us/history/the-00_s.html>, acesso em 13 abr. 2020.

Hansen, Suzy. "How Zara Grew into the World's Largest Fashion Retailer". *The New York Times Magazine*, 9 nov. 2012. Disponível em <www.nytimes.com/2012/11/11/magazine/how-zara-grew-into-the-worlds-largest-fashion-retailer.html>, acesso em 28 ago. 2020.

Heller, Susanna. "Here's What H&M Actually Stands For". *Insider*, 19 jun. 2017. Disponível em <www.insider.com/hm-name-meaning-2017-6>, acesso em 28 ago. 2020.

Inditex. "Our Story". Disponível em <www.inditex.com/about-us/our-story>, acesso em 10 abr. 2020.

Kohan, Shelley E. "Why Zara Wins, H&M Loses in Fast Fashion". Robin Report, 6 maio 2018. Disponível em <www.therobinreport.com/why-zara-wins-hm-loses-in-fast-fashion>, acesso em 28 ago. 2020.

"Lagerfeld's High Street Split". *British Vogue*, 18 nov. 2004. Disponível em <www.vogue.co.uk/article/lagerfelds-high-street-split>, acesso em 28 ago. 2020.

Marci, Kayla. "H&M and Zara: The Differences between the Two Successful Brands". Editado, 21 abr. 2019. Disponível em <edited.com/resources/zara-vs-hm-whos-in-the-global-lead>, acesso em 28 ago. 2020.

Mau, Dhani. "Zara Defeats Louboutin in Trademark Case, Does This Open the Door for More Red Sole Imitators?". *Fashionista*, 11 jun. 2012. Disponível em <fashionista.com/2012/06/zara-defeats-louboutin-in-trademark-case-does-this-open-the-door-for-more-red-sole-imitators>, acesso em 28 ago. 2020.

Ng, Trini. "Covid-19 Casualties: H&M, Gap, Zara and Other Famous Fashion Brands Are Closing Their Physical Stores Worldwide". *AsiaOne*, 15 jul. 2020. Disponível em <www.asiaone.com/lifestyle/covid-19-casualties-hm-gap-zara-and-other-famous-fashion-brands-are-closing-their>, acesso em 28 ago. 2020.

Parietti, Melissa. "H&M vs. Zara vs. Uniqlo: What's the Difference?". *Investopedia*, 25 jun. 2019. Disponível em <www.investopedia.com/articles/markets/120215/hm-vs-zara-vs-uniqlo-comparing-business-models.asp>, acesso em 28 ago. 2020.

Perry, Patsy. "The Environmental Costs of Fast Fashion". *Independent*, 7 jan. 2018. Disponível em <www.independent.co.uk/life-style/fashion/environment-costs-fast-fashion-pollution-waste-sustainability-a8139386.html>, acesso em 28 ago. 2020.

Roll, Martin. "The Secret of Zara's Success: A Culture of Customer Co-Creation". Martin Roll (blog), 17 dez. 2019. Disponível em <martinroll.com/resources/articles/strategy/the-secret-of-zaras-success-a-culture-of-customer-co-creation>, acesso em 28 ago. 2020.

Schiro, Anne-Marie. "Fashion; Two New Stores That Cruise Fashion's Fast Lane". *The New York Times*, 31 dez. 1989, National edition. Disponível em <www.nytimes.com/1989/12/31/style/fashion-two-new-stores-that-cruise-fashion-s-fast-lane.html>, acesso em 28 ago. 2020.

Trebay, Guy. "Off-the-Rack Lagerfeld, at H&M". *The New York Times*, 22 jun. 2004. Disponível em <www.nytimes.com/2004/06/22/fashion/offtherack-lagerfeld-at-hm.html>, acesso em 28 ago. 2020.

Tyler, Jessica. "We Visited H&M and Zara to See Which Was a Better Fast-Fashion Store, and the Winner Was Clear for a Key Reason". *Business Insider*,

15 jun. 2018. Disponível em <www.businessinsider.com/hm-zara-compared-photos-details-2018-5>, acesso em 28 ago. 2020.

"Truly Fast Fashion: H&M's Lagerfeld Line Sells Out in Hours", *WWD*. 15 nov. 2004. Disponível em <wwd.com/fashion-news/fashion-features/truly-fast-fashion-h-m-8217-s-lagerfeld-line-sells-out-in-hours-593089>, acesso em 28 ago. 2020.

ACORDANDO O GIGANTE:
MARY BARRA E A GENERAL MOTORS

Ann, Carrie. "Leadership Lessons from GM CEO-Mary Barra". *Industry Leaders Magazine*, 27 jul. 2019. Disponível em <www.industryleadersmagazine.com/leadership-lessons-from-gm-ceo-mary-barra>, acesso em 28 ago. 2020.

Bunkley, Nick; Vlasic, Bill. "G.M. Names New Leader for Global Development". *The New York Times*, 20 jan. 2011. Disponível em <www.nytimes.com/2011/01/21/business/21auto.html>, acesso em 28 ago. 2020.

Burden, Melissa. "GM CEO Barra Joins Stanford University Board". *Detroit News*, 5 jul. 2015. Disponível em <www.detroitnews.com/story/business/autos/general-motors/2015/07/15/gm-ceo-barra-joins-stanford-university-board/30181281/>, acesso em 28 ago. 2020.

Colby, Laura. *Road to Power: How GM's Mary Barra Shattered the Glass Ceiling*. Kindle. Hoboken, NJ: Wiley, 2015.

Colvin, Geoff. "How CEO Mary Barra Is Using the Ignition-Switch Scandal to Change GM's Culture". *Fortune*, 18 set. 2015. Disponível em <fortune.com/2015/09/18/mary-barra-gm-culture>, acesso em 28 ago. 2020.

Editorial Board. "GM Reverses Openness Pledge: Our View". *USA Today*, 23 jul. 2014. Disponível em <www.usatoday.com/story/opinion/2014/07/23/gm-ignition-senate-mary-barra-editorials-debates/13068081/>, acesso em 28 ago. 2020.

Feloni, Richard. "GM CEO Mary Barra Said the Recall Crisis of 2014 Forever Changed Her Leadership Style". *Business Insider*, 14 nov. 2018. Disponível em <www.businessinsider.com/gm-mary-barra-recall-crisis-leadership-style-2018-11>, acesso em 28 ago. 2020.

Ferris, Robert. "GM to Halt Production at Several Plants, Cut More than 14,000 Jobs". *CNBC*, 26 nov. 2018. Disponível em <www.cnbc.com/2018/11/26/gm-u-

nallocating-several-plants-in-2019-to-take-3-billion-to-3point8-billion-charge-in-future-quarters.html>, acesso em 28 ago. 2020.

General Motors. "Mary T. Barra". Disponível em <www.gm.com/content/public/us/en/gm/home/our-company/leadership/mary-t-barra.html>, acesso em 28 ago. 2020.

Kervinen, Elina; Teivainen, Aleksi. "New CEO of Automotive Icon Is of Finnish Descent". *Helsinki Times*, 13 dez. 2013. Disponível em <www.helsinkitimes.fi/business/8707-new-ceo-of-automotive-icon-is-of-finnish-descent.html>, acesso em 28 ago. 2020.

"Rebuilding a Giant: Mary Barra, CEO, General Motors". *New Corner*, 5 jun. 2015. Disponível em <www.new-corner.com/rebuilding-a-giant-mary-barra-ceo-general-motors>, acesso em 28 ago. 2020.

Rosen, Bob. "Leadership Journeys – Mary Barra". *IEDP Developing Leaders*, 1 jan. 2014. Disponível em <www.iedp.com/articles/leadership-journeys-mary-barra>, acesso em 28 ago. 2020.

Ross, Christopher. "A Day in the Life of GM CEO Mary Barra". *Wall Street Journal Magazine*, 25 abr. 2016. Disponível em <www.wsj.com/articles/a-day-in-the-life-of-gm-ceo-mary-barra-1461601044>, acesso em 28 ago. 2020.

Ruiz, Rebecca R.; Ivory, Danielle. "Documents Show General Motors Kept Silent on Fatal Crashes". *The New York Times*, 15 jul. 2014. Disponível em <www.nytimes.com/2014/07/16/business/documents-show-general-motors-kept-silent-on-fatal-crashes.html>, acesso em 28 ago. 2020.

Editores. "Mary Barra, G.M.'s New Chief, Speaking Her Mind". *The New York Times*, 10 dez. 2013. Disponível em <www.nytimes.com/2013/12/11/business/mary-barra-gms-new-chief-speaking-her-mind.html>, acesso em 28 ago. 2020.

Trop, Jaclyn. "Changing of the Guard in a Traditionally Male Industry". *The New York Times*, 10 dez. 2013. Disponível em <www.nytimes.com/2013/12/11/business/changing-of-the-guard-in-a-traditionally-male-industry.html>, acesso em 28 ago. 2020.

Vlasic, Bill. "G.M. Acquires Strobe, Start-Up Focused on Driverless Technology". *The New York Times*, 9 out. 2017. Disponível em <www.nytimes.com/2017/10/09/business/general-motors-driverless.html>, acesso em 28 ago. 2020.

_____. "New G.M. Chief Is Company Woman, Born to It". *The New York Times*, 10 dez. 2013. Disponível em <www.nytimes.com/2013/12/11/business/gm-names-first-female-chief-executive.html>, acesso em 28 ago. 2020.

O IMPERADOR NÃO TEM FONES DE OUVIDO: BEATS BY DRE X MONSTER CABLE

Barrett, Paul. "Beatrayed by Dre?". *Bloomberg Businessweek*, 22 jun. 2015. Disponível em <www.bloomberg.com/news/features/2015-06-22/beatrayed-by-dre->, acesso em 28 ago. 2020.

Biddle, Sam. "Beat by Dre: The Exclusive Inside Story of How Monster Lost the World". Gizmodo (blog), 7 fev. 2013. Disponível em <gizmodo.com/beat-by-dre-the-exclusive-inside-story-of-how-monster-5981823>, acesso em 28 ago. 2020.

D'Onfro, Jillian. "Here's an Interview with the CEO Who Missed Out on the $3.2 Billion Apple-Beats Deal". *Business Insider*, 11 maio 2014. Disponível em <www.businessinsider.com/monster-misses-in-apple-beats-acquisition-2014-5>, acesso em 28 ago. 2020.

Eglash, Joanne. "Head Monster Is Mad About Music". *Cal Poly*, 2005.

Evangelista, Benny. "'Head Monster's' Winning Ways/ Engineer Spins High-End Cable Wire Idea into Industry-Leading Company". *San Francisco Chronicle*, 8 nov. 2004. Disponível em <www.sfgate.com/bayarea/article/Head-Monster-s-winning-ways-Engineer-spins-2637224.php>, acesso em 28 ago. 2020.

Farquhar, Peter. "How Kevin Lee Got On with Winning Life after Leaving Beats before It Was Sold to Apple for $3.3 Billion". *Business Insider Australia*, 1 jul. 2015. Disponível em <www.businessinsider.com.au/how-kevin-lee-got-on-with-winning-life-after-leaving-beats-before-it-was-sold-to-apple-for-3-3-billion-2015-7>, acesso em 28 ago. 2020.

Guttenberg, Steve. "Monster Cable". *Sound & Vision*, 3 jul. 2012. Disponível em <www.soundandvision.com/content/monster-cable>, acesso em 28 ago. 2020.

Hirahara, Naomi. *Distinguished Asian American Business Leaders*. Westport, CT: Greenwood, 2003.

Kessler, Michelle. "Is Monster Cable Worth It?" *USA Today*, 16 jan. 2005. Disponível em <usatoday30.usatoday.com/money/industries/technology/2005-01-16-monster-sidebar_x.htm>, acesso em 28 ago. 2020.

_____. "Monster Move Puts Name on Marquee". *USA Today*, January 16, 2005. Disponível em <usatoday30.usatoday.com/money/industries/technology/2005-01-16-monster-usat_x.htm>, acesso em 28 ago. 2020.

"Monster CEO: Beats 'Duped' Me". *USA Today*, 7 jan. 2015. Disponível em <www.youtube.com/watch?v=b_h_S3uf4Yw>, acesso em 1 maio 2020.

Russell, Melia. "A Monster Fall: How the Company behind Beats Lost Its Way". *San Francisco Chronicle*, 5 out. 2018. Disponível em <www.sfchronicle.com/business/article/A-Monster-fall-How-the-company-behind-Beats-lost-13283411.php>, acesso em 28 ago. 2020.

Stevens, Cindy L. "Monster's Noel Lee – Down to the Cable". *It Is Innovation*, 1 nov. 2010. Disponível em <web.archive.org/web/20130928151817/http://www.ce.org/i3/VisionArchiveList/VisionArchive/2010/November/Monster%E2%80%99s-Noel-Lee%E2%80%94Down-to-the-Cable.aspx>, acesso em 28 ago. 2020.

Wilkinson, Scott. "Monster Founder Noel Lee Gets Geeky About Cables". *Secrets of Home Theater and High Fidelity*, 12 out. 2012. Disponível em <web.archive.org/web/20130403064901/http://www.hometheaterhifi.com/video-coverage/video-coverage/onster-founder-noel-lee-gets-geeky-about-cables.html>, acesso em 28 ago. 2020.

VOANDO POR UMA LACUNA: SOUTHWEST AIRLINES X TODO MUNDO

Economy, Peter. "17 Powerfully Inspiring Quotes from Southwest Airlines Founder Herb Kelleher". Inc.com, 4 jan. 2019. Disponível em <www.inc.com/peter-economy/17-powerfully-inspiring-quotes-from-southwest-airlines-founder-herb-kelleher.html>, acesso em 28 ago. 2020.

_____. "Southwest Airlines Bans Peanuts (but Your Trained Service Miniature Horse Is OK)". Inc.com, 24 out. 2018. Disponível em <www.inc.com/peter-economy/southwest-airlines-bans-peanuts-but-your-trained-service-miniature-horse-is-ok.html>, acesso em 28 ago. 2020.

Freiberg, Kevin; Freiberg, Jackie. *Nuts! Southwest Airlines' Crazy Recipe for Business and Personal Success*. Nova York: Broadway Books, 1998.

Guinto, Joseph. "Southwest Airlines' CEO Gary C. Kelly Sets the Carrier's New Course". *D Magazine*, dezembro de 2007. Disponível em <www.dmagazine.com/publications/d-ceo/2007/december/southwest-airlines-ceo-gary-c-kelly-sets-the-carriers-new-course>, acesso em 21 maio 2020.

_____. "Southwest Airlines Co-Founder Rollin King Dies, Also Has Many Regrets". *D Magazine*, 27 jun. 2014. Disponível em <www.dmagazine.com/frontburner/2014/06/southwest-airlines-co-founder-rollin-king-dies-also-has-many-regrets>, acesso em 28 ago. 2020.

Labich, Kenneth. "Is Herb Kelleher America's Best CEO?". *Fortune*, 2 maio 1994. Disponível em <money.cnn.com/magazines/fortune/fortune_archive/1994/05/02/79246/index.htm>, acesso em 28 ago. 2020.

Maxon, Terry. "Southwest Airlines Co-Founder Rollin King Passes Away". *Dallas Morning News*, 27 jun. 2014. Disponível em <www.dallasnews.com/business/airlines/2014/06/27/southwest-airlines-co-founder-rollin-king-passes-away>, acesso em 28 ago. 2020.

McLeod, Lisa E. "How P&G, Southwest, and Google Learned to Sell with Noble Purpose". *Fast Company*, 29 nov. 2012. Disponível em <www.fastcompany.com/3003452/how-pg-southwest-and-google-learned-sell-noble-purpose>, acesso em 28 ago. 2020.

Moskowitz, P. E. "Original Disruptor Southwest Airlines Survives on Ruthless Business Savvy". *Skift*, 5 set. 2018. Disponível em <skift.com/2018/09/05/original-disruptor-southwest-airlines-survives-on-ruthless-business-savvy>, acesso em 28 ago. 2020.

Rifkin, Glenn. "Herb Kelleher, Whose Southwest Airlines Reshaped the Industry, Dies at 87". *The New York Times*, 3 jan. 2019. Disponível em <www.nytimes.com/2019/01/03/obituaries/herb-kelleher-whose-southwest-airlines-reshaped-the-industry-dies-at-87.html>, acesso em 28 ago. 2020.

"Voices of San Antonio: Herb Kelleher", 2018. Disponível em <www.youtube.com/watch?v=7b9BBa_X5aI&t=8m19s>, acesso em 28 ago. 2020.

Wang, Christine. "The Effect of a Low Cost Carrier in the Airline Industry". Tese de doutorado, Universidade Northwestern, 6 jun. 2005. Disponível em <mmss.wcas.northwestern.edu/thesis/articles/get/548/Wang2005.pdf>, acesso em 28 ago. 2020.

Welles, Edward O. "Captain Marvel: How Southwest's Herb Kelleher Keeps Loyalty Sky High". Inc.com, 1 jan. 1992. Disponível em <www.inc.com/magazine/19920101/3870.html>, acesso em 28 ago. 2020.

COMPRANDO COM ENTUSIASMO: O CATÁLOGO DE LILLIAN VERNON

Friedan, Betty. *A mística feminina*. Rio de Janeiro: Rosa dos Tempos, 2020.

Mehnert, Ute. "Lillian Vernon". *Immigrant Entrepreneurship: German-American Business Biographies, 1720 to the Present*, 8 jun. 2011. Disponível em <www.immigrantentrepreneurship.org/entry.php?rec=72>, acesso em 28 ago. 2020.

Neistat, Casey; Neistat, Van. "Monogram: The Lillian Vernon Story", 2003. Disponível em <www.youtube.com/watch?v=bNRIVJFFpbY>, acesso em 28 ago. 2020.

Povich, Lynn. "Lillian Vernon, Creator of a Bustling Catalog Business, Dies at 88". *The New York Times*, 14 dez. 2015. Disponível em <www.nytimes.com/2015/12/15/business/lillian-vernon-creator-of-a-bustling-catalog-business-dies-at-88.html>, acesso em 28 ago. 2020.

Vernon, Lillian. "Branding: The Power of Personality". *Kauffman Entrepreneurs*, 8 out. 2001. Disponível em <www.entrepreneurship.org/articles/2001/10/branding-the-power-of-personality>, acesso em 28 ago. 2020.

_____. *An Eye for Winners: How I Built One of America's Greatest Direct-Mail Businesses*. Nova York: Harper Business, 1996.

SONHE ALTO:
EDIFÍCIO CHRYSLER X WALL STREET 40

Bascomb, Neal. *Higher: A Historic Race to the Sky and the Making of a City*. Kindle. Nova York: Broadway Books, 2003.

"Building Activity on Lexington Av". *The New York Times*, 4 mar. 1928.

Cuozzo, Steve. "Inside the Chrysler Building's Storied Past – and Uncertain Future". *The New York Post*, 8 mar. 2019. Disponível em <nypost.com/2019/03/07/inside-the-chrysler-buildings-storied-past-and-uncertain-future>, acesso em 28 ago. 2020.

Maher, James. "The Chrysler Building History and Photography". James Maher Photography (blog), 4 mar. 2016. Disponível em <www.jamesmaherphotography.com/new-york-historical-articles/chrysler-building>, acesso em 28 ago. 2020.

Spellen, Suzanne. "Walkabout: William H. Reynolds". Brownstoner (blog), 29 abr. 2010. Disponível em <www.brownstoner.com/brooklyn-life/walkabout-trump>, acesso em 28 ago. 2020.

OS OLHOS DE QUEM VÊ:
HELENA RUBINSTEIN

Bennett, James. "Helena Rubinstein". *Cosmetics and Skin*. Disponível em <cosmeticsandskin.com/companies/helena-rubinstein.php>, acesso em 28 jul. 2020.

Fabe, Maxene. *Beauty Millionaire: The Life of Helena Rubinstein*. Nova York: Crowell, 1972.

Kenny, Brian. "How Helena Rubinstein Used Tall Tales to Turn Cosmetics into a Luxury Brand". *Cold Call*, 14 mar. 2019. Disponível em <hbswk.hbs.edu/item/how-helena-rubinstein-used-tall-tales-to-turn-cosmetics-into-a-luxury-brand>, acesso em 28 jul. 2020.

O'Higgins, Patrick. *Madame: An Intimate Biography of Helena Rubinstein*. 1. ed. Nova York: Viking Press, 1971.

Rubinstein, Helena. *My Life for Beauty*. Sydney: Bodley Head, 1965.

CRIANDO UM INFERNO:
SUN-MAID X MÁFIA DAS PASSAS

Bromwich, Jonah Engel. "The Raisin Situation". *The New York Times*, 27 abr. 2019. Disponível em <www.nytimes.com/2019/04/27/style/sun-maid-raisin-industry.html>, acesso em 28 ago. 2020.

Woeste, Victoria Saker. "How Growing Raisins Became Highly Dangerous Work". *The Washington Post*, 17 maio 2019. Disponível em <www.washingtonpost.com/outlook/2019/05/17/how-growing-raisins-became-highly-dangerous-work>, acesso em 28 ago. 2020.

FORJANDO VERDADEIROS ENTUSIASTAS:
PATAGONIA

Balch, Oliver. "Patagonia Founder Yvon Chouinard: 'Denying Climate Change Is Evil.'" *The Guardian*, 10 maio 2019. Disponível em <www.theguardian.com/world/2019/may/10/yvon-chouinard-patagonia-founder-denying-climate-change-is-evil>, acesso em 28 ago. 2020.

Chouinard, Yvon. *Let My People Go Surfing: The Education of a Reluctant Businessman*. Kindle. Nova York: Penguin Books, 2016.

_____. "A Letter from Our Founder, Yvon Chouinard". *1% for the Planet*, 22 abr. 2020. Disponível em <www.onepercentfortheplanet.org/stories/a-letter-from-yvon-chouinard>, acesso em 28 ago. 2020.

"Sierra Club Announces 2018 Award Winners", Sierra Club. 1 out. 2018. Disponível em <www.sierraclub.org/press-releases/2018/10/sierra-club-announces-2018-award-winners>, acesso em 28 ago. 2020.

PROPAGANDA FESTIVA: BROWNIE WISE X TUPPERWARE

"Brownie Wise". *PBS American Experience*. Disponível em <www.pbs.org/wgbh/americanexperience/features/tupperware-wise>, acesso em 6 jul. 2020.

Doll, Jen. "How a Single Mom Created a Plastic Food-Storage Empire". *Mental Floss*, 6 jun. 2017. Disponível em <www.mentalfloss.com/article/59687/how-single-mom-created-plastic-food-storage-empire>, acesso em 28 ago. 2020.

Kealing, Bob. *Life of the Party: The Remarkable Story of How Brownie Wise Built, and Lost, a Tupperware Party Empire*. Kindle. Nova York: Crown Archetype, 2016.

_____. *Tupperware Unsealed: The Inside Story of Brownie Wise, Earl Tupper, and the Home Party Pioneers*. Gainesville: University Press of Florida, 2008.

"Success and Money". *PBS American Experience*. Disponível em <www.pbs.org/wgbh/americanexperience/features/tupperware-success>, acesso em 6 jul. 2020.

"Tupperware Unsealed: The Story of Brownie Wise", 2008. Disponível em <www.youtube.com/watch?v=KfqkUGNVHlw.

"Women, Wishes, and Wonder". *PBS American Experience*. Disponível em <www.pbs.org/wgbh/americanexperience/features/tupperware-wishes>, acesso em 6 jul. 2020.

CONQUISTANDO CORAÇÕES, MENTES E ESTÔMAGOS: FLOCOS DE MILHO KELLOGG'S

Cavendish, Richard. "The Battle of the Cornflakes". *History Today*, fevereiro de 2006. Disponível em <www.historytoday.com/archive/battle-cornflakes.

Folsom, Burton W. "Will Kellogg: King of Corn Flakes". Foundation for Economic Education (blog), 1 abr. 1998. Disponível em <fee.org/articles/will-kellogg-king-of-corn-flakes>, acesso em 28 ago. 2020.

"A Historical Overview". Kellogg's. Disponível em <www.kellogghistory.com/history.html>, acesso em 19 jul. 2020.

Markel, Howard. *The Kelloggs: The Battling Brothers of Battle Creek*. Kindle. Nova York: Pantheon Books, 2017.

_____. "The Secret Ingredient in Kellogg's Corn Flakes Is Seventh-Day Ad-ventism". *Smithsonian Magazine*, 28 jul. 2017. Disponível em <www.smi-

thsonianmag.com/history/secret-ingredient-kelloggs-corn-flakes-seventh-day--adventism-180964247>, acesso em 28 ago. 2020.

Pruitt, Sarah. "How an Accidental Invention Changed What Americans Eat for Breakfast". *History*, 2 ago. 2019. Disponível em <www.history.com/news/cereal--breakfast-origins-kellogg>, acesso em 28 ago. 2020.

"W. K. Kellogg Is Honored; Senator Davis Praises Battle Creek Manufacturer on Anniversary". *The New York Times*, 28 abr. 1931.

CORRA COM O QUE VOCÊ TEM:
ADIDAS

Adi & Käthe Dassler Memorial Foundation. "Chronicle and Biography of Adi Dassler & Käthe Dassler". Disponível em <www.adidassler.org/en/life-and-work/chronicle>, acesso em 16 jun. 2020.

Bracken, Haley. "Was Jesse Owens Snubbed by Adolf Hitler at the Berlin Olympics?". *Encyclopaedia Britannica*. Disponível em <www.britannica.com/story/was-jesse-owens-snubbed-by-adolf-hitler-at-the-berlin-olympics>, acesso em 15 jun. 2020.

Inside Athletics Shop. "History of Athletics Spikes". Disponível em <spikes.insideathletics.com.au/history-of-athletics-spikes>, acesso em 14 jun. 2020.

Mental Itch. "The History of Running Shoes". Disponível em <mentalitch.com/the-history-of-running-shoes>, acesso em 17 jun. 2020.

Smit, Barbara. *Sneaker Wars: The Enemy Brothers Who Founded Adidas and Puma and the Family Feud That Forever Changed the Business of Sports*. Nova York: Ecco, 2008.

NUNCA PARE DE ANUNCIAR:
WRIGLEY X RECESSÃO

Bales, Jack. "Wrigley Jr. & Veeck Sr". WrigleyIvy.com (blog), 23 mar. 2013. Disponível em <wrigleyivy.com/wrigley-jr-veeck-sr>, acesso em 28 ago. 2020.

Castle, George; Fletcher, David. "William Wrigley Jr". Society for American Baseball Research. Disponível em <sabr.org/node/27463>, acesso em 10 jun. 2020.

"The Chewing Gum Trust". *The New York Times*, 1 maio 1889.

Clayman, Andrew. "Wm. Wrigley Jr. Company, Est. 1891". Made in Chicago Museum. Disponível em <www.madeinchicagomuseum.com/single-post/wrigley>, acesso em 10 jun. 2020.

Mannering, Mitchell. "The Sign of the Spear: The Story of William Wrigley, Who Made Spearmint Gum Famous". *National Magazine*, 1912.

Mathews, Jennifer P. *Chicle: The Chewing Gum of the Americas, from the Ancient Maya to William Wrigley*. Tucson: University of Arizona Press, 2009.

McKinney, Megan. "The Wrigleys of Wrigley City". *Classic Chicago Magazine*, 27 ago. 2017. Disponível em <www.classicchicagomagazine.com/the-wrigleys-of-wrigley-city>, acesso em 28 ago. 2020.

Nix, Elizabeth. "Chew on This: The History of Gum". *History*, 13 fev. 2015. Disponível em <www.history.com/news/chew-on-this-the-history-of-gum>, acesso em 28 ago. 2020.

"William Wrigley Dies at Age of 70". *The New York Times*, 27 jan. 1932. Disponível em <nyti.ms/2ZCmCMQ>, acesso em 28 ago. 2020.

UM NÍVEL ACIMA:
A NINTENDO GANHA OS ESTADOS UNIDOS

Alt, Matt. "The Designer of the NES Dishes the Dirt on Nintendo's Early Days". Kotaku (blog), 7 jul. 2020. Disponível em <kotaku.com/the-designer-of-the-nes-dishes-the-dirt-on-nintendos-ea-1844296906>, acesso em 22 ago. 2020.

Ashcraft, Brian. "'Nintendo' Probably Doesn't Mean What You Think It Does". Kotaku (blog), 3 ago. 2017. Disponível em <kotaku.com/nintendo-probably-doesnt-mean-what-you-think-it-does-5649625>, acesso em 28 ago. 2020.

_____. "The Nintendo They've Tried to Forget: Gambling, Gangsters, and Love Hotels". Kotaku (blog), 22 mar. 2011. Disponível em <kotaku.com/the-nintendo-theyve-tried-to-forget-gambling-gangster-5784314>, acesso em 28 ago. 2020.

Cifaldi, Frank. "In Their Words: Remembering the Launch of the Nintendo Entertainment System". IGN (blog), 19 out. 2015. Disponível em <www.ign.com/articles/2015/10/19/in-their-words-remembering-the-launch-of-the-nintendo-entertainment-system>, acesso em 28 ago. 2020.

_____. "Sad But True: We Can't Prove When Super Mario Bros. Came Out". Gamasutra (blog), 28 mar. 2012. Disponível em <www.gamasutra.com/view/feature/167392/sad_but_true_we_cant_prove_when_.php>, acesso em 28 ago. 2020.

Kleinfield, N. R. "Video Games Industry Comes down to Earth". *The New York Times*, 17 out. 1983. Disponível em <www.nytimes.com/1983/10/17/business/video-games-industry-comes-down-to-earth.html>, acesso em 28 ago. 2020.

Kohler, Chris. "Oct. 18, 1985: Nintendo Entertainment System Launches". *Wired*, 18 out. 2010. Disponível em <www.wired.com/2010/10/1018nintendones-launches>, acesso em 28 ago. 2020.

_____. "Sept. 23, 1889: Success Is in the Cards for Nintendo". *Wired*, 23 set. 2010. Disponível em <www.wired.com/2010/09/0923nintendo-founded>, acesso em 28 ago. 2020.

"Mario Myths with Mr Miyamoto". Nintendo UK, 2015. Disponível em <www.youtube.com/watch?v=uu2DnTd3dEo>, acesso em 28 ago. 2020.

Nintendo Co., Ltd. "Company History". Disponível em <www.nintendo.co.jp/corporate/en/history/index.html>, acesso em 19 jun. 2020.

Nintendo of Europe GmbH. "Nintendo History". Disponível em <www.nintendo.co.uk/Corporate/Nintendo-History/Nintendo-History-625945.html>, acesso em 19 jun. 2020.

O'Kane, Sean. "7 Things I Learned from the Designer of the NES". The Verge (blog), 18 out. 2015. Disponível em <www.theverge.com/2015/10/18/9554885/nintendo-entertainment-system-famicom-history-masayuki-uemura>, acesso em 28 ago. 2020.

Oxford, Nadia. "Ten Facts about the Great Video Game Crash of '83". IGN (blog), 21 set. 2011. Disponível em <www.ign.com/articles/2011/09/21/ten-facts-about-the-great-video-game-crash-of-83>, acesso em 28 ago. 2020.

Park, Gene. "Mario Makers Reflect on 35 Years and the Evolution of Gaming's Most Iconic Jump". *The Washington Post*, 14 set. 2020. Disponível em <www.washingtonpost.com/video-games/2020/09/14/mario-nintendo-creators-miyamoto-koizumi-tezuka-motokura>, acesso em 28 ago. 2020.

Picard, Martin. "The Foundation of Geemu: A Brief History of Early Japanese Video Games". *Game Studies* 13, n. 2, dezembro de 2013. Disponível em <gamestudies.org/1302/articles/picard>, acesso em 28 ago. 2020.

Pollack, Andrew. "Gunpei Yokoi, Chief Designer of Game Boy, Is Dead at 56". *The New York Times*, 9 out. 1997. Disponível em <www.nytimes.com/1997/10/09/business/gunpei-yokoi-chief-designer-of-game-boy-is-dead-at-56.html>, acesso em 28 ago. 2020.

_____. "Seeking a Turnaround with Souped-Up Machines and a Few New Games". *The New York Times*, 26 ago. 1996. Disponível em <www.nytimes.com/

1996/08/26/business/seeking-a-turnaround-with-souped-up-machines-and-a--few-new-games.html>, acesso em 28 ago. 2020.

Ryan, Jeff. *Super Mario: How Nintendo Conquered America*. Kindle. Nova York: Portfolio/Penguin, 2011.

Sheff, David. *Game Over: How Nintendo Conquered the World*. Kindle. Nova York: Vintage, 1994.

Para saber mais sobre os títulos e autores da Editora Sextante,
visite o nosso site e siga as nossas redes sociais.
Além de informações sobre os próximos lançamentos,
você terá acesso a conteúdos exclusivos
e poderá participar de promoções e sorteios.

sextante.com.br